[Wissen für die Praxis]

Weiterführend empfehlen wir:

Arbeitsrecht
ISBN 978-3-8029-4205-1

Befristung von Arbeitsverträgen
ISBN 978-3-8029-1613-7

Die aktuellen aushangpflichtigen Gesetze 2024
ISBN 978-3-8029-1490-4

E-Mail: WALHALLA@WALHALLA.de
http://www.WALHALLA.de

Walhalla Fachverlag · Haus an der Eisernen Brücke · 93042 Regensburg
Telefon 0941 5684-0 · Telefax 0941 5684-111

WALHALLA

Ostermaier · Vogt

Urlaubsrecht

Handbuch zum BUrlG und weiteren Freistellungsmöglichkeiten mit den Besonderheiten des TVöD und TV-L

2., aktualisierte Auflage

Bibliografische Information der Deutschen Nationalbibliothek
Die Deutsche Nationalbibliothek verzeichnet diese Publikation in der Deutschen Nationalbibliografie; detaillierte bibliografische Daten sind im Internet über www.dnb.de abrufbar.

Zitiervorschlag:
Christian Ostermaier/Sylvia Vogt, Urlaubsrecht
Walhalla Fachverlag, Regensburg 2024

Hinweis: Unsere Werke sind stets bemüht, Sie nach bestem Wissen zu informieren. Alle Angaben in diesem Buch sind sorgfältig zusammengetragen und geprüft. Durch Neuerungen in der Gesetzgebung, Rechtsprechung sowie durch den Zeitablauf ergeben sich zwangsläufig Änderungen. Bitte haben Sie deshalb Verständnis dafür, dass wir für die Vollständigkeit und Richtigkeit des Inhalts keine Haftung übernehmen.
Bearbeitungsstand: Februar 2024

Produktion: Walhalla Fachverlag, 93042 Regensburg
Printed in Germany
ISBN 978-3-8029-1614-4

Schnellübersicht

Gesamtinhaltsübersicht

Einleitung

Einleitung

Vorwort

2017 erschien die erste Auflage zum „Urlaubsrecht". Es handelt sich um ein komplexes und stark von der Rechtsprechung geprägtes Rechtsgebiet, das sich ständig im Wandel befindet. Seit 2018 sind einige grundlegende Urteile des EuGH und des BAG zum Urlaubsrecht ergangen. Bisher als gesichert geltende Rechtsgrundsätze wurden dadurch regelrecht „über den Haufen geworfen". Zu nennen wären insbesondere die neuen Mitwirkungspflichten des Arbeitgebers bei der Urlaubsgewährung und die Regeln zu Verfall und Verjährung von Urlaubsansprüchen. In anderen Bereichen hat die Rechtsprechung Klarheit geschaffen, z. B. bei der Berechnung von Urlaubsansprüchen bei unterjährigem Wechsel der Arbeitszeit. Die Urteile sind für die Praxis von hoher Bedeutung und sollten von Arbeitgeberseite keinesfalls ignoriert werden. Andernfalls drohen böse Überraschungen, spätestens nach Beendigung eines Arbeitsverhältnisses, wenn um Abgeltungsansprüche gestritten wird.

Die Neuerungen waren Anlass für eine grundlegende Überarbeitung des Werks. Zudem werden in der neuen Auflage die Besonderheiten im öffentlichen Dienst eingehend erläutert.

Nach wie vor werden die verschiedenen Arten von Urlaubs- und Freistellungsansprüchen im Arbeitsverhältnis umfassend dargestellt. Der Erholungsurlaub mag für die meisten Arbeitnehmer die wichtigste und „schönste Zeit des Jahres" sein. Das Urlaubsrecht kennt jedoch noch viele andere Facetten. Eine Freistellung kann zu verschiedenen Zwecken erfolgen, z. B. zur Ausübung eines Ehrenamtes, zur Fortbildung, zur Beaufsichtigung oder Erziehung eines Kindes, zur Pflege eines Angehörigen, für ein Sabbatical oder auch im Interesse des Arbeitgebers.

Der Leitfaden stellt die allgemeinen Grundzüge des Urlaubsrechts dar. Es wird auf Probleme und Fallstricke hingewiesen; Taktiken zu deren Vermeidung und Lösung werden aufgezeigt. Der Praktiker erhält Antworten auf die wichtigsten und häufigsten Fragen zum Urlaubsrecht und wie mit Ansprüchen rechtssicher umzugehen ist.

C. Ostermaier *S. Vogt*

Abkürzungsverzeichnis

AAG	Aufwendungsausgleichsgesetz
AEntG	Arbeitnehmer-Entsendegesetz
AGG	Allgemeines Gleichbehandlungsgesetz
AktG	Aktiengesetz
AO	Abgabenordnung
AP	Arbeitsrechtliche Praxis
ArbPlSchG	Arbeitsplatzschutzgesetz
ArbRAktuell	Arbeitsrecht Aktuell, Zeitschrift
ArbZG	Arbeitszeitgesetz
AWZ	Ausschließliche Wirtschaftszone
AZRL	Richtlinie 2003/88/EG des Europäischen Parlaments und des Rates vom 4. November 2003 über bestimmte Aspekte der Arbeitszeitgestaltung
BAFzA	Bundesamt für Familie und zivilgesellschaftliche Aufgaben
BAG	Bundesarbeitsgericht
BayUrlV	Verordnung über den Urlaub der bayerischen Beamten und Richter
BB	Betriebs-Berater, Zeitschrift für Recht, Steuern und Wirtschaft
BBiG	Berufsbildungsgesetz
BDSG	Bundesdatenschutzgesetz
BeckRS	Beck-Rechtsprechung (Beck-online Datenbank)
BEEG	Bundeselterngeld- und Elternzeitgesetz
BErzGG	Bundeserziehungsgeldgesetz
BetrAVG	Gesetz zur Verbesserung der betrieblichen Altersversorgung
BetrVG	Betriebsverfassungsgesetz
BGB	Bürgerliches Gesetzbuch
BPersVG	Bundespersonalvertretungsgesetz
BRTV Bau	Bundesrahmentarifvertrag Bau
BUrlG	Bundesurlaubsgesetz
BVerfG	Bundesverfassungsgericht
DB	Der Betrieb, Zeitschrift
EFZG	Entgeltfortzahlungsgesetz
EGBGB	Einführungsgesetz zum Bürgerlichen Gesetzbuch
EStG	Einkommensteuergesetz
EuGH	Europäischer Gerichtshof
EÜG	Eignungsübungsgesetz
EUrlV	Erholungsurlaubsverordnung

FlRG	Flaggenrechtsgesetz
FlRV	Flaggenrechtsverordnung
FPfZG	Familienpflegezeitgesetz
GewO	Gewerbeordnung
GG	Grundgesetz
GKV	gesetzliche Krankenversicherung
GRCh	Charta der Grundrechte der Europäischen Union
HAG	Heimarbeitsgesetz
HGB	Handelsgesetzbuch
IfSG	Infektionsschutzgesetz
InsO	Insolvenzordnung
JArbSchG	Jugendarbeitsschutzgesetz
JVEG	Justizvergütungs-und Entschädigungsgesetz
KSchG	Kündigungsschutzgesetz
LAG	Landesarbeitsgericht
MiLoG	Mindestlohngesetz
MTV	Manteltarifvertrag
MuSchG	Mutterschutzgesetz
MuSchV	Verordnung zum Schutz der Mütter am Arbeitsplatz
NachwG	Nachweisgesetz
NJOZ	Neue Juristische Online-Zeitschrift
NJW	Neue Juristische Wochenschrift
NZA	Neue Zeitschrift für Arbeitsrecht
NZA-RR	NZA Rechtsprechungsreport Arbeitsrecht
NZI	Neue Zeitschrift für Insolvenzrecht
NZS	Neue Zeitschrift für Sozialrecht
öAT	Zeitschrift für das öffentliche Arbeits- und Tarifrecht
OWiG	Ordnungswidrigkeitengesetz
PflegeZG	Pflegezeitgesetz
RDG	Rechtsdepesche für das Gesundheitswesen
Rom I VO	Verordnung (EG) Nr. 593/2008 vom 17. Juni 2008 über das auf vertragliche Schuldverhältnisse anzuwendende Recht (Rom I)
SchwbG	Schwerbehindertengesetz
SeeArbG	Seearbeitsgesetz
SGB	Sozialgesetzbuch
SOKA-Bau	Sozialkasse-Bau
SoKaSiG	Sozialkassensicherungsgesetz
SRÜ	Seerechtsübereinkommen der Vereinten Nationen
StGB	Strafgesetzbuch
SUV	Soldatinnen- und Soldatenurlaubsverordnung

TV-H	Tarifvertrag für den öffentlichen Dienst des Landes Hessen
TV-L	Tarifvertrag für den öffentlichen Dienst der Länder
TVöD	Tarifvertrag für den öffentlicher Dienst
TVG	Tarifvertragsgesetz
TzBfG	Teilzeit- und Befristungsgesetz
VermBG	Vermögensbildungsgesetz
VEÜG	Verordnung zum Eignungsübungsgesetz
VTV	Tarifvertrag über das Sozialkassenverfahren im Baugewerbe
ZDG	Zivildienstgesetz
ZIP	Zeitschrift für Wirtschaftsrecht
ZPO	Zivilprozessordnung

Literaturverzeichnis

Arnold/Gräfl, TzBfG § 12 Arbeit auf Abruf, Haufe Personal Office Platin, abgerufen am 19. Juli 2023

Arnold/Tillmanns, Bundesurlaubsgesetz, 4. Auflage, Haufe, 2020

Ballerstedt/Schleicher/Faber/Hebeler, BayPVG, Loseblatt, Stand: Februar 2023, Rehm

Bayreuther, Einseitige Urlaubsgewährung durch den Arbeitgeber und Urlaub während der Kurzarbeit, NZA 2020, 1057

Bayreuther, Iudex calculat: Umrechnung des Urlaubs bei Veränderung der Arbeitszeit, NZA 2020, 353

Bayreuther, Neue Urlaubsrechtsprechung des EuGH, NZA 2022, 1381

Boecken/Düwell/Diller/Hanau, Gesamtes Arbeitsrecht, 2. Auflage, C.H.Beck, 2022

Bredemeier, Sonderurlaub im öffentlichen Dienst: Einführung und Probleme in der Praxis, § 28 TVöD/TV-L, öAt 2016, 182

Conze/Karb/Wölk/Reidel, Personalbuch Arbeits- und Tarifrecht öffentlicher Dienst, 7. Auflage, C.H.Beck, 2021

Däubler/Hjort/Schubert/Wolmerath, Arbeitsrecht, Handkommentar, 5. Auflage, Nomos, 2022

Groeger, Arbeitsrecht im öffentlichen Dienst, 3. Auflage, Dr. Otto Schmidt, 2020

Juncker, Möglichkeiten und Stolperfallen bei der Gestaltung von „Sabbaticals", öAT 2022, 26

Koch, Wertguthabenvereinbarungen – Arbeitsvolumen, Befristung und Entgelt, NZA 2021, 1219

Köllmann/Wubbernit, Vertragliche Ausschlussfristen und Urlaubsrecht – besteht jetzt Änderungsbedarf?, NZA 2023, 793

Müller-Glöge/Preis/Schmidt, Erfurter Kommentar zum Arbeitsrecht, 23. Auflage, C.H.Beck, 2023

Münchener Kommentar zum BGB, 9. Auflage, C.H.Beck, 2023

Rancke, Mutterschutz, Elterngeld, Elternzeit, Betreuungsgeld, 5. Auflage, Nomos, 2022

Rinck/Böhle/Pieper/Geyer, BeckOK TVöD, 64. Edition, Stand: 1. März 2022

Rolfs/Giesen/Meßling/Udsching (Hrsg.), BeckOK Arbeitsrecht, 68. Edition, Stand: 1. März 2023

Schaub, Arbeitsrechts-Handbuch, 19. Auflage, C.H.Beck, 2021

Schütz/Hauck, Gesetzliches und tarifliches Urlaubsrecht, Luchterhand, 1996

Stümper, Uralub bei Arbeitszeitwechsel und unregelmäßigen Arbeitszeiten, öAT 2023, 158

I. Grundlagen des Urlaubsrechts

I. Grundlagen des Urlaubsrechts

I

1. Nationale Regelungen

Urlaub ist die Freistellung von der Arbeitspflicht. Jeder Arbeitnehmer hat Anspruch auf bezahlten Erholungsurlaub. Eine Freistellung kann jedoch auch aus anderen Gründen erfolgen. Je nachdem, welchem Zweck die Freistellung dient, gelten unterschiedliche gesetzliche Vorgaben. Diese sind nicht in einem umfassenden „Urlaubsgesetzbuch" zusammengefasst, sondern auf eine Vielzahl von Gesetzen verteilt.

Das Bundesurlaubsgesetz (BUrlG) regelt nur den Erholungsurlaub.

Der Arbeitgeber hat bei der Urlaubsgewährung nicht nur die einschlägigen gesetzlichen Regelungen zu beachten, sondern auch die arbeitsvertraglichen und kollektivrechtlichen Vereinbarungen. Letztere sind die Tarifverträge und Betriebsvereinbarungen. Durch Vereinbarung darf oft nur unter ganz engen Voraussetzungen von den gesetzlichen Vorgaben abgewichen werden, da diese im Urlaubsrecht oft zwingend gelten oder nur eingeschränkt dispositiv, d. h. verhandelbar, sind. Dabei haben die Arbeitsvertragsparteien oftmals einen noch geringeren Spielraum als die Tarifparteien. Letzteren traut der Gesetzgeber bisweilen eher zu, eine ausgewogene Regelung zu finden, als ersteren: Im Arbeitsverhältnis wird meist ein Gefälle in der Verhandlungsmacht zugunsten des Arbeitgebers vorliegen, sodass der Arbeitnehmer besonders schutzwürdig erscheint. Im Arbeitsvertrag darf deshalb z. B. von den Vorgaben des BUrlG im Wesentlichen nur zugunsten des Arbeitnehmers abgewichen werden. Hingegen können Gewerkschaften gegenüber der Arbeitgeberseite durchaus gleichberechtigt auftreten. Der Gesetzgeber hat deshalb auf tarifvertraglicher Ebene mehr Gestaltungsmöglichkeiten eingeräumt.

Widersprechen sich die Regelungen von Gesetz, Tarifvertrag, Betriebsvereinbarung oder Arbeitsvertrag, muss man also wissen, welche davon Vorrang hat. Es ist deshalb wichtig, nicht nur die einschlägigen arbeits- und kollektivvertraglichen Regelungen zu kennen, sondern auch die gesetzlichen Vorschriften und wie sich diese zueinander verhalten.

Das Urlaubsrecht ist neben den gesetzlichen Vorgaben deutlich von der Rechtsprechung geprägt. Häufig kann die Frage, ob eine konkrete Regelung zulässig ist, nur anhand von Urteilen beantwortet werden, die für vergleichbare Sachverhalte bereits ergangen sind. An verschiedenen Stellen im Fachratgeber wird deshalb in Fußnoten auf die konkreten Urteile hingewiesen.

2. Europarechtliche Regelungen

Das Urlaubsrecht ist nicht nur von der nationalen Rechtsprechung, sondern auch sehr stark von europarechtlichen Einflüssen und Urteilen des EuGH geprägt:

Das Europarecht stellt Mindestbedingungen für den Urlaub von Arbeitnehmern auf. Art. 31 Abs. 2 GRCh bestimmt, dass jeder Arbeitnehmer das Recht auf eine Begrenzung der Höchstarbeitszeit, auf tägliche und wöchentliche Ruhezeiten sowie auf bezahlten Jahresurlaub hat. Art. 7 AZRL verpflichtet die Mitgliedstaaten, die erforderlichen Maßnahmen zu treffen, damit jeder Arbeitnehmer einen bezahlten Mindestjahresurlaub von vier Wochen nach Maßgabe der einzelstaatlichen Rechtsvorschriften oder Gepflogenheiten erhält. Außerdem darf der bezahlte Mindestjahresurlaub – außer bei Beendigung des Arbeitsverhältnisses – nicht durch eine finanzielle Vergütung ersetzt werden. Denn der Urlaub dient in erster Linie der Erholung – er ist keine rein monetäre Angelegenheit.

Der Arbeitnehmer kann im Normalfall jedoch weder aus der Grundrechte-Charta noch aus der Richtlinie unmittelbar Ansprüche gegenüber seinem Arbeitgeber herleiten. Die Bürger und sonstige Rechtssubjekte (insbesondere juristische Personen, Tarifvertragsparteien) der Mitgliedstaaten sind nicht unmittelbar an die Vorgaben der Richtlinien gebunden. Die Grundrechte der Charta und Richtlinien müssen erst durch ein nationales Gesetz umgesetzt werden (Art. 288 Satz 2 AEUV). Nur dann, wenn der nationale Gesetzgeber seiner Umsetzungspflicht nicht ordnungsgemäß nachkommt, kann eine Richtlinie ausnahmsweise unmittelbare Geltung im Verhältnis zwischen Bürger und Staat bzw. seinen von ihm im öffentlichen Interesse gegründeten und beaufsichtigen Einrichtungen – unabhängig von der Rechtsform – beanspruchen,[1] vorausgesetzt die Richtlinie ist bereits hinreichend konkret formuliert, sodass sich ein bestimmter

---

1 EuGH, Urteil vom 14. Juli 1994, Az.: C-91/92, NJW 1994, 2473; BAG, Beschluss vom 2. April 1996, Az.: 1 ABR 47/95, NZA 1996, 998

Anspruch daraus ableiten lässt. Dies betrifft somit den gesamten Bereich des öffentlichen Dienstes. Gegenüber privaten Arbeitgebern können Richtlinien und die Grundrechte-Charta jedoch im Rahmen der Auslegung bestehenden nationalen Rechts Bedeutung erlangen, auch wenn sie noch nicht in spezielles nationales Recht umgesetzt sind.

Wenn es um den Mindesturlaub geht, ist Rechtsgrundlage für den Arbeitnehmer deshalb stets das BurlG. Dieses setzt die Vorgaben der Richtlinie und der Grundrechte-Charta um. Bei der Auslegung des BUrlG berücksichtigen die deutschen Gerichte die europarechtlichen Vorgaben. Kommt es in einem nationalen Gerichtsverfahren auf die Auslegung von EU-Recht an, so kann das nationale Gericht eine entsprechende Frage dem EuGH zur Entscheidung vorlegen (Art. 267 AEUV: sog. Vorabentscheidungsverfahren). Die Entscheidung des EuGH wird sodann vom nationalen Gericht in seiner Entscheidung des konkreten Falles berücksichtigt. Die Rechtsprechung des BAG hat sich unter der Geltung der europarechtlichen Vorschriften und der Entscheidungen des EuGH zum Urlaubsrecht deshalb in den letzten Jahren massiv gewandelt.

3. Internationale Regelungen

Neben den europarechtlichen Vorschriften existieren weitere internationale Regelungen in verschiedenen Übereinkommen der Internationalen Arbeitsorganisation (IAO). Zu nennen wären das internationale Übereinkommen Nummer 132 über den bezahlten Jahresurlaub vom 24. Juni 1970 (umgesetzt am 30. April 1975, BGBl. II 1975 S. 745), das Übereinkommen über die Arbeitsbedingungen in Hotels, Gaststätten und ähnlichen Betrieben (BGBl. II 2006 S. 490, in Kraft gesetzt am 14. November 2007) und das Seearbeitsübereinkommen. Rechtswirkung zugunsten des Einzelnen können internationale Abkommen erst mit Umsetzung durch ein nationales Gesetz entfalten. In Deutschland sind die Übereinkommen entsprechend umgesetzt worden mit dem BUrlG und dem SeeArbG. Bei der Auslegung der nationalen Gesetze können wiederum die zugrunde liegenden Übereinkommen herangezogen werden.

Im Folgenden soll ein umfassender Überblick über die verschiedenen Varianten von Freistellungen im Arbeitsverhältnis gegeben werden. Dargestellt werden die Voraussetzungen der verschiedenen Freistellungsarten sowie die Rechtsfolgen, insbesondere auch, wie sich eine Freistellung außerhalb des Erholungsurlaubs auf diesen auswirkt.

II. Erholungsurlaub nach dem Bundesurlaubsgesetz, arbeits- und tarifvertraglichen Regeln, insbesondere dem TVöD/TV-L

II

II. Erholungsurlaub nach dem Bundesurlaubsgesetz, arbeits- und tarifvertraglichen Regeln, insbesondere dem TVöD/TV-L

II

1. Geltungsbereich des BUrlG

1.1 Um welchen Urlaub geht es?

Für die meisten Arbeitnehmer dürfte der Erholungsurlaub von allen Arten der Freistellung die größte praktische Bedeutung haben.

Erholungsurlaub bedeutet die vorübergehende Freistellung des Arbeitnehmers von der Arbeitspflicht unter Entgeltfortzahlung zum Zweck der Erholung.[1] Dem Arbeitnehmer soll ein bestimmter Zeitraum zur Erholung, Entspannung und für Freizeit zur Verfügung stehen.[2]

Da dieser Zweck nur erreicht werden kann, wenn der Urlaub auch tatsächlich im laufenden Urlaubsjahr genommen wird, soll eine Übertragung ins nächste Urlaubsjahr oder eine Abgeltung nur in Ausnahmefällen erfolgen. Dennoch ist es rechtlich irrelevant, ob der Arbeitnehmer tatsächlich erholungsbedürftig ist.

Die gesetzlichen Regelungen zum Erholungsurlaub finden sich im BUrlG, das bereits am 8. Januar 1963 erlassen und zuletzt am 20. April 2013 (BGBl. I 2013 S. 869) geändert wurde. Es stellt die Mindestbedingungen auf, die für den Erholungsurlaub im Arbeitsverhältnis gelten.

Die ergänzenden Regelungen in Tarif- und Arbeitsverträgen sind vielgestaltig und können an dieser Stelle nicht erschöpfend behandelt werden. Die Darstellung beschränkt sich auf die in der Praxis wichtigsten Klauseln und die im öffentlichen Dienst geltenden Vorgaben.

---

1 BAG, Urteile vom 28. März 2023, Az.: 9 AZR 488/21, NZA 2023, 826; vom 20. Juni 2000, Az.: 9 AZR 405/999, DB 2000, 2327

2 EuGH, Urteil vom 22. April 2000, Az.: C-486/08, NZA 2010, 557

1.1.1 Gesetzlicher Mindesturlaub

Das BUrlG gilt prinzipiell nur für den gesetzlichen Mindesturlaubsanspruch. Es legt fest, wie viele Urlaubstage mindestens zu gewähren sind, in welchem Zeitraum dies zu geschehen hat, wann Urlaubsansprüche verfallen oder abzugelten sind, ob der Arbeitnehmer während des Urlaubs erwerbstätig sein darf, was geschieht, wenn der Arbeitnehmer während des Urlaubs erkrankt, und welches Entgelt er während seines Urlaubs erhält.

1.1.2 Arbeits- und tarifvertraglicher Mehrurlaub

Für kollektiv- oder arbeitsvertraglich vereinbarten Mehrurlaub gelten die Vorgaben des BurlG an sich *nicht*. Für diesen Mehrurlaub, der also den gesetzlichen Mindesturlaub übersteigt, können die Vertragsparteien eigenständige Regelungen treffen, die von denjenigen des BUrlG abweichen. Sie müssen dies aber nicht. Der Mehrurlaub kann auch den Regeln des BUrlG unterworfen werden. Man spricht dann von einem sog. „Gleichlauf der Ansprüche".

Bei Urlaubsansprüchen ist deshalb zwischen dem gesetzlichen Mindesturlaub und dem einzel- oder tarifvertraglich vereinbarten Mehrurlaub zu unterscheiden.

Ob die Tarif- oder Arbeitsvertragsparteien eine eigenständige Regelung getroffen, also einen Gleichlauf ausgeschlossen haben, ist durch Auslegung des Vertrages zu ermitteln. Wollen die Parteien ein vom BUrlG abweichendes Regime aufstellen, müssen aus dem (Tarif-)Vertrag hinreichend deutliche Anhaltspunkte dafür hervorgehen. Zum Beispiel kann bestimmt werden, dass der vertragliche Urlaub im laufenden Urlaubsjahr gewährt und genommen werden muss und eine Übertragung nur in besonders genannten Ausnahmefällen, die strenger sind als die im BUrlG, möglich ist.[3] Ergeben sich aus dem Vertrag keine Anhaltspunkte, dass die Parteien den Mehrurlaub auf besondere Art und Weise regeln wollten, gelten auch für den Mehrurlaub die Bestimmungen des BUrlG.

Die Geltung der Vorgaben des BUrlG auch für einen tarif- oder arbeitsvertraglichen Mehrurlaub dürfte deshalb die Regel sein.

Für den öffentlichen Dienst hat das BAG festgestellt, dass die Regelung des § 26 TVöD zum Erholungsurlaub einen abweichenden Regelungswillen für den tariflichen Mehrurlaub enthält, was das

---

3 BAG, Urteil vom 14. Februar 2017, Az.: 9 AZR 207/16, BeckRS 2017, 106695

Fristenregime und den Verfall angeht,[4] nicht jedoch, was die Mitwirkungsobliegenheiten des Arbeitgebers betrifft. Insoweit „teilt der tarifliche Mehrurlaub das rechtliche Schicksal des gesetzlichen Mindesturlaubs".[5]

Es ist somit bei jeder einzel- oder tarifvertraglichen Regelung zum Urlaubsanspruch genau zu prüfen, ob und inwieweit sie hinsichtlich des Mehrurlaubs zulässigerweise von den Vorgaben des BUrlG abweicht. Zur Frage, inwieweit in Tarif- oder Einzelarbeitsverträgen im Übrigen von den Vorgaben des BUrlG und des EU-Rechts abgewichen werden darf, sowie zur Frage, in welchem Verhältnis diese Regelungen zueinander stehen, vgl. Abschnitt 2.

Im Folgenden wird bei den Erläuterungen zum BUrlG auch jeweils auf hiervon abweichende Bestimmungen in TVöD/TV-L/TV-H eingegangen.

1.2 Für wen gilt das Gesetz?

Das BUrlG gilt für Arbeitnehmer (§ 1 BUrlG). Arbeitnehmer sind Arbeiter und Angestellte sowie die zu ihrer Berufsausbildung Beschäftigten (§ 2 BUrlG). Das BUrlG gilt also nicht für selbstständige Dienstleister, Mitunternehmer oder Werkvertragspartner.

1.2.1 Begriff des „Arbeitnehmers"

Doch wer ist „Arbeitnehmer"? § 611a BGB definiert, was einen „Arbeitnehmer" – im Unterschied zum Selbstständigen – ausmacht:

> Durch den Arbeitsvertrag wird der Arbeitnehmer im Dienste eines anderen zur Leistung weisungsgebundener, fremdbestimmter Arbeit in persönlicher Abhängigkeit verpflichtet. Das Weisungsrecht kann Inhalt, Durchführung, Zeit und Ort der Tätigkeit betreffen. Weisungsgebunden ist, wer nicht im Wesentlichen frei seine Tätigkeit gestalten und seine Arbeitszeit bestimmen kann. Der Grad der persönlichen Abhängigkeit hängt dabei auch von der Eigenart der jeweiligen Tätigkeit ab. Für die Feststellung, ob ein Arbeitsvertrag vorliegt, ist eine Gesamtbetrachtung aller Umstände vorzunehmen. Zeigt die tatsächliche Durchführung des Vertragsverhältnisses, dass es sich um ein Arbeitsverhältnis handelt, kommt es auf die Bezeichnung im Vertrag nicht an.

---

4 BAG, Urteil vom 22. Mai 2012, Az.: 9 AZR 575/10, NZA-RR 2013, 48

5 BAG, Urteile vom 19. Februar 2019, Az.: 9 AZR 541/15, NZA 2019, 982; vom 20. Dezember 2022, Az.: 9 AZR 245/19

Entscheidend ist also die sog. Weisungsgebundenheit. Ob diese gegeben ist, kann an folgenden Kriterien festgemacht werden:

- keine freie Bestimmung von Zeit, Ort sowie Art und Weise der Tätigkeit
- keine Möglichkeit, einen Auftrag abzulehnen
- Eingliederung in die betrieblichen Arbeitsabläufe
- Aufnahme in Organisations-, Raumbelegungspläne, Telefonlisten, E-Mail-Verteiler
- Pflicht zur Vertretung von Kollegen
- Pflicht zur persönlichen Leistungserbringung
- keine Beschäftigung von eigenen Mitarbeitern
- keine Tätigkeit für mehrere Auftraggeber
- keine Anmeldung eines Gewerbes
- keine eigene Werbung
- keine eigene unternehmerische Verantwortlichkeit, kein eigenes Qualitätsmanagement
- Wettbewerbsverbot
- keine eigenen Betriebsmittel
- keine eigene Betriebsstätte

Dieser Katalog ist nicht abschließend. Die Punkte können je nach Einzelfall unterschiedlich zu gewichten sein. Es müssen jeweils alle Umstände und Besonderheiten des konkreten Falles gewürdigt werden. Erst durch eine Zusammenschau aller Umstände kann in Zweifelsfällen die Frage, ob ein Arbeitsverhältnis vorliegt, beantwortet werden.

Problematisch kann die Abgrenzung nicht nur beim freien Mitarbeiter, sondern auch bei Franchisenehmern sein. Zwar sind diese in der Regel selbstständig. Lässt ihnen der Franchisevertrag jedoch kaum mehr unternehmerischen Gestaltungsspielraum, können sie als Arbeitnehmer anzusehen sein. Es kommt darauf an, inwieweit sie in die Organisation des Franchisegebers einbezogen und dessen Weisungen unterworfen sind.[6]

---

6 BAG, Urteil vom 25. Juli 2023, Az.: 9 AZR 43/22, NZA 2023, 1531; Beschluss vom 16. Juli 1997, Az.: 9 AZR 29/96, BB 1997, 1591

Die Mitarbeit in einem Familienbetrieb kann ebenfalls auf Basis eines Arbeitsvertrages erfolgen. Allerdings ist dies nicht zwingend der Fall. Es kommt auf die tatsächliche Ausgestaltung an, insbesondere inwieweit das Familienmitglied an die Weisungen eines Vorgesetzten gebunden und in den Betrieb eingegliedert ist.

Bei der Frage, ob jemand als „Arbeitnehmer" im Sinne des BUrlG anzusehen ist, spielt das Europarecht eine wichtige Rolle. Denn bei der Auslegung des BUrlG haben die deutschen Gerichte auch die Vorgaben der AZRL zum Jahresurlaub zu beachten. Und der europarechtliche Arbeitnehmerbegriff ist weiter als der deutsche:

Der Geschäftsführer einer GmbH erbringt seine Dienste an sich nicht im Rahmen eines Arbeits-, sondern (freien) Dienstvertrages. Dennoch steht ihm nach der Rechtsprechung des EuGH der Mindesturlaub nach Art. 7 AZRL zu, wenn er über keine oder nur eine Minderheitsbeteiligung ohne Sperrminorität an der Gesellschaft verfügt.[7] Denn auch dann ist er den Weisungen der Gesellschafterversammlung faktisch unterworfen.

Dasselbe gilt für Beamte. Diese sind ebenfalls keine Arbeitnehmer, dennoch ist auch ihnen mindestens der Urlaub nach Art. 7 AZRL zu gewähren.[8]

Wichtig: Liegt ein Arbeitsverhältnis im genannten Sinne vor, so ist es unerheblich, ob der Arbeitnehmer in Teilzeit oder sogar nur als Aushilfe arbeitet. Auch dann hat er Urlaubsansprüche nach dem BUrlG.

Geht der Arbeitnehmer einer Nebentätigkeit nach, besteht eine „Doppelbeschäftigung". Urlaubsansprüche ergeben sich dann sowohl aus der Haupt- als auch der Nebenbeschäftigung. Die Urlaubsansprüche bestehen nebeneinander.

Auch sog. „Ein-Euro-Jobber" haben Anspruch auf bezahlten Urlaub (§ 16d Abs. 7 Satz 2 SGB II).

In einem Wiedereingliederungsverhältnis nach § 74 SGB V kann kein Urlaub genommen werden. Denn der Arbeitnehmer ist wegen seiner Erkrankung ohnehin nicht in der Lage, die Arbeitsleistung zu erbringen. Es besteht keine Arbeitsverpflichtung, von der er durch Urlaubsgewährung befreit werden könnte.

---

[7] EuGH, Urteil vom 11. November 2010, Az.: C-232/09, NZA 2011, 143

[8] EuGH, Urteil vom 3. Mai 2012, Az.: C-337/10, AP RL 2003/88/EG Nr. 8 für beamtete Feuerwehrleute

Allerdings gilt: Da das Arbeitsverhältnis rechtlich trotzdem fortbesteht und die tatsächliche Leistung von Arbeit nicht Voraussetzung für das Entstehen von Urlaubsansprüchen ist, können auch während des Wiedereingliederungsverhältnisses Urlaubsansprüche dem Grunde nach entstehen (vgl. hierzu Abschnitt 9.3). Diese können jedoch wegen Zeitablaufs wieder verfallen. Dies ist insbesondere dann der Fall, wenn die krankheitsbedingte Arbeitsunfähigkeit über den Übertragungszeitraum bis zum 31. März des übernächsten Jahres (15-Monatsfrist) hinaus andauert oder der Arbeitnehmer ihn aus sonstigen Gründen nicht rechtzeitig antritt (zur längerfristigen krankheitsbedingten Arbeitsunfähigkeit siehe Abschnitt 5.6.3).

Auszubildenden, Umschülern (§ 1 Abs. 3 BBiG), Volontären (§ 26 BBiG) und Praktikanten, soweit sie nicht nur ein von der Studienordnung vorgeschriebenes (Fach-)Hochschul- oder Schülerpraktikum ableisten (§ 26 BBiG), stehen gleichfalls Urlaubsansprüche nach dem BUrlG zu.

1.2.2 Arbeitnehmerähnliche Personen

Dasselbe gilt für arbeitnehmerähnliche Personen. Diese sind an sich nicht weisungsgebunden und deshalb keine Arbeitnehmer. Sie erbringen jedoch ihre Dienste persönlich und in der Regel ohne eigene Mitarbeiter. Dabei sind sie wirtschaftlich von einem bestimmten Auftraggeber abhängig und einem Arbeitnehmer vergleichbar sozial schutzbedürftig (vgl. § 12a TVG). Sie werden deshalb in den Geltungsbereich des BUrlG mit einbezogen.

Beispiele für arbeitnehmerähnliche Personen sind freie Handelsvertreter, Heimarbeiter und Rundfunkmitarbeiter, die programmgestaltend mitarbeiten. Dies ist typischerweise dann der Fall, wenn die Mitarbeiter ihre eigene Auffassung zu politischen, herrschaftlichen, künstlerischen oder anderen Sachfragen, ihre Fachkenntnisse und Informationen, ihre individuelle künstlerische Befähigung und Aussagekraft in die Sendung mit einbringen können. In Betracht kommen hier regelmäßig Regisseure, Moderatoren, Kommentatoren, Wissenschaftler und Künstler. Nicht zu den programmgestaltenden Mitarbeitern gehören indes das betriebstechnische und das Verwaltungspersonal sowie diejenigen, die zwar bei der Verwirklichung des Programms mitwirken, aber keinen inhaltlichen Einfluss darauf haben.[9] Die letztgenannten Mitarbeiter werden in der Regel

[9] BAG, Urteil vom 17. April 2013, Az.: 10 AZR 272/12, NZA 2013, 903

im Rahmen eines „normalen" Arbeitsverhältnisses tätig. Auch IT-Programmierer oder Übersetzer können als arbeitnehmerähnliche Personen tätig sein.

Entscheidend ist, dass sie sowohl wirtschaftlich von einem Auftraggeber abhängig als auch einem Arbeitnehmer vergleichbar sozial schutzbedürftig sind. Ob dies der Fall ist, prüfen die Arbeitsgerichte anhand einer konkreten Einzelfallbetrachtung. Man kann also nicht davon ausgehen, dass eine bestimmte Berufsgruppe generell als arbeitnehmerähnlich anzusehen ist. § 12a TVG nennt einige Kriterien für die Bestimmung der wirtschaftlichen Abhängigkeit und sozialen Schutzbedürftigkeit. Zwar ist diese Bestimmung für den Urlaubsanspruch nicht direkt anwendbar, da es dort ausschließlich um den Abschluss von Tarifverträgen geht. Dennoch ziehen die Arbeitsgerichte auch die in § 12a TVG aufgeführten Kriterien bei der Frage, ob einem Anspruchsteller Urlaub zusteht, heran. Allerdings wird § 12a TVG nicht schematisch angewandt, sondern im Hinblick auf den Sinn und Zweck des Mindesturlaubs:

Beispiel:

Herr T ist als Übersetzer für einen Übersetzerservice als freier Mitarbeiter tätig und erzielt dort ein durchschnittliches monatliches Einkommen in Höhe von 9.000 Euro. Er bestimmt seine Arbeitszeit selbst und ist frei, einen Auftrag abzulehnen. Außerdem erhält er immer wieder Aufträge einer Großkanzlei und erzielt dort im Durchschnitt ca. 900 Euro monatlich Honorar. Daneben besitzt er ein Mietshaus. Er erzielt Mieteinnahmen in Höhe von ca. 2.800 Euro monatlich. T möchte vom Übersetzerservice bezahlten Urlaub. Zu Recht?

T ist für den Übersetzerservice als freier Mitarbeiter tätig und auch nicht als arbeitnehmerähnliche Person anzusehen, da er nicht mit einem Arbeitnehmer vergleichbar sozial schutzbedürftig ist. Denn er kann seine freie Zeit und seinen Urlaub selbst bestimmen. Seine Einkünfte sind dabei so hoch, dass er nicht auf ein Urlaubsentgelt angewiesen ist. T kann deshalb gegenüber dem Übersetzerservice keine Urlaubsansprüche geltend machen.[10]

[10] vgl. hierzu den ähnlichen Fall einer Moderatorin: LAG Köln, Urteil vom 22. April 1999, Az.: 10 Sa 722/97, NZA-RR 1999, 589

Für den Bereich der Heimarbeit – ebenfalls arbeitnehmerähnliche Personen – gilt die Sondervorschrift des § 12 BUrlG (siehe hierzu Kapitel IV Abschnitt 7).

1.2.3 Wirksames Vertragsverhältnis

II

Die Anwendung des BUrlG setzt außerdem ein wirksames Vertragsverhältnis im oben genannten Sinne voraus. Es kann jedoch vorkommen, dass bereits beim Vertragsabschluss Fehler unterlaufen sind, sodass kein rechtswirksames Vertragsverhältnis zustande gekommen ist.

Dies ist z. B. dann der Fall, wenn sich ein Vertragspartner in einem rechtserheblichen Irrtum befunden hat (§§ 119 f., 123 BGB), der ihn zur Anfechtung seiner Willenserklärung ermächtigt. Ein solcher Irrtum kann darin liegen, dass der Arbeitgeber sich über Eigenschaften des Bewerbers getäuscht hat, die für die zu besetzende Stelle wesentlich sind. Der Arbeitgeber ist dann berechtigt, wegen eines Irrtums über eine verkehrswesentliche Eigenschaft anzufechten, weil er das Vertragsangebot bei Kenntnis der wahren Sachlage und Würdigung der Umstände des Falles nicht oder nicht so abgegeben haben würde.

Beispiel:

Ein als LKW-Fahrer eingestellter Arbeitnehmer ist für den Arbeitsplatz objektiv ungeeignet, wenn er (z. B. wegen einer Trunkenheitsfahrt) gar nicht im Besitz eines Führerscheins ist.

Allgemein können verschwiegene Vorstrafen zur Anfechtung berechtigen, wenn sie für das Arbeitsverhältnis von einschlägiger Bedeutung sind (z. B. Verurteilung wegen Untreue bei einem Kassierer). Allerdings muss in aller Regel das Informationsbedürfnis des Arbeitgebers mit dem allgemeinen Persönlichkeitsrecht des Arbeitnehmers abgewogen werden. Ist eine Vorstrafe im Bundeszentralregister getilgt, wird sich der Arbeitnehmer zumindest im Regelfall auch gegenüber dem Arbeitgeber als nicht vorbestraft bezeichnen dürfen.[11]

Im Einzelnen besteht eine umfangreiche Rechtsprechung, welche Fragen der Arbeitgeber bei einem Bewerbungsgespräch stellen darf

[11] BAG, Urteil vom 6. September 2012, Az.: 2 AZR 270/11, NJW 2013, 1115

und welche der Arbeitnehmer dementsprechend wahrheitsgemäß beantworten muss. Eine Frage nach der Schwangerschaft oder einer Behinderung ohne Bezug zum konkreten Arbeitsplatz wäre z. B. wegen Diskriminierung unzulässig, sodass der Bewerber hierauf nicht wahrheitsgemäß antworten müsste. Ein Anfechtungsrecht besteht bei einem Irrtum darüber entsprechend ebenfalls nicht. Ist ein Umstand für das Arbeitsverhältnis jedoch von so grundlegender Bedeutung, dass seine Durchführung davon objektiv abhängt, so muss der Arbeitnehmer sogar von sich aus darauf hinweisen.

Wenn ein Anfechtungsrecht besteht und die Anfechtung auch fristgerecht ausgeübt wird, ist Rechtsfolge nach § 142 BGB an sich die Unwirksamkeit des Vertrages von Anfang an. Die Anfechtung muss bei einem Eigenschaftsirrtum unverzüglich (§ 121 BGB) und bei einer arglistigen Täuschung oder Drohung von Seiten des Vertragspartners binnen Jahresfrist (§ 124 BGB), gerechnet ab Kenntniserlangung bzw. Beendigung der drohungsbedingten Zwangslage, erfolgen.

Die Unwirksamkeit des Vertrages kann sich auch aus einer fehlenden Genehmigung Dritter ergeben.

Beispiel:

Ein ohne Zustimmung durch die Eltern eingegangenes Arbeits- oder Ausbildungsverhältnis mit einem Minderjährigen (§ 107 BGB) wollen die Eltern nicht im Nachhinein genehmigen. Hier fehlt es an einem wirksamen Vertrag.

Hat der Arbeitnehmer tatsächlich gearbeitet, stellt sich jedoch später heraus, dass der zugrundeliegende Vertrag rechtsunwirksam ist, spricht man von einem fehlerhaften oder faktischen Arbeitsverhältnis. An sich wäre die vom Gesetz vorgesehene Rechtsfolge die Rückabwicklung des Vertrages (§ 812 BGB). Da aber Arbeitsleistung erbracht wurde, ist diese Rechtsfolge faktisch schwer zu bewerkstelligen. Die Rechtsprechung behandelt solche Vertragsverhältnisse deshalb für die Vergangenheit als wirksames Arbeitsverhältnis. Für die Zukunft können diese jedoch mit sofortiger Wirkung aufgelöst werden. Es ist keine Kündigungsfrist einzuhalten.

Keine Rückabwicklungsprobleme bestehen, soweit das Arbeitsverhältnis nicht in Vollzug gesetzt wurde (mit anderen Worten: wenn der Arbeitnehmer gar nicht gearbeitet hat). Die Rechtsprechung versagt dem Arbeitnehmer bei rechtsfehlerhaftem Arbeitsverhältnis die Lohnfortzahlung im Krankheitsfall. Es soll insofern bei dem gesetzlichen Grundsatz der Unwirksamkeit des Rechtsverhältnisses von Anfang an verbleiben.[12] Folglich besteht mangels wirksamen Vertrages auch kein Anspruch auf Entgeltfortzahlung.

Dieselbe Argumentation kann man auf den Anspruch auf bezahlten Urlaub übertragen: Auch im Urlaub wird keine Arbeit geleistet. Der Arbeitgeber hat gar keine Arbeitsleistung erhalten, die er faktisch nicht zurückgeben kann.

Konsequenterweise könnte man einen Anspruch auf Urlaub und Urlaubsentgelt ablehnen. Allerdings hat das BAG im Jahr 1959 – also lange vor dem oben zitierten Urteil zur Entgeltzahlung im Krankheitsfall aus dem Jahr 1998 – noch befunden, dass ein Urlaubsanspruch auch im faktischen Arbeitsverhältnis besteht.[13] In der Literatur wird ein Anspruch ebenfalls bejaht.[14] Aktuelle höchstrichterliche Rechtsprechung des BAG oder des EuGH explizit zur Frage des Urlaubsanspruchs im faktischen Arbeitsverhältnis steht zwar noch aus. Allerdings hat der EuGH in anderer Sache bereits festgestellt, dass im Zusammenhang mit der hier maßgeblichen AZRL jeder „Arbeitnehmer" einen Anspruch auf Mindesturlaub hat. Entscheidend ist, ob die Rechte und Pflichten der Beteiligten objektiv als Arbeitsverhältnis zu kennzeichnen sind. Als „Arbeitnehmer" ist daher „jeder anzusehen, der eine tatsächliche und echte Tätigkeit ausübt, wobei Tätigkeiten außer Betracht bleiben, die einen so geringen Umfang haben, dass sie sich als völlig untergeordnet und unwesentlich darstellen. Das wesentliche Merkmal des Arbeitsverhältnisses besteht darin, dass jemand während einer bestimmten Zeit für einen anderen nach dessen Weisung Leistungen erbringt, für die er als Gegenleistung eine Vergütung erhält."[15] Folglich wird zumindest ein Mindesturlaubsanspruch nur in seltenen Fällen abzuwehren sein. Tatsächlich hat sich der Arbeitnehmer seinen Urlaubsanspruch auch mit der vorherigen Erbringung von Arbeitsleistung „erdient", sodass es plausibel und legitim erscheint, ihm auch im faktischen Arbeitsverhältnis einen Urlaubsanspruch zuzuerkennen.

Abzulehnen wäre ein Anspruch jedoch in besonderen Fällen der Unwirksamkeit des Arbeitsvertrages, etwa wenn der Arbeitnehmer

---

[12] BAG, Urteil vom 3. Dezember 1998, Az.: 2 AZR 754/97, NZA 1999, 584

[13] BAG, Urteil vom 19. Juni 1959, Az.: 1 AZR 565/57, NJW 1959, 2026

[14] Arnold/Tillmanns/Zimmermann, BUrlG, Kommentar, § 1 Rz. 54

[15] EuGH, Urteil vom 26. März 2015, Az.: C-316/13, NZA 2015, 1444

unter Vorspiegelung falscher Tatsachen ein Arbeitsverhältnis erschlichen hat und gar nicht die benötigten Eigenschaften, die für die Durchführung des Arbeitsverhältnisses erforderlich sind, besitzt[16] oder wenn ein Arbeitsverhältnis unabhängig von der Willensbildung der Parteien normativ (etwa durch eine tarifliche Vorschrift zum Renteneintritt) ein Ende gefunden hat, dies dem Arbeitgeber jedoch mangels Mitteilung durch den Arbeitnehmer nicht bekannt war.[17]

1.2.4 Tatsächliche Arbeitsleistung

Für das Entstehen von Urlaubsansprüchen ist es nicht erforderlich, dass der Arbeitnehmer tatsächlich gearbeitet hat. Es ist unerheblich, wenn er im laufenden Arbeitsverhältnis arbeitsunfähig erkrankt war oder das Arbeitsverhältnis aus irgendwelchen Gründen ruht.[18] Bei einem ruhenden Arbeitsverhältnis wird weder gearbeitet noch wird Entgelt gezahlt. Das rechtliche Band, also der Arbeitsvertrag, besteht dabei aber weiterhin. Dann kann der Arbeitnehmer zwar keinen Urlaub nehmen, weil er ja ohnehin momentan keine Arbeitspflicht hat, von der er befreit werden könnte. An sich könnten aber weiterhin Urlaubsansprüche auflaufen, da das BUrlG lediglich ein rechtlich wirksames Arbeitsverhältnis voraussetzt, keine Arbeitsleistung. Allerdings geht das BAG anders als früher inzwischen davon aus, dass bei einer Reduzierung der Arbeitspflicht zumindest in bestimmten Fällen sich auch der Urlaubsanspruch entsprechend reduziert, z. B. bei Kurzarbeit[19] (vgl. Abschnitt 4.2.4) oder einem Sabbatical (vgl. Abschnitt 4.2.7 und Kapitel VII Abschnitt 5).[20] Unerheblich ist jedenfalls, ob der Arbeitnehmer tatsächlich erholungsbedürftig ist.

Auch bei Elternzeit kann der Arbeitgeber den Urlaubsanspruch kürzen (vgl. Kapitel VII Abschnitt 1).

1.3 Wo gilt das Gesetz?

Das BUrlG gilt in dem Gebiet der Bundesrepublik Deutschland.

---

16 BAG, Urteil vom 30. April 1997, AZ.: 7 AZR 122/96, NZA 1998, 199: bei Anstellung als Arzt und fehlender Approbation

17 BAG, Urteil vom 3. November 2004, Az.: 5 AZR 592/03, NZA 2005, 1409

18 BAG, Urteil vom 6. Mai 2014, Az.: 9 AZR 678/12, NZA 2014, 959

19 BAG, Urteil vom 30. November 2021, Az.: 9 AZR 225/21, NZA 2022, 629

20 BAG, Urteil vom 19. März 2019, Az.: 9 AZR 315/17, ZIP 2019, 2176

1.3.1 Nationale Sachverhalte

Maßgeblich ist, an oder von welchem Ort aus der Arbeitnehmer gewöhnlich seine Arbeit verrichtet.

II

Beispiel:

Für einen Außendienstmitarbeiter, der regelmäßig das Hauptbüro aufsucht, ist gewöhnlicher Tätigkeitsort in diesem Sinne der Sitz des Hauptbüros.

Entsprechend ist bei einem LKW-Fahrer, der auch im Ausland seine Touren fährt, auf denjenigen Ort abzustellen, von dem er seine Fahrten antritt, an dem seine Einsatzplanung erfolgt und von dem er seine Anweisungen erhält.[21] Ist ein solcher gewöhnlicher Tätigkeitsort nicht vorhanden, so ist auf den Ort der Niederlassung, die den Arbeitnehmer eingestellt hat, abzustellen (Art. 28 Rom I VO, Art. 30 Abs. 2 EGBGB).

Bei Beschäftigten, die an der Küste oder Off-Shore eingesetzt sind, kommt es darauf an, wie weit sie bei ihrer Tätigkeit vom Festland entfernt sind: Zum Gebiet der Bundesrepublik Deutschland zählt auch der Festlandsockel[22] und die Zwölf-Meilen-Zone des Küstenstreifens (Art. 3 SRÜ). Die sog. „Ausschließliche Wirtschaftszone" (AWZ) hingegen befindet sich außerhalb dieser Zone und erlaubt nach dem UN-Seerechtsübereinkommen (Art. 55 SeeRÜ) zwar insbesondere die Errichtung von Offshore-Anlagen (Bohrinseln, Windräder etc.). Hierzu werden den Vertragsstaaten bestimmte Hoheitsbefugnisse eingeräumt.

Das Urlaubsrecht gehört nach h. M. jedoch nicht zu diesen Hoheitsbefugnissen. Es gilt deshalb diejenige Rechtsordnung, die nach dem Internationalen Privatrecht einschlägig ist (dazu sogleich). Abgesehen davon wird die Tätigkeit auf einer Offshore-Anlage in aller Regel von einem Betrieb auf dem Festland dirigiert werden, sodass der Hauptbetrieb dann auf dem Festland und nicht in der AWZ liegen dürfte.

[21] EuGH, Urteil vom 15. Dezember 2011, Az.: C-384/10, NZA 2012, 227

[22] EuGH, Urteil vom 27. Februar 2002, Az.: C-37/00, NJW 2002, 1635

1.3.2 Internationale Sachverhalte

Für die Seeschifffahrt wird auf die Ausführungen zum Seearbeitsrecht verwiesen (siehe Kapitel IV Abschnitt 6). Es gilt nicht ausschließlich das Flaggenprinzip. Es sind vielmehr die allgemeinen Anknüpfungsgrundsätze des Internationalen Privatrechts heranzuziehen: Internationale Sachverhalte des Arbeitsrechts sind in Art. 8 und 9 Rom I VO geregelt. Diese gelten für Arbeitsverhältnisse, die ab dem 17. Dezember 2009 geschlossen wurden (Art. 28 Rom I VO). Für ältere Arbeitsverhältnisse gelten nach wie vor die Art. 27 bis 37 EGBGB. Die Vorschriften stimmen inhaltlich jedoch weitgehend überein.

Hiernach gilt prinzipiell der Grundsatz der freien Rechtswahl: Das Vertragsverhältnis unterliegt derjenigen Rechtsordnung, welche die Parteien gemeinsam bestimmt haben. Dabei kann sich eine Rechtswahl auch konkludent aus den Umständen des Falles ergeben. Wichtige Indizien sind hier zum Beispiel Gerichtsstandsklauseln, die Wahl der Vertragssprache oder die Inbezugnahme von bestimmten Tarifverträgen und sonstigen nationalen Regelungen.

Haben die Parteien keine Rechtswahl getroffen, so ist der Arbeitsort maßgeblich, an dem oder von dem aus (z. B. Flugpersonal) der Arbeitnehmer seine Arbeit gewöhnlich verrichtet (Art. 8 Abs. 2 Rom I VO bzw. Art. 28 Abs. 2 EGBGB). Eine nur vorübergehende Entsendung ändert daran nichts. Ist kein gewöhnlicher Arbeitsort feststellbar – weil der Arbeitnehmer ständig an wechselnden Orten eingesetzt wird –, kann auf den Ort der Niederlassung, die den Arbeitnehmer eingestellt hat, abgestellt werden (Art. 8 Abs. 3 Rom I VO bzw. Art. 29 Abs. 2 EGBGB). Ergibt sich aus den übrigen Umständen dennoch eine engere Verbindung zu einem anderen Staat, so kann eine Anknüpfung an diese Rechtsordnung möglich sein (Art. 8 Abs. 4 Rom I VO bzw. Art. 28 Abs. 1 Satz 1 EGBGB).

Von Bedeutung können folgende Kriterien sein:

- Vertragssprache
- Ort des Vertragsschlusses
- Gerichtsstandsvereinbarung
- Währung der Vergütung
- Nationalität der Parteien
- Ort, an dem das Direktionsrecht des Arbeitgebers ausgeübt wird

- einzelne Regelungen, zum Beispiel zu Kündigungsfristen, Urlaub, Entgeltfortzahlung im Krankheitsfall etc., wenn diese für eine bestimmte Rechtsordnung typisch sind
- Zahlungsort
- Ort der Anbahnung des Arbeitsverhältnisses

Ergibt sich nun, dass deutsches Recht zur Anwendung kommt, so gilt unproblematisch auch das BUrlG (es sei denn, es kommt das speziellere SeeArbG zur Anwendung, vgl. Kapitel IV Abschnitt 6).

Kommt man zu dem Ergebnis, dass eine ausländische Rechtsordnung anzuwenden ist, muss man unterscheiden:

Wurde eine ausländische Rechtsordnung zwischen den Parteien vereinbart, ist zu beachten, dass diese Rechtswahl nicht dazu führen darf, dass dem Arbeitnehmer der Schutz entzogen wird, den ihm die nach den oben genannten Kriterien einschlägige Rechtsordnung gewähren würde. Käme also ohne die Rechtswahl der Parteien nach oben genannten Kriterien das deutsche Recht zur Anwendung, gilt das BUrlG auch bei der anderweitigen Vereinbarung.

Ausnahme hiervon: Ist das ausländische Recht günstiger für den Arbeitnehmer als das BUrlG, benötigt er den Schutz des deutschen Rechts nicht und das ausländische Recht findet Anwendung (Art. 8 Rom I VO bzw. Art. 30 Abs. 1 EGBGB).[23]

Wichtig: Beim Vergleich, welche Rechtsordnung günstiger ist, sind nicht einzelne Regelungen zu vergleichen, sondern der gesamte Regelungskomplex, der in Frage steht (sog. Sachgruppenvergleich). Das „Herauspicken von Rosinen“ ist deshalb nicht möglich.

Beispiel:

Urlaubsdauer, Länge der Wartezeit und Höhe des Urlaubsgelds könnte man als einheitliche Sachgruppe „Urlaub“ zusammenfassen.

Liegt keine bzw. keine wirksame Rechtswahl durch die Vertragsparteien vor und ergeben die oben genannten Kriterien, dass ausländisches Recht auf das Arbeitsverhältnis anzuwenden ist, können trotzdem deutsche Regelungen für das Arbeitsverhältnis gelten. Ein Staat kann nämlich die zwingende Anwendung bestimmter Re-

[23] BAG, Urteil vom 13. November 2007, Az.: 9 AZR 134/07, NZA 2008, 761

gelungen vorschreiben, die er als entscheidend für die Wahrung seines öffentlichen Interesses, insbesondere seiner politischen, sozialen oder wirtschaftlichen Organisation betrachtet (Art. 9 Rom I VO bzw. Art. 34 EGBGB).

Der deutsche Gesetzgeber hat dies mit § 2 AEntG getan. Demnach gelten die Regelungen für den bezahlten Mindesturlaub auch für Arbeitsverhältnisse zwischen einem im Ausland ansässigen Arbeitgeber, wenn er in Deutschland Arbeitnehmer beschäftigt. Dabei müssen diese Arbeitnehmer nicht aus dem Ausland kommen. Der ausländische Arbeitgeber kann diese auch vor Ort in Deutschland angeworben haben.

Fazit: Soweit ein Arbeitnehmer in Deutschland tätig ist, wird auch ein ausländischer Arbeitgeber die Bestimmungen zur Gewährung des bezahlten Mindesturlaubs nach dem BUrlG zu beachten haben. Soweit sich dies nicht schon aus einer Rechtswahl oder einer Anknüpfung nach Art. 8 Rom I VO (bzw. der Art. 27 ff. EGBGB) ergibt, folgt dies aus § 2 AEntG.

Wird hingegen ein deutscher Arbeitnehmer von seinem Arbeitgeber in das Ausland entsandt, gilt § 2 AEntG nicht. Handelt es sich um eine vorübergehende, d. h. zeitlich befristete Entsendung, so hat dies auf die Anwendbarkeit der deutschen Rechtsordnung keinen Einfluss. Die Rückkehr muss aber geplant sein. Ist diese nicht absehbar und wird der Arbeitnehmer in den ausländischen Betrieb derart eingegliedert, dass der entsendende Betrieb kein Weisungsrecht und damit auch kein „Rückholrecht" mehr hat, kann wohl nicht mehr von einer „vorübergehenden Entsendung" gesprochen werden, sodass nach den allgemeinen Grundsätzen eine Anknüpfung an das Recht des ausländischen Staates nahe liegt.[24] Möchten die Vertragsparteien dies vermeiden, so sollte eine Rechtswahl ausdrücklich vereinbart werden.

---

[24] LAG Hessen, Urteil vom 14. August 2000, Az.: 10 Sa 982/99, NJOZ 2001, 45

2. Tarif- und arbeitsvertragliche Regelungen

Tarif- und Arbeitsverträge enthalten für den Arbeitnehmer oftmals günstigere Regelungen, als es das BUrlG vorschreibt; insbesondere werden meist mehr Urlaubstage gewährt, teils abhängig vom Alter oder der Dauer der Betriebszugehörigkeit. Teils sind die Bedingungen jedoch nachteiliger, insbesondere zum Teilurlaub, wenn das Arbeitsverhältnis nicht ganzjährig besteht, zum Verfall von Urlaub oder zu sonstigen Details.

Dann stellt sich die Frage, wie sich die Vorschriften des BUrlG zum gegebenenfalls tarif- oder einzelvertraglich anders geregelten Erholungsurlaub verhalten:

Prinzipiell geht das ranghöhere dem rangniedrigeren Recht vor. Über dem Arbeitsvertrag steht das Kollektivrecht in Form von Betriebsvereinbarungen und Tarifverträgen und über diesen wiederum das Gesetz, also in diesem Fall das BUrlG. Noch eine Ebene höher angesiedelt ist das EU-Recht. Dieses fließt insbesondere bei der Auslegung der nationalen Rechtsvorschriften mit ein.

2.1 Günstigkeitsprinzip

Im Arbeitsrecht wird diese Hierarchie vom sog. „Günstigkeitsprinzip" durchbrochen. Dies bedeutet, dass auch rangniedrigeres Recht dem ranghöheren vorgeht, wenn es für den Arbeitnehmer günstiger ist. Dies ist in § 4 Abs. 3 TVG ausdrücklich für das Verhältnis zwischen Tarifverträgen und anderen Abmachungen (einzelvertraglichen Abreden, Betriebsvereinbarungen) festgelegt.

Die Tarif- und Arbeitsvertragsparteien können also jederzeit für den Arbeitnehmer günstigere Arbeitsbedingungen vereinbaren, als es das BUrlG und EU-rechtliche Vorgaben vorsehen.

Zur Beurteilung, ob eine Bestimmung im Tarifvertrag für den Arbeitnehmer günstiger als die gesetzliche ist, sind die jeweiligen Einzelregelungen miteinander zu vergleichen, also z. B. die Urlaubsdauer oder die Wartezeit jeweils für sich.[25]

Treffen im konkreten Arbeitsverhältnis Vorschriften aus einem Tarifvertrag und eine arbeitsvertragliche Regelung zusammen, so gilt das Günstigkeitsprinzip nach § 4 Abs. 3 TVG: Anders als im Vergleich zum BUrlG ist jedoch keine Einzelbetrachtung, sondern ein sog.

---

[25] Arnold/Tillmanns/Zimmermann, BUrlG, Kommentar, § 13 BUrlG Rz. 7 m. w. N.

„Sachgruppenvergleich" vorzunehmen, d. h. zusammengehörende Teilbereiche werden zusammen betrachtet.[26] Dabei ist nicht auf das Gesamtwerk von Tarif- oder Arbeitsvertrag abzustellen und zu fragen, ob der Tarif- oder Arbeitsvertrag etwa „insgesamt gesehen" für den Arbeitnehmer günstiger ist als die gesetzliche Regelung. Man kann also nicht „Äpfel mit Birnen vergleichen".

Ob eine Leistung zur Sachgruppe „Urlaub" gehört, muss durch Auslegung des Tarifvertrags geklärt werden. Hierbei ist nicht nur der Wortlaut, sondern es sind auch der Sinn und Zweck der gewährten Leistung zu berücksichtigen, also was die Tarifvertragsparteien gewollt haben. Urlaubsdauer, Länge der Wartezeit und Höhe des Urlaubsgelds könnte man beispielsweise als einheitliche Sachgruppe „Urlaub" zusammenfassen.[27] Ist jedoch keine zweifelsfreie Besserstellung des Arbeitnehmers festzustellen, verbleibt es bei der tariflichen Regelung.

Selbst wenn eine Leistung im Tarifvertrag als „Urlaubsgeld" bezeichnet ist, muss diese nicht zwingend in unmittelbarem Zusammenhang mit dem Erholungsurlaub stehen. Es kann auch eine saisonale Sonderzahlung gewollt sein, die nicht zur Sachgruppe „Urlaub" gehören muss.[28]

Beim Vergleich zwischen Arbeitsvertrag und Gesetz nimmt die Rechtsprechung zwar ebenfalls teils einen „Gruppenvergleich" vor.[29] Allerdings ergibt sich aus der Regelung in § 13 Abs. 1 Satz 3 BUrlG, dass – von einer relativ unbedeutenden Ausnahme abgesehen –individualrechtlich von den Regelungen des BUrlG nicht zuungunsten des Arbeitnehmers abgewichen werden kann. Hieraus folgt, dass die jeweiligen einzelnen Regelungen für sich einander gegenübergestellt werden müssen. Das bedeutet, dass z. B. ein geringeres Urlaubsentgelt, als es das BUrlG vorsieht, nicht durch eine höhere Anzahl von Urlaubstagen aufgewogen werden kann. Der Arbeitnehmer kann sich hier die „Rosinen herauspicken".

---

[26] BAG, Urteil vom 15. April 2015, Az.: 4 AZR 587/13, AP § 4 TVG Günstigkeitsprinzip Nr. 26

[27] LAG Rheinland-Pfalz, Urteil vom 15. März 2023, Az.: 7 Sa 216/22, BeckRS 2023, 14172

[28] BAG, Urteil vom 12. Oktober 2010, Az.: 9 AZR 522/09, NZA 2011, 695

[29] BAG, Urteil vom 29. Januar 2015, Az.: 2 AZR 280/14, NJW 2015, 2205, zu Kündigungsfrist und Kündigungstermin

2.2 Abweichungen zu Lasten des Arbeitnehmers beim Mindesturlaub in Arbeitsverträgen

Zu Lasten des Arbeitnehmers kann in Einzelarbeitsverträgen nicht von den Vorschriften des BUrlG abgewichen werden. Deshalb kann der gesetzliche Mindesturlaubsanspruch z. B. auch nicht an eine Ausschlussfrist gebunden werden. Ebenso problematisch ist eine Regelung zum restlichen Mindesturlaub in Aufhebungsverträgen oder Ausgleichsquittungen.[30]

Wichtig: Die Praxis behilft sich mit sog. „Tatsachenvergleichen", in denen Arbeitgeber und Arbeitnehmer feststellen, dass der Urlaub de facto genommen ist. Bei der Formulierung ist also Vorsicht geboten!

Nur beim Grundsatz der zusammenhängenden Urlaubsgewährung von mindestens zwölf Tagen macht der Gesetzgeber für den Einzelarbeitsvertrag Zugeständnisse (§ 13 Abs. 1 Satz 3 BUrlG).

Im Übrigen sind zumindest neutrale Modifizierungen erlaubt.

2.3 Abweichungen zu Lasten des Arbeitnehmers beim Mindesturlaub in Tarifverträgen

Tarifverträge genießen einen weiteren Spielraum (§ 13 Abs. 1 Satz 1 BUrlG). Unantastbar bleibt die Regelung zur Mindesturlaubsdauer für alle Arbeitnehmer einschließlich der zu ihrer Berufsausbildung Beschäftigten und arbeitnehmerähnliche Personen von kalenderjährlich mindestens 24 Werktagen, bezogen auf die Sechs-Tage-Woche (§§ 1, 2 und 3 Abs. 1 BUrlG). Auch die europarechtliche Arbeitszeitrichtlinie bestimmt, dass mindestens ein Urlaub von 24 Werktagen zu gewähren ist (Art. 7 Abs. 1 AZRL). Diese Richtlinie bindet die Tarifvertragsparteien zwar nicht unmittelbar, sondern nur, soweit sie in deutsches Recht umgesetzt ist (vgl. Kapitel I Abschnitt 2). Die Gerichte werden in Zweifelsfällen bei der Auslegung von Tarifnormen die Richtlinie jedoch berücksichtigen.

Wichtig: Somit muss das Urlaubsjahr zwingend das Kalenderjahr sein und es dürfen nicht bestimmte Arbeitnehmergruppen vom Urlaubsanspruch ausgeschlossen sein. Der Tarifvertrag darf nicht dazu führen, dass ein Arbeitnehmer in einem Kalenderjahr, in dem

---

[30] BAG, Urteile vom 5. April 1984, Az.: 6 AZR 443/81, NZA 1984, 257; vom 31. Mai 1990, Az.: 8 AZR 132/89, NZA 1990, 935

er beschäftigt ist, keinen bezahlten Erholungsurlaub in gesetzlicher Höhe erwirbt.

Verstößt eine tarifliche Bestimmung zur Urlaubsgewährung gegen höherrangiges Recht, insbesondere gegen Grundsätze, die in den Grundnormen der §§ 1 bis 3 Abs. 1 BUrlG enthalten sind, so ist die tarifliche Regelung unwirksam. Die Regelungslücke wird von der gesetzlichen Regelung ausgefüllt. Dies gilt jedenfalls für den Mindesturlaub nach dem BUrlG. Für einen darüber hinausgehenden Mehrurlaubsanspruch kann die Regelung jedoch durchaus Geltung beanspruchen.[31]

Abweichungsmöglichkeiten bestehen außerdem für das Baugewerbe und andere Wirtschaftszweige, in denen wegen häufiger Ortswechsel Arbeitsverhältnisse von kürzerer Dauer als einem Jahr verbreitet sind (§ 13 Abs. 2 BUrlG).

2.3.1 Welcher Tarifvertrag gilt?

In manchen Fällen kann zweifelhaft sein, ob überhaupt und – wenn ja – welcher Tarifvertrag Anwendung findet.

Die Bestimmungen eines Tarifvertrags sind anwendbar, wenn

a) beide Vertragsparteien tarifgebunden sind (§ 3 Abs. 1, § 4 TVG), weil sie Mitglieder des einschlägigen Verbands (Arbeitgeberverband bzw. Gewerkschaft), der den Tarifvertrag abgeschlossen hat, sind oder

b) der Arbeitgeber selbst Tarifvertragspartei ist (§ 2 Abs. 1 TVG), weil er einen „Firmentarifvertrag“ abgeschlossen hat, und die Arbeitnehmer Mitglieder der Gewerkschaft sind, die mit dem Arbeitgeber den Tarifvertrag abgeschlossen hat, oder

c) der Tarifvertrag zwar gekündigt oder abgelaufen ist, aber noch nachwirkt (§ 4 Abs. 5 TVG)[32] oder

d) der Tarifvertrag für allgemeinverbindlich erklärt worden ist (§ 5 Abs. 4 TVG) oder durch eine Rechtsverordnung verbindlich gilt (§§ 7, 7a, 11 AEntG)[33] oder

---

[31] BAG, Urteil vom 22. Februar 2000, Az.: 9 AZR 107/99, NZA 2001, 268

[32] BAG, Urteil vom 18. September 2012, Az.: 9 AZR 1/11, NZA 2013, 216

[33] Eine Übersicht zu allgemeinverbindlich erklärten und kraft RVO geltenden Tarifverträgen findet sich im Tarifregister unter www.bmas.de

e) die Geltung des Tarifvertrages oder zumindest der einschlägigen Bestimmungen zwischen Arbeitgeber und Arbeitnehmer einzelvertraglich vereinbart worden ist.

Konkurrieren mehrere Tarifverträge miteinander, die sich nicht gegenseitig ergänzen, so stellt sich die Frage, welcher auf das jeweilige Arbeitsverhältnis anzuwenden ist. Diese Situation kann eintreten, wenn ein Arbeitgeber tarifgebunden ist und zusätzlich einen eigenen Haustarifvertrag abschließt oder wenn der Arbeitgeber Mitglied in mehreren Verbänden ist und die Arbeitnehmer unterschiedlichen Gewerkschaften angehören. Auch im Fall eines Verbandswechsels oder durch eine Allgemeinverbindlicherklärung kann es zu einer Tarifkonkurrenz kommen.

Soweit die Tarifverträge selbst keine Regelung enthalten, wie zu verfahren ist, gilt nach der Rechtsprechung des BAG der Grundsatz des Vorrangs der Sachnähe oder Spezialität. Zum Beispiel würde ein Haustarifvertrag dem allgemeinen Manteltarifvertrag vorgehen.

§ 5 Abs. 4 TVG wiederum bestimmt, dass sich ein Arbeitgeber auch an die Normen des für ihn geltenden allgemeinverbindlich erklärten Tarifvertrages halten muss, wenn er einen anderen Tarifvertrag nach § 3 TVG abgeschlossen hat.

Soweit in einem Betrieb mehrere Tarifverträge zur Anwendung kommen können, weil die Arbeitnehmer in unterschiedlichen Gewerkschaften organisiert sind und auch der Arbeitgeber insoweit tarifgebunden ist, bestimmt § 4a TVG das Mehrheitsprinzip: Maßgeblich ist dann derjenige Tarifvertrag, der zum Zeitpunkt des Abschlusses des zuletzt abgeschlossenen kollidierenden Tarifvertrags im Betrieb die meisten in einem Arbeitsverhältnis stehenden Mitglieder hat.

2.3.2 Geltung tarifvertraglicher Regelungen durch individualvertragliche Inbezugnahme

Gelten tarifvertragliche Regelungen zum Urlaub kraft individualrechtlicher Vereinbarung, so sind einige Besonderheiten zu beachten:

Der Gesetzgeber traut den Tarifparteien eher zu, insgesamt eine ausgewogene Regelung zu finden, als den Arbeitsvertragsparteien, da hier in der Regel von einem Gefälle in der Verhandlungsmacht auszugehen sein wird.

Die flexibleren Regelungen eines Tarifvertrags können nach der Rechtsprechung des BAG nur unter folgenden Voraussetzungen einzelvertraglich ohne Abstriche genutzt werden:

1. Die Arbeitsvertragsparteien müssen entweder den gesamten Tarifvertrag global übernehmen[34] oder aber zumindest den in sich abgeschlossenen Teil[35] zum Urlaubsrecht. Denn nur dann kann von einer ausgewogenen Gesamtregelung ausgegangen werden. Schließlich werden in der Regel beim Verhandeln meist in einem Bereich Zugeständnisse gemacht, um im Gegenzug an anderer Stelle vom Verhandlungspartner ebensolche zu erhalten. Dieses Gesamtkonzept würde gestört, wenn nur einzelne Bestimmungen herausgegriffen würden.
2. Es muss sich um den sachlich, örtlich und zeitlich einschlägigen Tarifvertrag handeln, also denjenigen Tarifvertrag, der zur Anwendung kommen würde, wenn beide Arbeitsvertragsparteien tarifgebunden wären. Denn § 13 Abs. 1 Satz 2 BUrlG spricht von der Vereinbarung der „einschlägigen" tariflichen Regelung.

   Dabei ist eine dynamische Verweisung, die auf den jeweils geltenden aktuellen Tarifvertrag verweist, nach der Rechtsprechung des BAG unproblematisch, da ein Arbeitsverhältnis als Dauerschuldverhältnis per se auf die Zukunft gerichtet ist.[36]
3. Die Bezugnahmeklausel muss hinreichend transparent, d. h. klar und verständlich gefasst sein (§ 307 Abs. 1 Satz 2 BGB).
4. Die Klausel darf nicht an überraschender Stelle platziert sein (Überraschungsverbot, § 305c Abs. 1 BGB).

Eine Bezugnahmeklausel im Arbeitsvertrag, die den genannten Anforderungen nicht entspricht, führt zu einer Überprüfung der Regelungen nach den allgemeinen Bestimmungen für Individualvereinbarungen, also einer sog. AGB-Kontrolle (vgl. dazu Abschnitt 2.7).

2.4 Abweichungsmöglichkeiten zu Lasten des Arbeitnehmers beim Mehrurlaub

Vgl. hierzu Abschnitt 4.3.2 „Anwendbare Vorschriften für einen (tarif-)vertraglichen Mehrurlaub".

---

34 BAG, Urteil vom 28. Juni 2007, Az.: 6 AZR 750/06, NZA 2007, 1049

35 BAG, Urteil vom 6. Mai 2009, Az.: 10 AZR 390/08, NZA-RR 2009, 593

36 BAG, Urteil vom 24. September 2008, Az.: 6 AZR 76/07, AP § 305c BGB Nr. 11

2.5 Urlaubsrechtliche Regelungen in Betriebs- oder Dienstvereinbarungen

Im Verhältnis zwischen Tarifvertrag und Betriebsvereinbarung ist § 77 Abs. 3 BetrVG zu beachten, wonach Arbeitsbedingungen, die durch Tarifvertrag geregelt sind oder üblicherweise geregelt werden, nicht Gegenstand einer Betriebsvereinbarung sein können, es sei denn, der Tarifvertrag lässt dies ausdrücklich zu.

Da Urlaubsregelungen zu Dauer, Verfall, Übertragung etc. regelmäßig schon Gegenstand des einschlägigen Tarifvertrages sind, greift im Allgemeinen diese sog. Tarifvertragssperre. Unberührt bleiben jedoch die Mitbestimmungsrechte bei der Ausgestaltung der Urlaubsansprüche (vgl. dazu Kapitel III).

Beispiel:

Im Arbeitsvertrag wird dem Arbeitnehmer ein Urlaubsanspruch von 28 Arbeitstagen kalenderjährlich zugesagt, im einschlägigen Manteltarifvertrag, der kraft beidseitiger Tarifbindung Anwendung findet, ein solcher von 27 Tagen. Zusätzlich hat der Arbeitgeber einen Haustarifvertrag abgeschlossen, indem von 26 Urlaubstagen die Rede ist. Außerdem existiert eine Betriebsvereinbarung, in der 30 Urlaubstage zugesagt werden.

Lösung:

Maßgeblich ist der Arbeitsvertrag. Die Betriebsvereinbarung ist nach § 77 Abs. 3 BetrVG nichtig, da es sich um eine Urlaubsregelung handelt, die im einschlägigen Tarifvertrag geregelt wird. Dabei geht der speziellere Haustarifvertrag dem Manteltarifvertrag vor. Dem Tarifvertrag wiederum geht der Arbeitsvertrag vor, denn diese individualvertragliche Regelung ist für den Arbeitnehmer günstiger als die tarifvertragliche (§ 4 Abs. 3 TVG). Die Abweichung von § 3 BUrlG (24 Werktage kalenderjährlich) ist zulässig, da sie günstiger ist (§ 13 Abs. 1 Satz 3 BUrlG).

2.6 Gleichbehandlung und Diskriminierungsschutz

Die Tarifvertragsparteien, Betriebspartner und Arbeitgeber haben bei der Gestaltung selbstverständlich allgemeine arbeitsrechtliche Grundsätze zu beachten, wie den Gleichbehandlungsgrundsatz oder das Diskriminierungsverbot nach dem AGG.

Für Teilzeitbeschäftigte gilt ein explizites Schlechterstellungsverbot im Vergleich zu Vollzeitarbeitnehmern (§ 4 Abs. 1 TzBfG).

Der allgemeine Gleichbehandlungsgrundsatz im Arbeitsrecht besagt, dass Arbeitgeber, sofern sie Leistungen oder Vergünstigungen kollektiv – also nach einer bestimmten Regel – gewähren, einzelne Arbeitnehmer von diesen nicht aus unsachlichen, willkürlichen Gründen ausschließen dürfen. Auch eine unsachliche, willkürliche Gruppenbildung ist nicht erlaubt. Eine Differenzierung zwischen Angestellten und Arbeitern[37] wäre deshalb ebenso unzulässig wie eine solche nach der Rasse, der ethnischen Herkunft, dem Geschlecht, der Religion oder Weltanschauung, einer Behinderung, dem Alter oder der sexuellen Identität ohne sachlichen Grund (§§ 1, 12, 15 AGG).

Dass ältere Mitarbeiter ein gesteigertes Erholungsbedürfnis oder gestiegene Ansprüche bei der Urlaubsgestaltung hätten, hat das BAG als Grund für die Staffelung der Urlaubsdauer nach Lebensalter in § 26 Abs. 1 Satz 2 TVöD a. F. nicht überzeugt. Es erkannte darin eine altersdiskriminierende Regelung.[38]

Die zu Unrecht ausgeschlossenen Beschäftigten haben einen Anspruch auf Gleichbehandlung. Es erfolgt in der Regel eine Anpassung „nach oben",[39] d. h. die Gleichstellung erfolgt dergestalt, dass die ausgeschlossenen Arbeitnehmer ebenfalls den Anspruch erhalten, was für den Arbeitgeber sehr teuer werden kann.

Achtung: Bei einem Verstoß gegen eines der sog. „verpönten Merkmale" nach dem AGG kann dem Arbeitnehmer zusätzlich ein Entschädigungsanspruch zustehen (§ 15 AGG).

Die Rechtsprechung greift jedoch nicht ohne Rücksicht auf den Regelungswillen der Tarifvertragsparteien in die Tarifautonomie ein. Denn es kann nicht immer ohne Weiteres ein hypothetischer Parteiwille dahingehend unterstellt werden, dass die Tarifparteien, hätten sie die Unwirksamkeit der Differenzierungsklausel erkannt, die Leistung einem weiteren Personenkreis zugebilligt hätten. Deshalb ist das BAG in einem anderen Fall von der Gesamtunwirksam-

---

[37] BAG, Urteil vom 28. Mai 1996, Az.: 3 AZR 752/95, AP § 1 TVG Tarifverträge Metallindustrie Nr. 143

[38] BAG, Urteil vom 20. März 2012, Az.: 9 AZR 529/10, NJW 2012, 3465

[39] BAG, Urteil vom 20. März 2012, Az.: 9 AZR 529/10, NZA 2012, 803 (hinsichtlich einer Staffelung von Urlaubsansprüchen nach Lebensjahren in § 26 Abs. 1 TVöD a. F.)

keit der benachteiligenden tarifvertraglichen Regelung zumindest für die Zukunft ausgegangen und hat somit allen Mitarbeitern den Anspruch versagt.[40]

2.7 AGB-Kontrolle

II

Der Arbeitgeber ist – soweit es sich um Regelungen in einem vorformulierten Arbeitsvertrag handelt – an die gesetzlichen Vorgaben über Allgemeine Geschäftsbedingungen gebunden, wenn er nicht die Unwirksamkeit einer Vertragsklausel riskieren möchte. Soweit die Arbeitsvertragsparteien nicht den gesetzlichen Mindesturlaub, sondern darüber hinausgehenden Mehrurlaub regeln, weichen sie dabei zwar weder von „Rechtsvorschriften" ab noch ergänzen sie diese. Vielmehr soll es sich nach dem BAG um einen eigenständigen Anspruch handeln, der von den Parteien frei regelbar ist und nur einer Transparenzkontrolle unterliegt. Geprüft wird jedoch stets, ob die Bestimmung klar und verständlich ist, soweit es sich um Mehrurlaub handelt. Unklarheiten gehen dabei zulasten des Verwenders (§ 305c Abs. 2 BGB). D. h., dass im Zweifel die Regelung zugunsten des Arbeitnehmers ausgelegt wird.

Tarifverträge unterliegen hingegen keiner Kontrolle nach dem Recht für Allgemeine Geschäftsbedingungen (§§ 307 bis 310 BGB). Dies gilt bei einer normativen Geltung, wenn sowohl Arbeitgeber als auch Arbeitnehmer kraft Mitgliedschaft in dem jeweiligen Tarifvertrag schließenden Verband tarifgebunden sind, als auch, wenn im Arbeitsvertrag der einschlägige Tarifvertrag insgesamt in Bezug genommen wird. Bei einer bloßen Teilverweisung ist jedoch Vorsicht geboten. In diesem Fall kann die sog. Richtigkeitsgewähr nicht greifen, sodass die einzelnen Klauseln doch einer AGB-Kontrolle unterliegen.

Im Folgenden wird bei der Abhandlung der jeweiligen Regelungen durch das BUrlG einschließlich der dabei zu berücksichtigenden EU-rechtlichen Vorgaben auf die Möglichkeiten zu anderweitigen Regelungen in Tarif- und Arbeitsverträgen eingegangen, insbesondere zu den insoweit maßgeblichen Vorschriften im TVöD/TV-L/TV-H.

---

40 BAG, Urteil vom 28. Mai 1996, Az.: 3 AZR 752/95, AP § 1 TVG Tarifverträge: Metallindustrie Nr. 143 (hinsichtlich eines Zuschusses zum Kurzarbeitergeld, das nur den Angestellten, nicht den gewerblichen Arbeitnehmern gezahlt werden sollte)

3. Anspruchsvoraussetzungen

Je nachdem, welche Voraussetzungen erfüllt sind, hat der Arbeitnehmer einen vollen Urlaubsanspruch oder nur einen Teilurlaubsanspruch.

3.1 Wartezeit

Der volle Urlaubsanspruch wird erstmals nach sechsmonatigem Bestehen des Arbeitsverhältnisses erworben (§ 4 BUrlG). D. h., dass der Arbeitnehmer erst nach Ablauf dieser Wartezeit Urlaub geltend machen kann. Im Grundsatz hat er dann auch Anspruch auf den gesamten Jahresurlaub. Allerdings gibt es eine Ausnahme, bei der der Arbeitnehmer nur einen zeitanteiligen Urlaub erhält, nämlich dann, wenn er in der ersten Hälfte eines Kalenderjahres aus dem Arbeitsverhältnis nach Erfüllung der Wartezeit ausscheidet. Bei einem Ausscheiden vor erfüllter Wartezeit oder wenn der Arbeitnehmer in einem Kalenderjahr die Wartezeit noch nicht voll erfüllt hat, erwirbt er nur einen Teilurlaubsanspruch.

Die Sechsmonatsfrist deckt sich mit der Wartezeit aus dem Kündigungsschutzgesetz (§ 1 Abs. 1 KSchG). Kündigungsschutz genießt der Arbeitnehmer erst dann, wenn sein Arbeitsverhältnis im selben Betrieb oder Unternehmen ohne Unterbrechung länger als sechs Monate bestanden hat. Auch die Probezeit wird in der Regel sechs Monate betragen (§ 622 BGB). Insofern besteht also in der Regel ein Gleichlauf zwischen Probezeit, Kündigungsschutz und Urlaubsanspruch.

Sonderregeln zur Wartezeit gelten für den Bereich der Heimarbeit (§ 12 BUrlG), für Seeleute, die unter das SeeArbG fallen (§§ 56 ff. SeeArbG) und zur Wartezeit beim Zusatzurlaub für schwerbehinderte Menschen (§ 208 SGB IX).

Für Jugendliche gilt § 19 JArbSchG, der auf § 4 BUrlG verweist.

3.1.1 Fristberechnung

Die Wartezeit nach § 4 BUrlG beginnt mit dem Tag, an dem auch das Arbeitsverhältnis beginnt. Oftmals wird dieser Tag mit der Arbeitsaufnahme zusammenfallen. Dies muss aber nicht so sein.

Beispiel:

Das Arbeitsverhältnis beginnt am 1. Februar. Hierbei handelt es sich um einen Samstag, Sonn- oder Feiertag. Der Arbeitnehmer nimmt deshalb die Arbeit erst am darauf folgenden Werktag auf. Für den Beginn der Wartezeit ist dies irrelevant, denn Beginn des Arbeitsverhältnisses ist trotzdem der 1. Februar.

Es ist auch egal, ob der Arbeitnehmer bereits am ersten Arbeitstag erkrankt ist oder aus einem sonstigen Grund die Arbeit nicht aufgenommen hat. Selbst wenn er unerlaubt gefehlt hat,[41] ändert dies nichts am rechtlichen Beginn des Arbeitsverhältnisses – und allein darauf kommt es an.[42] Die tatsächliche Arbeitsaufnahme ist hier nicht maßgeblich.

Die Wartezeit kann sich über einen Jahreswechsel hinziehen. Die sechs Monate enden gemäß § 188 Abs. 2 BGB „mit Ablauf desjenigen Tages des letzten Monats, welcher dem Tage vorher geht, der durch seine Zahl dem Anfangstag der Frist entspricht".

Beispiel:

Das Arbeitsverhältnis beginnt am 1. Februar 2017. Die Wartezeit endet am 31. Juli 2017, denn der 31. geht hier dem 1. eines Kalendermonats vorher.

Daran ändert sich auch nichts, wenn das Ende der Frist auf einen Samstag, Sonn- oder Feiertag fällt.

Besteht das Arbeitsverhältnis insgesamt nur exakt sechs Monate lang, und hat der Arbeitnehmer während dieser sechs Monate keinen Urlaub erhalten, so endet das Arbeitsverhältnis auch mit Ablauf der sechs Monate. Es verlängert sich nicht etwa um einen „anzuhängenden" Urlaub. Der Arbeitnehmer erhält jedoch eine Abgeltung, es sei denn, er hat trotz unerfüllter Wartezeit zuvor seinen Urlaub in natura erhalten (zur Urlaubsabgeltung siehe Abschnitt 11).

---

41 BAG, Urteil vom 5. Februar 1970, Az.: 5 AZR 470/69, NJW 1970, 911; der Arbeitgeber kann den Urlaub jedoch auf die Fehlzeiten legen

42 BAG, Urteil vom 7. August 2012, Az.: 9 AZR 353/10, NZA 2012, 1216

3.1.2 Arbeitsleistung unerheblich

Der Arbeitnehmer braucht während der Wartezeit nicht tatsächlich gearbeitet zu haben. Rein tatsächliche Unterbrechungen der Beschäftigung sind für die Erfüllung der Wartezeit ohne Bedeutung. Deshalb ist es egal, ob der Arbeitnehmer im Sechsmonatszeitraum arbeitsunfähig erkrankt war, sich im Mutterschutz befand, Wehrdienst oder Wehrübungen abgeleistet hat, Elternzeit genommen hat, oder zum Beispiel witterungsbedingt (Baugewerbe) keine Arbeit geleistet werden konnte. Selbst unentschuldigtes Fehlen ist in diesem Zusammenhang nicht von Belang. Allerdings können bestimmte Freistellungen von der Arbeitspflicht zu einer verkürzten Urlaubsdauer führen (vgl. Abschnitt 4).

3.1.3 Unterbrechungen

Wird das Arbeitsverhältnis hingegen rechtlich unterbrochen, so ist in aller Regel von einem beendeten und daran anschließend neuem Arbeitsverhältnis auszugehen. Ist die Wartezeit noch nicht erfüllt, so hat der Arbeitnehmer auch keinen vollen Urlaubsanspruch erworben. Das Arbeitsverhältnis wird rechtlich unterbrochen durch Kündigung, Zeitablauf bei einem befristeten Arbeitsverhältnis, einen Aufhebungsvertrag oder auch eine lösende Aussperrung im Arbeitskampf. „Lösende Aussperrung" bedeutet, dass das Arbeitsverhältnis für die Dauer des Arbeitskampfes rechtlich beendet wird.

Problematisch können Fälle sein, in denen das Arbeitsverhältnis nur kurzzeitig rechtlich unterbrochen wird, oder wenn mehrere befristete Arbeitsverträge hintereinander abgeschlossen werden. Im Kündigungsschutzrecht ist anerkannt, dass kürzere Unterbrechungen für die Erfüllung der Wartezeit nach § 1 Abs. 1 KSchG unbeachtlich sind, sofern die verschiedenen Arbeitsverhältnisse in einem engen sachlichen Zusammenhang stehen.[43] Ein enger sachlicher Zusammenhang liegt vor, wenn beispielsweise dieselbe Arbeit im selben oder einem vergleichbaren Betrieb für denselben Arbeitgeber verrichtet wird. Es liegt deshalb nahe, auch für die Erfüllung der Wartezeit nach dem BUrlG solch kurzzeitige Unterbrechungen unbeachtet zu lassen. Das BAG hat bislang entschieden, dass zumindest Arbeitsverhältnisse, die nahezu unmittelbar aufeinander folgen, als rechtliche Einheit zu betrachten sein können. Im ent-

[43] BAG, Urteil vom 20. August 1998, Az. 2 AZR 76/98, AP KSchG 1969 § 1 Wartezeit Nr. 9

schiedenen Fall hatte ein seit 2009 für den Arbeitgeber beschäftigter Arbeitnehmer zunächst selbst zum 30. Juni 2012 gekündigt, auf Veranlassung des Arbeitgebers wurde jedoch noch im Juni ein Anschlussvertrag, beginnend ab dem 2. Juli 2012 abgeschlossen. Das Arbeitsverhältnis endete dann jedoch im Oktober 2012. Für diesen konkreten Fall hat das BAG entschieden, dass beide Arbeitsverhältnisse als rechtliche Einheit zu bewerten sind. Der Arbeitnehmer musste für das zweite Arbeitsverhältnis nicht erneut eine Wartezeit erfüllen.[44] Allerdings kann aus diesem doch sehr speziellen Fall wohl nicht der Schluss gezogen werden, kurzfristige Unterbrechungen seien generell unbeachtlich.

3.1.4 Kettenverträge

Schließen die Vertragsparteien mehrere kurzzeitig befristete Arbeitsverhältnisse hintereinander ab, die jeweils kürzer als sechs Monate sind, so stellt sich die Frage, ob und wann der Arbeitnehmer Urlaub nehmen kann. Wird beispielsweise ein Student immer wieder als Aushilfe beschäftigt, jedoch immer nur kurzzeitig, so kann es sich dabei um ein Dauerarbeitsverhältnis handeln, wobei lediglich die Arbeitsleistung auf Abruf oder nach gegenseitiger Absprache erfolgen soll. In einem solchen Fall wäre die Wartezeit nach sechsmonatiger Dauer des Rahmenarbeitsvertrages erfüllt. Der Arbeitsvertrag ist dann rechtlich gesehen gar nicht unterbrochen.[45] Werden jedoch tatsächlich für jeden Einsatz jeweils neue Arbeitsverträge abgeschlossen, und besteht während der Unterbrechung auch keine Verpflichtung des Arbeitgebers, den Arbeitnehmer erneut zu beschäftigen, so ist eine echte rechtliche Unterbrechung der Arbeitsverhältnisse gegeben, mit der Folge, dass mangels Erfüllung der Wartezeit kein Anspruch auf Vollurlaub entstehen kann.[46] Allerdings kann in Fällen von kurzzeitigen Arbeitsverhältnissen ein Teilurlaubs- und gegebenenfalls ein Abgeltungsanspruch entstehen (zum Abgeltungsanspruch vgl. Abschnitt 11).

3.1.5 Arbeitskampf

Ein Streik oder eine Aussperrung, bei der das Arbeitsverhältnis nicht aufgelöst wird (was wohl die Regel sein dürfte), führt zwar zu einer

---

[44] BAG, Urteil vom 20. Oktober 2015, Az.: 9 AZR 224/14, BeckRS 2015, 731419
[45] BAG, Urteil vom 19. Januar 1993, Az.: 9 AZR 53/92, AP Nr. 20 § 1 BUrlG
[46] BAG, Urteil vom 31. Juli 2002, Az.: 7 AZR 181/01, AP TzBfG § 12 Nr. 1

Suspendierung der Hauptleistungspflichten, d. h. es wird weder gearbeitet noch wird Entgelt bezahlt. Das Arbeitsverhältnis wird dabei jedoch nicht rechtlich unterbrochen. Eine noch nicht erfüllte Wartezeit läuft deshalb weiter. Zu den weiteren Folgen von Streik für Urlaubsansprüche vgl. Abschnitt 4.2.10.

Etwas anderes gilt nur, wenn der Arbeitnehmer nicht an dem Streik teilnimmt,[47] dann kann er auch Urlaub nehmen. War der Urlaub schon vor Beginn des Streiks bewilligt, kann der Arbeitnehmer den Urlaub auch antreten und er erhält entsprechend Urlaubsentgelt. Der Arbeitgeber ist nicht berechtigt, diese wegen des Streiks zu verweigern.[48]

Ob der Arbeitnehmer einen bereits bewilligten Urlaub unterbrechen darf, um am Streik teilzunehmen, ist höchstrichterlich – soweit ersichtlich – noch nicht entschieden. Dagegen spricht, dass der Arbeitnehmer an sich einen einmal gewährten Urlaub nicht einseitig widerrufen kann (siehe hierzu Abschnitt 6). Andererseits könnte von diesem Grundsatz mit Hinblick auf das grundrechtlich garantierte Streikrecht (Art. 9 GG) eine Ausnahme zu machen sein. Der Arbeitnehmer hätte dann für die Zeit der Streikteilnahme zwar keinen Anspruch auf Urlaubsentgelt, könnte den Urlaub jedoch später zu einem anderen Zeitpunkt nehmen.

3.1.6 Ausbildungsverhältnisse

Für die Wartezeit zusammengerechnet werden Berufsausbildungszeiten mit einem nachfolgenden Arbeitsverhältnis.[49] Entscheidend ist nach Auffassung des BAG, dass eine fortdauernde Rechtsbeziehung zwischen den Parteien besteht. Wird ein Azubi nach der Ausbildung vom Ausbildungsbetrieb übernommen, wird er also die Wartezeit in aller Regel schon erfüllt haben und muss diese nicht noch einmal zurücklegen.

Noch nicht im Ausbildungsverhältnis genommener Urlaub ist dann auch nicht abzugelten, sondern kann im nachfolgenden Arbeitsverhältnis in natura genommen werden (zur Urlaubsabgeltung siehe Abschnitt 11).

---

[47] BAG, Urteil vom 24. September 1996, Az.: 9 AZR 364/95, AP § 7 BUrlG Nr. 22

[48] BAG, Urteil vom 9. Februar 1982, Az.: 1 AZR 567/79, AP § 11 BUrlG Nr. 16

[49] BAG, Urteil vom 29. November 1984, Az.: 6 AZR 238/82, AP § 7 BUrlG Abgeltung Nr. 22

3.1.7 Betriebsübergang

Veräußert der Arbeitgeber seinen Betrieb und liegt ein Betriebsübergang im Sinne von § 613a BGB vor, so tritt der Erwerber des Betriebs in das Arbeitsverhältnis mit dem Arbeitnehmer ein. Er übernimmt das Arbeitsverhältnis mit allen Rechten und Pflichten so, wie es zum Zeitpunkt des Betriebsübergangs mit dem alten Arbeitgeber bestanden hat. Deshalb muss der Arbeitnehmer auch in diesem Fall nicht erneut sechs Monate abwarten, bis er den vollen Urlaubsanspruch erwirbt.

3.2 Abweichende Vereinbarungen zur Wartezeit

Die Möglichkeiten und Grenzen von abweichenden Vereinbarungen sind davon abhängig, in welcher Form sie getroffen werden.

3.2.1 Arbeitsvertrag/Betriebsvereinbarung

Abweichungen von den gesetzlichen Vorgaben zur Wartezeit sind im Arbeitsvertrag oder einer Betriebsvereinbarung nur zugunsten des Arbeitnehmers möglich (§ 13 Abs. 1 Satz 3 BUrlG). D. h., dass faktisch nur eine Verkürzung der Wartezeit in Betracht kommt, jedenfalls soweit es sich um den gesetzlichen Mindesturlaubsanspruch handelt. Hinsichtlich eines vertraglich vereinbarten Mehrurlaubs können die Parteien auch eine andere Wartezeit festlegen (siehe hierzu Abschnitt 4.3.2).

3.2.2 Tarifvertrag

In Tarifverträgen kann jedoch auch eine längere Wartezeit vereinbart werden. Allerdings dürfte diese nicht zwölf Monate oder länger dauern, da ansonsten der Arbeitnehmer in einem gesamten Kalenderjahr keinen Urlaub nehmen könnte.[50] Dies wäre mit dem Prinzip, dass jedem Arbeitnehmer in jedem Kalenderjahr bezahlter Mindesturlaub zusteht (§ 1 BUrlG, Art. 7 AZRL), nicht mehr vereinbar.

3.2.3 Betriebsurlaub

Hat der Arbeitnehmer die Wartezeit noch nicht erfüllt, will der Arbeitgeber jedoch einheitlich für alle Arbeitnehmer Betriebsurlaub festlegen, so kann er dies im Vorgriff auf den noch entstehenden

---

50 Schaub/Linck, Arbeitsrechtshandbuch, § 104 Rz. 26

Urlaubsanspruch tun. Der Arbeitgeber kann auf die Einhaltung der Wartezeit verzichten. Die Parteien können jedoch auch vereinbaren, dass der Arbeitnehmer, der die Wartezeit noch nicht erfüllt hat, für die Zeit der Betriebsferien ohne Entgeltzahlung freigestellt wird.[51] Allerdings müsste der Arbeitgeber den dann nicht genommenen (bezahlten) Urlaub zu einem anderen Zeitpunkt gewähren.

3.3 Teilurlaub

Einen Anspruch auf den vollen Urlaubsanspruch erwirbt der Arbeitnehmer also erst nach erfüllter Wartezeit.

Scheidet der Arbeitnehmer vor erfüllter Wartezeit aus dem Arbeitsverhältnis wieder aus, oder konnte er die Wartezeit im Laufe des Kalenderjahres seines Eintritts in das Arbeitsverhältnis noch nicht erfüllen (weil er erst im zweiten Halbjahr des Kalenderjahres in das Arbeitsverhältnis eingetreten ist), so erwirbt er nur einen Teilurlaubsanspruch.

Dasselbe gilt, wenn er zwar die Wartezeit bereits erfüllt hat, jedoch in der ersten Hälfte eines Kalenderjahres aus dem Arbeitsverhältnis ausscheidet. Dies ist in § 5 Abs. 1 BUrlG geregelt:

> Anspruch auf ein Zwölftel des Jahresurlaubs für jeden vollen Monat des Bestehens des Arbeitsverhältnisses hat der Arbeitnehmer
>
> a) für Zeiten eines Kalenderjahres, für die er wegen Nichterfüllung der Wartezeit in diesem Kalenderjahr keinen vollen Urlaubsanspruch erwirbt;
>
> b) wenn er vor erfüllter Wartezeit aus dem Arbeitsverhältnis ausscheidet;
>
> c) wenn er nach erfüllter Wartezeit in der ersten Hälfte eines Kalenderjahres aus dem Arbeitsverhältnis ausscheidet.

Wichtig: Dieser Katalog ist abschließend. In sonstigen Fällen, zum Beispiel bei einer längeren Erkrankung im Urlaubsjahr, ist eine Zwölftelung des Jahresurlaubs vom BUrlG nicht vorgesehen. Es verbleibt beim Grundsatz des Vollanspruchs.

---

[51] BAG, Urteil vom 2. Oktober 1974, Az.: 5 AZR 507/73, AP § 7 BUrlG Betriebsferien Nr. 2

Beispiel:

Arbeitnehmer A ist seit dem 1. Januar 2012 für seinen Arbeitgeber tätig. Er scheidet am 31. Juli 2017 aus dem Arbeitsverhältnis aus. Für das Jahr 2017 hat er Anspruch auf den vollen Jahresurlaub, nicht nur einen Teilurlaub, denn er scheidet erst in der zweiten Jahreshälfte von 2017 aus dem Arbeitsverhältnis aus.

Eine Klausel im Arbeitsvertrag, die pauschal eine Zwölftelung des Jahresurlaubs vorsieht, wenn das Arbeitsverhältnis nicht über das gesamte Urlaubsjahr besteht, wäre insgesamt nichtig, sofern sich die Regelung nicht auf einen etwaigen vertraglichen Mehrurlaub beschränkt.[52] Für den gesetzlichen Mindesturlaub darf nicht zu Lasten des Arbeitnehmers von den Vorgaben des § 5 BurlG zum Teil- und Vollurlaub abgewichen werden (§ 13 Abs. 1 Satz 3 BUrlG). Für einen etwaigen vertraglichen oder tarifvertraglichen Mehrurlaubsanspruch kann zwar etwas anderes vereinbart werden. Dass dies nicht für den gesetzlichen Mindesturlaub gilt, muss jedoch aus der arbeitsvertraglichen Klausel erkennbar hervorgehen, sonst ist diese insgesamt nichtig.

Öffentlicher Dienst:

Auch tarifvertragliche Regelungen, wie beispielsweise § 26 Abs. 2 Buchst. b) TVöD/TV-L/TV-H, ordnen bisweilen eine Zwölftelung des Jahresurlaubsanspruchs an, wenn das Arbeitsverhältnis nicht durchgängig das gesamte Kalenderjahr bestanden hat. Das BUrlG erlaubt zwar prinzipiell eine Abweichung der Regelungen zum Teilurlaubsanspruch durch Tarifverträge (§ 13 Abs. 1 BUrlG). Allerdings gilt dies nicht uneingeschränkt. Die Zwölftelungsregelung in § 26 Abs. 2 Buchst. b) TVöD/TV-L/TV-H schreibt jedoch ausdrücklich vor, dass § 5 BUrlG unberührt bleibt. Es ist deshalb stets eine Vergleichsberechnung durchzuführen, welche Regelung zu einer für den Arbeitnehmer günstigeren Regelung führt.

§ 5 BUrlG gewährt z. B. dem Arbeitnehmer, der in der ersten Jahreshälfte eines Kalenderjahres eintritt und die Wartezeit von sechs Monaten nach § 4 BUrlG erfüllt hat, einen vollen Jahresurlaubsanspruch. Diese Regelung ist für den Arbeitnehmer günstiger als die tarifvertragliche Regelung und deshalb anzuwenden. Dasselbe

52 BAG, Urteil vom 5. Juli 2022, Az.: 9 AZR 341/21, BeckRS 2022, 27002

gilt, wenn das Arbeitsverhältnis in der zweiten Kalenderhälfte und erfüllter Wartezeit endet.

Im Folgenden werden die drei Tatbestände aus § 5 Abs. 1 BUrlG, bei denen nur ein anteiliger Urlaubsanspruch entsteht, näher dargestellt.

3.3.1 Nichterfüllung der Wartezeit im Kalenderjahr der Einstellung (§ 5 Abs. 1 Buchst. a) BUrlG)

Der Arbeitnehmer nimmt erst in der zweiten Hälfte eines Kalenderjahres das Arbeitsverhältnis auf und kann deshalb in seinem ersten Beschäftigungsjahr die Wartezeit von sechs Monaten nicht mehr erfüllen. Das Arbeitsverhältnis wird jedoch darüber hinaus fortgesetzt. Für das Folgejahr erwirbt der Arbeitnehmer dann nach Zurücklegen der sechsmonatigen Wartefrist den vollen Urlaubsanspruch. Für das erste Beschäftigungsjahr hingegen erhält der Arbeitnehmer nur einen Teilurlaub. Dieser muss sodann auf Verlangen des Arbeitnehmers auf das nächste Kalenderjahr übertragen werden (§ 7 Abs. 3 Satz 4 BUrlG).

Berechnung von Teilurlaub: Der Teilurlaub von 1/12 wird nur für jeden vollen Beschäftigungsmonat gewährt. Ein nur angefangener Monat bleibt deshalb außer Betracht (es sei denn, es ist arbeitsvertraglich oder kollektivrechtlich etwas anderes vereinbart). Wenn an einzelnen Tagen im Beschäftigungsmonat kein Arbeitsverhältnis bestanden hat, entsteht für diesen Monat auch kein anteiliger Urlaubsanspruch. Dies ist auch mit EU-Recht vereinbar. Nicht mehr mit Art. 7 AZRL in Einklang zu bringen wäre jedoch eine Regelung, nach der ein Arbeitnehmer erst nach einer ununterbrochenen Mindestbeschäftigungszeit von 13 Wochen einen Anspruch auf bezahlten Urlaub erwirbt.[53]

Der Beschäftigungsmonat muss nicht mit dem Kalendermonat übereinstimmen.[54] Beginnt das Arbeitsverhältnis beispielsweise am 15. Mai, endet die Wartefrist am 14. November.

Dasselbe gilt für Teilzeitbeschäftigungen, bei denen nur an bestimmten Tagen gearbeitet wird. Auch hier beginnt die Wartezeit mit Beginn des Arbeitsverhältnisses und endet sechs Beschäftigungsmonate später.

---

[53] EuGH, Urteil vom 26. Juni 2001, Az.: C-173/99, NZA 2001, 827

[54] BAG, Urteil vom 13. Oktober 2009, Az.: 9 AZR 763 08, NJOZ 2010, 906

Ergibt sich bei der Zwölftelung ein Bruchteil von Urlaubstagen, so werden diese auf volle Urlaubstage aufgerundet, sofern sie mindestens einen halben Tag ergeben (§ 5 Abs. 2 BUrlG). Bei einem geringeren Bruchteil kann der Urlaub stundenweise genommen bzw. bei Beendigung des Arbeitsverhältnisses entsprechend abgegolten werden. Eine Abrundung ist unzulässig.[55]

3.3.2 Ausscheiden vor erfüllter Wartezeit (§ 5 Abs. 1 Buchst. b) BUrlG)

Scheidet der Arbeitnehmer vor Erfüllung der Wartezeit aus, erhält er ebenfalls nur 1/12 des Jahresurlaubs je vollen Beschäftigungsmonat.

Endet das Arbeitsverhältnis exakt mit Ablauf des Sechsmonatszeitraums, so stellt sich die Frage, ob ein voller Urlaubsanspruch oder nur 6/12 des Jahresurlaubs beansprucht werden kann. Das BAG war in einem Urteil aus dem Jahre 1967 noch der Ansicht, dass Anspruch auf den vollen Jahresurlaub besteht.[56] Allerdings wurde diese Rechtsprechung höchstrichterlich später aufgegeben.[57] Die herrschende Meinung geht vielmehr davon aus, dass nur ein Teilurlaubsanspruch entstanden ist.[58] Dies wird aus dem Wortlaut des § 4 BUrlG hergeleitet: Dieser bestimmt ausdrücklich, dass der volle Urlaubsanspruch erstmalig *nach* sechsmonatigem Bestehen des Arbeitsverhältnisses erworben wird, also nicht *mit* sechsmonatigem Bestehen.

Achtung: Wenn das Arbeitsverhältnis nur einen Tag länger dauert, entsteht ein voller Jahresurlaubsanspruch, der entsprechend abzugelten ist!

3.3.3 Ausscheiden nach erfüllter Wartezeit, aber in der ersten Hälfte eines Kalenderjahres (§ 5 Abs. 1 Buchst. c) BUrlG)

Eine Zwölftelung erfolgt nach einer bereits erfüllten Wartezeit nur, wenn der Arbeitnehmer in der ersten Hälfte eines Kalenderjahres aus dem Arbeitsverhältnis ausscheidet. D. h., dass der Arbeitnehmer in allen anderen Fällen, soweit er die Wartezeit erfüllt hat, seinen gesamten Jahresurlaub beanspruchen kann.

---

55 BAG, Urteil vom 26. Januar 1989, Az.: 8 AZR 730/87, NZA 1989, 756

56 BAG, Urteil vom 26. Januar 1967, Az.: 5 AZR 395/66, AP § 4 BUrlG Nr. 1

57 BAG, Urteil vom 17. November 2015, Az.: 9 AZR 179/15, NJW 2016, 734

58 vgl. Schaub/Linck, Arbeitsrechts-Handbuch, § 104 Rz. 63; Arnold/Tillmann, BUrlG, Kommentar, § 4 Rz. 26 ff.

Wichtig: Von dieser Regelung können weder die Arbeitsvertragsparteien noch die Tarifparteien abweichen. Eine Regelung, wonach der Arbeitnehmer im Jahr seines Ausscheidens aus dem Arbeitsverhältnis grundsätzlich, also auch bei Ausscheiden erst in der zweiten Jahreshälfte, nur jeweils 1/12 seines Jahresurlaubs je vollen Beschäftigungsmonat erhalten würde, wäre also unwirksam.[59]

Scheidet der Arbeitnehmer nach Erfüllung der sechsmonatigen Wartezeit bis zum 30. Juni eines Kalenderjahres aus dem Arbeitsverhältnis aus, erhält er nur 1/12 des Jahresurlaubs je Beschäftigungsmonat. Hat er bis zu seinem Ausscheiden schon mehr Urlaub erhalten, als ihm nach dieser Vorschrift an sich zustünde, so kann das dafür gezahlte Urlaubsentgelt vom Arbeitgeber jedoch nicht zurückgefordert werden (§ 5 Abs. 3 BUrlG). Die geleistete Arbeit kann ohnehin nicht zurückgegeben werden.

Praxis-Tipp:

Dieses Rückzahlungsverbot bezieht sich nur auf den Fall des § 5 Abs. 1 Buchst. c) BUrlG und zu viel gewährten Urlaub bei einem Ausscheiden aus dem Arbeitsverhältnis in der ersten Kalenderjahreshälfte. Irrtümlich zu viel gezahltes Urlaubsentgelt oder in anderen Sachverhalten zu viel gewährter Urlaub kann sehr wohl zurückverlangt werden (§§ 812 ff. BGB). Die Rückzahlung richtet sich dann auf den zu viel gezahlten Bruttobetrag.[60] Bei einem Einbehalt vom Gehalt hat der Arbeitgeber jedoch die gesetzlichen Pfändungsfreigrenzen (§§ 850c ff. ZPO) zu beachten.

3.4 Abweichende Vereinbarungen zum Teilurlaub

Durch Arbeitsvertrag oder Tarifvereinbarung kann nicht zuungunsten des Arbeitnehmers von der Berechnung des Teilurlaubs nach § 5 BUrlG abgewichen werden, was den gesetzlichen Mindesturlaub betrifft. Auch eine Zwölftelungsregelung im Tarifvertrag kann hinsichtlich des Mindesturlaubs für den Fall, dass ein Arbeitnehmer nach erfüllter Wartezeit in der zweiten Kalenderhälfte eines Jahres ausscheidet, keine Wirkung entfalten. Hinsichtlich Mehrurlaubs können die Parteien jedoch auch andere Regelungen treffen. Au-

59 BAG, Urteil vom 9. Juni 1998, Az.: 9 AZR 43/97, NZA 1999, 80
60 BAG, Urteil vom 24. Oktober 2000, Az.: 9 AZR 610/99, NZA 2001, 663

ßerdem ist es möglich, im Tarifvertrag von dem Rückzahlungsverbot des § 5 Abs. 3 BUrlG abzuweichen und auch für zu viel gewährten Urlaub (wenn der Arbeitnehmer nach erfüllter Wartezeit in der ersten Hälfte eines Kalenderjahres aus dem Arbeitsverhältnis ausscheidet) eine Erstattung zu vereinbaren.[61]

3.5 Arbeitgeberwechsel

Der Grundsatz des Vollurlaubsanspruchs kann dazu führen, dass der Arbeitnehmer bei einem Arbeitsgeberwechsel im laufenden Kalenderjahr Urlaubsansprüche erwirbt, die den gesetzlichen Mindesturlaub übersteigen. Wechselt der Arbeitnehmer im Laufe eines Kalenderjahres von einem Arbeitgeber zu einem anderen, so kann es sein, dass er bei seinem früheren Arbeitgeber bereits einen längeren Urlaub oder sogar seinen gesamten Jahresurlaub erhalten hat, obwohl die Dauer seines Arbeitsverhältnisses nicht mit dem in Anspruch genommenen Urlaub korrespondiert. Bei dem neuen Arbeitgeber würde der Arbeitnehmer sodann für dasselbe Kalenderjahr erneut Urlaubsansprüche erwerben, sei es auch evtl. nur einen Teilurlaubsanspruch. Der Arbeitnehmer könnte deshalb in diesem Fall mehr Urlaub erhalten, als ihm an sich zustünde. Diesen Fall regelt § 6 BUrlG:

3.5.1 Keine Doppelansprüche

§ 6 BUrlG bestimmt, dass kein Anspruch auf Urlaub besteht, soweit dem Arbeitnehmer für das laufende Kalenderjahr bereits von einem früheren Arbeitgeber Urlaub gewährt worden ist. Dabei kann die Urlaubsgewährung auch durch eine Abgeltung erfolgt sein. Es ist also egal, ob der frühere Arbeitgeber den Urlaub in natura gewährt oder abgegolten hat. Der Arbeitnehmer hat sich auch abgegoltenen Urlaub beim neuen Arbeitgeber anrechnen zu lassen.

Wichtig: Diese Konstellation kann nicht eintreten, wenn der Arbeitnehmer zum 1. Januar ein neues Arbeitsverhältnis eingeht. § 6 BUrlG findet dann keine Anwendung.

Nicht von § 6 BUrlG umfasst ist übertragener Urlaub aus dem Vorjahr. Hat der Arbeitnehmer zum Beispiel im Jahr seines Ausscheidens zwölf Urlaubstage erhalten, entfallen hiervon jedoch noch zehn auf das Vorjahr, so ist der Urlaubsanspruch gegenüber dem neuen

---

[61] BAG, Urteil vom 23. Januar 1996, Az.: 9 AZR 554/93, NZA 1996, 1101

Arbeitgeber lediglich um zwei Urlaubstage zu reduzieren, denn nur diese zwei Tage entfallen auf das laufende Kalenderjahr.

Für den Sonderfall eines „Doppelarbeitsverhältnisses" gilt Folgendes: Ist ein gekündigter Arbeitnehmer ein neues Arbeitsverhältnis eingegangen und stellt sich im Nachhinein heraus, dass die Kündigung des vorigen Arbeitsverhältnisses unwirksam war, so hat der Arbeitnehmer an sich in beiden Arbeitsverhältnissen Urlaubsansprüche für einen sich überschneidenden Zeitraum erworben. Hat der Arbeitnehmer vom neuen Arbeitgeber für die Zeit des "Doppelarbeitsverhältnisses" Urlaub erhalten, muss er sich dies auch gegenüber dem vorigen Arbeitgeber anrechnen lassen und kann nicht zusätzlich eine Abgeltung verlangen. Dies ergibt sich aus § 11 Nr. 1 KSchG und § 615 Satz 2 BGB analog.[62]

3.5.2 Berechnung bei Arbeitgeberwechsel

Die Anrechnung ist unproblematisch, wenn die Urlaubsansprüche im alten und neuen Arbeitsverhältnis der Höhe nach gleich sind. § 6 BUrlG betrifft jedoch nicht nur den gesetzlichen Mindesturlaub, sondern den gesamten Urlaubsanspruch, also auch den arbeits- oder tarifvertraglichen Mehrurlaub. Der Arbeitnehmer kann also im neuen Arbeitsverhältnis einen höheren oder niedrigeren Anspruch haben, als er im vorigen hatte. Wie die Anrechnung in diesen Fällen zu erfolgen hat, soll an folgenden Beispielen verdeutlich werden:

Beispiel 1:

Der Arbeitnehmer wechselt am 1. Mai zum neuen Arbeitgeber. Im früheren Arbeitsverhältnis hatte er nur einen Anspruch von 24 Tagen Urlaub, im neuen Arbeitsverhältnis sind es 30 Urlaubstage. Der frühere Arbeitgeber hat dem Arbeitnehmer bereits entsprechenden Teilurlaub (1/12 von 24 Urlaubstagen x 4 Beschäftigungsmonate) von 8 Urlaubstagen gewährt.

Lösung:

Im neuen Arbeitsverhältnis ist nach Erfüllung der Wartezeit am 31. Oktober ein Vollurlaubsanspruch in Höhe von 30 Urlaubstagen entstanden. Bringt man hiervon die bereits 8 erhaltenen Urlaubstage in Abzug, ergeben sich noch 22 Urlaubstage, die der neue Arbeitgeber zu gewähren hat.

[62] BAG, Urteil vom 5. Dezember 2023, Az.: 9 AZR 230/22, becklink 2030100

II

Bei dieser Berechnung bliebe aber unberücksichtigt, dass auf die Dauer des Arbeitsverhältnisses beim neuen Arbeitgeber an sich rechnerisch nur 20 Urlaubstage entfallen würden (also 8/12 von 30 Urlaubstagen).

Bei unterschiedlich hohen Urlaubsansprüchen im laufenden Kalenderjahr hilft am besten folgende Formel:

zeitanteiliger Urlaubsanspruch im ersten Arbeitsverhältnis (1/12 je vollen Beschäftigungsmonat, gerundet nach § 5 Abs. 2 BUrlG)

plus

zeitanteiliger Urlaubsanspruch im zweiten Arbeitsverhältnis (1/12 je vollen Beschäftigungsmonat gerundet nach § 5 Abs. 2 BUrlG)

minus

bereits erhaltene Urlaubstage vom ersten Arbeitgeber

In unserem Beispiel ergäbe sich so folgende Rechnung:

8 Urlaubstage (1. Arbeitsverhältnis) + 20 Urlaubstage (2. Arbeitsverhältnis) – 8 erhaltene Urlaubstage = 20 verbleibende Urlaubstage

Teils wird in der Literatur vertreten, dass in Fällen wie im Beispiel 1 vom Vollurlaubsanspruch in Höhe von 30 Tagen schlicht der bereits erhaltene Urlaub von acht Tagen in Abzug zu bringen sei.[63] Diese Auffassung lässt jedoch unberücksichtigt, dass dem Arbeitnehmer im ersten Arbeitsverhältnis ja nur ein kürzerer Urlaubsanspruch zugestanden hat. Außerdem steht die aufgezeigte Formel im Einklang mit einem Urteil des BAG, wie es im folgenden Beispiel dargestellt wird:

---

63 Arnold/Tillmanns, BUrlG, Kommentar, § 6 BUrlG Rz. 20

Beispiel 2:

Der Arbeitnehmer wechselt zum 1. August zu einem neuen Arbeitgeber. Er hat bereits seinen gesamten Jahresurlaub von 24 Urlaubstagen erhalten. Im neuen Arbeitsverhältnis hat er einen Anspruch von 30 Urlaubstagen.

Lösung:

In einem vergleichbaren Fall hat das BAG entschieden, dass der neue Arbeitgeber einen höheren Jahresurlaubsanspruch insoweit kürzen darf, als beide Urlaubsansprüche sich auf einander überdeckende Teile eines Kalenderjahres beziehen.[64]

Bezogen auf das Kalenderjahr hat der alte Arbeitgeber somit 10 Urlaubstage „zu viel" Urlaubstage gewährt (24 Urlaubstage x 1/12 x 7 = 14 Urlaubstage). Diese 10 Urlaubstage beziehen sich auf den Zeitraum im Kalenderjahr, als bereits das neue Arbeitsverhältnis bestanden hat. Der neue Arbeitgeber darf diese 10 Tage deshalb von seinem nach § 5 Abs. 1 Buchst. c) BUrlG geschuldeten Teilurlaubsanspruch in Höhe von 13 Urlaubstagen abziehen, sodass noch 3 Urlaubstage verbleiben.

Oder anders gerechnet nach obiger Formel:

12 x 1/12 x 7 Monate = 14 Urlaubstage
plus
30 x 1/12 x 5 Monate = 13 Urlaubstage
minus
24 Urlaubstage (bereits gewährter Urlaub vom ersten Arbeitgeber)

Somit: 14 + 13 – 24 = 3 verbleibende Urlaubstage

Beispiel 3:

Der Arbeitnehmer scheidet am 30. April aus. Sein Urlaubsanspruch hat im alten Arbeitsverhältnis 30 Tage betragen, im neuen unmittelbar anschließenden Arbeitsverhältnis hat er nur noch 25 Urlaubstage. Im früheren Arbeitsverhältnis hat der Arbeitnehmer bereits seinen vollen Urlaubsanspruch erhalten.

[64] BAG, Urteil vom 6. November 1969, Az.: 5 AZR 29/69, NJW 1970, 678

II

Lösung:

Der anteilige Urlaubsanspruch gegenüber dem alten Arbeitgeber beträgt 4/12 von 30 = 10 Urlaubstage,
der anteilige Urlaubsanspruch gegenüber dem neuen Arbeitgeber beträgt 8/12 von 25 = 17 Urlaubstage gerundet.

Insgesamt hätte der Arbeitnehmer im Jahr also einen Anspruch von 27 Urlaubstagen. Er hat jedoch schon 30 Urlaubstage erhalten. Die drei zu viel erhaltenen Urlaubstage kann und muss er jedoch nicht in irgendeiner Form zurückgewähren. Der erste Arbeitgeber kann für den zu viel gewährten Urlaub das Urlaubsentgelt nicht zurückverlangen (§ 5 Abs. 3 BUrlG). In dem Kalenderjahr des Arbeitsplatzwechsels hat der Arbeitnehmer gegenüber dem neuen Arbeitgeber keinen Urlaubsanspruch mehr, denn der neue Arbeitgeber darf 20 Tage Urlaub von den 17 Urlaubstagen in Abzug bringen.

Praxis-Tipp:

Bei der Berücksichtigung von bereits gewährten Urlaubsansprüchen ist durch die Umrechnung in zeitanteilige Teilurlaubsansprüche, bezogen auf das Kalenderjahr, in dem die Arbeitsverhältnisse jeweils bestanden, sicherzustellen, dass dem Arbeitnehmer nicht zu viel, aber auch nicht zu wenig Urlaub abgezogen wird.

Dieser Rechenschritt ist immer dann erforderlich, wenn die Urlaubsansprüche der Höhe nach in den aufeinanderfolgenden Arbeitsverhältnissen voneinander abweichen. Die Summe der (fiktiv) errechneten Teilurlaubsansprüche ergibt den tatsächlichen Jahresurlaubsanspruch des Arbeitnehmers in beiden Arbeitsverhältnissen zusammen. Soweit der erste Arbeitgeber Urlaub (oder Urlaubsabgeltung) gewährt hat, der rechnerisch auf den Zeitraum entfällt, in dem das Arbeitsverhältnis bereits mit dem neuen Arbeitgeber bestand, kann letzterer diesen Anteil mit dem neu entstandenen Urlaubsanspruch in seinem Arbeitsverhältnis verrechnen. Allerdings führt rechnerisch „zu viel" gewährter Urlaub nicht zu einem Rückerstattungsanspruch des alten Arbeitgebers (§ 5 Abs. 3 BUrlG).

Wenn die Urlaubsansprüche in aufeinander folgenden Arbeitsverhältnissen der Höhe nach gleich bleiben, unterbleibt der rechnerische Zwischenschritt. Der neue Arbeitgeber kann den bereits im alten Arbeitsverhältnis gewährten Urlaub im neuen Arbeitsverhältnis eins zu eins anrechnen.

3.5.3 Urlaubsbescheinigung

Der neue Arbeitgeber kann eine entsprechende Kürzung des Urlaubsanspruchs jedoch nur dann vornehmen, wenn er über bereits gewährten Urlaub informiert ist. Der frühere Arbeitgeber ist deshalb verpflichtet, bei Beendigung des Arbeitsverhältnisses dem Arbeitnehmer eine entsprechende Urlaubsbescheinigung über den im laufenden Kalenderjahr bereits gewährten oder abgegoltenen Urlaub auszuhändigen (§ 6 Satz 2 BUrlG).

Jedoch kann der neue Arbeitgeber den Arbeitnehmer nicht auf einen (noch nicht erfüllten) Abgeltungsanspruch gegenüber dem früheren Arbeitgeber verweisen. Eine Reduzierung des Urlaubsanspruches gemäß § 6 BUrlG ist nach dem Wortlaut der Vorschrift nur dann möglich, wenn der frühere Arbeitgeber den Urlaubsanspruch tatsächlich erfüllt hat[65] – sei es in natura oder durch Abgeltung. Umgekehrt kann sich der frühere Arbeitgeber nicht auf die Gewährung von Urlaubsansprüchen durch den neuen Arbeitgeber berufen, wenn der Arbeitnehmer ihm gegenüber noch Abgeltungsansprüche aus dem früheren Arbeitsverhältnis geltend macht.[66] Denn § 6 BUrlG schließt nur Doppelansprüche gegenüber dem neuen Arbeitgeber aus.

Praxis-Tipp:

Die Urlaubsbescheinigung muss schriftlich erteilt werden und den Namen des Arbeitnehmers, die Dauer des Arbeitsverhältnisses im laufenden Kalenderjahr sowie den in diesem Kalenderjahr bereits gewährten oder abgegoltenen Urlaub enthalten.

---

65 BAG, Urteile vom 17. Februar 1966, Az.: 5 AZR 447/65, AP § 5 BUrlG Nr. 2; vom 25. November 1982, Az.: 6 AZR 1254/79, AP § 6 BUrlG Nr. 3

66 BAG, Urteil vom 28. Februar 1991, Az.: 8 AZR 196 90, NZA 1991, 944

Muster: Urlaubsbescheinigung

Urlaubsbescheinigung für Frau XY

Frau XY, geboren am ..., war vom ... bis zum ... bei uns in Vollzeit beschäftigt. Sie hat für das Jahr 2022 15 Arbeitstage Urlaub in natura sowie Abgeltung für 3 weitere Urlaubstage erhalten. Der Jahresurlaubsanspruch beträgt 28 Tage.

Ort, Datum, Unterschrift

Wichtig: Nicht von § 6 BUrlG umfasst ist übertragener Urlaub aus dem Vorjahr. In die Urlaubsbescheinigung gehört deshalb nur der auf das betreffende Kalenderjahr entfallende gewährte Urlaub, nicht der übertragene Urlaub aus einem Vorjahr.

Im Streitfall gilt eine abgestufte Darlegungs- und Beweislast vor Gericht: Der Arbeitnehmer muss darlegen und beweisen, dass keine Anrechnung von Urlaubsansprüchen aus dem früheren Arbeitsverhältnis erfolgen kann (sog. negatives Tatbestandsmerkmal des § 6 BUrlG).[67] Zwar muss normalerweise im Zivilprozess stets derjenige einen Sachverhalt darlegen und beweisen, der sich darauf beruft. Und dies wäre an sich der Arbeitgeber, der den Urlaubsanspruch kürzen möchte. Der Arbeitgeber weiß jedoch in aller Regel gar nicht, wieviel Urlaub der Arbeitnehmer bereits im vorherigen Arbeitsverhältnis erhalten hat. Deshalb ist es sachgerecht, diese sog. Vortragslast dem Arbeitnehmer aufzuerlegen. Er kann zum Beweis die Urlaubsbescheinigung des vorigen Arbeitgebers vorlegen. Wenn der Arbeitgeber nun Zweifel an der Richtigkeit der Bescheinigung hat, muss er dies seinerseits schlüssig begründen und gegebenenfalls auch unter Beweis stellen. Zweifel an der Richtigkeit der Urlaubsbescheinigung können sich z. B. daraus ergeben, dass der Arbeitnehmer aus seinem früheren Arbeitsverhältnis mit einer Abfindung ausgeschieden ist, in die ein Urlaubsabgeltungsanspruch eingerechnet wurde, welcher sodann in der Urlaubsbescheinigung nicht auftaucht.

Praxis-Tipp:

Sollten Zweifel an der Urlaubsbescheinigung bestehen, kann es lohnend sein, der Sache nachzugehen. Macht der frühere Arbeitgeber wissentlich falsche Angaben, so kann er sich gegenüber dem neuen Arbeitgeber wegen vorsätzlicher wissentlicher Schädigung schadensersatzpflichtig machen (§ 826 BGB)!

67 BAG, Urteil vom 16. Dezember 2014, Az.: 9 AZR 295/13, NZA 2015, 827

In der Praxis wird jedoch relativ selten um die Anrechnung von bereits gewährtem Urlaub im neuen Arbeitsverhältnis gestritten. Dies mag zum einen daran liegen, dass manchem Arbeitgeber die Möglichkeit der Anrechnung gar nicht bewusst ist, zum anderen auch daran, dass die Anrechnung insbesondere bei einer unterschiedlichen Höhe des Urlaubsanspruchs in den aufeinanderfolgenden Arbeitsverhältnissen den Beteiligten eher kompliziert erscheint.

3.5.4 Bestehen Ausgleichansprüche der Arbeitgeber untereinander?

Es kann also in der Praxis durchaus vorkommen, dass bei einem Arbeitsplatzwechsel im laufenden Kalenderjahr der erste Arbeitgeber mehr Urlaub gewährt hat, als auf seinen Zeitanteil an sich entfällt. Dies kommt dem zweiten Arbeitgeber zugute, denn er muss dann weniger Urlaub gewähren. Es stellt sich deshalb die Frage, ob der erste Arbeitgeber vom späteren einen finanziellen Ausgleich verlangen kann. Die herrschende Meinung verneint einen solchen Anspruch. Der frühere Arbeitgeber wird oftmals den neuen Arbeitgeber schon gar nicht kennen und einen Anspruch auf Mitteilung gegen seinen ehemaligen Arbeitnehmer wird man nur schwer begründen können. Als Arbeitgeber mag man sich damit trösten, dass im Lauf der Zeit mehr oder minder ein Ausgleich eintreten wird, da jeder Arbeitgeber von der Regelung des § 6 BUrlG bei Neueinstellungen profitiert. Wirtschaftlich sinnvoller als der Versuch, einen Ausgleich vom neuen Arbeitgeber des ehemaligen Mitarbeiters zu erhalten, dürfte es sein, bei neu eintretenden Arbeitnehmern konsequent von der Kürzungsmöglichkeit des § 6 Abs. 1 BUrlG Gebrauch zu machen.

Praxis-Tipp:

Ein Arbeitgeber, der einen Arbeitnehmer unterjährig neu einstellt, sollte sich unbedingt eine Urlaubsbescheinigung des vorigen Arbeitgebers vorlegen lassen und die Anrechnung von Urlaubsansprüchen nicht scheuen.

Bei ausscheidenden Arbeitnehmern hingegen bietet es sich an, trotz eines evtl. Vollurlaubsanspruchs diesen nur zeitanteilig zu gewähren bzw. abzugelten (sofern dies noch nicht erfolgt ist) und den Arbeitnehmer darauf hinzuweisen, dass sonst sein Anspruch beim neuen Arbeitgeber entsprechend gekürzt werden kann. Lässt sich der Arbeitnehmer jedoch nicht darauf ein, muss bei Vorliegen der gesetzlichen Voraussetzungen der Vollurlaubsanspruch erteilt bzw. abgegolten werden.

Ist der Arbeitnehmer im Anschluss an sein Arbeitsverhältnis arbeitslos, macht es von vornherein keinen Sinn, den Urlaub nur zeitanteilig zu gewähren bzw. abzurechnen, wenn an sich ein Vollurlaubsanspruch besteht. Denn der Anspruch auf Arbeitslosengeld ruht, solange der Arbeitnehmer noch Urlaubsabgeltung vom früheren Arbeitgeber verlangen kann (§ 157 Abs. 2 SGB III). Wird die Urlaubsabgeltung (teilweise) nicht gezahlt, springt zwar die Bundesagentur für Arbeit ein, sie nimmt jedoch Regress beim Arbeitgeber (§ 115 SGB X). Der Arbeitgeber wird deshalb ohnehin den gesamten Urlaubsanspruch abgelten müssen, wenn die Bundesagentur für Arbeit an ihn herantritt.

4. Urlaubsdauer

Das BUrlG legt nur eine Mindestdauer des Urlaubs fest. Aus kollektivrechtlichen oder arbeitsvertraglichen Regelungen ergibt sich oftmals ein höherer Urlaubsanspruch. Ein Abweichung „nach unten" zuungunsten des Arbeitnehmers ist hingegen nicht zulässig (§ 13 Abs. 1 BUrlG, Art. 7 AZRL).

4.1 Gesetzlicher Mindestanspruch

Der gesetzliche Mindesturlaub beträgt jährlich 24 Werktage (§ 3 Abs. 1 BUrlG). Das Urlaubsjahr stimmt prinzipiell mit dem Kalenderjahr überein (§ 7 Abs. 3 Satz 1, § 13 Abs. 3 BUrlG).

Wichtig: Die 24 Werktage beziehen sich auf eine Sechs-Tage-Woche. Auch der Samstag ist ein Werktag (§ 3 Abs. 2 BUrlG). Bei Einführung des BUrlG im Jahr 1963 ging man selbstverständlich noch von einer Arbeitspflicht auch am Samstag aus. Sonn- und gesetzliche Feiertage werden hingegen prinzipiell nicht auf den Urlaubsanspruch angerechnet (§ 3 Abs. 2 BUrlG). Allerdings gilt etwas anderes für Arbeitnehmer, die an einem solchen Tag ihre arbeitsvertraglich geschuldete Arbeitsleistung erbringen, etwa im Gastronomie- oder im Gesundheitsbereich. In diesem Fall handelt es sich auch bei einem

Sonn- oder Feiertag für den Arbeitnehmer um einen „normalen" Arbeitstag, der urlaubsrechtlich auch so zu behandeln ist.[68]

4.2 Berechnung

Die wohl meisten Arbeitnehmer haben eine Fünf-Tage-Woche von Montag bis Freitag. Deshalb muss in diesen Fällen umgerechnet werden, und zwar wie folgt:

24 Urlaubstage : 6 Arbeitstage x 5 Arbeitstage = 20 Urlaubstage

II

Der gesetzliche Mindesturlaub für ein Arbeitsverhältnis mit einer Fünf-Tage-Woche beträgt also 20 Urlaubstage, was einem vierwöchigen Mindesturlaub entspricht. Damit steht § 3 Abs. 1 BUrlG in Einklang mit Art. 7 AZRL, der einen vierwöchigen bezahlten Mindesturlaub vorschreibt.

4.2.1 Teilzeitarbeitsverhältnis

Arbeitet ein Arbeitnehmer Teilzeit, so muss ebenfalls eine Umrechnung erfolgen, wenn an weniger als sechs Tagen die Woche gearbeitet wird. Arbeitet der Arbeitnehmer beispielsweise von Montag bis einschließlich Samstag jeweils zwei Stunden täglich, so ist dies nicht erforderlich. Der Arbeitnehmer hat einen Mindesturlaub von 24 Urlaubstagen. Es erfolgt also nicht etwa eine stundenweise Umrechnung.

Verteilt sich die Arbeitszeit auf weniger Werktage, so wird der Urlaubsanspruch entsprechend der genannten Formel angepasst:

Beispiel:

Herr A arbeitet nur am Montag und Mittwoch. Es besteht ein gesetzlicher Urlaubsanspruch in Höhe von acht Urlaubstagen (24 Urlaubstage geteilt durch 6 Arbeitstage x 2 Arbeitstage = acht Urlaubstage). Herr A hat dann, so wie es das Gesetz vorschreibt, einen vierwöchigen bezahlten Urlaub im Kalenderjahr. An den Tagen außer Montag und Mittwoch arbeitet er ja ohnehin nicht. Er muss also an den übrigen Tagen auch nicht von einer Arbeitspflicht freigestellt werden.

[68] BAG, Urteil vom 15. Januar 2013, Az.: 9 AZR 430/11, NZA 2013, 1091

Entsprechendes wird in § 26 Abs. 1 TVöD/TV-L/TV-H angeordnet. Zusätzlich ist bestimmt, dass Bruchteile von Urlaubstagen, die mindestens einen halben Urlaubstag ergeben, aufgerundet werden. Bruchteile von weniger als einem halben Urlaubstag bleiben unberücksichtigt.

Wichtig: Auch geringfügig Beschäftigte (§ 8 SGB IV) haben Anspruch auf entsprechenden Mindestjahresurlaub. Das gilt auch, wenn sie in einem Privathaushalt tätig sind! Dies wird in der Praxis häufig verkannt.

4.2.2 Unregelmäßige Arbeitszeit

Verteilt sich die Arbeit in den Wochen auf eine unbestimmte Anzahl von Wochentagen, muss ein Durchschnittswert ermittelt werden:

Beispiel:

Frau C arbeitet in der einen Arbeitswoche fünf, in jeder zweiten Arbeitswoche jedoch nur vier Werktage. Auf zwei Kalenderwochen entfallen somit neun Arbeitstage. Für Frau A ist deshalb wie folgt umzurechnen:

Lösung:

20 Urlaubstage x 9 Arbeitstage : 10 Arbeitstage = 18 Urlaubstage

Der jährliche Mindesturlaubsanspruch der Frau A beträgt 18 Urlaubstage.

Verteilt sich die Arbeitszeit über das gesamte Jahr ungleichmäßig, so muss ein jährlicher Durchschnittswert errechnet werden. Dabei rechnet das BAG bei einer Fünf-Tage-Woche prinzipiell mit 260 Arbeitstagen im Jahr (52 Wochen x 5 Arbeitstagen) bzw. mit 312 (52 Wochen x 6 Arbeitstagen) Arbeitstagen in der Sechs-Tage-Woche. Aus besonderen tariflichen Vorschriften kann sich auch ein Rechenwert von 261 möglichen Arbeitstagen ergeben. Mit diesem Wert sind die tatsächlich zu leistenden jährlichen Arbeitstage in Beziehung zu setzen. Das BAG nimmt die Umrechnung ausgehend von einer Fünf-Tage-Woche gemäß folgender Formel vor:[69]

[69] BAG, Urteil vom 5. November 2002, Az.: 9 AZR 470/01, NJOZ 2003, 1826

$$\frac{\text{20 Urlaubstage x tatsächliche Arbeitstage im Jahr}}{\text{260 mögliche Arbeitstage im Jahr}} = \text{tatsächliche Urlaubstage im Jahr}$$

Bei einer Sechs-Tage-Woche wären nach der BAG-Formel 312 mögliche Arbeitstage im Nenner einzusetzen. Das BAG geht dabei von 364 Tagen im Kalenderjahr insgesamt aus, nicht von 365, da das BurlG in § 11 Abs. 1 Satz 1 für ein Vierteljahr ebenfalls pauschal 13 Wochen festsetzt.

Bei den tatsächlichen Arbeitstagen werden Tage mit Arbeitsbefreiung aufgrund von Feiertag, Krankheit, Bildungsurlaub, Beschäftigungsverbot wegen dem MuSchG oder vorübergehender Verhinderung nach § 2 PflegeZG mitgezählt.[70]

Die 20 Urlaubstage im Faktor beziehen sich auf den gesetzlichen Mindesturlaub. Soll ein höherer tariflicher oder arbeitsvertraglicher Urlaubsanspruch umgerechnet werden, so ist anstelle der 20 Urlaubstage der entsprechende höhere, vereinbarte Wert für das Normal-Vollzeitarbeitsverhältnis einzusetzen.

Diese Formel wendet das BAG auch an, wenn es um die Umrechnung des Urlaubsanspruchs bei einer unterjährigen Veränderung der Wochenarbeitszeit geht (vgl. Abschnitt 4.2.6).

4.2.3 Arbeit auf Abruf

Arbeitnehmer und Arbeitgeber können vereinbaren, dass der Arbeitnehmer seine Arbeitsleistung entsprechend dem Arbeitsanfall zu erbringen hat (sog. Arbeit auf Abruf, § 12 TzBfG). Es ist dann lediglich eine bestimmte Dauer der wöchentlichen sowie der täglichen Arbeitszeit festzulegen, wobei es ausreicht, eine Mindestarbeitszeit festzulegen.[71] Die tägliche oder auch wöchentliche Arbeitszeit kann also variieren. Der Arbeitnehmer hat keinen Anspruch auf eine reguläre tägliche Arbeitszeit.

Will der Arbeitgeber sich vorbehalten, auch mehr oder weniger Arbeitsleistung abzurufen als regulär vereinbart, hat er hierbei gewisse Grenzen zu beachten, will er nicht riskieren, dass seine Klausel

---

[70] BAG, Urteile vom 21. Mai 2019, Az.: 9 AZR 259/18, NZA 2019, 1365; vom 19. März 2019, Az.: 9 AZR 406/17, NZA 2019, 1435

[71] BAG, Urteil vom 7. Dezember 2005, Az.: 5 AZR 535/04, NZA 2006, 423

wegen unangemessener Benachteiligung des Arbeitnehmers nach § 307 BGB vom Arbeitsgericht kassiert wird. Das BAG lässt eine Erhöhung um maximal 25 % oder eine Verringerung von maximal 20 % des jeweils vereinbarten Wertes zu.[72]

II

Eine Flexibilisierung in Form der Festlegung eines Durchschnittswerts der zu leistenden Wochenstunden in einem bestimmten Zeitrahmen (z. B. die Festlegung einer Jahresarbeitszeit) wird nach herrschender Meinung ebenfalls für zulässig gehalten.[73] Fehlt eine Vereinbarung zur Arbeitszeit, so gilt eine wöchentliche Arbeitszeit von 20 Stunden als vereinbart (§ 12 Abs. 1 Satz 3 TzBfG). In das Arbeitszeitkonto, das für den Arbeitnehmer geführt wird, sind zugunsten des Arbeitnehmers während der Urlaubsgewährung die ausgefallenen Soll-Arbeitsstunden aufzunehmen. Ohne eine entsprechende Gutschrift würde dem Arbeitnehmer kein Urlaubsentgelt gewährt, was nicht zulässig wäre.

Insgesamt muss dem nach Bedarf beschäftigten Arbeitnehmer auch der gesetzliche Mindesturlaub von 24 Werktagen, bezogen auf die Sechs-Tage-Woche, gewährt werden. Was gilt, wenn nicht absehbar ist, inwieweit die Arbeitsleistung vom Arbeitgeber in Anspruch genommen wird? Maßgeblich muss sein, wie viele Arbeitstage mit Abrufmöglichkeit in Betracht kommen. Kann der Arbeitgeber an fünf Tagen in der Woche von Montag bis Freitag Arbeit abrufen, müssen für den Mindesturlaub 20 Arbeitstage arbeitsfrei gewährt werden. Der Arbeitnehmer muss sich an diesen Tagen nicht abrufbereit halten. Besteht Abrufbereitschaft nur an vier Tagen die Woche, reduziert sich der Urlaubsanspruch anteilig um 1/5. Bei einer unregelmäßigen Verteilung der Abrufbereitschaft im Jahr kann mit der vom BAG verwendeten Formel gearbeitet werden, bei der die Anzahl der möglichen Arbeitstage im Jahr mit den Tagen einer tatsächlich bestehenden Arbeitspflicht ins Verhältnis gesetzt wird (vgl. oben Abschnitt 4.2.2):[74]

$$\frac{\text{20 Urlaubstage/Jahr x Tage mit tatsächlicher Abrufbereitschaft/Jahr}}{\text{260 mögliche Arbeitstage/Jahr}}$$

---

72 BAG, Urteil vom 7. Dezember 2005, Az.: 5 AZR 535/04, NZA 2006, 423

73 Müller-Glöge/Preis/Schmidt, Erfurter Kommentar, § 12 TzBfG Rz. 17; Boecken/Düwell/Diller/Hanau/Worzalla, § 12 TzBfG Rz. 4

74 so auch Arnold/Gräfl, TzBfG § 12 Arbeit auf Abruf / 5.2 Urlaub, Haufe Personal Office Platin, abgerufen am 19. Juli 2023

Das Gesetz fordert nicht, sich ergebende Bruchteile von Urlaubstagen aufzurunden. § 5 Abs. 2 BUrlG gilt nur für Teilurlaub.

4.2.4 Kurzarbeit

Ändert sich durch die Einführung von Kurzarbeit in einem Betrieb der Arbeitsumfang des Arbeitnehmers, so ist der Urlaubsanspruch entsprechend der oben aufgeführten Formel (Multiplikation der Urlaubshöhe mit den tatsächlichen Arbeitstagen dividiert durch die maximal möglichen Arbeitstage) für den entsprechenden Zeitraum zu kürzen, wenn ganze Arbeitstage ausfallen. Denn wegen Kurzarbeit ausgefallene Arbeitstage können nicht mit tatsächlichen Tagen mit Arbeitspflicht und der damit verbundenen Belastung gleichgesetzt werden. Sie sind auch nicht vergleichbar mit Feiertagen oder wegen Krankheit ausgefallenen Tagen. Anders als durch die Kurzarbeit wird hierdurch der regelmäßige Arbeitsrhythmus nach Auffassung des BAG[75] nicht geprägt. Treffen Krankheit und Kurzarbeit zusammen, gelten nach dem BAG[76] die Regeln für die Kurzarbeit. Mit anderen Worten: Erkrankt ein Arbeitnehmer im Zeitraum einer angeordneten Kurzarbeit, so gelten auch die Krankheitstage nicht als Tage mit Arbeitspflicht. Der Urlaubsanspruch kann sich somit trotz der Erkrankung entsprechend verkürzen, da für die Berechnung des Urlaubsanspruchs die Kurzarbeitsvereinbarung maßgeblich ist.

Allerdings sind durch Kurzarbeit entstehende ganze arbeitsfreie Tage nicht auf den Urlaubsanspruch anzurechnen, denn an diesen Tagen wird ohnehin nicht gearbeitet, sodass auch nicht von der Arbeitspflicht durch Urlaubsgewährung befreit werden kann. Bei einer Kurzarbeit „Null" ist deshalb bei bereits zugeteiltem Urlaub ein entsprechender Ersatzurlaub zu gewähren. Wird durch die Kurzarbeit die Arbeitspflicht nur teilweise reduziert, spricht nichts gegen eine Urlaubsgewährung für diese verbliebene Arbeitspflicht.

4.2.5 Schichtarbeit

Auch bei der Schichtarbeit ist entsprechend den Grundsätzen, die bei unregelmäßiger Arbeitszeit gelten, umzurechnen. Die Soll-Schichten des Arbeitnehmers werden mit dem Arbeitstage-Soll der Referenzarbeitnehmer ins Verhältnis gesetzt. Freischichten, an

75 BAG, Urteil vom 30. November 2021, Az.: 9 AZR 225/21, NZA 2022, 629

76 BAG, Urteil vom 5. Dezember 2023, Az.: 9 AZR 364/22

denen der Arbeitnehmer ohnehin nicht gearbeitet hätte, dürfen nicht als Urlaub gewertet werden. Zieht sich eine Schicht über zwei Kalendertage hin (Nachtschicht), so wird auch diese Schicht i. d. R. als ein Arbeitstag gewertet.

Hat ein Arbeitnehmer beispielsweise im Jahr konkret 230 Schichten abzuleisten, so ergibt sich folgender Mindesturlaub:

$$\frac{\text{20 Urlaubstage x 230 Schichten}}{\text{260 Referenzarbeitstage}} = \text{17,69 Urlaubstage bzw. Freischichten}$$

Praxis-Tipp:

Ergibt sich durch die Umrechnung keine gerade Anzahl von Urlaubstagen, sondern ein Bruch, so braucht der Arbeitgeber nach dem BUrlG auch dann keine Aufrundung vorzunehmen, wenn der Bruchteil mindestens einen halben Tag ergibt. § 5 Abs. 2 BUrlG ist bei Schichtarbeit nicht anwendbar. Allerdings darf auch keine Abrundung erfolgen. Vielmehr muss Urlaub genau in dem errechneten Umfang, also eventuell auch stundenweise, gewährt werden.[77] Etwas anderes kann sich jedoch aus einer arbeits- oder tarifvertraglichen Regelung zugunsten des Arbeitnehmers ergeben.

4.2.6 Veränderung der Wochenarbeitszeit

Wird im Laufe eines Kalenderjahres von einem Vollzeit- auf ein Teilzeitarbeitsverhältnis umgestellt (oder umgekehrt), so stellt sich die Frage, wie sich dies auf den Urlaubsanspruch auswirkt.

Die Berechnung der Urlaubsdauer bereitet dann keine Probleme, wenn weiterhin an gleich vielen Wochentagen wie zuvor gearbeitet und nur die tägliche Arbeitszeit reduziert wird. Der Arbeitnehmer erhält genau so viele Urlaubstage wie vorher auch; das entsprechende Urlaubsentgelt reduziert sich nur entsprechend der Teilzeitarbeit (zur Berechnung des Urlaubsentgelts bei Veränderung des regelmäßigen Arbeitszeitvolumens vgl. Abschnitt 7.2).

---

[77] BAG, Urteil vom 26. Januar 1989, Az.: 8 AZR 730/87, NZA 1989, 756

Anders verhält es sich, wenn die verbliebene Arbeitszeit auf weniger Arbeitstage verteilt wird als zuvor (oder auch umgekehrt an mehr Tagen gearbeitet wird als ursprünglich).

Das BAG[78] ermittelt den Urlaubsanspruch nicht nach Zeitabschnitten vor und nach dem Wechsel der Wochenarbeitszeit, sondern einen Gesamtjahresurlaubsanspruch nach der oben (Abschnitt 4.2.2 „Unregelmäßige Arbeitszeit") bereits erläuterten Dreisatzformel:

$$\frac{\text{20 Urlaubstage/Jahr x Anzahl Tage mit tatsächlicher Arbeitspflicht/Jahr}}{\text{260 mögliche Arbeitstage/Jahr}}$$

Die 20 Urlaubstage beziehen sich auf den gesetzlichen Mindesturlaub im Vollzeitarbeitsverhältnis. 260 Arbeitstage nimmt das BAG pauschal als mögliche Anzahl von Arbeitstagen im Kalenderjahr in der Fünf-Tage-Woche an (52 Wochen x 5 Arbeitstage). Bei einer Sechs-Tage-Woche wären im Nenner entsprechend 312 Arbeitstage einzustellen. Gesetzliche Feiertage, Ausfalltage wegen Krankheit, vorübergehender Verhinderung nach § 2 PflegeZG oder Beschäftigungsverbote nach dem MuSchG werden als Arbeitstage mitgezählt.

Beispiel:

Der Arbeitnehmer Herr X arbeitet zunächst in einer Fünf-Tage-Woche mit einem jährlichen Urlaubsanspruch von 20 Urlaubstagen. Am 1. Oktober reduziert er seine Arbeitszeit und arbeitet nunmehr an drei Tagen in der Woche.

Im Fall des Herrn X wären bis zum 30. September (39 Wochen x 5 Arbeitstage) 195 Arbeitstage und für das letzte Quartal (13 Wochen x 3 Arbeitstage) 39 Arbeitstage, gesamt somit 234 Arbeitstage im Zähler bei den möglichen Arbeitstagen anzusetzen.

Die Formel ergibt somit einen Urlaubsanspruch von:

$$\frac{\text{20 Urlaubstage x 234 Arbeitstage}}{\text{260 Arbeitstage}} = \text{18 Urlaubstage}$$

78 BAG, Urteile vom 21. Mai 2019, Az.: 9 AZR 259/18, NZA 2019, 1365; vom 19. März 2019, Az.: 9 AZR 406/17, NZA 2019, 1435, zu § 26 TV-L

Eine entsprechende zeitanteilige Umrechnung hat auch dann zu erfolgen, wenn während des laufenden Kalenderjahres die wöchentliche Arbeitszeit erhöht wird.[79]

4.2.7 Umstellung nach Elternzeit

Die Formel ist auch anzuwenden, wenn der Arbeitnehmer für einen Teil des Jahres von der Arbeitspflicht befreit ist, z. B. wegen eines Sabbaticals oder bei einer Elternzeit. Die Tage ohne Arbeitspflicht werden im Nenner abgezogen. Soweit Spezialvorschriften zur Reduzierung von Urlaubsansprüchen existieren (Eltern- und Pflegezeit, § 17 BEEG, § 4 PflegeZG), sind diese zusätzlich bei der Anzahl der Urlaubstage im Zähler zu berücksichtigen.

Beispiel:

Herr X arbeitet vom 1. Januar bis 14. April Vollzeit in einer Fünf-Tage-Woche. Ihm stehen 30 Urlaubstage in der Vollzeit zu. Vom 13. April bis zum 31. August nimmt er Elternzeit. Anschließend arbeitet er an drei Tagen in der Woche.

Der Arbeitgeber kann nach § 17 BEEG den Jahresurlaubsanspruch für **jeden vollen Monat** der Elternzeit um 1/12 kürzen. Statt 30 Urlaubstagen steht einem Vollzeitarbeitnehmer für dieses Jahr somit noch ein Anspruch von 8/12, somit (30 x 8 : 12 =) 20 Urlaubstagen zu. Außerdem reduziert sich durch die Elternzeit (20 Wochen) die Anzahl möglicher Arbeitstage im Jahr um (5 Arbeitstage x 20 =) 100 Arbeitstage auf 160 Arbeitstage (bei Vollzeit).

Bis zur Elternzeit sind tatsächlich (15 Wochen x 5 Arbeitstage =) 75 Arbeitstage angefallen; für den Zeitraum vom 1. September bis 31. Dezember sind (17 Wochen x 3 Arbeitstage =) 51 Arbeitstage anzusetzen; somit sind insgesamt 126 tatsächliche Arbeitstage für das Kalenderjahr in Ansatz zu bringen:

$$\frac{\text{20 Urlaubstage x 126 Arbeitstage}}{\text{160 Arbeitstage}} = \text{15,75 Urlaubstage}$$

Im öffentlichen Dienst wäre der Urlaubsanspruch nach § 26 Abs. 1 Satz 5 TVöD/TV-L/TV-H auf 16 Urlaubstage aufzurunden.

[79] EuGH, Urteil vom 11. November 2015, Az.: C -219/14, NZA 2015, 1501

4.2.8 Umstellung bei Resturlaub

Noch nicht abschließend von der Rechtsprechung ist die Frage geklärt, wie mit bereits bis zur Umstellung der wöchentlichen Arbeitszeit genommenen Urlaubstagen umzugehen ist:

Fest steht: Wenn der Arbeitnehmer vor der Umstellung auf Teilzeit schon mehr Urlaub verbraucht hat, als ihm an sich zustünde, kann der Arbeitgeber den „Überschuss" nicht vom Arbeitnehmer zurückfordern, § 5 Abs. 3 BUrlG analog.

In allen anderen Fällen muss der bereits verbrauchte Urlaub angerechnet werden. Ob hierbei eine quotale Umrechnung zu erfolgen hat oder eine 1:1-Anrechnung möglich ist, ist fraglich. Dabei können sich für die Praxis durchaus erhebliche Unterschiede bei der Berechnung ergeben.

Beispiel:

Herr X hat im obigen Fall bis zum 30. September bereits sechs Urlaubstage erhalten.

Lösungsmöglichkeiten:[80]

Wenn man vom Gesamturlaubsanspruch schlicht sechs Urlaubstage abzieht, verbleiben noch 9,75 Urlaubstage für das Restjahr.[81]

Berücksichtigt man den bereits genommenen Urlaub von sechs Tagen entsprechend der Teilzeitquote mit 3/5, wären von den 15,75 Urlaubstagen (6 Urlaubstage : 5 x 3) nur 3,6 Urlaubstage abzuziehen, es verbleiben noch 12,15 Urlaubstage.

Quotelt man in Anlehnung an ein Urteil des BAG[82] aus dem Jahr 2017 hingegen den zum Zeitpunkt des Wechsels noch bestehenden Resturlaub von 9,75 Tagen (9,75 Resturlaubstage : 5 Tage x 3 Tage), bleiben nur 5,85 Urlaubstage. Diese Berechnungsweise lässt jedoch außer Acht, dass der aus der Vollzeitarbeit erworbene Urlaubsanspruch vollwertig übertragen werden muss.

---

80 Instruktiv hierzu Bayreuther, Iudex calculat: Umrechnung des Urlaubs bei Veränderung der Wochenarbeitszeit, NZA 2020, 353

81 so Stümper, Urlaub bie Arbeitszeitwechsel und unregelmäßigen Arbeitszeiten, öAT 2023, 158

82 BAG, Urteil vom 17. März 2017, Az.: 9 AZR 7/16, NZA-RR 2017, 376, zu tariflichem Mehrurlaub

II

Alternativ bietet sich eine anteilige Berechnung und Berücksichtigung nach Zeitabschnitten an.[83] Dies hätte den Vorteil, dass damit auch das jeweilige Urlaubsentgelt exakt berücksichtigt werden könnte. Würde man nämlich außer Acht lassen, dass einige der Resturlaubstage noch in der Zeit vor der Verringerung der wöchentlichen Arbeitszeit „verdient" wurden und diese Ansprüche rechnerisch mit einem höheren Urlaubsentgelt verbunden waren, würde man dem Arbeitnehmer diesen Vorteil bei einer schlichten quotalen Ganzjahresumrechnung nehmen. Hierin läge nach diesseitiger Auffassung eine Diskriminierung von Teilzeitarbeitnehmern, was sowohl nach § 4 TzBfG als auch nach Art. 4 RL 97/81/EG verboten ist.[84] Dies hat auch das BAG bereits in einer Entscheidung aus dem Jahr 2018 erkannt und festgestellt, dass die Regelung in § 26 Abs. 1 Satz 1 i. V. m. § 21 Satz 1 TV-L insoweit unwirksam ist, also dort auf ein reines Entgeltausfallprinzip abgestellt wird.[85]

Mit demselben Argument hat das LAG Niedersachsen[86] schon im Jahr 2014 und mit Verweis auf die EuGH-Rechtsprechung[87] entschieden, dass übertragene Resturlaubsansprüche aus dem Vorjahr, in dem noch Vollzeit gearbeitet wurde, nicht im Folgejahr trotz einer zwischenzeitlich reduzierten Arbeitspflicht in der Woche anteilig reduziert werden dürfen.

Welche Variante die höchstrichterliche Rechtsprechung künftig favorisieren wird, bleibt abzuwarten.

4.2.9 Altersteilzeit

Bei einer Altersteilzeit im Blockmodell – der Arbeitnehmer arbeitet zunächst bis zu einem bestimmten Zeitpunkt bei Reduzierung des Arbeitsentgelts weiter und wird im Anschluss unter Fortzahlung der Bezüge bis zur Beendigung des Arbeitsverhältnisses von der

---

83 so wie auch in dem in der Vorauflage von den Verfassern vorgeschlagen, jedoch vom BAG nicht verfolgten Ansatz

84 EuGH, Urteil vom 22. April 2010, Az.: C-486/08, NZA 210, 557; BAG, Urteil vom 10. Februar 2015, Az.: 9 AZR 53/14, NZA 2015, 1005

85 BAG, Urteil vom. 20. März 2018, Az.: 9 AZR 486/17, NZA 2018, 851, vgl. auch Abschnitt 7.2.1

86 LAG Niedersachsen, Urteil vom 11. Juni 2014, Az.: 2 Sa 125/14, NZA-RR 2014, 527

87 EuGH, Beschluss vom 13. Juni 2013, Az.: C-415/12, NZA 2013, 775

Arbeitspflicht freigestellt – können während der Freistellungsphase weder Urlaubsansprüche erworben noch genommen werden. Eine Freistellung zur Urlaubsgewährung ist nicht möglich, da ohnehin keine Arbeitspflicht mehr besteht.

Bei einem unterjährigen Wechsel von der Arbeits- in die Freistellungsphase ist der gesetzliche Urlaubsanspruch nach Zeitabschnitten entsprechend der vertraglich vorgesehenen Anzahl der Tage mit Arbeitspflicht zu berechnen (vgl. oben Abschnitt 4.2.2 „Unregelmäßige Arbeitszeit"). Nach der oben dargelegten Formel ist der Urlaubsanspruch also entsprechend zu reduzieren. Dabei sind die auf die Freistellungsphase entfallenden Arbeitstage mit „Null" einzustellen.[88]

Hinsichtlich des Mehrurlaubs kommt auch eine andere vereinbarte Regelung in Betracht.

Im Bereich des öffentlichen Dienstes besteht eine Zwölftelungsregelung, d. h. im Kalenderjahr des Übergangs von der Beschäftigung zur Freistellung haben die Beschäftigten für jeden vollen Beschäftigungsmonat Anspruch auf ein Zwölftel des Jahresurlaubs, § 8 TVFlexAZ (VKA) bzw. § 10 Satz 2 TVFlexAZ (Bund). Auch diese Regelung führt nicht zu einer unzulässigen Verringerung des gesetzlichen Urlaubsanspruchs.[89]

4.2.10 Streik

Nimmt ein Arbeitnehmer rechtmäßig an einem Streik teil, ruhen die gegenseitigen Hauptleistungspflichten der Parteien: Es besteht also keine Arbeitspflicht, somit kann auch keine Befreiung von dieser durch Urlaubsgewährung erfolgen. Es werden also nicht automatisch Urlaubstage für die Streikteilnahme in Abzug gebracht.

Ein Arbeitnehmer kann während eines Streiks nur dann Urlaub verlangen, wenn er sich zumindest vorübergehend zur Wiederaufnahme der Arbeit bereit erklärt.[90]

War dem Arbeitnehmer schon vor dem Streik antragsgemäß Urlaub bewilligt worden, so soll durch den Streik keine Unterbrechung des Urlaubs eintreten.

---

88 BAG, Urteil vom 24. September 2019, Az.: 9 AZR 481/18, NZA 2020, 300

89 BAG, Urteil vom 19. März 2019, Az.: 9 AZR 406/17 zu § 26 Abs. 1 Satz 2 und 4 sowie Abs. 2 Buchst. c) TV-L, NZA 2019, 1435

90 BAG, Urteil vom 24. September 1996, Az.: 9 AZR 364/95, NZA 1997, 507

Einem streikenden Arbeitnehmer muss der Arbeitgeber kein Entgelt bezahlen. Einem Arbeitnehmer, dem Urlaub bewilligt wurde und diesen auch nicht für die Streikteilnahme unterbricht, jedoch sehr wohl das entsprechende Urlaubsentgelt.[91] Fraglich ist jedoch, ob der Arbeitnehmer, dem bereits vor dem Streik Urlaub bewilligt worden war, seinen Urlaub einseitig wegen Streikteilnahme widerrufen kann. An sich ist keine einseitige Widerrufsmöglichkeit im BUrlG vorgesehen (vgl. Abschnitt 6.1). Denkbar scheint jedoch, ein solches aus Art. 9 Abs. 3 GG (Koalitionsfreiheit) für die Streikteilnahme herzuleiten.

Ob sich der Urlaubsanspruch auf das gesamte Urlaubsjahr gesehen durch die Streikteilnahme reduziert und entsprechend der oben dargelegten Dreisatzformel (vgl. oben Abschnitt 4.2.2 „Unregelmäßige Arbeitszeit") angezeigt ist, wurde höchstrichterlich noch nicht entschieden.

Tatsächlich dürfte eine Reduzierung die logische Konsequenz der neueren Rechtsprechung des BAG sein, wonach es nicht mehr auf den bloßen rechtlichen Bestand des Arbeitsverhältnisses ankommt, damit ein Urlaubsanspruch entstehen kann, sondern auch die Komponente der tatsächlichen Arbeitspflicht berücksichtigt wird.[92]

4.2.11 Krankheit

Wird der Arbeitnehmer während des Urlaubs arbeitsunfähig krank, so werden nachgewiesene Krankheitstage nicht auf den Urlaub angerechnet, § 9 BUrlG (siehe hierzu Abschnitt 9). Die Urlaubstage gelten als nicht verbraucht.

Eine Reduzierung des Urlaubsanspruchs nach der oben genannten Dreisatzformel erfolgt nicht. Zum Sonderfall des Zusammentreffens von Krankheit und Kurzarbeit vgl. oben Abschnitt 4.2.4.

4.2.12 Maßnahmen der medizinischen Vorsorge und Rehabilitation

Nimmt der Arbeitnehmer an einer Maßnahme der medizinischen Vorsorge oder Rehabilitation teil, während dessen er einen Anspruch auf Entgeltfortzahlung nach dem EFZG hat, so dürfen diese Zeiten ebenfalls nicht auf den Urlaubsanspruch angerechnet wer-

[91] BAG, Urteil vom 15. Januar 1991, Az.: 1 AZR 178/90, DB 1991, 1465

[92] so auch Gooren, Streik und Urlaubsdauer, NJW-Spezial 2021, 114

den (§ 10 BUrlG). Auch wenn dem Arbeitnehmer bereits zuvor für eine solche Zeit Urlaub gewährt worden war, gilt nichts anderes. Die Zeiten der Maßnahme werden nicht auf den Urlaubsanspruch angerechnet. Allerdings muss die Maßnahme in einer anerkannten Vorsorge- und Rehabilitationseinrichtung im Sinne von § 107 Abs. 2 SGB V stattfinden.[93] Ist der Arbeitnehmer gesetzlich krankenversichert, muss die Maßnahme außerdem von einem Träger der gesetzlichen Renten-, Kranken- oder Unfallversicherung, einer Verwaltungsbehörde der Kriegsopferversorgung oder einem sonstigen Sozialleistungsträger bewilligt worden sein. Ist der Arbeitnehmer privat versichert, muss die Maßnahme ärztlich verordnet worden sein (§ 9 Abs. 1 EFZG).

4.2.13 Schwangerschaft und Mutterschutz

Für die Dauer der gesetzlichen Mutterschutzfristen nach dem MuSchG oder eines Beschäftigungsverbots darf die Dauer des Urlaubsanspruchs nicht gekürzt werden. Ausfallzeiten wegen Beschäftigungsverboten gelten als Beschäftigungszeiten für die Berechnung des Urlaubsanspruchs, § 24 MuSchG. Diese Regelung vermeidet eine Diskriminierung von Frauen wegen einer Schwangerschaft.

4.3 Tarif- und einzelvertraglicher Urlaubsanspruch

Im Tarif- oder Arbeitsvertrag darf kein geringerer Urlaubsanspruch als der gesetzliche Mindesturlaub vereinbart werden (§ 13 Abs. 1 BUrlG, Art. 7 AZRL). Der gesetzliche Mindesturlaub muss jedem Arbeitnehmer gewährt werden. Eine Abweichung vom Mindesturlaub zugunsten des Arbeitnehmers ist hingegen sehr wohl möglich. In der Praxis wird von dieser Möglichkeit auch in weitem Umfang Gebrauch gemacht. Die Mehrzahl der Arbeitnehmer in Deutschland dürfte einen höheren Urlaubsanspruch als nur den gesetzlichen Mindesturlaub haben. Nach der Verdienststrukturerhebung des Statistischen Bundesamts 2018 haben die Vollzeitkräfte in den meisten sog. Wirtschaftsabschnitten einen Urlaubsanspruch von mindestens 28 Tagen bei einer Fünf-Tage-Woche. Vollzeitarbeitnehmer in Betrieben der Energie- und Wasserversorgung, im Bereich Finanzen und Versicherungen haben durchschnittlich sogar 30 Urlaubstage.

[93] BAG, Urteil vom 25. Mai 2016, Az.: 9 AZR 298/15, NZA 2016, 1028

In der land- und Forstwirtschaft werden hingegen durchschnittlich nur 24 und im Gastgewerbe immerhin 25 Urlaubstage gewährt.[94]

4.3.1 Öffentlicher Dienst

Der TVöD vom 13. September 2005 i. d. F. vom 14. Juli 2022, der TV-L vom 12. Oktober 2006 i. d. F. vom 29. November 2021 bzw. der TV-H vom 1. September 2009 i. d. F. vom 27. Oktober 2022 gewähren jeweils 30 Arbeitstage Urlaub.

Anders als früher ist die Dauer des Urlaubs nicht mehr vom Lebensalter des Beschäftigten abhängig, sondern nur noch von der Dauer und Verteilung der Arbeitszeit. Er beträgt bei einer Fünf-Tage-Woche derzeit einheitlich 30 Arbeitstage, § 26 Abs. 1 Satz 2 TVöD/TV-L/TV-H. Bei einer anderen Verteilung der wöchentlichen Arbeitszeit als auf fünf Tage in der Woche erhöht oder vermindert sich der Urlaubsanspruch entsprechend (vgl. hierzu Erläuterungen unter Abschnitt 4.2 „Berechnung“). Verbleibt bei der Berechnung des Urlaubs ein Bruchteil, der mindestens einen halben Urlaubstag ergibt, wird er auf einen vollen Urlaubstag aufgerundet, Bruchteile von halben Urlaubstagen bleiben unberücksichtigt (§ 26 Abs. 1 Satz 5 TVöD/TV-L/TV-H).

Maßgeblich sind für die Berechnung Arbeitstage, an denen regelmäßig, d. h. dienstplan- oder betriebsüblich zu arbeiten wäre. Mitgezählt werden also auch Arbeitstage, an denen der Arbeitnehmer z. B. wegen einer unverschuldeten Arbeitsunfähigkeit von der Arbeitspflicht befreit ist. Eine Nachtschicht, die sich über zwei Kalendertage erstreckt, ist als zwei Tage zu rechnen.[95] Auf die tägliche Arbeitszeit kommt es hingegen nicht an.

Nach § 26 Abs. 1 Satz 3 TV-L/TV-H sind gesetzliche Feiertage, für die kein Freizeitausgleich gewährt wird, nicht als Arbeitstag zu berücksichtigen. Diese Feiertage werden somit nach dem TV-L/TV-H nicht als Urlaubstag angerechnet. Im TVöD fehlt eine entsprechende Regelung. Der TVöD schließt somit gesetzliche Feiertage, an denen der Arbeitnehmer ohne Urlaubsgewährung hätte arbeiten müssen, als Arbeitstage mit ein.[96]

---

94 https://www.destatis.de/DE/Themen/Arbeit/Arbeitsmarkt/Qualitaet-Arbeit/Dimension-2/urlaubsanspruchl.html, abgerufen am 3. August 2023

95 LAG Berlin-Brandenburg, Urteil vom 20. Mai 2019, Az.: 5 Sa 2060/18, öAT 2020, 63

96 BAG, Urteil vom 15. Januar 2013, Az.: 9 AZR 430/11, NZA 2013, 1091

Zum Erholungsurlaub nach § 26 TVöD/TV-L/TV-H hinzu kommt ein Zusatzurlaub bei bestimmten gesundheitsbelastenden Tätigkeiten nach § 27 TVöD/TV-L/TV-H (vgl. Kapitel IV Abschnitt 10).

4.3.2 Anwendbare Vorschriften für einen (tarif-)vertraglichen Mehrurlaub

Wird ein höherer Urlaubsanspruch vereinbart, so stellt sich die Frage, ob dieser denselben Regelungen unterworfen sein soll wie der gesetzliche Mindesturlaub. Die Vertragsparteien können hinsichtlich des Mehrurlaubs (aber auch nur für diesen!) auch vom BUrlG oder Art. 7 AZRL abweichende Regelungen treffen, die strenger sind.

Beispiel:

Für den Mehrurlaub ist es möglich, eine besondere Verfalls- oder Ausschlussfrist vorzusehen.[97]

Soweit sich aus dem Vertrag keine Anhaltspunkte dafür ergeben, dass die Parteien den Mehrurlaub auf besondere Art und Weise regeln wollten, gelten jedoch auch für den Mehrurlaub die Bestimmungen des BUrlG. Eine Abweichung von den Regelungen des BUrlG ist also die Ausnahme.

Es kann demnach vorkommen, dass der Mehrurlaubsanspruch früher verfällt als der gesetzliche Mindesturlaubsanspruch. Ein solcher Fall kann insbesondere bei einer längeren krankheitsbedingten Arbeitsunfähigkeit eintreten, wenn der Arbeitnehmer infolgedessen gehindert war, seinen Mindesturlaub rechtzeitig zu nehmen. Denn ein arbeitsunfähiger Arbeitnehmer kann nicht in den Urlaub geschickt werden, § 9 BUrlG (siehe zur längerfristigen krankheitsbedingten Arbeitsunfähigkeit Abschnitt 9). Der Verfall tritt hinsichtlich des Mindesturlaubs bei langandauernder Erkrankung nach der Rechtsprechung des BAG[98] mit Rücksicht auf einschlägige Urteile des EUGH[99] erst mit Ablauf von 15 Monaten nach Beendigung des Urlaubsjahrs ein (also mit Ablauf des 31. März des übernächsten Folgejahres). Der Mehrurlaub kann je nach vertraglicher Regelung hingegen schon früher verfallen sein. Wenn der Arbeitnehmer dann einen Teil seines Urlaubs, nicht jedoch den gesamten Urlaub

---

[97] BAG, Urteil vom 12. November 2013, Az.: 9 AZR 77/13, NZA 2014, 383

[98] BAG, Urteil vom 7. August 2012, Az.: 9 AZR 353/10, NZA 2012, 1216

[99] EuGH, Urteile vom 20. Januar 2009, Az.: C-350/06, C-520/06, NZA 2009, 135

genommen hatte, bevor er erkrankt ist, und der Mehrurlaub bereits verfallen wäre, der Mindesturlaub jedoch nicht, so stellen sich folgende Fragen:

Ist der bereits erhaltene Urlaub als Mindesturlaub anzusehen mit der Folge, dass der Anspruch wegen Erfüllung erloschen ist?

Oder handelt es sich um den vertraglichen Mehrurlaub, sodass der Mindesturlaub weiterhin besteht und zu gewähren oder evtl. abzugelten ist? Mit anderen Worten: Wie ist die Tilgungsreihenfolge?

Das BAG nahm bisher pragmatisch an, dass der Arbeitgeber in aller Regel beide Ansprüche (sowohl den gesetzlichen als auch den vertraglichen) mit der Urlaubsgewährung erfüllen will, soweit er sich nicht ausdrücklich dazu äußert.[100] Nach neuerer Rechtsprechung geht das BAG davon aus, dass der Arbeitgeber in aller Regel, auch wenn er keine ausdrückliche Erklärung dazu abgibt, bei der Urlaubsgewährung zunächst den gesetzlichen Mindesturlaub und erst anschließend den Mehrurlaub erfüllen will (§ 366 Abs. 2 BGB), sodass auf diesen sodann gegebenenfalls andere Regelungen für den Verfall gelten können als gesetzlich vorgeschrieben.[101]

Beispiel:

Der Arbeitnehmer hat von insgesamt 29 Urlaubstagen im Kalenderjahr 20 Urlaubstage erhalten. Mit diesen 20 Urlaubstagen hat der Arbeitgeber gleichzeitig den gesetzlichen Mindesturlaub als auch den vertraglichen Mehrurlaub erfüllt.

Wurden für den Mehrurlaub (tarif-)vertraglich die gleichen Regeln festgelegt, die für den gesetzlichen Mindesturlaub gelten, kann sich der Arbeitnehmer bei einer langwierigen Erkrankung mit Arbeitsunfähigkeit für die restlichen neun Urlaubstage auf die Übertragungsdauer von 15 Monaten berufen.

Wurden für den Mehrurlaub kürzere Verfallsfristen festgelegt, gehen die restlichen neun Urlaubstage entsprechend dieser Verfallsfrist unter.

Im Übrigen gilt für die Umrechnung von kollektiv- oder einzelvertraglichen Urlaubsansprüchen bei Teilzeit-, Schicht- oder Abrufverhältnissen das zum Mindesturlaub Ausgeführte entsprechend,

---

[100] BAG, Urteil vom 7. August 2012, Az.: 9 AZR 760/10; NZA 2013, 104

[101] BAG, Urteil vom 1. März 2022, Az.: 9 AZR 353/21, NZA 2022, 911

soweit keine besonderen Regelungen getroffen wurden. Denn auch hinsichtlich der Art und Weise der Umrechnung können die Parteien, was den Mehrurlaub angeht, spezielle Umrechnungsregeln aufstellen. Allerdings darf dies nicht zu einer Diskriminierung von Teilzeitbeschäftigten führen (§ 4 TzBfG).

4.3.3 Betriebsrats- und Personalratsbeteiligung

Ein gesetzliches Mitbestimmungsrecht des Betriebs- oder Personalrats hinsichtlich der Dauer des Urlaubs besteht nicht. Ein solches besteht nur zur Aufstellung allgemeiner Urlaubsgrundsätze und des Urlaubsplans sowie im Einzelfall bei der Festsetzung der zeitlichen Lage des Urlaubs für einzelne Arbeitnehmer, wenn zwischen dem Arbeitgeber und den beteiligten Arbeitnehmern kein Einverständnis erzielt wird (§ 87 Abs. 1 Nr. 5 BetrVG für den Betriebsrat). Bei der Festlegung der Urlaubsgrundsätze geht es also nur um die kollektive Verteilung des Urlaubs im Urlaubsjahr. So können Richtlinien zur Berücksichtigung von Urlaubswünschen von Arbeitnehmergruppen festgelegt werden (denkbar wäre zum Beispiel, Arbeitnehmer mit schulpflichtigen Kindern in den Schulferien bevorzugt zu behandeln), oder Betriebsferien für alle oder bestimmte Arbeitnehmergruppen (zum Mitbestimmungsrecht im Einzelnen vgl. Kapitel III).

4.4 Zu viel genommener Urlaub

Was geschieht, wenn der Arbeitnehmer mehr Urlaub erhalten hat, als ihm zusteht?

Das BUrlG regelt ausdrücklich nur folgenden Fall: Der Arbeitnehmer scheidet nach erfüllter Wartezeit in der ersten Hälfte eines Kalenderjahres aus dem Arbeitsverhältnis aus. Ihm steht deshalb an sich nur ein Teilurlaubsanspruch in Höhe von 1/12 für jeden vollen Monat des Bestehens des Arbeitsverhältnisses zu (§ 5 Abs. 1 Buchst. c) BUrlG). Der Arbeitnehmer kann jedoch bereits einen höheren Urlaubsanteil, vielleicht sogar seinen gesamten Jahresurlaub, bis zu seinem Ausscheiden erhalten haben. Kann der Arbeitgeber hier einen Ausgleich verlangen? Die Freistellung von der Arbeitspflicht als solche kann nicht rückgängig gemacht werden. Dem Arbeitgeber ist es in diesem speziellen Fall jedoch genauso verwehrt, das für den zu viel gewährten Urlaub gezahlte Urlaubsentgelt zurückzufordern (§ 5 Abs. 2 BUrlG).

Diese Vorschrift stellt also für einen ganz bestimmten Fall eine Sonderregel auf. In anderen Fällen, wenn der Arbeitnehmer irrtümlich mehr Urlaub erhalten hat, als ihm zusteht, kommt hingegen durchaus ein Ausgleichsanspruch des Arbeitgebers in Betracht. Zwar kann der Arbeitgeber die Gewährung von Urlaub nicht in natura zurückfordern, zu viel gezahltes Urlaubsentgelt kann jedoch durchaus zurückzuzahlen sein (§§ 812 ff. BGB).

Beispiel:

Herr X hat Anspruch auf den gesetzlichen Mindesturlaub. Er hat bis zum 30. September in einer Fünf-Tage-Woche Vollzeit gearbeitet, ab dem 1. Oktober hat er unbezahlten Sonderurlaub genommen. Er hat bis dahin bereits seinen vollen Urlaubsanspruch von 20 Tagen erhalten.

Lösung:

Nach der Dreisatzformel des BAG (vgl. Abschnitt 4.2.2) hätten Herrn X lediglich 15 Urlaubstage zugestanden:

$$\frac{\text{20 Urlaubstage x 195 tatsächliche Arbeitstage}}{\text{260 Arbeitstage}}$$

Für das letzte Jahresquartal sind 13 Wochen x fünf Arbeitstage, somit 65 entfallene Arbeitstage anzusetzen; verbleiben für das gesamte Urlaubsjahr somit 195 tatsächliche Arbeitstage.

Sein Arbeitgeber möchte deshalb das Urlaubsentgelt für fünf Urlaubstage zurück.

Der Arbeitgeber muss die allgemeinen Regelungen des Bereicherungsrechts (§§ 812 ff. BGB) beachten. Demnach ist eine Rückforderung beispielsweise ausgeschlossen, wenn der Arbeitgeber bewusst und vorbehaltlos den vollen Urlaub gewährt, obwohl ihm bereits die Umstellung auf unbezahlten Sonderurlaub zum Zeitpunkt der Urlaubsgewährung bekannt war. Denn dann hat er gewusst, dass er zur Leistung nicht verpflichtet war (§ 814 BGB). Somit kommt eine Rückforderung nur dann in Betracht, wenn der Urlaub irrtümlich gewährt wurde, etwa weil dem Arbeitgeber bei Gewährung des Urlaubs noch nicht bekannt war, dass der Arbeitnehmer ein Sabbatical nimmt oder sein Arbeitspensum reduzieren wird.

Außerdem scheidet eine Rückforderung von zu viel bezahltem Urlaubsentgelt aus, wenn der Arbeitnehmer durch das zu viel bezahlte Urlaubsentgelt nicht mehr „bereichert" ist (§ 818 Abs. 3 BGB), etwa, weil er es ausgegeben hat. Bei der Frage, ob der Arbeitnehmer durch das zu viel gezahlte Urlaubsentgelt noch bereichert ist, sind zwar auch etwaige erlangte Vorteile, die der Arbeitnehmer durch das Verbrauchen des Urlaubsentgelts erhalten hat, mit zu berücksichtigen (dann ist er unter Umständen wegen der mit der Ausgabe verbundenen Vorteile eben nicht „entreichert").

Hat der Arbeitnehmer das Urlaubsentgelt beispielsweise für außergewöhnliche Dinge aufgewendet, die er sich sonst nicht geleistet hätte und sind diese nun auch nicht mehr in seinem Vermögen vorhanden (zum Beispiel könnte er sich im Urlaub eine bessere Hotelkategorie gegönnt haben), ist er nicht mehr bereichert und eine Rückforderung ist ausgeschlossen. Hat der Arbeitnehmer Schulden bezahlt, so kommt es darauf an, ob er diese Schulden gerade durch das höhere Urlaubsentgelt bezahlen konnte, oder ob er diese auch zurückbezahlt hätte, indem er seinen Lebensstandard eingeschränkt hätte.[102]

Soweit er andere Anschaffungen getätigt hat, dürfte oftmals anzunehmen sein, dass er diese ansonsten mit anderen verfügbaren Mitteln getätigt hätte, bzw. sich anderweitig eingeschränkt hätte, sodass der erlangte Vorteil nicht kausal auf der Gewährung des überzahlten Urlaubsentgelts beruht. Für untere und mittlere Einkommen nimmt die Rechtsprechung in der Regel ohnehin bereits ohne weitere Nachweise des Arbeitnehmers eine Entreicherung an, wenn die Überzahlung 10 % des üblichen Entgelts nicht überschreitet.[103]

Soweit der Arbeitnehmer also nur in relativ geringfügigem Umfang ein zu hohes Urlaubsentgelt erhalten hat – was regelmäßig der Fall sein dürfte –, so wird eine Rückforderung oftmals am Entreicherungseinwand scheitern, da er das Geld im Rahmen seiner Lebensführung im Allgemeinen verbraucht haben dürfte.

Allerdings darf sich der Arbeitnehmer nicht auf Entreicherung berufen, wenn er wusste, dass er mehr Urlaubsentgelt erhalten hat, als ihm zusteht (§ 819 Abs. 1 i. V. m. § 818 Abs. 4 BGB). Erforderlich ist tatsächliche positive Kenntnis, eine lediglich fahrlässige Unkenntnis

---

102 BGH, Urteil vom 17. Juni 1992, Az.: XII ZR 119/91, NJW 1992, 2415

103 BAG, Urteil vom 12. Januar 1994, Az.: 5 AZR 597/92, NZA 1994, 658, m. w. N.

reicht nicht aus. Sofern dem Arbeitnehmer die Überzahlung nicht ins Auge springt, dürfte ihm im Streitfall die positive Kenntnis deshalb nur schwer nachzuweisen sein.

Praxis-Tipp:

Dem Arbeitgeber ist deshalb zu empfehlen, in den Arbeitsvertrag eine Klausel zur Rückzahlung für den Fall irrtümlich erfolgter Gehaltszahlungen aufzunehmen, soweit es sich um offensichtliche Überschreitungen handelt. Zwar wird eine vollständige Abbedingung des Entreicherungseinwands (also nicht nur für offensichtliche Überzahlungen, sondern generell für alle Überzahlungen) in einem vorformulierten Arbeitsvertrag wegen unangemessener Benachteiligung des Arbeitnehmers (§ 307 Abs. 2 Nr. 1 BGB) vor Gericht kaum Bestand haben. Begrenzt der Arbeitgeber diese jedoch auf Fälle der grob fahrlässigen Unkenntnis, so liegt nach unserer Auffassung eine solche unangemessene Benachteiligung des Arbeitnehmers gerade nicht vor.[104] Der Arbeitgeber könnte eine Überzahlung dann gegebenenfalls bei der nächsten Gehaltszahlung – unter Berücksichtigung der Pfändungsfreigrenzen der § 850 ff. ZPO, § 394 Satz 1 BGB – einbehalten. Höchstrichterlich ist diese Frage jedoch, soweit ersichtlich, noch nicht entschieden.

---

104 so auch Däubler/Hjort/Schubert/Wolmerath, Arbeitsrecht, Anhang zu §§ 307–309: Klauselstichworte von A–Z, Stichwort „Rückzahlungsklauseln, überzahltes Arbeitsentgelt"

5. Urlaubsgewährung

5.1 Bezahlte Freistellung

Der Arbeitgeber muss den Arbeitnehmer nicht nur von seiner Arbeitspflicht freistellen, sondern auch Urlaubsentgelt bezahlen (§ 11 BUrlG).

Unter Urlaubsentgelt versteht man die Weiterzahlung des Gehalts während des Urlaubs. Das Urlaubsentgelt bemisst sich prinzipiell nach dem durchschnittlichen Verdienst. Ein fixes Monatsgehalt wird während des Urlaubs weitergezahlt. Ansonsten ist der Durchschnittsverdienst der letzten 13 Wochen vor dem Beginn des Urlaubs maßgeblich, wobei Vergütungsbestandteile ohne konkreten Bezug zur Arbeitsleistung außer Betracht bleiben (z. B. Gewinnbeteiligung, Jubiläumsgelder, Treueprämien, Weihnachtsgeld).

Der Arbeitgeber kann nur dann wirksam Urlaub erteilen, wenn die Freistellung unter Bezahlung des Urlaubsentgelts erfolgt oder er dem Arbeitnehmer zumindest die Zahlung vorbehaltlos zusagt. Wird das Urlaubsentgelt nicht vor Urlaubsantritt ausbezahlt, wird man in einem bestehenden Arbeitsverhältnis nach Treu und Glauben die Urlaubserteilung jedoch als vorbehaltlose Zusage der Zahlung verstehen können.[105]

Vom Urlaubsentgelt zu unterscheiden ist das Urlaubsgeld. Es handelt sich um eine Zusatzleistung, auf die kein gesetzlicher Anspruch nach dem BUrlG besteht.

5.2 Beantragung

Der Arbeitnehmer darf nicht einfach ohne Zustimmung des Arbeitgebers „Urlaub nehmen". Ein Selbstbeurlaubungsrecht steht ihm nicht zu.[106] Der Urlaub muss vom Arbeitgeber vielmehr erteilt werden. Bleibt der Arbeitnehmer der Arbeit ohne vorherige Gewährung von Urlaub durch den Arbeitgeber fern, riskiert er nicht nur eine Abmahnung, sondern evtl. sogar eine fristlose Kündigung.

Für arbeitnehmerähnliche Personen gilt jedoch etwas anderes. Diese brauchen ihren Urlaub dem Arbeitgeber – wenn nichts anderes vereinbart ist – nur anzuzeigen. Sie sind nicht auf eine Zustimmung des Arbeitgebers zur zeitlichen Festlegung des Urlaubs angewiesen.

---

[105] BAG, Urteil vom 20. August 2019, Az.: 9 AZR 468/18, NZA 2019, 1581

[106] BAG, Urteil vom 22. Januar 1998, Az.: 2 AZR 19/97, NZA 1998, 708

Schließlich handelt es sich um selbstständig Tätige, die lediglich wegen ihrer wirtschaftlichen Abhängigkeit und Schutzbedürftigkeit teilweise dem Arbeitsschutzrecht zugeordnet werden (vgl. Abschnitt 1.2.2). Allerdings können die einschlägigen Tarifverträge oder auch individuellen Verträge bestimmen, dass der Urlaub nur mit Zustimmung des Auftraggebers genommen werden kann, vgl. z. B. den Urlaubstarifvertrag für arbeitnehmerähnliche Personen im Deutschlandfunk.

Im „Normalarbeitsverhältnis" wird der Arbeitnehmer seine Urlaubswünsche beim Arbeitgeber anmelden. Dies wird in der Regel zu Beginn oder im Laufe des Urlaubsjahrs geschehen, wenn der Anspruch auch schon fällig geworden ist. Es ist jedoch auch möglich, den Urlaub Kalenderjahr übergreifend zu beantragen (z. B. zum Jahreswechsel).

5.2.1 Urlaubswünsche des Arbeitnehmers

Der Arbeitgeber hat bei der zeitlichen Festlegung des Urlaubs die Urlaubswünsche des Arbeitnehmers prinzipiell zu berücksichtigen. Ausnahmsweise können dem jedoch dringende betriebliche Belange oder Urlaubswünsche anderer Arbeitnehmer, die unter sozialen Gesichtspunkten den Vorrang verdienen, entgegenstehen (§ 7 Abs. 1 BUrlG):

Dringende betriebliche Belange liegen dann vor, wenn durch die urlaubsbedingte Abwesenheit des Arbeitnehmers betriebliche Abläufe nicht unerheblich gestört werden. Dabei darf nicht verkannt werden, dass jede Abwesenheit zu einer gewissen betrieblichen Störung führt. Dies ist selbstverständlich hinzunehmen. Der Arbeitgeber muss seinen Betrieb so organisieren, dass jeder Arbeitnehmer seinen Urlaub auch tatsächlich nehmen kann. Denkbar sind jedoch besondere saisonale oder krankheitsbedingte Personalengpässe, bevorstehende Abschluss- oder Inventurarbeiten, Auftragsspitzen oder die Gefahr des Verderbs von Produkten, sodass die betrieblichen Interessen einer Urlaubsgewährung gerade zu dem gewünschten Zeitpunkt entgegenstehen. Letztlich hat eine Abwägung der Arbeitnehmer- und Arbeitgeberinteressen zu erfolgen. Ein überwiegendes betriebliches Interesse ist auch anerkannt, wenn der Arbeitgeber sich dazu entschieden hat, den Urlaub einheitlich in Form von Betriebsurlaub zu gewähren (vgl. dazu Abschnitt 5.5.3).

Es kann auch sein, dass die Urlaubswünsche verschiedener Arbeitnehmer miteinander kollidieren. In diesem Fall ist eine Entscheidung nach sozialen Kriterien zu treffen. Zu berücksichtigen sind dann insbesondere die Dauer der Betriebszugehörigkeit, der Gesundheitszustand der Arbeitnehmer und ein evtl. gesteigertes Erholungsbedürfnis, die Urlaubsregelung in den vergangenen Jahren und die Frage, ob schulpflichtige Kinder vorhanden sind, sodass der Arbeitnehmer seinen Urlaub nur in den Schulferien mit seinen Kindern verbringen kann. Auch hier muss der Arbeitgeber im Zweifel eine Interessenabwägung durchführen.

Hat der Arbeitnehmer gerade an einer medizinischen Vorsorge- oder Rehabilitationsmaßnahme teilgenommen, so ist seinem Wunsch, unmittelbar im Anschluss daran seinen Urlaub zu nehmen, zwingend zu entsprechen (§ 7 Abs. 1 Satz 2 BUrlG). Voraussetzung ist jedoch, dass der Arbeitnehmer überhaupt noch offene Urlaubsansprüche hat.

Praxis-Tipp:

Lehnt der Arbeitgeber berechtigt den Urlaubswunsch ab, so wird von Arbeitnehmerseite – insbesondere bei einer Ablehnung aus betrieblichen Gründen – bisweilen argumentiert, dass der Betrieb auch weiterginge, wenn er krank würde. Diese Begründung ist jedoch unerheblich. Ein arbeitsunfähig erkrankter Arbeitnehmer kann seine Arbeitsleistung ohnehin nicht erbringen. Der Arbeitgeber hat hier kein „Ablehnungsrecht“. Dass es in diesem Fall ebenfalls zu einer Betriebsablaufstörung käme, nimmt dem Arbeitgeber nicht das Recht, den Urlaub zu verweigern. Der Hinweis des Arbeitnehmers auf eine mögliche Erkrankung im Zusammenhang mit der Ablehnung von Urlaubswünschen kann sogar eine Abmahnung oder sogar eine außerordentliche Kündigung rechtfertigen. Die Drohung des Arbeitnehmers, für den Fall der Ablehnung des Urlaubswunsches krank zu werden, stellt eine massive arbeitsvertragliche Pflichtverletzung dar. Ein solches Verhalten kann eine außerordentliche Kündigung selbst dann nach sich ziehen, wenn der Arbeitnehmer seine Drohung nicht wahr macht.[107]

[107] BAG, Urteil vom 17. Juni 2003, Az.: 2 AZR 123/02, NZA 2004, 564

Liegen jedoch weder dringende betriebliche Belange noch vorrangige Urlaubswünsche anderer Arbeitnehmer vor, hat der Arbeitgeber den Urlaubswunsch des Arbeitnehmers zu akzeptieren. Teilt der Arbeitgeber den Urlaub nicht zum gewünschten, sondern zu einem anderen Zeitpunkt zu, so kann dem Arbeitnehmer ein Annahmeverweigerungsrecht zustehen. Dies hat zur Folge, dass der Arbeitgeber unter Umständen in Annahmeverzug gerät (§ 615 Satz 1 BGB) und für die angesetzte Zeit Annahmeverzugslohn schuldet. Eine wirksame Urlaubsgewährung liegt dann nicht vor und der Arbeitgeber müsste den (ebenfalls bezahlten!) Urlaub zu einem anderen Zeitpunkt (nochmal) gewähren.

5.2.2 Personalrats- und Betriebsratsbeteiligung

Das BetrVG sieht in § 87 Abs. 1 Nr. 5 ein Mitbestimmungsrecht des Betriebsrats vor, wenn eine Einigung zwischen Arbeitnehmer und Arbeitgeber zur zeitlichen Festlegung des Urlaubs nicht zustande kommt, desgleichen einige Personalvertretungsgesetze für den Personalrat (vgl. hierzu im Einzelnen Kapitel III Abschnitt 2).

5.2.3 Zusammenhängende Urlaubsgewährung

Zu berücksichtigen ist, dass der Urlaub nach dem Gesetz an sich zusammenhängend zu gewähren ist, es sei denn, es liegen wiederum dringende betriebliche oder in der Person des Arbeitnehmers liegende Gründe vor, die eine Teilung des Urlaubs erforderlich machen (§ 7 Abs. 2 BUrlG). Wenn der Urlaub aus diesen Gründen nicht zusammenhängend gewährt wird, so muss einer der Urlaubsteile mindestens zwölf aufeinanderfolgende Werktage (bezogen auf die Sechs-Tage-Woche, also zwei Wochen, soweit nicht noch Feiertage enthalten sind, dann entsprechend länger), umfassen (§ 7 Abs. 2 Satz 2 BUrlG).

Auch § 26 Abs. 1 Satz 5 TVöD bzw. Satz 6 TV-L/Satz 7 TV-H erlaubt zwar ausdrücklich, dass der Urlaub in Teilen genommen werden kann. Es soll jedoch nach der Protokollerklärung ein Urlaubsteil von zwei Wochen Dauer angestrebt werden. Schon dem Wortlaut nach handelt es sich hier lediglich um eine Sollvorschrift, sodass auch kürzere Zeiträume oder die Nutzung des Urlaubs für Brückentage möglich sind.

Für den gesetzlichen Mindesturlaub und außerhalb des TVöD gilt diese Sonderregel jedoch an sich nicht. Dennoch wird die Vorgabe einer zusammenhängenden Urlaubsgewährung in der Praxis oft ignoriert. Nicht selten wollen die Arbeitnehmer den Urlaub in kleinere Einheiten aufteilen. Der Arbeitgeber müsste den Arbeitnehmer in diesen Fällen an sich nach den Gründen hierfür fragen, denn sonst kann er gar nicht beurteilen, ob ein „in der Person des Arbeitnehmers liegender Grund" die Aufteilung erforderlich macht. Wollen Arbeitgeber solchen Wünschen nicht nachkommen, haben sie vor Gericht gute Karten: Das LAG Baden-Württemberg hat dem Wunsch eines Arbeitnehmers, seinen Urlaub für die Mithilfe in einem familieneigenen Weingut in jeweils mehrere halbe Tage aufzuteilen, eine Abfuhr erteilt. Eine „Atomisierung" des Urlaubsanspruchs sei mit § 7 Abs. 2 Satz 2 BUrlG nicht zu vereinbaren.[108]

Praxis-Tipp:

Der Arbeitgeber sollte sicherstellen, dass wenigstens ein zusammenhängender Urlaub von zwei Wochen genommen wird. Denn bei Verstoß gegen diesen Grundsatz liegt an sich keine ordnungsgemäße Urlaubsgewährung vor. Der Arbeitnehmer könnte nochmal Urlaub verlangen, obwohl er nominal die ihm zustehenden Urlaubstage bereits verbraucht hat. Diese Gefahr besteht selbst dann, wenn der Arbeitnehmer den Urlaub selbst entsprechend beantragt hat.[109]

Die Zwei-Wochen-Regelung kann vertraglich abbedungen werden, und zwar sowohl durch Tarifvertrag als auch den individuellen Arbeitsvertrag (§ 13 Abs. 1 Satz 3 BUrlG). Allerdings: Der Grundsatz der zusammenhängenden Urlaubserteilung ist gerade nicht abdingbar. Die Teilungsvoraussetzungen müssen deshalb dennoch vorliegen, sodass mit einer solchen Regelung nicht allzu viel gewonnen ist.

Hinsichtlich des tarif- oder einzelvertraglichen Mehrurlaubs dürfte der Grundsatz der zusammenhängenden Gewährung jedoch nicht gelten. Dies auch dann nicht, wenn die Parteien hierzu keine ausdrückliche Regelung getroffen haben. Denn aus arbeitsmedizinischen Gründen dürfte es völlig ausreichend sein, dass der auf den

---

[108] LAG Baden-Württemberg, Urteil vom 6. März 2019, Az.: 4 Sa 73/18, BeckRS 2019, 7742

[109] LAG Düsseldorf, Urteil vom 25. Oktober 2004, Az.: 10 Sa 1306/04, BeckRS 2004, 41856

gesetzlichen Mindesturlaub entfallende Anteil zusammenhängend genommen wird. Abgesehen davon dürfte es kaum den Interessen des Arbeitgebers oder des Arbeitnehmers entsprechen, einen noch längeren Urlaub zusammenhängend zu nehmen.

5.2.4 Urlaubserteilung

Bei der Urlaubserteilung muss der Arbeitgeber darauf achten, sich klar genug auszudrücken. Für den Arbeitnehmer muss eindeutig erkennbar sein, dass er gerade zur Urlaubsgewährung von seiner Arbeitspflicht für einen bestimmten Zeitraum befreit wird, und nicht etwa aus sonstigen Gründen. Wenn der Arbeitgeber lediglich erklärt, der Arbeitnehmer brauche in einer bestimmten Zeit nicht zu arbeiten, oder er könne an diesem oder jenem Tag zu Hause bleiben, so ist dies keine wirksame Urlaubserteilung! Der Arbeitgeber könnte ja auch aus anderen Gründen auf die Arbeitsleistung verzichten, etwa weil Überstunden abgebaut werden sollen oder er derzeit schlicht keine Verwendung für die Arbeitskraft des Arbeitnehmers hat. In letzterem Fall kann er zwar an sich Urlaub erteilen (soweit die Urlaubswünsche des Arbeitnehmers nicht entgegenstehen, vgl. Abschnitt 5.2.1), er muss dies aber auch klar zum Ausdruck bringen. Eine wirksame Urlaubsgewährung liegt sonst nicht vor.[110] Der Urlaubsanspruch ist dann nicht erfüllt. Am besten erklärt der Arbeitgeber ausdrücklich, dass der Arbeitnehmer zu einem bestimmten Zeitraum seinen Urlaub nehmen soll.

An eine bestimmte Form ist die Urlaubsgewährung jedoch prinzipiell nicht gebunden. Sie kann mündlich, schriftlich oder sogar konkludent, d. h. durch schlüssiges Verhalten erfolgen. Allerdings kann in einem bloßen Schweigen auf ein Urlaubsgesuch noch keine Genehmigung gesehen werden. Auch das bloße Eintragen in eine umlaufende Urlaubsliste als solche ist noch keine wirksame Urlaubserteilung.[111] Auch wenn es vom Gesetz nicht vorgeschrieben ist, sollte aus Beweisgründen die Urlaubserteilung unbedingt dokumentiert werden, sei es in schriftlicher oder elektronischer Form.

Bleibt noch die Frage, wann der Arbeitgeber sich verbindlich zur Urlaubsgewährung äußern muss. Der Arbeitnehmer möchte in aller Regel Planungssicherheit haben, wohingegen sich der Arbeitgeber

---

[110] BAG, Urteile vom 25. Januar 1994, Az.: 9 AZR 312/92, NZA 1994, 652; vom 24. März 2009, Az.: 9 AZR 983/07, NZA 2009, 538

[111] BAG, Urteil vom 24. September 1996, Az.: 9 AZR 364/95, NZA 1992,507

möglicherweise nicht allzu frühzeitig festlegen möchte. Einen konkreten Zeitrahmen bestimmt das Gesetz nicht. Der Arbeitnehmer muss dem Arbeitgeber jedoch eine hinreichende Überlegungsfrist, in welcher er das Urlaubsbegehren prüfen kann, zubilligen. Welche Überlegungsfrist noch angemessen ist, kann je nach Einzelfall unterschiedlich sein. Maßgeblich sind das konkrete Interesse des Arbeitnehmers an einer zügigen Entscheidung des Arbeitgebers einerseits sowie Art und Umfang der Kriterien, die der Arbeitgeber bei seiner Entscheidung zu berücksichtigen hat, andererseits.

5.3 Mitwirkungspflichten des Arbeitgebers

5.3.1 Allgemein

Was geschieht, wenn der Arbeitnehmer seinen Urlaub nicht von sich aus beantragt und nimmt?

Bis ins Jahr 2018 galt nach einhelliger Ansicht, dass es ausschließlich Sache des Arbeitnehmers war, sich darum zu kümmern. Der Arbeitgeber musste den Urlaub nur gewähren. Er konnte also ohne Risiko abwarten, ob der Arbeitnehmer seinen Urlaub tatsächlich beantragt. Tat dieser das nicht, verfiel der nicht genommene Jahresurlaub grundsätzlich mit Ablauf des Urlaubsjahres – es sei denn, es lag ein gesetzlicher Übertragungsgrund vor (dazu unten Abschnitt 5.6 „Übertragung“) oder es war eine besondere Übertragungsregelung zugunsten des Arbeitnehmers in einem Arbeits- oder Tarifvertrag einschlägig.

Dies gilt inzwischen nicht mehr:

Im Jahr 2018 stellte der EuGH fest, dass den Arbeitgeber nach der AZRL bei der Gewährung des Urlaubs durchaus Mitwirkungsobliegenheiten treffen. Zwar kann ein Arbeitnehmer nicht gezwungen werden, seinen Urlaub zu nehmen. Der Arbeitgeber muss ihn jedoch konkret und transparent in die Lage versetzen, den Urlaub tatsächlich in Anspruch zu nehmen. Das bedeutet nach Auffassung des EuGH, dass der Arbeitgeber den Arbeitnehmer rechtzeitig auffordern muss, seinen Urlaub zu beantragen. Außerdem muss er den Arbeitnehmer darauf hinweisen, dass Urlaub verfällt, wenn er nicht rechtzeitig – im Urlaubsjahr oder innerhalb eines Übertragungszeitraums – genommen wird.[112] Dies gebietet Art. 7 AZRL jedenfalls hinsichtlich des gesetzlichen Mindesturlaubs.

Das BAG legt deshalb die Übertragungsvorschriften des § 7 Abs. 3 BUrlG seither jedenfalls hinsichtlich des gesetzlichen Mindesturlaubs so aus, dass der nicht tatsächlich verbrauchte Urlaubsanspruch nur dann im laufenden Kalenderjahr oder des vorbeschriebenen Übertragungszeitraums erlischt, wenn der Arbeitgeber den Arbeitnehmer entsprechend rechtzeitig informiert und aufgefordert hat.[113] Hat er dies versäumt, so verfällt der Urlaub nicht. Er tritt zum 1. Januar des Folgejahres zum neu entstehenden Urlaubsanspruch hinzu.

Diese Mitwirkungspflichten gelten ohne Einschränkung für den gesetzlichen Mindesturlaub von 20 Tagen (in der Fünf-Tage-Woche) bzw. 24 Tagen in der Sechs-Tage-Woche. Für einen tarif- oder arbeitsvertraglichen Mehrurlaub ist zu differenzieren:

Die Arbeitsvertrags- bzw. Tarifvertragsparteien können zum Mehrurlaub grundsätzlich andere Regelungen treffen, somit auch auf das Mitwirkungsgebot des Arbeitgebers verzichten. Allerdings müssen sie einen solchen von der gesetzlichen Grundkonzeption abweichenden Regelungswillen hinreichend deutlich machen.[114] Geschieht dies nicht, gilt die Mitwirkungsobliegenheit des Arbeitgebers auch für den Mehrurlaub. Ob die Parteien die Initiativlast für die Realisierung des Mehrurlaubsanspruchs dem Arbeitnehmer auferlegen wollten, ist durch Auslegung der vertraglichen Bestimmungen zu ermitteln. Dabei genügt es nicht, dass von einzelnen Regelungen des BUrlG abgewichen wird. Vielmehr müssen diese Abweichungen in einem inneren Zusammenhang mit der Geltendmachung und Übertragung stehen.

In der Praxis wird daher oftmals von einem Gleichlauf in der Behandlung von gesetzlichem Mindest- und (tarif-)vertraglichem Mehrurlaub auszugehen sein.

---

[112] EuGH, Urteile vom 6. November 2018, Az.: C-619/16, NZA 2018, 1612 und C-684/16, NZA 2018, 1474

[113] BAG, Urteile vom 19. Februar 2019, Az.: 9 AZR 423/16, NZA 2019, 977; vom 25. Juni 2019, Az.: 9 AZR 546/17, NZA 2019, 1577

[114] BAG, Urteil vom 26. Mai 2020, Az.: 9 AZR 259/19, NZA 2020, 1416

5.3.2 Öffentlicher Dienst

Für den im öffentlichen Dienst einschlägigen § 26 TVöD hat das BAG[115] festgestellt, dass die Mitwirkungsobliegenheiten des Arbeitgebers auch für den tarifvertraglichen Mehrurlaub gelten.[116]

Praxis-Tipp:

Bei Neuregelungen im Arbeitsvertrag sollten Arbeitgeber darauf achten, deutlich zwischen gesetzlichem Mindesturlaub und vertraglichem Mehrurlaub zu differenzieren und die Mitwirkungsobliegenheit bezüglich Letzterem eindeutig ausschließen, um eine unter Umständen mehrjährige Anhäufung von Urlaubstagen zu verhindern oder zumindest zu reduzieren.

Die Beweislast dafür, dass die Mitwirkungsobliegenheiten erfüllt wurden, trägt der Arbeitgeber. Der Arbeitgeber ist deshalb gut beraten, rechtzeitig im Urlaubsjahr seine Arbeitnehmer nachweisbar in Textform (z. B. E-Mail) entsprechend aufzufordern und auf den drohenden Verfall hinzuweisen.

Dies sollte unbedingt auch für übertragenen Urlaub aus Vorjahren erfolgen. Dies deshalb, weil dieser zum aktuellen Urlaubsanspruch hinzutritt.[117] Besondere Brisanz erhält der Hinweis vor dem Hintergrund, dass der EuGH[118] auf eine Anfrage des BAG[119] geurteilt hat, dass jedenfalls der gesetzliche Mindesturlaub nicht verjähren kann, solange der Arbeitgeber seinen Mitwirkungspflichten nicht nachgekommen ist. Zwar unterliegen Urlaubsansprüche nach dieser neuen Rechtsprechung durchaus einer dreijährigen Verjährungsfrist, die mit dem Schluss des Jahres, in dem der Anspruch entstanden ist und der Gläubiger davon Kenntnis erlangt hat, zu laufen beginnt (§§ 214, 194 Abs. 1, 199 Abs. 1 BGB). Solange der Arbeitgeber seinen Mitwirkungspflichten nicht nachgekommen ist, wird die Verjährungsfrist jedoch nicht in Lauf gesetzt. Somit können sich immense Urlaubsansprüche ansammeln, auch rückwirkend für Jahre vor 2018. Tatsächlich hatten Arbeitgeber vor der Rechtsprechungsänderung keine Veranlassung, ihre Arbeitnehmer ausdrücklich aufzufordern,

---

115 BAG, Urteil vom 19. Februar 2019, Az.: 9 AZR 541/15, NZA 2019, 982
116 Diese Rechtsprechung wird auch auf § 26 TV-L/TV-H übertragbar sein.
117 LAG Köln, Urteil vom 9. April 2019, Az.: 4 Sa 242/18, NZA-RR 2019, 455
118 EuGH, Urteil vom 22. September 2022, Az.: C-120/21, NZA 2022, 1326
119 BAG, Beschluss vom 29. September 2020, Az.: 9 AZR 266/20/A, NZA 2021, 413

ihren Urlaub zu nehmen. Dieses „Versäumnis“ kann zumindest für die Zukunft nur geheilt werden, wenn auch der aufgelaufene Urlaub, der mangels Mitwirkung nicht verfallen konnte, in den Hinweis mit aufgenommen wird.

Ist das Arbeitsverhältnis beendet, wäre zu prüfen, ob Abgeltungsansprüche durch eine Verfallklausel ausgeschlossen oder eventuell verjährt sind. Nach dem BAG konnte bei einer fehlenden Mitwirkung des Arbeitgebers im laufenden Arbeitsverhältnis auch eine Verjährung des Abgeltungsanspruchs nach Beendigung des Arbeitsverhältnisses nicht vor Ablauf des Jahres 2018 beginnen, da es dem Arbeitnehmer aufgrund der früheren Rechtsprechung nicht zumutbar war, vorher Klage zu erheben.[120] Ist der Urlaubsanspruch bei Beendigung des Arbeitsverhältnisses nicht verjährt oder verfallen, ist er abzugelten.

5.3.3 Erkrankung des Arbeitnehmers

Die Mitwirkungspflicht gilt selbst dann, wenn der Arbeitnehmer im laufenden Jahr erkrankt und seinen Urlaub deshalb nicht mehr nehmen kann. Relevant kann dies werden, wenn der Arbeitnehmer im Laufe eines Jahres arbeitsunfähig erkrankt und die Arbeitsunfähigkeit über mehrere Urlaubsjahre hinweg andauert. Grundsätzlich gilt bei einer Langzeiterkrankung ein Übertragungszeitraum von bis zu 15 Monaten (vgl. Abschnitt 5.6.3). Zwar kann ein Arbeitnehmer, der arbeitsunfähig erkrankt ist, keinen Urlaub nehmen. Insofern wäre die Aufforderung, Urlaub zu nehmen, sinnwidrig. Allerdings hätte der Arbeitnehmer, der erst im Laufe eines Kalenderjahres erkrankt, zumindest in diesem Jahr theoretisch Urlaub nehmen können, wenn ihn der Arbeitgeber entsprechend dazu in die Lage versetzt hätte, mit anderen Worten, seinen Mitwirkungsobliegenheiten rechtzeitig nachgekommen wäre. Im vom BAG[121] entschiedenen Fall war eine Erwerbsminderung erst am 1. Dezember eingetreten. Der Arbeitgeber hätte somit genug Zeit gehabt, seinen Mitwirkungspflichten nachzukommen.

---

120 BAG, Urteil vom 31. Januar 2023, Az.: 9 AZR 456/20, NZA 2023, 757

121 BAG, Urteil vom 20. Dezember 2022, Az.: 9 AZR 245/19, NJW 2023, 1116; entsprechend Vorabentscheidung des EuGH, Urteil vom 22. September 2022, Az.: C-518/20 und C-727/20, NJW 2022, 3203

Weniger eindeutig sind Fälle, in denen die Arbeitsunfähigkeit schon recht früh im Urlaubsjahr eintritt. In einem weiteren vom BAG[122] zu entscheidenden Fall war die Arbeitnehmerin vom 18. Januar 2016 bis zum Ende des Arbeitsverhältnisses durchgehend arbeitsunfähig erkrankt. Der Urlaub aus 2016 wäre an sich zum 31. März 2018 verfallen. Dabei bleibt es auch, wenn der Arbeitgeber vor der Erkrankung seinen Mitwirkungsobliegenheiten ordnungsgemäß, d. h. rechtzeitig und unverzüglich nachgekommen ist. Nach Auffassung des BAG muss der Arbeitgeber innerhalb von sechs Werktagen (Samstage werden mitgezählt) nach Jahresbeginn handeln, sonst tut er das nicht mehr „unverzüglich". Länger Zeit lassen kann sich der Arbeitgeber nur in Ausnahmesituationen, z. B. bei Betriebsurlaub zum Jahresbeginn.

Praxis-Tipp:

Auf der „sicheren Seite" sind Arbeitgeber also, wenn sie schon zu Beginn eines jeden Kalenderjahres ihren Arbeitnehmern in Textform mitteilen, wie viele Urlaubstage ihnen konkret zustehen, und sie gleichzeitig auffordern, ihren Urlaub rechtzeitig zu beantragen, sodass er innerhalb des Urlaubsjahres genommen werden kann. Mitenthalten sein muss der Hinweis auf den grundsätzlichen Verfall mit Ablauf des Kalenderjahres, soweit kein Übertragungstatbestand vorliegt, wenn der Urlaub nicht rechtzeitig beantragt wird.

Allerdings macht es keinen Sinn, einen erkrankten Arbeitnehmer, dessen Gesundung im laufenden Urlaubsjahr nicht mehr absehbar ist, aufzufordern, Urlaub zu nehmen. Die Verletzung der Mitwirkungspflicht kann sich nicht mehr auswirken. Deshalb bleibt auch nur derjenige Teil des Urlaubs vom Verfall ausgenommen, der wegen der Verletzung der Mitwirkungspflicht nicht mehr genommen werden konnte. Erkrankt z. B. der Arbeitnehmer, der in Bayern in einer Fünf-Tage-Woche arbeitet, am 13. Januar 2023 durchgängig bis zum Ende des Jahres und war der Arbeitgeber seiner Mitwirkungsobliegenheit nicht rechtzeitig nachgekommen, so bleiben vom Verfall spätestens nach Ablauf von 15 Monaten nach Ende 2023 lediglich drei Urlaubstage ausgenommen (sechster Werktag

---

[122] BAG, Urteil vom 31. Januar 2023, Az.: 9 AZR 107/20, NJW 2023, 2513

in 2023 ist der 9. Januar, da der 6. Januar ein Feiertag in Bayern ist. Es bleiben somit drei Werktage bis zur Erkrankung).

Der Urlaubsanspruch aus Jahren, in denen der Arbeitnehmer durchgängig arbeitsunfähig erkrankt war, verfällt auch ohne Aufforderung und Hinweis seitens des Arbeitgebers mit Ablauf von 15 Monaten nach Ablauf des jeweiligen Urlaubsjahres.[123]

Wird ein langzeiterkrankter Arbeitnehmer wieder gesund, sollte der Arbeitgeber seine Aufforderung unverzüglich nachholen.

5.3.4 Altersteilzeit im Blockmodell

Bei einer Altersteilzeit in Blockform muss der Arbeitgeber den Arbeitnehmer während der Arbeitsphase und rechtzeitig vor Eintritt in die Freistellungsphase zum Nehmen des Urlaubs auffordern und über den Verfall informieren, wenn er Abgeltungsansprüche nach Beendigung des Arbeitsverhältnisses möglichst vermeiden will. Wenn der Arbeitgeber die Sechs-Tage-Regel einhält, kann er damit auch vermeiden, dass der Urlaub wegen unvorhergesehener Arbeitsunfähigkeitszeiten nicht mehr vollständig genommen werden kann. Nach Auffassung des EuGH[124] verfällt dieser in einem solchen Fall nämlich auch dann nicht mit Ablauf des Urlaubsjahres bzw. zum 31. März des Folgejahres, wenn es sich nur um eine kurze Erkrankung handelte, die den Arbeitnehmer daran gehindert hat, seinen Urlaub zu nehmen. Der Beginn der Freistellungsphase ist – anders als eine Langzeiterkrankung – für den Arbeitgeber absehbar.

Wie oft muss der Arbeitgeber an den Urlaub erinnern?

Es ist nicht erforderlich, den Hinweis laufend nach jeder Urlaubsgewährung zu aktualisieren. Der Arbeitgeber muss also nicht nach jedem Urlaub eines Arbeitnehmers die Resturlaubsansprüche neu berechnen und mit dem den Hinweis auf den Verfall erneut auffordern. Allerdings empfiehlt es sich, wenn der Arbeitnehmer bis zum dritten Quartal seinen Urlaub noch nicht einmal beantragt hat, ihn noch einmal daran zu erinnern.

Anders verhält es sich, wenn der Arbeitgeber einen Urlaubsantrag abgelehnt hat. Jedenfalls dann, wenn die Ablehnung nicht rechtmäßig war, dürfte der Arbeitgeber gehalten sein, den Arbeitnehmer erneut aufzufordern und auf den Verfall hinzuweisen. Unterlässt er

---

[123] BAG, Urteil vom 31. Januar 2023, Az.: 9 AZR 85/22, NZA 2023, 1121

[124] EuGH, Urteil vom 27. April 2023, Az.: C-192/22, NZA 2023, 681

diese Klarstellung, wird man kaum von einer ordnungsgemäßen Erfüllung der Mitwirkungsobliegenheit ausgehen können. Der Arbeitnehmer wurde dann gerade nicht in die Lage versetzt, seinen Anspruch rechtzeitig zu realisieren. Höchstrichterlich geklärt ist die Frage einer Aktualisierungspflicht jedoch noch nicht.

5.3.5 Gekündigtes Arbeitsverhältnis

Grundsätzlich greift die Mitwirkungsobliegenheit auch, wenn über den Fortbestand des Arbeitsverhältnisses Streit besteht. Zieht sich ein Kündigungsschutzverfahren längere Zeit hin, können somit auch entsprechende Urlaubsansprüche auflaufen, da der Arbeitgeber diese in der Regel, weil er ja von einem beendeten Arbeitsverhältnis ausgeht, nicht gewähren, erst recht nicht den Arbeitnehmer zum Nehmen des Urlaubs auffordern wird.

5.4 Finanzielle Anreize zum Urlaubsverzicht

Dass der Arbeitgeber den Arbeitnehmer nicht davon abhalten darf, seinen Urlaub zu nehmen, versteht sich von selbst. Allerdings darf er auch keine indirekten Anreize setzen, auf den Urlaub zu verzichten. Nach der Rechtsprechung des EuGH[125] ist dies schon dann der Fall, wenn Mehrarbeitszuschläge nur für tatsächlich geleistete Stunden gezahlt werden, in Zeiten des Urlaubs konsequenterweise jedoch nicht. Das BAG[126] verurteilte demgemäß den Arbeitgeber zur Zahlung der Zuschläge im Rahmen des Urlaubsentgelts.

5.5 Einseitige Festsetzung durch den Arbeitgeber

Unabhängig von der Mitwirkungspflicht des Arbeitgebers stellt sich die Frage, ob dieser den Urlaub auch ungefragt zuteilen darf.

5.5.1 Fehlende Urlaubswünsche des Arbeitnehmers

Die einseitige Festlegung durch den Arbeitgeber ist an sich möglich,[127] dennoch sollte der Arbeitgeber auch einen Arbeitnehmer, der von sich aus trotz Aufforderung keinen Urlaub beantragt hat, vor einer einseitigen Festsetzung vorsorglich nach seinen Wünschen befragen. Möglicherweise hat der Arbeitnehmer doch schon

---

[125] EuGH, Urteil vom 13. Januar 2022, Az.: C-514/20, NZA 2022, 205

[126] BAG, Urteil vom 16. November 2022, Az.: 10 AZR 210/19, ArbRAktuell 2022, 616

[127] BAG, Urteil vom 24. März 2009, Az.: 9 AZR 983/07, NZA 2009, 538

Urlaubspläne und diese korrespondieren nicht mit der geplanten zeitlichen Festlegung durch den Arbeitgeber. Um hier Irritationen und umständliche Neuplanungen zu vermeiden, sollten Arbeitgeber und Arbeitnehmer vorher miteinander sprechen, zumal der Arbeitnehmer mit einem Annahmeverweigerungsrecht drohen könnte, wenn die Urlaubserteilung nicht seinen Wünschen entspricht. Es wäre dann ohnehin eine neue Planung erforderlich, sonst läuft der Arbeitgeber Gefahr, den Urlaub nochmal gewähren zu müssen.

5.5.2 Kurzarbeit

In Zeiten von (drohender) Kurzarbeit kann der Arbeitgeber Urlaub anordnen, um Kurzarbeit zu vermeiden.[128] Urlaub, der bereits genehmigt ist, kann nicht einseitig zurückgenommen werden. Soweit eine Kurzarbeit mit Arbeitspflicht „Null" angeordnet ist, kann jedoch kein Urlaub erfüllt werden: Es besteht dann keine Arbeitspflicht mehr, von der befreit werden könnte (vgl. hierzu Abschnitt 4.2.4 „Kurzarbeit"). Allerdings soll es möglich sein, den Arbeitnehmer zur Urlaubsgewährung aus der Kurzarbeit zu nehmen, sofern dieser es wünscht.[129]

5.5.3 Keine Umdeklarierung

Der Urlaub muss stets vor dem Antritt des Urlaubs gewährt werden. Im Nachhinein kann der Arbeitgeber nicht einseitig bestimmte Zeiträume als Urlaub deklarieren, zum Beispiel im Fall von unentschuldigten Fehlzeiten. Eine nachträgliche Verrechnung mit Urlaubsansprüchen ist nicht zulässig.[130]

5.5.4 Betriebsurlaub

Der Arbeitgeber kann einen einheitlichen Betriebsurlaub für alle Arbeitnehmer oder Teile der Belegschaft festlegen. Auch hier hat er jedoch die Interessen der Arbeitnehmerschaft angemessen zu berücksichtigen. Besteht ein Betriebsrat, so hat dieser bei der Festlegung der Betriebsferien ein zwingendes Mitbestimmungsrecht (§ 87 Abs. 1 Nr. 5 BetrVG). Zu den Einzelheiten und den Regelungen in den Personalvertretungsgesetzen vgl. Kapitel III.

---

[128] Umstritten, vgl. zum Streitstand: Bayreuther: Einseitige Urlaubsgewährung durch den Arbeitgeber und Urlaub während der Kurzarbeit, NZA 2020, 1057

[129] Bayreuther, a. a. O.

[130] BAG, Urteil vom 25. Oktober 1994, Az.: 9 AZR 339/93, NZA 1995, 591

Wichtig: Ein Betriebsausflug kann nicht als „Betriebsferien" gelten, denn der Arbeitnehmer hat keine Freizeit, die er selbstbestimmt nutzen kann. Die Teilnahme an einem Betriebsausflug ist freiwilig. Der Arbeitgeber darf Arbeitnehmern, die nicht teilnehmen, den Tag nicht als Urlaub anrechnen.[131] Allerdings ist er befugt, Arbeitnehmern, die nicht am Betriebsausflug teilnehmen wollen, die reguläre Arbeit zuzuweisen. Diese sind nicht von ihrer Arbeitspflicht befreit, weil die übrige Belegschaft einen Betriebsausflug unternimmt.

5.5.5 Beendigung des Arbeitsverhältnisses

Ist die Beendigung des Arbeitsverhältnisses absehbar, so liegt es häufig im Interesse des Arbeitgebers, den Urlaub noch in die Zeit der Kündigungsfrist zu legen, um eine Urlaubsabgeltung zu vermeiden. Da der Urlaubsanspruch in natura nur dann realisiert werden kann, wenn er auch noch im laufenden Arbeitsverhältnis zugeteilt wird, ist hieran auch prinzipiell nichts auszusetzen.

Möglicherweise hat der Arbeitnehmer jedoch bereits zu einem anderen Zeitpunkt eine Urlaubsreise gebucht oder sonstige Urlaubspläne, sodass dies nicht seinen Interessen entspricht. Letztlich läuft der Wunsch des Arbeitnehmers dann auf eine Urlaubsabgeltung (§ 7 Abs. 4 BUrlG) hinaus. Der Arbeitnehmer fordert in diesem Fall gar keinen Urlaub, denn eine Freistellung von der Arbeitspflicht kann nur im bestehenden Arbeitsverhältnis erfolgen, sondern er verlangt eine Abgeltung.

Der Arbeitnehmer muss nach Auffassung des BAG deshalb in einem solchen Fall darlegen, weshalb es ihm unzumutbar ist, den Urlaub noch in natura zu nehmen. Als Beispiele nennt das BAG eine benötigte Freistellung zur Stellensuche noch im laufenden Arbeitsverhältnis, mit der der Urlaub kollidieren würde, oder den Fall, dass der Arbeitnehmer die Kündigung nicht selbst veranlasst und sich bereits auf einen ursprünglich gewährten Urlaubszeitpunkt festgelegt hat.

Letztlich ist also auch hier eine Interessenabwägung durchzuführen, wobei zugunsten des Arbeitgebers zu berücksichtigen ist, dass eine Urlaubsabgeltung die Ausnahme, und nicht die Regel darstellt.[132] Bei der Festlegung des Urlaubs innerhalb des (noch) bestehenden Arbeitsverhältnisses gelten sodann wieder die dargestellten Grundsätze des § 7 Abs. 1 BUrlG.

---

131 BAG, Urteil vom 4. Dezember 1970, Az.: 5 AZR 242/70, AP § 7 BUrlG Nr. 5

132 BAG, Urteil vom 10. Januar 1974, Az.: 5 AZR 208/73, AP § 7 BUrlG Nr. 26

Wichtig: Will der Arbeitgeber den Arbeitnehmer über die Urlaubsgewährung hinaus von seiner Arbeitspflicht freistellen (beispielsweise, um Kundenkontakte des gekündigten Arbeitnehmers zu vermeiden oder um ihn vom Betrieb wegen befürchteter Störungen fernzuhalten), muss er klar zum Ausdruck bringen, dass mit der Freistellung auch der Urlaubsanspruch erfüllt werden soll (siehe Abschnitt 5.2.4 „Urlaubserteilung").

Erklärt er schlicht, den Arbeitnehmer freizustellen, bedeutet dies nämlich nicht, dass der Urlaub automatisch angerechnet wird. Zweifel gehen zulasten des Arbeitgebers.[133] Bei einer jahresübergreifenden Kündigungsfrist muss der Arbeitgeber sogar deutlich machen, ob er lediglich den Teilurlaub nach § 5 Abs. 1 Buchst. c) BUrlG gewähren will, oder den vollen Urlaub. Er kann sich sonst später nicht darauf berufen, er hätte in einer Freistellungsphase bereits den Vollurlaub gewährt, um somit einer späteren Gewährung oder Abgeltung desselben zu entgehen.

Diese Fallkonstellation kann insbesondere dann eintreten, wenn eine arbeitgeberseitige Kündigung vorliegt, gegen die der Arbeitnehmer erfolgreich Kündigungsschutzklage erhoben hat. Das Arbeitsverhältnis wurde fortgesetzt und weitere Urlaubsansprüche, die über den ursprünglich berechneten Teilurlaubsanspruch hinausgehen, erworben.

Nicht erforderlich ist es jedoch, dass der Arbeitgeber die Urlaubsansprüche im Einzelnen berechnet und konkreten Tagen innerhalb des Freistellungszeitraums zuordnet. Stellt der Arbeitgeber den Arbeitnehmer unter Anrechnung noch bestehender Urlaubsansprüche frei, so kann der Arbeitnehmer selbst die konkrete Lage des Urlaubs innerhalb des bestimmten Zeitraums bestimmen.[134]

Praxis-Tipp:

Die konkreten Tage müssen nach neuerer Rechtsprechung des BAG berechnet und zugeordnet werden, wenn sich der Arbeitgeber vorbehalten hat, anderweitigen Verdienst während der Freistellungsphase auf das Arbeitsentgelt anzurechnen (§ 615 Satz 2 BGB). In diesem Fall muss der Arbeitgeber mitteilen, für welchen Zeitraum die Anrechnung genau gelten soll und

---

133 BAG, Urteil vom 17. Mai 2011, Az.: 9 AZR 189/10, NZA 2011, 1032
134 BAG, Urteil vom 6. September 2006, Az.: 5 AZR 703 /05, NZA 2007, 36

für welchen Zeitraum Urlaub gewährt wird. Denn letzterer ist anrechnungsfrei. Der Arbeitnehmer muss wissen, in welchen Zeitraum die Anrechnung fällt.[135] Sonst liegt wiederum keine wirksame Urlaubserteilung vor. Der Urlaubsanspruch ist nicht erfüllt worden.

Wichtig: Die Urlaubsgewährung erfordert stets eine bezahlte und unwiderrufliche Freistellung von der Arbeitspflicht. Der Arbeitgeber darf sich also den Widerruf der Freistellung, jedenfalls hinsichtlich der Urlaubsgewährung, nicht vorbehalten.[136]

Hat der Arbeitgeber eine fristlose, hilfsweise ordentliche Kündigung ausgesprochen, ist nach Sicht des Arbeitgebers das Arbeitsverhältnis an sich beendet und deshalb eine Urlaubsgewährung in natura nicht mehr möglich. Möglicherweise wird die Kündigung jedoch später vom Arbeitsgericht kassiert. Der Arbeitgeber könnte deshalb vorsorglich für den Fall, dass die Kündigung sich als unwirksam erweist, Urlaub erteilen. Allerdings setzt dies nach dem Grundsatz der vorbehaltlosen und unwiderruflichen bezahlten Freistellung voraus, dass vor Urlaubsantritt das entsprechende Urlaubsentgelt tatsächlich gezahlt oder zumindest vorbehaltlos zugesagt wird.[137]

Dies wird der Arbeitgeber meist nicht wollen, denn schließlich geht er davon aus, dass seine Kündigung wirksam ist. Allerdings muss er zumindest den bis zur Beendigung des Arbeitsverhältnisses entstehenden Teilurlaubsanspruch ohnehin gewähren. Er könnte deshalb das auf den entsprechenden Teilurlaub entsprechende Urlaubsentgelt zahlen, jedoch bestimmen, dass dies im Fall der Beendigung des Arbeitsverhältnisses als Urlaubsabgeltung anzusehen ist.

Grundsätzlich greift die Mitwirkungsobliegenheit des Arbeitgebers (vgl. oben Abschnitt 5.3) auch, wenn über den Fortbestand des Arbeitsverhältnisses Streit besteht. Zieht sich ein Kündigungsschutzverfahren längere Zeit hin, können somit auch entsprechende Urlaubsansprüche auflaufen, da der Arbeitgeber diese in der Regel nicht gewährt, weil er von einem beendeten Arbeitsverhältnis ausgeht und erst recht nicht den Arbeitnehmer zum Nehmen des Ur-

---

135 BAG, Urteil vom 16. Juli 2013, Az.: 9 AZR 50/12, BeckRS 2013, 72234

136 BAG, Urteil vom 14. März 2006, Az.: 9 AZR 11/05, NZA 2005, 1008

137 BAG, Urteil vom 19. Januar 2016, Az.: 9 AZR 449/15, NZA 2016, 1144

laubs auffordern wird. Er müsste dem Arbeitnehmer auch die Bezahlung des Urlaubsentgelts vorbehaltlos zusagen, um wirksam Urlaub zu erteilen.[138] Dies kann für den Arbeitgeber durchaus sinnvoll sein, um das Risiko von Entgelt- und Urlaubsabgeltungsansprüchen zu reduzieren. Es ist deshalb durchaus möglich, dem Arbeitnehmer auch im Fall einer außerordentlichen Kündigung Urlaub vorsorglich für den Fall der Unwirksamkeit der Kündigung zu erteilen.[139]

5.6 Übertragung

Der Urlaub ist prinzipiell im laufenden Urlaubsjahr zu nehmen (§ 7 Abs. 3 Satz 1 BUrlG). Das Urlaubsjahr ist in der Regel das Kalenderjahr (§ 1 BUrlG). Die Deutsche Bahn AG sowie Nachfolgeunternehmen der Deutschen Bundespost dürfen in Tarifverträgen von diesem Grundsatz abweichen und ein vom Kalenderjahr abweichendes Urlaubsjahr festlegen (§ 13 Abs. 3 BUrlG).

Nach § 26 Abs. 2 Buchst. a) TVöD/TV-L genügt es, dass der Jahresurlaub bis zum 31. März des Folgejahres angetreten wird. Wenn dieser so übertragene Erholungsurlaub wegen Arbeitsunfähigkeit oder aus betrieblichen Gründen nicht bis zum 31. März genommen werden kann, ist er bis zum 31. Mai anzutreten. Bund und einige Bundesländer wenden im übertariflichen Bereich oder aufgrund interner Vorgaben die günstigeren Übertragungsfristen für Beamte an (§ 7 EUrlV), sodass ohne besondere Voraussetzungen der Urlaub auch noch im Folgejahr genommen werden kann. In Hessen gilt eine tarifvertragliche neunmonatige Übertragungsfrist (§ 26 Abs. 1 Satz 8 TV-H). Da die tariflichen Regelungen – vom Sonderfall der Dauererkrankung abgesehen – für den Arbeitnehmer günstiger sind, unterliegt die Ausweitung des Übertragungszeitraums keinen rechtlichen Bedenken.

Hingegen ist eine (tarif-)vertragliche Bestimmung unwirksam, wonach eine Übertragung des Urlaubs in das darauffolgende Kalenderjahr nur bei „außergewöhnlichen betrieblichen Umständen" möglich sein soll, weil dem Arbeitnehmer damit sein gesetzlicher Übertragungsanspruch im Falle von Krankheit (der einen persönlichen Verhinderungsgrund darstellt) genommen wird.

---

138 BAG, Urteil vom 10. Februar 2015, Az.: 9 AZR 455/13, NZA 2015, 998
139 BAG, Urteil vom 25. August 2020, Az.: 9 AZR 612/19, NZA 2020, 1633

5.6.1 Voraussetzung für die Übertragung von Urlaubsansprüchen

Grundsatz: Wurde der Urlaub nicht im laufenden Kalenderjahr bzw. des tarif- oder arbeitsvertraglichen Übertragungszeitraums genommen, verfällt der Urlaubsanspruch zum Jahresende bzw. des vereinbarten hinausgeschobenen Zeitpunkts.

Bei dringenden betrieblichen oder in der Person des Arbeitnehmers liegenden Gründen erfolgt die Übertragung des Urlaubs in das nächste Kalenderjahr (§ 7 Abs. 3 Satz 2 BUrlG).

→ Folgt die Übertragung in das nächste Kalenderjahr, muss der Urlaub bis 31.03. gewährt und genommen werden. Andernfalls verfällt er ersatzlos.

→ Ausnahmen:

- Bei einer längerfristigen krankheitsbedingten Arbeitsunfähigkeit gilt nicht der dreimonatige Übertragungszeitraum bis zum 31.03., sondern ein 15-monatiger Übertragungszeitraum.
- Teilurlaubsansprüche, die wegen nicht erfüllter Wartezeit entstehen (§ 5 Abs. 1 Buchst. a) BUrlG), sind auf Verlangen des Arbeitnehmers in das gesamte nächste Kalenderjahr zu übertragen.

5.6.2 Dringende betriebliche Gründe für die Übertragung

Hinsichtlich der in Betracht kommenden dringenden betrieblichen Gründe kann auf die Ausführungen in Abschnitt 5.2.1 „Urlaubswünsche des Arbeitnehmers" verwiesen werden.

5.6.3 In der Person des Arbeitnehmers liegende Gründe für die Übertragung

Praktisch wichtigster Grund in der Person des Arbeitnehmers für eine Urlaubsübertragung ist eine lang andauernde Krankheit. Dauert die Arbeitsunfähigkeit des Arbeitnehmers so lange an, dass er im laufenden Kalenderjahr seinen Urlaubsanspruch nicht mehr realisieren kann, so wird dieser nach § 7 Abs. 3 Satz 3 BUrlG übertragen.

Das BUrlG sieht an sich nur einen dreimonatigen Übertragungszeitraum, also bis zum 31. März des Folgejahres, vor. Der EuGH hat jedoch entschieden, dass diese kurze Frist nicht im Einklang mit Art. 7 AZRL steht, wenn der Arbeitnehmer seinen Mindesturlaub krankheitsbedingt nicht nehmen kann.[140] Eine 15-monatige Übertragungsfrist sei jedoch ausreichend.[141] Eine noch längere Frist würde zu einer für den Arbeitgeber unzumutbaren Summierung von Urlaubsansprüchen führen. Der Urlaub würde dann auch seinem Zweck, Erholung von der Arbeitspflicht zu ermöglichen, nicht mehr gerecht. Das BAG hat diese Vorgaben in seiner neueren Rechtsprechung umgesetzt.[142]

Wichtig: Für den in der Praxis wichtigen Fall einer längerfristigen krankheitsbedingten Arbeitsunfähigkeit gilt also nicht der im Gesetz genannte dreimonatige, sondern ein 15-monatiger Übertragungszeitraum. Der Urlaubsanspruch erlischt erst dann, wenn er bis zum 31. März des übernächsten Folgejahres krankheitsbedingt nicht genommen werden kann.

Auch anderslautende arbeits- oder tarifvertragliche Regelungen, die insoweit eine für den Arbeitnehmer nachteiligere Regelung vorsehen, sind in Fällen von Langzeiterkrankungen jedenfalls hinsichtlich des gesetzlichen Mindesturlaubs nicht anwendbar. Dies gilt beispielsweise auch für § 26 Abs. 2 Buchst. a) TVöD/TV-L, der nur eine Übertragung bei Antritt des Urlaubs bis spätestens Ende Mai des Folgejahres vorsieht (vgl. dazu Abschnitt 5.6.4).

Der aufrechterhaltene Urlaubsanspruch tritt im Zeitpunkt der Gesundung zum neu entstehenden Urlaubsanspruch im laufenden Kalenderjahr hinzu. Für den Urlaubsanspruch gilt sodann erneut die Fristenregelung des § 7 Abs. 3 BUrlG.

Dies bedeutet jedoch nicht, dass der Arbeitnehmer seinen Urlaub prinzipiell bis zum 31. März des übernächsten Folgejahres hinausschieben kann. Wird er rechtzeitig wieder gesund, dass er seinen Urlaub noch im laufenden Kalenderjahr oder im Übertragungszeitraum nehmen kann, so muss er dies auch tun. Der Urlaubsanspruch geht nur insoweit auf den verlängerten Übertragungszeitraum über, als er aufgrund der Erkrankung nicht rechtzeitig erfüllt werden kann.

---

[140] EuGH, Urteil vom 20. Januar 2009 (Schultz-Hoff), Az.: C- 350/06, C- 520/06, NZA 2009, 135

[141] EuGH, Urteil vom 22. November 2011, Az.: C- 214/10, NZA 2011, 1333

[142] BAG, Urteile vom 24. März 2009, Az.: 9 AZR 983/07, NZA 2009, 538; vom 7. August 2012, Az.: 9 AZR 353/10, NZA 2012, 1216

Beispiel:

Herr B war vom 1. Februar 2016 bis zum 10. Januar 2017 durchgehend arbeitsunfähig erkrankt. Er hatte im Jahr des Beginns seiner Erkrankung noch keinen Urlaub erhalten.

Herr B ist gehalten, seinen gesetzlichen Jahresurlaub für 2016 im gesetzlich vorgesehenen Übertragungszeitraum bis zum 31. März 2017 zu nehmen. Tut er dies nicht, so verfällt sein Urlaubsanspruch. Da er nicht durch krankheitsbedingte Arbeitsunfähigkeit verhindert war, seinen Urlaubsanspruch von 2016 innerhalb des dreimonatigen Übertragungszeitraums des § 7 Abs. 3 BUrlG zu nehmen, gilt für ihn die EuGH-Rechtsprechung nicht, die eine Verlängerung des Übertragungszeitraums auf 15 Monate verlangt. Er ist nicht schutzbedürftig.

Wäre Herr B bis zum 31. März des übernächsten Folgejahres durchgehend krankheitsbedingt arbeitsunfähig, würde der Urlaubsanspruch wegen Überschreitens des 15-monatigen Übertragungszeitraum endgültig erlöschen.

Dieser erweiterte Übertragungszeitraum von 15 Monaten gilt prinzipiell nur für den gesetzlichen Mindesturlaub. Hiervon kann arbeits- oder tarifvertraglich nicht abgewichen werden. Tarif- oder individualvertraglicher Mehrurlaub kann jedoch einer strengeren Fristenregelung untergeordnet werden. Allerdings muss dies in der Vereinbarung hinreichend deutlich zum Ausdruck kommen: Dies setzt entweder eine explizite Unterscheidung zwischen den beiden Urlaubsarten in der Vereinbarung voraus oder die Wahl eines von § 7 Abs. 3 BUrlG wesentlich abweichenden Übertragungsregimes. Dieses mag dann eventuell hinsichtlich des gesetzlichen Mindesturlaubs unwirksam sein. Die Geltung für den (tarif-)vertraglichen Mehrurlaub bleibt jedoch unberührt.[143] Ansonsten gilt der sog. „Gleichlauf" der Urlaubsansprüche, d. h. für den Mehrurlaub gelten dieselben Grundsätze wie für den gesetzlichen Mindesturlaub.

Wichtig: Soweit die Voraussetzungen für eine Übertragung nach § 7 Abs. 3 Satz 1 BUrlG vorliegen, erfolgt diese automatisch. Der Arbeitnehmer muss keinen Antrag auf Übertragung stellen oder sich sonst wie dazu erklären.

[143] BAG, Urteil vom 12. April 2011, Az.: 9 AZR 80/10, NZA 2011, 1050

5.6.4 Öffentlicher Dienst

Auch § 26 Abs. 2 Buchst. a) TVöD/TV-L, der nur eine Übertragung bis spätestens Ende Mai des Folgejahres vorsieht, wenn der Arbeitnehmer wegen Arbeitsunfähigkeit seinen Erholungsurlaub nicht bis zum 31. März des Folgejahres – der regulären Übertragung – realisieren kann, ist für den Teil des gesetzlichen Mindesturlaubs nicht anwendbar. Dieser verfällt erst 15 Monate nach Ablauf des Urlaubsjahres, wenn er infolge krankheitsbedingter Arbeitsunfähigkeit nicht genommen werden konnte, mithin am 31. März des übernächsten Jahres.[144]

Für § 26 Abs. 2 Buchst. a) TV-L hat das BAG ein eigenständiges Übertragungsregime für den Mehrurlaub anerkannt,[145] was entsprechend auch für den TVöD gelten muss. Demnach muss der Urlaub innerhalb der ersten drei Monate des Folgejahres angetreten werden. Ist der Arbeitnehmer hieran aus krankheitsbedingten oder betrieblichen/dienstlichen Gründen gehindert, muss er den Urlaub bis spätestens 31. Mai des Folgejahres antreten. Geschieht dies nicht, verfällt der Mehrurlaub. Der tarifliche Mehrurlaub kann somit früher verfallen als der gesetzliche Mindesturlaub, wenn der Arbeitnehmer langfristig erkrankt ist.

5.6.5 Teilurlaubsansprüche

Eine Begrenzung auf den Dreimonatszeitraum findet nicht statt im Fall der Übertragung von Teilurlaub nach § 5 Abs. 1 Buchst. a) BUrlG. Soweit der Arbeitnehmer nur einen Teilurlaubsanspruch im Kalenderjahr erworben hat, weil er die Wartezeit noch nicht erfüllt hat, kann er vom Arbeitgeber verlangen, diesen Urlaub auf das gesamte nächste Kalenderjahr zu übertragen (§ 7 Abs. 3 Satz 4 BUrlG).

Der Arbeitnehmer muss die Übertragung geltend machen. Er muss sein Übertragungsverlangen jedoch nicht schriftlich formulieren. Er muss sich aber hinreichend klar ausdrücken, sodass für den Arbeitgeber erkennbar wird, dass eine Übertragung in das nächste Urlaubsjahr gewünscht ist. Allzu strenge Anforderungen dürfen an diese Erklärung jedoch nicht gestellt werden. Es dürfte ausreichen, wenn der Arbeitnehmer auf Nachfrage erklärt, er möchte „in diesem Jahr noch keinen Urlaub" (d. h. „sondern eben im nächsten Jahr").

---

[144] LAG München, Urteil vom 23. März 2023, Az.: 3 Sa 497/22, NZA-RR 2023, 404

[145] BAG, Urteil vom 22. Mai 2012, Az.: 9 AZR 618/10, NZA 2012, 987

Hat der Arbeitnehmer es versäumt, sich irgendwie zu erklären, so kommt noch eine allgemeine Übertragung innerhalb der Dreimonatsfrist in Betracht, soweit deren Voraussetzungen vorliegen. Hier bedarf es keiner Erklärung des Arbeitnehmers.

5.6.6 Ersatzurlaub

Der Urlaubsanspruch des laufenden Kalenderjahres erlischt nicht, wenn der Arbeitgeber dem Arbeitnehmer nicht fristgerecht Urlaub gewährt hat. Es entsteht dann ein Ersatzurlaubsanspruch unter schadensersatzrechtlichen Gesichtspunkten. Dieser ist nicht an die Dreimonatsfrist des § 7 Abs. 3 Satz 2 BUrlG gebunden.

Allerdings gelten auch hier die allgemeinen zeitlichen Grenzen der Inanspruchnahme. Der Schadensersatzanspruch kann insbesondere verjähren (§§ 194, 199 BGB), wobei in aller Regel die regelmäßige Verjährungsfrist von drei Jahren einschlägig sein wird. Sie beginnt mit dem Schluss des Kalenderjahres zu laufen, in dem der Ersatzurlaubsanspruch entstanden und der Arbeitgeber seinen Mitwirkungspflichten nachgekommen ist. Auch eine Verwirkung durch kürzeren Zeitablauf in Verbindung mit einem Verhalten des Arbeitnehmers, aus dem der Arbeitgeber schließen durfte, dass dieser den Urlaubsanspruch nicht mehr geltend machen würde, kommt in Betracht. Zum Verfall vgl. Abschnitt 6.2.

5.6.7 Sonderregelungen

In bestimmten gesetzlich geregelten Fällen gilt die Befristung des Urlaubsanspruchs auf das Kalenderjahr nicht. Zu nennen sind hier die Sonderregelungen für werdende Mütter (§ 17 Satz 2 MuSchG), für die Elternzeit (§ 17 Abs. 2 BEEG)[146] und für Wehrdienstleistende (§ 4 Abs. 2 ArbPlSchG). In all diesen Fällen kann der Urlaub auch noch im Jahr der Wiederaufnahme der Arbeit oder sogar noch im Folgejahr genommen werden. Keine ausdrücklichen gesetzlichen Sonderregelungen bestehen für die Pflegezeit, ein längerfristiges Beschäftigungsverbot oder den Sonderurlaub. In all diesen Fällen ruht das Arbeitsverhältnis ebenso, d. h. die Hauptleistungspflichten, nämlich Leistung von Arbeit gegen Entgelt, ruhen für einen bestimmten Zeitraum.

[146] BAG, Urteil vom 5. Juli 2022, Az.: 9 AZR 341/21, NZA 2022, 1469

Rechtlich besteht das Arbeitsverhältnis jedoch fort. Ob auch hier die Möglichkeit zur Inanspruchnahme von Erholungsurlaub zeitlich hinausgeschoben wird (nämlich bis nach Beendigung der Pflegezeit etc.), ist höchstrichterlich noch nicht abschließend geklärt. Man könnte aus der oben genannten EuGH-Entscheidung[147] folgern, dass auch hier eine längerfristige Übertragung, die über die in § 7 Abs. 3 Satz 3 BUrlG vorgesehene Dreimonatsfrist hinausgeht, geboten ist.

Diese Ansicht ist jedoch keineswegs zwingend. Im vom EuGH entschiedenen Fall konnte der betroffene Arbeitnehmer wegen krankheitsbedingter Arbeitsunfähigkeit den Urlaub nicht nehmen. Jedenfalls die Pflegezeit oder auch einen Sonderurlaub nimmt der Arbeitnehmer jedoch freiwillig und bewusst in Anspruch. Insoweit liegt ein wesentlicher Unterschied vor. Da die Begrenzung der Übertragbarkeit auf drei Monate der gesetzliche Regelfall ist, und der Gesetzgeber hier von Sonderregeln (wie im MuSchG oder BEEG) gerade abgesehen hat, dürfte eher davon auszugehen sein, dass keine verlängerte Übertragungsfrist gilt.

5.6.8 Urlaubsgewährung im Übertragungszeitraum

Der übertragene Urlaub tritt zum neu entstehenden Urlaubsanspruch im Folgejahr dazu. Er ist jedoch, wie oben ausgeführt, auf den 31. März des Folgejahres bzw. des übernächsten Folgejahres (bei lang andauernder krankheitsbedingter Arbeitsunfähigkeit) befristet.

Anders als für den laufenden Urlaubsanspruch steht dem Arbeitgeber für übertragenen Urlaub kein Ablehnungsrecht aus vorrangigen betrieblichen Gründen oder wegen vorrangiger anderer Urlaubswünsche mehr zu.[148] Allerdings ist hinsichtlich letzterer Fallkonstellation insoweit wohl eine Ausnahme zu machen, wenn mehrere Arbeitnehmer übertragenen Urlaub geltend machen. Dieser muss selbstverständlich gegebenenfalls koordiniert werden. Lehnt der Arbeitgeber die Gewährung des übertragenen Urlaubs erneut ab, so entsteht ein Schadensersatzanspruch in Form von Ersatzurlaub.

---

[147] EuGH, Urteil vom 20. Januar 2009 (Schultz-Hoff), Az.: C- 350/06, C- 520/06, NZA 2009, 135

[148] BAG, Urteil vom 10. Februar 2004, Az.: 9 AZR 116/03, NZA 2004, 986

5.6.9 Vertragliche Abbedingung der Übertragungsregelungen

In Tarifverträgen sind oftmals andere Übertragungsvoraussetzungen oder Übertragungszeiträume festgelegt. Soweit diese nur zugunsten des Arbeitnehmers eingreifen oder ausschließlich den Fall tarifvertraglichen Mehrurlaubs betreffen, sind solche Regelungen unbedenklich.

§ 26 Absatz 2 Buchst. a) TVöD sieht beispielsweise über den 31. März des Folgejahres hinaus eine weitere Übertragungsmöglichkeit bis zum 31. Mai vor. Diese Regelung ist von der Rechtsprechung unbeanstandet geblieben.

Für Regelungen im Arbeitsvertrag ist hingegen umstritten, ob die Parteien eine pauschale Erleichterung der Übertragungsmöglichkeiten für den gesetzlichen Mindesturlaub vorsehen können. Denn schließlich soll die Bindung an das Kalenderjahr den Arbeitnehmer auch schützen. Er soll seinen Urlaub zu Erholungszwecken tatsächlich nehmen. Das Ansparen von Urlaubsansprüchen über Jahre hinaus ist nicht Sinn der Sache. Da die Arbeitsvertragsparteien nur zugunsten des Arbeitnehmers eine Abweichung von den Grundsätzen des Bundesurlaubsgesetzes vorsehen können (§ 13 Abs. 1 Satz 2 BUrlG), und hier gerade in Frage steht, ob es sich tatsächlich bei der Erweiterung der Übertragungsmöglichkeit um eine Regelung zugunsten des Arbeitnehmers handelt, ist die Wirksamkeit entsprechender Vereinbarungen durchaus kritisch zu sehen.

Das BAG hat es jedoch für zulässig erachtet, vertraglich die Dreimonatsfrist auf das gesamte Folgejahr auszudehnen.[149] Allerdings war hier die Übertragung an persönliche oder betriebliche Gründe gebunden. Eine pauschale Übertragung in das nächste Kalenderjahr dürfte deshalb eher unzulässig sein. Das BAG hat hierzu, soweit ersichtlich, jedoch noch nicht entschieden, sondern diese Frage zuletzt ausdrücklich offen gelassen.[150]

---

[149] BAG, Urteil vom 21. Juni 2005, Az.: 9 AZR 200/04, NZA 2006, 232

[150] BAG, Urteil vom 7. August 2012, Az.: 9 AZR 760/10, NZA 2013, 104

6. Widerruf, Verfall und Kürzung des Anspruchs

6.1 Widerruf des Urlaubs

Hat der Arbeitgeber den Urlaub erst einmal gewährt, sind beide Parteien an die Festlegung des Urlaubs prinzipiell gebunden, sowohl Arbeitnehmer als auch Arbeitgeber.

II

Der Arbeitnehmer darf einmal gewährten Urlaub ohne Einverständnis des Arbeitgebers nicht mehr verlegen. Er darf auch nicht eigenmächtig mit einem anderen Arbeitnehmer „tauschen". Nur in ganz besonders gelagerten Fällen, wenn dem Arbeitnehmer ein Festhalten an dem geplanten Urlaubstermin nicht zuzumuten ist, sind Ausnahmen denkbar, wobei sehr hohe Anforderungen an die Unzumutbarkeit zu stellen sind: Das BAG hat eine Verpflichtung zur Neufestsetzung im Falle einer schwangeren Arbeitnehmerin, deren Urlaub in ein Beschäftigungsverbot fiel, abgelehnt.[151] Das BAG weist darauf hin, dass grundsätzlich alle urlaubsstörenden Ereignisse als Teil des persönlichen Lebensschicksals in den Risikobereich des einzelnen Arbeitnehmers fallen. Nur da, wo tarifliche oder gesetzliche besondere Vorschriften (z. B. im Fall einer Erkrankung § 9 BUrlG, vgl. Abschnitt 9) bestehen, sei eine andere Bewertung geboten. Somit dürfte ein Anspruch des Arbeitnehmers auf Neufestsetzung des Urlaubs außer im Fall einer Erkrankung oder bei besonderen kollektivrechtlichen oder einzelvertraglichen Regelungen kaum gegeben sein.

Auch der Arbeitgeber darf den Urlaub nicht mehr widerrufen. Dementsprechend steht es dem Arbeitgeber auch nicht zu, den Arbeitnehmer aus seinem Urlaub zurückzubeordern. Dies gilt selbst dann, wenn er ein Rückholrecht mit dem Arbeitnehmer einvernehmlich vereinbart hat: Denn eine solche Abrede ist nach § 13 BUrlG unwirksam.[152]

6.1.1 Notfälle

Umstritten ist, ob dem Arbeitgeber zumindest in besonderen Notfällen ein Rückrufrecht zuzubilligen ist. In einer älteren Entscheidung stellte sich das BAG auf den Standpunkt, dass der Arbeitgeber einen einmal genehmigten Urlaub zwar in Notfällen widerrufen

---

[151] BAG, Urteil vom 9. August 1994, Az.: 9 AZR 384/92, NJW 1995, 1774

[152] BAG, Urteil vom 20. Juni 2000, Az.: 9 AZR 405/99, NZA 2001, 100

könne, dass es sich hierbei jedoch um zwingende Notwendigkeiten handeln müsse, die einen anderen Ausweg nicht zulassen.[153]

Teils wird vertreten, es sei hierzu grundsätzlich die Zustimmung des Arbeitnehmers erforderlich. Der Arbeitnehmer sei zur Erteilung seiner Zustimmung jedoch im Ausnahmefall unter dem Gesichtspunkt der Rücksichtnahme auf die schützenswerten Interessen des Arbeitgebers (§ 241 Abs. 2 BGB) verpflichtet. Teils wird auch eine Störung der Geschäftsgrundlage (§ 313 BGB) angenommen, aufgrund derer das Festhalten an der Urlaubsgewährung für den Arbeitgeber unzumutbar sein könne. Verweigere der Arbeitnehmer seine Zustimmung, so könne diese gerichtlich ersetzt werden.[154] Fehle es an einer gerichtlichen Ersetzung, so komme es auf die Frage, ob der Rückruf notwendig war, allerdings überhaupt nicht mehr an. Der Arbeitgeber müsse also eine einstweilige Verfügung gegen den Arbeitnehmer erwirken, der auf sein Recht auf Urlaub pocht.

Soweit ersichtlich, wurde in der Rechtsprechung noch kein Fall entschieden, in dem ein Rückruf aus dem Urlaub als zulässig angesehen wurde. Im Fall eines Programmierers, der als einziger Mitarbeiter des Arbeitgebers in der Lage war, einen eiligen Kundenauftrag zu erfüllen, wurde der Widerruf von Urlaub für unzulässig erachtet.[155] In der Literatur wird als Beispiel ein plötzlicher Notfall genannt, in dem der Arbeitnehmer als „Schlüsselkraft" gebraucht wird, und ansonsten der „Untergang des Betriebs" oder der „Zusammenbruch des Unternehmens" droht.[156] Außerdem müsse der Arbeitgeber dem Arbeitnehmer die durch den Rückruf entstandenen Mehrkosten (zum Beispiel Stornokosten wegen Verschiebung einer Urlaubsreise) erstatten. Ein einseitiger Widerruf der Urlaubsgewährung dürfte deshalb kaum eine Lösung sein, wenn es darauf ankommt.

Praxis-Tipp:

Dem Arbeitgeber ist hier unbedingt zu raten, eine einvernehmliche Lösung mit dem Arbeitnehmer zu suchen. Eine solch freiwillige Zustimmung im Nachhinein durch den Arbeitnehmer

---

[153] BAG, Urteil vom 19. Dezember 1991, Az.: 2 AZR 367/91, BeckRS 2009, 55110

[154] Arbeitsgericht Ulm, Urteil vom 29. Juli 2004, Az.: 1 Ca 118/03, NZA-RR 2004, 627

[155] BAG, Urteil vom 20. Juni 2000, Az.: 9 AZR 405 99, NZA 2001, 100

[156] Boecken/Düwell/Diller/Hanau, Gesamtes Arbeitsrecht, § 7 BUrlG Rz. 47

ist nämlich rechtlich durchaus möglich.[157] Unzulässig ist es lediglich, wenn sich der Arbeitnehmer von vornherein, also bereits bei der Urlaubsgewährung, oder gar pauschal im Arbeitsvertrag, mit einem einseitigen Rückruf durch den Arbeitgeber einverstanden erklärt.

6.1.2 Mitteilung der Urlaubsadresse

Da ein Rückrufrecht des Arbeitgebers im Normalfall nicht besteht, ist der Arbeitnehmer auch nicht verpflichtet, dem Arbeitgeber vor Antritt des Urlaubs seine Urlaubsadresse mitzuteilen. Das BAG hat in einer älteren Entscheidung, in der es um die Zustellung einer Kündigung während des Urlaubs eines Arbeitnehmers ging, ausgeführt, dass eine allgemeine Rechtspflicht des Arbeitnehmers, dem Arbeitgeber vor Urlaubsantritt seine Urlaubsadresse mitzuteilen, nicht besteht.[158] Allerdings hat es auch offengelassen, ob besondere Umstände im Einzelfall eine solche Pflicht nicht doch begründen können. Beispiele für solche Umstände hat es nicht genannt. Denkbar wäre, dass dem Arbeitnehmer bestimmte Informationen zugestellt werden müssen. Hier müsste nach den konkreten Umständen des Einzelfalles entschieden werden.

Ein Sonderfall besteht dann, wenn der Arbeitnehmer während des Urlaubs arbeitsunfähig erkrankt und sich im Ausland aufhält. § 5 Abs. 2 EFZG bestimmt, dass der Arbeitnehmer in diesen Fällen dem Arbeitgeber schnellstmöglich nicht nur die Arbeitsunfähigkeit und deren voraussichtliche Dauer, sondern auch seine Adresse am Aufenthaltsort mitzuteilen hat (siehe hierzu Abschnitt 9.4).

6.1.3 Neufestsetzung des Urlaubs wegen Beendigung des Arbeitsverhältnisses

Anders ist der Fall einer Neufestsetzung von Urlaub zu beurteilen, wenn sich nach der ursprünglichen Urlaubserteilung herausstellt, dass das Arbeitsverhältnis bereits vor dem geplanten Urlaub enden wird. Eine Neufestsetzung ist dann sogar erforderlich, denn sonst könnte der Arbeitnehmer den Urlaub in natura nicht mehr nehmen. Die Festsetzung des Urlaubs steht also unter der Voraussetzung, dass im avisierten Zeitraum überhaupt ein Arbeitsverhältnis besteht.

---

[157] OLG Hamm, Urteil vom 11. Dezember 2002, NZA-RR 2003, 344

[158] BAG, Urteil vom 16. Dezember 1980, Az.: 7 AZR 1148/78, AP § 130 BGB Nr. 11

Ausnahmsweise kann der Arbeitnehmer ein billigenswertes Interesse daran haben, an dem ursprünglich festgelegten Urlaubstermin festzuhalten. Der Arbeitnehmer verlangt dann an sich keinen Urlaub, sondern eine Urlaubsabgeltung (§ 7 Abs. 4 BUrlG). Eine Freistellung von der Arbeitspflicht kann nach Ablauf des Arbeitsverhältnisses naturgemäß nicht mehr erfolgen. Da nach der gesetzlichen Regelung eine Abgeltung des Urlaubs jedoch nur dann erfolgen soll, wenn der Urlaub wegen Beendigung des Arbeitsverhältnisses ganz oder teilweise nicht mehr gewährt werden kann, muss der Arbeitnehmer nach Auffassung des BAG[159] darlegen, weshalb es ihm unzumutbar ist, den Urlaub noch in natura zu nehmen. Als Beispiele nennt das BAG eine benötigte Freistellung zur Stellensuche noch im laufenden Arbeitsverhältnis, mit der der Urlaub kollidieren würde, oder den Fall, dass der Arbeitnehmer die Kündigung nicht selbst veranlasst und sich bereits auf einen ursprünglich gewährten Urlaubszeitpunkt festgelegt hat. Es muss in solchen Fällen also eine Interessenabwägung der widerstreitenden Interessen erfolgen.

6.2 Verfall

Der Urlaubsanspruch ist grundsätzlich von Gesetzes wegen auf das Urlaubsjahr befristet. Eine Übertragung ist, wie dargestellt, nur unter bestimmten Voraussetzungen vorgesehen (vgl. oben Abschnitt 5.6).

6.2.1 Mitwirkungsobliegenheit des Arbeitgebers

Liegt kein Übertragungsgrund vor und hat der Arbeitnehmer den Urlaub aus freien Stücken nicht rechtzeitig genommen, obwohl ihn der Arbeitgeber rechtzeitig dazu aufgefordert hat, dem nachzukommen (vgl. oben Abschnitt 5.3), so verfällt er.

Hatten die Parteien ein Freies-Mitarbeiter-Verhältnis vereinbart, stellt sich jedoch später heraus, dass es sich um einen Fall von Scheinselbständigkeit handelte und tatsächlich ein Arbeitsverhältnis vorlag, steht damit fest, dass auch entsprechende Urlaubsansprüche bestanden haben. Da der vermeintliche Auftraggeber in diesem Fall seinen Mitwirkungspflichten als Arbeitgeber in aller Regel nicht nachgekommen sein dürfte, konnte der gesetzliche Mindesturlaubs-

[159] BAG, Urteil vom 10. Januar 1974, Az.: 5 AZR 208/73, AP § 7 BUrlG Nr. 26

anspruch auch nicht mit Ablauf des jeweiligen Kalenderjahres verfallen oder verjähren.[160]

6.2.2 Verfall- und Ausschlussklauseln

II

Es gelten, jedenfalls für den gesetzlichen Mindesturlaub als solchen, also Freistellung von der Arbeit, die oben dargestellten Fristen- und Übertragungsregelungen. Tarif- oder einzelvertragliche Verfall- und Ausschlussklauseln sind auf den gesetzlichen Urlaubsanspruch als solchen, also den Anspruch auf Arbeitsbefreiung, deshalb nicht anzuwenden.[161] Sie würden den Urlaubsanspruch gegen das Gesetz unzulässig einschränken. Hierauf muss in der Klausel nach derzeitigem Stand der Rechtsprechung nicht explizit hingewiesen werden.[162] Da die Rechtsprechung zur Transparenz von Ausschlussklauseln jedoch ständig im Fluss ist, wäre es einem Arbeitgeber vorsorglich zu empfehlen, zwingende gesetzliche Urlaubs- und Ersatzurlaubsansprüche einschließlich der entsprechenden Urlaubsentgeltansprüche vom Geltungsbereich einer Ausschlussklausel ausdrücklich herauszunehmen, um nicht die Unwirksamkeit der gesamten Klausel zu riskieren.[163]

Für Urlaubsabgeltungsansprüche[164] und Urlaubsgeld können solche Verfallklauseln relevant werden (siehe hierzu Abschnitte 7 und 8). Was das Urlaubsentgelt für den Mindesturlaub angeht, ging die Rechtsprechung[165] zumindest früher davon aus, dass dieser Anspruch ebenfalls dem Verfall unterliegen kann. Ob diese Rechtsprechung jedoch unter dem Einfluss des Europarechts so weiterhin Bestand haben kann, ist durchaus zweifelhaft,[166] da der Urlaubsentgeltanspruch ebenso geschützt ist wie der Anspruch auf Arbeitsbefreiung (vgl. dazu Abschnitt 7).

---

160 EuGH, Urteil vom 29. November 2017, Az.: C-214/16, NZA 2017, 1591

161 BAG, Urteil vom 18. November 2003, Az.: 9 AZR 95/03, NZA 2004, 651; LAG Hamm, Urteil vom 27. Januar 2016, Az.: 6 Sa 765/15, BeckRS 2016, 68306

162 BAG, Urteil vom 24. Mai 2022, Az.: 9 AZR 461/21, NZA 2022, 1328

163 so auch Köllmann/Wubbernitz, NZA 2023, 793

164 BAG, Urteile vom 21. Februar 2012, Az.: 9 AZR 486/10, NZA 2012, 750; vom 24. Mai 2022, Az.: 9 AZR 461/21, NZA 2022, 1328

165 BAG, Urteil vom 22. Januar 2002, Az.: 9 AZR 601/00, NZA 2002, 1041

166 Köllmann/Wubbernitz, NZA 2023, 793

6.2.3 Tilgungsreihenfolge

In diesem Zusammenhang stellt sich die Frage der Tilgungsreihenfolge, wenn Urlaubsansprüche aus verschiedenen Anspruchsgrundlagen zusammentreffen: Ein schwerbehinderter Arbeitnehmer kann beispielsweise Anspruch auf den gesetzlichen Mindesturlaub, einen individual- oder tarifvertraglichen Mehrurlaub sowie den Sonderurlaub nach dem SGB IX haben (vgl. Kapitel IV Abschnitt 1). Der Arbeitgeber kann zwar bei Urlaubserteilung erklären, welchen Urlaubsanspruch er konkret erfüllen will (§ 366 Abs. 1 BGB). Teils finden sich solche Erklärungen zur Tilgungsreihenfolge auch schon im Arbeitsvertrag. Oftmals fehlt es jedoch an einer konkreten Zuweisung. Nach dem BAG gilt in diesem Fall, dass zuerst die gesetzlichen Urlaubsansprüche erfüllt werden und im Anschluss die den gesetzlichen Mindesturlaub übersteigenden Ansprüche (Modifizierung des § 366 Abs. 2 BGB analog).[167]

6.2.4 Erlass- und Abgeltungsklauseln

Die Differenzierung zwischen Freistellungsanspruch und rein monetärem Abgeltungsanspruch wirkt sich auf die Wirksamkeit von Ausgleichsquittungen oder Erlassverträgen, die im Zusammenhang mit der Beendigung eines Arbeitsverhältnisses abgeschlossen werden, wie folgt aus:

Im Hinblick auf den gesetzlichen Mindesturlaub können diese Klauseln nur dann greifen, wenn sich der Urlaubsanspruch als solcher bereits in einen Abgeltungsanspruch umgewandelt hat. Dies ist erst nach Beendigung des Arbeitsverhältnisses der Fall (siehe zur Urlaubsabgeltung Abschnitt 11). Werden derartige Erlass- oder Erledigungsklauseln vor der rechtlichen Beendigung des Arbeitsverhältnisses abgeschlossen (also z. B. während der laufenden Kündigungsfrist), so bringen sie den gesetzlichen Mindesturlaubsanspruch nicht zum Erlöschen! Der Arbeitnehmer könnte dann nach der Beendigung seines Arbeitsverhältnisses, wenn noch Urlaubsansprüche offen sind, trotz einer Abgeltungsklausel eine Abgeltung verlangen!

Praxis-Tipp:

In der Praxis behilft man sich deshalb mit sog. „Tatsachenvergleichen". Ein Tatsachenvergleich soll Ungewissheit oder

---

[167] BAG, Urteile vom 1. März 2022, Az.: 9 AZR 353/21, NZA 2022, 911; vom 28. März 2023, Az.: 9 AZR 488/21, NZA 2023, 826

Streitigkeiten über das Vorliegen eines bestimmten Sachverhalts bereinigen. In diesem Fall wäre dies die Frage, ob dem Arbeitnehmer noch restliche Urlaubsansprüche zustehen, oder er seinen ihm zustehenden Urlaub bereits tatsächlich erhalten hat. Die Parteien legen in der Vereinbarung fest, dass sie sich einig sind, dass sämtliche Urlaubsansprüche in natura eingebracht und genommen sind.

Allerdings hat das ArbG Berlin in einer neueren Entscheidung einen solchen Tatsachenvergleich wegen unangemessener Benachteiligung der Arbeitnehmerin (§ 307 BGB) ebenfalls für unwirksam erklärt. Dort ging es um aufgelaufene Urlaubsansprüche während des Mutterschutzes und Elternzeit.[168] Ob die Rechtsprechung künftig allgemein solche Tatsachenvergleiche strenger beurteilen wird, bleibt abzuwarten. Bislang hat sich, soweit ersichtlich, diese Ansicht in der Praxis nicht durchgesetzt.

6.2.5 Teilurlaub

Für Teilurlaubsansprüche nach § 5 Abs. 1 Buchst. a) BUrlG (Nichterfüllung der Wartezeit im Kalenderjahr) hat das BAG in einem älterem Urteil[169] entschieden, dass diese nicht zum zwingenden Kern der urlaubsrechtlichen Vorschriften nach § 13 Abs. 11 BUrlG (in Tarifverträgen) gehören und deshalb in einem Tarifvertrag auch abweichende Regelungen getroffen werden können. Der Teilurlaubsanspruch könne deshalb unter eine tarifliche Verfall- oder Ausschlussklausel fallen. Für Teilurlaubsansprüche nach § 5 Absatz 1 Buchst. c) BUrlG (Ausscheiden aus dem Arbeitsverhältnis nach erfüllter Wartezeit in der ersten Hälfte eines Kalenderjahres) sollte dies nach einer älteren Entscheidung des BAG jedoch nicht gelten.[170] Dieser Teilurlaubsanspruch sei unabdingbar. Angesichts der aktuellen EuGH-Rechtsprechung zum bezahlten Mindesturlaub nach Art. 7 AZRL dürfte die ältere Rechtsprechung des BAG zur Abdingbarkeit von Teilurlaubsansprüchen ohnehin nicht mehr aufrechtzuerhalten sein. Es leuchtet auch nicht ein, weshalb hier zwischen den ver-

---

168 ArbG Berlin, Urteil vom 15. September 2016, Az.: 4 Ca 4394/16, NZA-RR 2017, 67

169 BAG, Urteil vom 3. Dezember 1970, Az.: 5 AZR 202/70, AP § 5 BUrlG Nr. 9

170 BAG, Urteil vom 9. Juni 1998, Az.: 9 AZR 43/97, AP § 7 BUrlG Nr. 23

schiedenen Arten von Teilurlaubsansprüchen zu unterscheiden sein soll. Somit dürfte für Teilurlaubsansprüche nichts anderes gelten als für den Vollurlaubsanspruch.

6.3 Kürzung des Urlaubs

Eine Kürzung des gesetzlichen Vollurlaubs von 24 Werktagen im Urlaubsjahr kommt nur in ganz bestimmten Fällen in Betracht.

6.3.1 Kürzung nach Gesetz

Die wichtigste Regelung ist § 5 BUrlG. Teilurlaub erhält der Arbeitnehmer dann, wenn

- er wegen Nichterfüllung der sechsmonatigen Wartezeit (§ 4 BUrlG) in einem Kalenderjahr noch keinen vollen Urlaubsanspruch erwerben konnte (§ 5 Abs. 1 Buchst. a) BUrlG)
- er vor Erfüllung der Wartezeit aus dem Arbeitsverhältnis wieder ausscheidet (§ 5 Abs. 1 Buchst. b) BUrlG)
- er zwar die Wartezeit erfüllt hat, aber in der ersten Hälfte des aktuellen Urlaubsjahres aus dem Arbeitsverhältnis ausscheidet (§ 5 Abs. 1 Buchst. c) BUrlG).

Wegen der Einzelheiten wird auf die Ausführungen im Abschnitt 2 verwiesen.

6.3.2 Kürzung wegen Suspendierung der Arbeitspflicht

Bei einer Suspendierung der Arbeitspflicht aus bestimmten Gründen (z. B. bei Kurzarbeit, einem Sabbatical oder Streik) ist der Urlaubsanspruch neu zu berechnen (vgl. oben Abschnitt 4.2). In anderen Fällen (z. B. Eltern- oder Pflegezeit) kann der Arbeitgeber den Anspruch nach der Zwölftelungsregel kürzen (vgl. unten Kapitel VII Abschnitte 1.7 und 4.4.10).

6.3.3 Kürzung nach kollektiv- oder individualvertraglicher Vereinbarung

Oftmals sehen Tarifverträge, teils auch Arbeitsverträge, eine Kürzung des Urlaubs für Zeiten des Ruhens des Arbeitsverhältnisses vor. Für Monate, in denen das Arbeitsverhältnis ruht, also keine Beschäftigung ausgeübt wird, soll jeweils eine Kürzung um ein Zwölftel des Jahresurlaubs erfolgen.

Eine solche Kürzung ist im Hinblick auf tariflichen oder vertraglichen Mehrurlaub unproblematisch. Hinsichtlich des gesetzlichen Mindesturlaub ist eine solche Regelung jedoch nicht pauschal zulässig.[171] Nach neuerer Rechtsprechung soll zwar in bestimmten Fällen des Ruhens des Arbeitsverhältnisses ohnehin eine Neuberechnung des Urlaubsanspruchs erfolgen (vgl. oben Abschnitt 6.3.2 „Kürzung wegen Suspendierung der Arbeitspflicht" und Abschnitte 4.2.4 und 4.2.11) oder es ist vom Gesetz eine Kürzungsmöglichkeit vorgesehen (vgl. unten Abschnit 6.3.4 „Sonstige gesetzliche Kürzungsmöglichkeiten"). Bei einer längerfristigen Erkrankung hingegen besteht zwar auch keine Arbeitspflicht, eine Kürzung des Urlaubs erfolgt jedoch nicht. Eine pauschale Zwölftelungsregelung kann somit keinen Bestand haben. Es ist zu prüfen, welche Regelung für den Arbeitnehmer günstiger ist.

6.3.4 Sonstige gesetzliche Kürzungsmöglichkeiten

Vom Gesetzgeber ausdrücklich ermöglicht wird die Kürzung von Urlaubsansprüchen außerdem in folgenden weiteren Fällen (es wird auf die Ausführungen zu den jeweiligen Themenbereichen verwiesen):

- Elternzeit (§ 17 Abs. 1 BEEG)
- Pflegezeit (§ 4 Abs. 4 PflegeZG)
- Leistung von Grundwehrdienst und Wehrübungen (§ 4 Abs. 1 ArbPlSchG)
- Sonderurlaub für Schwerbehinderte, wenn die Schwerbehinderung nicht im ganzen Urlaubsjahr besteht (§ 208 Abs. 2 SGB IX)
- Beendigung des Heuerverhältnisses vor Ablauf des Beschäftigungsjahrs (§ 63 Abs. 1 SeeArbG)
- Teilnahme an Eignungsübungen der Streitkräfte (§ 1 EÜG)

---

[171] BAG, Urteil vom 7. August 2012, Az.: 9 AZR 353/10, NZA 2012, 1216

7. Urlaubsentgelt

Der gesetzliche Mindesturlaub ist ein bezahlter Erholungsurlaub (§ 1 BUrlG). Der Anspruch auf Freistellung von der Arbeitspflicht wird ergänzt durch die Fortzahlung des Arbeitsentgelts.

7.1 Begriffserklärung

Wenn man von „Urlaubsentgelt" spricht, ist damit die Weiterzahlung des Arbeitsentgelts während der Urlaubsfreistellung gemeint.

„Urlaubsgeld" hingegen ist eine Zusatzleistung, auf die kein gesetzlicher Anspruch nach dem BUrlG besteht. Einen Anspruch darauf hat der Arbeitnehmer nur, wenn eine besondere Rechtsgrundlage dafür besteht, z. B. aus dem Arbeits- oder Tarifvertrag oder dem allgemeinen Gleichbehandlungsgrundsatz. Es wird entweder zu einem bestimmten Zeitpunkt unabhängig vom Urlaub oder zusammen mit dem Urlaubsentgelt ausbezahlt.

Urlaubsabgeltung wiederum wird gezahlt, wenn der Urlaub wegen Beendigung des Arbeitsverhältnisses nicht mehr in natura genommen werden kann.

7.2 Berechnung

Für Arbeitnehmer wird das Urlaubsentgelt aus einem Zeitfaktor (Urlaubsdauer) und einem Geldfaktor berechnet:

Zeitfaktor x Geldfaktor = Urlaubsentgelt

7.2.1 Geldfaktor

Die für die Berechnung des Geldfaktors maßgebliche Vorschrift des § 11 Abs. 1 BUrlG lautet:

§ Das Urlaubsentgelt bemisst sich nach dem durchschnittlichen Arbeitsverdienst, das der Arbeitnehmer in den letzten 13 Wochen vor dem Beginn des Urlaubs erhalten hat, mit Ausnahme des zusätzlich für Überstunden gezahlten Arbeitsverdienstes. Bei Verdiensterhöhungen nicht nur vorübergehender Natur, die während des Berechnungszeitraums oder des Urlaubs eintreten, ist von dem erhöhten Verdienst auszugehen. Verdienstkürzungen, die im Berechnungszeitraum infolge von Kurzarbeit, Arbeitsausfällen oder unverschuldeter Arbeitsversäumnis eintreten, bleiben für die Berechnung des Urlaubsentgelts außer Betracht. Zum Arbeitsentgelt gehörende

Sachbezüge, die während des Urlaubs nicht weiter gewährt werden, sind für die Dauer des Urlaubs angemessen in bar abzugelten.

1. Durchschnittsvergütung im Bezugszeitraum

Es gilt also kein reines Lohnausfallprinzip, wonach exakt dasjenige Entgelt zu bezahlen ist, das der Arbeitnehmer verdient hätte, wenn er gearbeitet hätte. Das Gesetz geht vielmehr von einem modifizierten Referenzprinzip aus. Das Referenzprinzip stellt auf die Durchschnittsvergütung eines bestimmten Bezugszeitraums ab. Dieser Bezugszeitraum beträgt nach dem Gesetz 13 Wochen.

Die gesetzlich festgelegte Dauer von 13 Wochen muss in manchen Fällen abgeändert werden:

Hat der Arbeitnehmer noch keine 13 Wochen beim Arbeitgeber gearbeitet (und erhält aber trotzdem schon Urlaub), so kann natürlich nur ein entsprechend kürzerer Zeitraum angesetzt werden.

Für arbeitnehmerähnliche Personen, die unregelmäßig arbeiten, wird es hingegen bisweilen geboten sein, auf einen längeren, evtl. sogar zwölfmonatigen Bezugszeitraum abzustellen, um ein gerechtes Ergebnis zu erzielen. Handelt es sich um Heimarbeiter und ihnen gleichgestellte Personen, so gilt die Sondervorschrift des § 12 BUrlG (siehe hierzu Kapitel IV Abschnitt 7.4). Für andere arbeitnehmerähnliche Personen gelten prinzipiell bei der Urlaubsentgelt dieselben Regelungen wie für „normale" Arbeitnehmer. Ihr Arbeitspensum dürfte jedoch besonders häufig starken Schwankungen unterliegen. Dies schon deshalb, um bei einem anstehenden Urlaub nach Möglichkeit Beschäftigungs- und Entgeltausfall zu vermeiden. Es wird also entweder für den Urlaub massiv „vorgearbeitet" oder später liegen gebliebene Arbeit „nachgeholt", um den urlaubsbedingten Arbeitsausfall zu kompensieren. Auch wenn dies wohl für viele Arbeitnehmer gilt, so dürfte dies bei arbeitnehmerähnlich Beschäftigten besonders stark ausgeprägt sein. Das BAG legt deshalb in solchen Fällen bei der Ermittlung des Urlaubsentgelts anstelle des 13-wöchigen Bezugszeitraums einen solchen von zwölf Monaten zugrunde (§ 12 BUrlG analog), um zufällige und ungerechte Ergebnisse zu vermeiden.[172]

Für tariflichen oder einzelvertraglichen Mehrurlaub kann auch ein anderer Bezugsrahmen vereinbart werden.

---

172 BAG, Urteil vom 30. Juli 1975, Az.: 5 AZR 342/74, AP § 11 BUrlG Nr. 12

Bei einem Wechsel des Arbeitszeitvolumens während des Bezugszeitraums kann die 13-Wochen-Regel zu einer ungerechtfertigten Benachteiligung von Teilzeitmitarbeitern führen: Ein Arbeitnehmer, der im Laufe des Jahres von der Voll- in die Teilzeit wechselt, würde für Urlaubstage, die er während der Vollzeitphase erworben hat, aber erst in der Teilzeitphase nimmt, ein geringeres Urlaubsentgelt erhalten, als wenn er die Urlaubstage noch während der Vollzeitphase genommen hätte. Nach der Rechtsprechung des EuGH,[173] der sich auch das BAG[174] angeschlossen hat, muss der Wert des bereits erworbenen Urlaubsanspruchs auch bei einem Wechsel in die Teilzeit erhalten bleiben. Das Urlaubsentgelt berechnet sich also dementsprechend aus dem Entgelt der Vollzeitphase.[175]

Anderslautende arbeits- oder tarifvertragliche Regelungen sind unwirksam: So bestimmt etwa § 26 Abs. 1 Satz 1 i. V. m. § 21 Satz 1 TV-L ein direktes Entgeltausfallprinzip. Die Anwendung dieser Regelungen hätte zur Folge, dass ein bereits verdienter Urlaubsanspruch eines Arbeitnehmers, der während eines laufenden Kalenderjahres seine Arbeitszeit (und damit seinen Entgeltanspruch) reduziert, finanziell an Wert verliert. Das BAG hat deshalb festgestellt, dass die Urlaubsvergütungsregelung im TV-L insoweit nichtig ist. Vielmehr muss Urlaub, der vor der Arbeitszeitverringerung verdient wurde, aber erst danach angetreten wird, mit dem Entgelt vergütet werden, das vor der Arbeitszeitverringerung gezahlt wurde.[176]

Praxis-Tipp:

Zur Vermeidung von Irritationen würde es sich empfehlen, den entsprechenden Teil des Urlaubs schon vor dem Wechsel des Arbeitszeitvolumens zu nehmen.[177]

Umgekehrt kann es bei einer Verminderung der Arbeitszeit durch die gesetzliche 13-Wochen-Vorgabe in § 11 Abs. 1 Satz 1 BUrlG zu einem Vorteil für einen Arbeitnehmer kommen, der von Teil- in

---

173 EuGH, Urteil vom 22. April 2010, Az.: C-486/08, NZA 2010, 557

174 BAG, Urteil vom 20. März 2018, Az.: 9 AZR 486/17, NZA 2018, 851

175 so auch Stümper, Urlaub bei Arbeitszeitwechsel und unregelmäßigen Arbeitszeiten, öAT 2023, 158

176 BAG, Urteil vom 20. März 2018, Az.: 9 AZR 486/17, NZA 2018, 851

177 so auch Stümper, Urlaub bei Arbeitszeitwechsel und unregelmäßigen Arbeitszeiten, öAT 2023, 158

II

Vollzeit wechselt: Eine Anpassung des Arbeitsentgelts nach unten erscheint nach EU-rechtlichen Grundsätzen zwar theoretisch denkbar.[178] Allerdings wird man wohl das Entgeltausfallprinzip des § 11 BUrlG als in diesem Fall für den Arbeitnehmer günstigere Regelung anzuwenden haben, mithin eine Berechnung auf Basis des höheren Entgelts nach der Erhöhung der Arbeitszeit und während der faktischen Arbeitsbefreiung durchführen müssen.[179] Auch das BAG hat bei der Auslegung einer tariflichen Vorschrift, die das Entgeltfortzahlungsprinzip vorsah, geurteilt, es führe bei einer unterjährigen Erhöhung der Arbeitszeit von Teil- auf Vollzeit dazu, dass das Urlaubsentgelt in voller Höhe zu bezahlen ist, wenn der Arbeitnehmer seinen Urlaub in der Vollzeitphase nimmt.[180] Das BAG hat dies u. a. damit begründet, dass eine andere Auslegung der Tarifvorschrift mit den Grundsätzen der §§ 1, 2 und 3 Abs. 1 BUrlG nicht vereinbar wäre. Somit spricht viel dafür, dass die Rechtsprechung auch im Fall der Anwendung des § 11 Abs. 1 BUrlG das volle Urlaubsentgelt in der Vollzeitphase zusprechen würde, auch wenn ein Teil des Urlaubs noch in der Teilzeitphase „erdient" worden war.

2. Was gehört alles zum Arbeitsverdienst?

Bei der Berechnung des Urlaubsentgelts sind alle Vergütungsbestandteile, die auf die Arbeitsleistung abstellen, zu berücksichtigen. Dabei kann es sich beispielsweise um Stunden-, Tage-, Wochen- oder Monatslohn, Schichtprämien, Akkord- oder Nachtzuschläge handeln. Entscheidend ist, dass für die Arbeitsleistung gezahlt wird. Bloße Aufwandsentschädigungen oder sonstige Zahlungen ohne Bezug zur Arbeitsleistung (etwa zur Honorierung der Betriebstreue) gehören hingegen nicht dazu. Auch Entgeltbestandteile, die schlicht an das Vorhandensein des Arbeitsverhältnisses ohne konkrete Eigenleistung des Arbeitnehmers anknüpfen (z. B. eine Umsatzbeteiligung) bleiben bei der Urlaubsentgeltberechnung außen vor. Würde man solche Leistungen miteinbeziehen, liefe dies auf eine zumindest zeitanteilige doppelte Zahlung dieses Vergütungsbestandteils hinaus:[181] Der Arbeitnehmer würde die Umsatzbeteiligung so wie vereinbart erhalten und zusätzlich ein daran orientiertes erhöhtes Urlaubsentgelt.

---

178 EuGH, Urteil vom 11. November 2015, Az.: C-219/14, NZA 2015, 1501

179 so auch Conze/Karb/Wölk/Reidel, Personalbuch Arbeits- und Tarifrecht öffentlicher Dienst, Stichwort „Urlaub" Rz. 3398

180 BAG, Urteil vom 20. November 2018, Az.: 9 AZR 349/18, NJW 2019, 1477

181 BAG, Urteil vom 10. Dezember 2013, Az.: 9 AZR 279/12, AP § 11 BUrlG Nr. 71

Nicht heranzuziehen sind außerdem Einmalzahlungen des Arbeitgebers, wie zum Beispiel das Weihnachtsgeld oder Jahressonderzahlungen. Zwar handelt es sich auch hier um Arbeitsvergütung, sie ist jedoch nicht als eine Gegenleistung für eine gerade im Referenzzeitraum erbrachte Arbeitsleistung anzusehen.

Zu berücksichtigen sind deshalb leistungsbezogene Prämien, erfolgsabhängige Provisionen (die in dem 13-Wochen-Bezugszeitraum vor dem Urlaub verdient wurden), vereinbarte Provisionsvorschüsse oder solche nach § 87a HGB. Nach Maßgabe des § 13 BUrlG kann ein anderer Referenzzeitraum individual- oder kollektivrechtlich vereinbart werden.

Variable, erfolgsabhängige Vergütungen sind unabhängig von den Modalitäten der Abrechnung mit einzubeziehen, wenn sie Teil der Gegenleistung für die erbrachte Arbeitsleistung sind, der Höhe nach zumindest teilweise von dieser abhängen und durch die Inanspruchnahme von Urlaub beeinflusst werden können.[182]

Dasselbe gilt für bezahlte Pausen, Zulagen und Zuschläge, wenn sie an die Arbeitsleistung geknüpft sind und keine Aufwandsentschädigung darstellen, also z. B. Schmutz- und Nachtzulagen, Auslandszulagen, Vergütung für Bereitschaftsdienste, Sachbezüge wie Kost und Logis, soweit sie während des Urlaubs nicht ohnehin weiter gewährt werden. Auch die Entgeltfortzahlung für Feiertage oder für krankheitsbedingte Arbeitsunfähigkeit dürfen nicht in Abzug gebracht werden.[183]

Hinsichtlich der Überstundenvergütung trifft das Gesetz eine Sonderregel:

Diese ist beim Geldfaktor generell nicht zu berücksichtigen. Nach herrschender Meinung gilt dies sowohl für die allgemeine (Stunden-)Vergütung als auch für einen eventuellen Zuschlag. Leistet der Arbeitnehmer jedoch regelmäßig mehr Arbeitsstunden, als es nach dem Arbeitsvertrag vorgesehen ist, und wird diese Mehrarbeit auch entsprechend vergütet, so kann hierin eine konkludente oder stillschweigende Abänderung des ursprünglichen Arbeitsvolumens und damit auch des Gehalts gesehen werden. In einem solchen Fall muss dann auch die regelmäßig gezahlte „Überstundenvergütung“ mit eingerechnet werden.

[182] BAG, Urteil vom 27. Juli 2021, Az.: 9 AZR 376/20

[183] BAG, Urteil vom 24. November 1992, Az.: 9 AZR 564/91, NZA 1993, 750

Auch Überstundenzuschläge, die die Überschreitung einer bestimmten Anzahl von geleisteten Arbeitstagen und/oder Arbeitsstunden voraussetzen, müssen gegebenenfalls bei der Urlaubsvergütung berücksichtigt werden, wenn die vertragliche Regelung dazu führen könnte, dass der Arbeitnehmer auf seinen (Mindest-)Urlaub verzichtet, weil er ansonsten die Zuschläge nicht erhalten kann.[184] Ein solcher „Mechanismus" verstößt nach Auffassung des EuGH gegen die Grundsätze der AZRL und des Art. 31 Abs. 2 GRCh. Das BAG hat dementsprechend bei einer tarifvertraglichen Regelung die durch Urlaub ausgefallenen Arbeitsstunden bei der Berechnung der im Bezugszeitraum geleisteten Arbeitsstunden mitgezählt.[185]

Unberücksichtigt bleiben demnach: Gewinnbeteiligungen, Jubiläumsgelder, Treueprämien, Tantiemen, Spesen, Trinkgelder, Weihnachtsgeld, 13. Monatsgehalt, Bezirksprovisionen[186] und Provisionen, die an die Arbeitsleistung Dritter anknüpfen. Auch wenn es sich hier um Arbeitsvergütung handeln mag, fehlt der Bezug zur konkreten Arbeitsleistung durch den Arbeitnehmer.

Sachbezüge sind in einen Geldwert umzurechnen, soweit sie nicht während des Urlaubs weiter gewährt werden. Ein Dienstwagen, eine Dienstwohnung oder ein Monatsticket für den Personennahverkehr werden auch im Urlaub weiter genutzt. Sie werden also nicht gesondert abgegolten. Kostenlose Mahlzeiten in der Kantine hingegen müssen umgerechnet werden. Bei der Umrechnung kann auf die Sachbezugsverordnung der Sozialversicherung zurückgegriffen werden.

3. Verdiensterhöhungen

Hat sich das Arbeitsentgelt während des 13-wöchigen Bezugszeitraums nicht nur vorübergehend erhöht, so ist von dem erhöhten Verdienst auszugehen. Dies ist ausdrücklich bestimmt in § 11 Abs. 1 Satz 2 BUrlG. Mit dieser Regelung wird das Referenzprinzip durchbrochen. Ein solcher Fall kann z. B. eintreten, wenn der Mitarbeiter im Bezugszeitraum befördert wird und deshalb eine Gehaltserhöhung erhält. Tritt die Erhöhung erst während des Urlaubs ein, so soll das Urlaubsentgelt für den davor liegenden Urlaubszeitraum nach dem ursprünglichen Gehalt, und erst für den Teil nach der Erhöhung nach dem höherem Arbeitsentgelt berechnet werden.

---

[184] EuGH, Urteil vom 13. Januar 2022, Az.: C-514/20, NZA 2022, 205

[185] BAG, Urteil vom 16. November 2022, Az.: 10 AZR 210/19, NZA 2020, 1551

[186] BAG, Urteil vom 11. April 2000, Az.: 9 AZR 266/99, NZA 2001, 153

Eine rückwirkende Lohnerhöhung, die in den 13-Wochen-Bezugszeitraum fällt, muss dementsprechend auch zu einer rückwirkenden Neuberechnung des Urlaubsentgelts führen.

Wechselt ein Arbeitnehmer vom Ausbildungsverhältnis nahtlos in ein Anschlussarbeitsverhältnis beim selben Arbeitgeber, so „nimmt er seinen Resturlaub aus dem Ausbildungsverhältnis mit" in das Anschlussarbeitsverhältnis. Das Urlaubsentgelt richtet sich dann aber nicht nach der Ausbildungsvergütung, sondern nach dem Verdienst im Anschlussarbeitsverhältnis.

4. Verdienstkürzungen

Verdienstkürzungen, die infolge von Kurzarbeit, Arbeitsausfällen oder unverschuldeter Arbeitsversäumnis eintreten, bleiben für die Berechnung des Urlaubsentgelts außer Betracht (§ 11 Abs. 1 Satz 3 BUrlG). Nach älterer Rechtsprechung des BAG soll das Urlaubsentgelt dem Arbeitnehmer ermöglichen, seinen normalen Lebensstandard aufrechtzuerhalten.[187] Würde man das Urlaubsentgelt wegen jeder Verdienstkürzung im Bezugszeitraum mindern, würde dieses Ziel verfehlt. Deshalb ist bei der Berechnung des Geldfaktors dasjenige Gehalt einzustellen, das der Arbeitnehmer ohne die Kürzung erhalten hätte. Dieses Lebensstandardprinzip hat die Rechtsprechung zwar später so nicht mehr aufrechterhalten.[188] Dennoch kommt in der gesetzlichen Einschränkung zur Berücksichtigung von Verdienstkürzungen dieser Gedanke noch zum Ausdruck.

Ein entgeltunschädlicher Arbeitsausfall in diesem Sinne liegt beispielsweise vor, wenn wegen Rohstoffmangels nicht gearbeitet werden kann. Auch die Teilnahme an einem legitimen Streik während des Bezugszeitraums mindert den Geldfaktor nicht.[189] Arbeitsausfall wegen Krankheit darf ebenfalls nicht zu einer Vergütungsminderung führen.

Andere, nicht im Gesetz aufgeführte Verdienstkürzungen im Referenzzeitraum können sich hingegen durchaus negativ auf das Urlaubsentgelt auswirken:

---

[187] BAG, Urteil vom 22. Juni 1956, Az.: 1 AZR 116/54, BeckRS 1956, 102331

[188] BAG, Urteil vom 21. Januar 1989, Az.: 8 AZR 404/87, AP § 47 BAT Nr. 13

[189] BAG, Urteil vom 27. Juli 1956, Az.: 1 AZR 436/55, NJW 1956, 1533

II

Beispiel:

Arbeitnehmer F hat im Bezugszeitraum drei Arbeitstage unentschuldigt gefehlt. Der Arbeitgeber hat deshalb das Gehalt entsprechend gekürzt.

Diese Gehaltskürzung wird bei der Berechnung des Geldfaktors berücksichtigt und das Urlaubsentgelt fällt entsprechend niedriger aus.

Zu berechnen ist der Geldfaktor für einen Urlaubstag wie folgt:

Zunächst ist die Summe der Arbeitsvergütung in den letzten 13 Wochen vor dem Beginn des Urlaubs zu ermitteln.

Sodann ist dieser Betrag auf den Tagesverdienst umzurechnen. Bei einer Sechs-Tage-Woche umfasst der 13-Wochen-Zeitraum 78 Werktage. Die Summe der Arbeitsvergütung ist also durch 78 zu teilen. Bei einer Fünf-Tage-Woche wären es hingegen nur 65 Arbeitstage und deshalb wie folgt zu rechnen:

Summe der Arbeitsvergütung : 65 Arbeitstage = Urlaubsentgelt pro Urlaubstag

Bei einem stundenweisen Urlaub wäre gegebenenfalls noch auf den Stundenlohn umzurechnen, soweit ein solcher nicht ohnehin in der Vereinbarung festgelegt ist. Die Summe der Arbeitsvergütung wäre dann durch die Anzahl der geleisteten Arbeitsstunden im Referenzzeitraum zu dividieren. Man erhält den Stundensatz, der für die Berechnung des Urlaubsentgelts zugrunde zu legen ist.

7.2.2 Zeitfaktor

Hinsichtlich des Zeitfaktors wendet das BAG das Lohnausfallprinzip an.[190] Entscheidend ist, wieviel der Arbeitnehmer ohne den urlaubsbedingten Arbeitsausfall gearbeitet hätte.

Beim Zeitfaktor ist also die konkret ausgefallene Arbeit zu berücksichtigen. In der Regel sind dies die Urlaubstage. Es kann sich jedoch auch um einen stundenweisen Urlaub handeln. Maßgeblich ist also die tatsächlich ausfallende Arbeitszeit.

[190] BAG, Urteil vom 9. November 1999, Az.: 9 AZR 771/98, NZA 2000, 1335

1. Variable Arbeitszeit

Dies gilt prinzipiell auch bei variabler Arbeitszeit. Wird zum Beispiel abwechselnd in einer Woche an drei Arbeitstagen, in der folgenden nur an zwei Arbeitstagen gearbeitet, so ist als Zeitfaktor die tatsächlich ausfallende Arbeitszeit zu berücksichtigen. Je nachdem, in welchen Zeitraum die konkrete Urlaubswoche fällt, wären also zwei oder auch drei Urlaubstage anzusetzen. Arbeitet ein Arbeitnehmer von Montag bis Donnerstag jeweils acht Stunden, am Freitag nur zwei Stunden und nimmt er an einem Freitag Urlaub, so erhält er also weniger Urlaubsentgelt, als wenn er an einem Montag Urlaub nehmen würde.

2. Überstunden

Hätte der Arbeitnehmer ohne die urlaubsbedingte Arbeitsbefreiung Überstunden geleistet, so sind an dieser Stelle auch die ausfallenden Stunden (beim Zeitfaktor!) durchaus zu berücksichtigen.[191] Das Gesetz verbietet eine Berücksichtigung lediglich beim Geldfaktor.

Beispiel:

Der Arbeitsvertrag von Frau B sieht eine 40-Stunden-Woche vor (8 Stunden täglich, montags bis freitags). Es ist ein Stundenlohn von 20 Euro vereinbart. Sie hat in den 13 Wochen vor ihrem Urlaub insgesamt 65 Überstunden geleistet und dafür auch die entsprechende zusätzliche Vergütung bekommen. Sie nimmt nun eine Woche Urlaub.

Lösung:

Bei der Berechnung des Geldfaktors bleiben die Überstunden gemäß § 11 Abs. 1 Satz 1 BUrlG unberücksichtigt. Der Geldfaktor beträgt 160 Euro (regelmäßige Arbeitsvergütung pro Arbeitstag in den vergangenen 13 Wochen).

Hätte Frau B auch während ihres Urlaubs fünf Überstunden (65 Überstunden : 13 Wochen) geleistet, so ist dies beim Zeitfaktor zu berücksichtigen. Es wären dann nämlich nicht nur 40, sondern 45 Arbeitsstunden ausgefallen. Das Urlaubsentgelt beträgt deshalb 800 Euro (160 Euro x 5 Urlaubstage) + 100 Euro (20 Euro x 5 Stunden) = 900 Euro.

[191] BAG, Urteil vom 9. November 1999, Az.: 9 AZR 771/98, AP § 11 BUrlG Nr. 47

Etwas anderes würde gelten, wenn die Überstunden nur vorübergehend (zum Beispiel wegen der vorübergehenden Erkrankung einer Kollegin) angefallen wären, oder wenn Frau B keinen Anspruch auf Überstundenvergütung hätte. In beiden Fällen blieben die in den letzten 13 Wochen geleisteten Überstunden bei der Berechnung des Urlaubsentgelts unberücksichtigt.

II In einem Rechtsstreit müsste Frau B allerdings konkret darlegen, dass sie ohne die Arbeitsfreistellung in der konkreten Urlaubswoche Überstunden in dem beanspruchten Umfang geleistet hätte. Die Vorlage eines Durchschnittswerts in der Vergangenheit allein reicht hierfür im Allgemeinen nicht aus.

3. Arbeitszeitkonto

Wird ein Arbeitszeitkonto geführt, so sind die durch den Urlaub ausgefallenen Soll-Arbeitsstunden als Ist-Stunden einzustellen.[192] Eine andere Vereinbarung, die zur Gutschrift einer geringeren Stundenzahl führt, verstößt gegen den Grundsatz von § 1 BUrlG. Der Urlaub würde nicht ordnungsgemäß bezahlt.

4. Freischichtmodelle

Bei Freischichtmodellen wird an einem tatsächlichen Arbeitstag länger gearbeitet, als rechnerisch für einen Arbeitstag gearbeitet werden muss. Dafür erhält der Arbeitnehmer sog. Freischichten als Freizeitausgleich. Festgelegt wird im Allgemeinen eine bestimmte Anzahl von Schichten, die der Arbeitnehmer in einem bestimmten Zeitraum arbeiten muss. Hat man die Dauer des Urlaubsanspruchs in Schichten umgerechnet, ergeben sich bei der Berechnung des Geldfaktors für das Urlaubsentgelt in der Regel keine Probleme, da die Mitarbeiter meist ein festes Monatsgehalt beziehen. Bei der Urlaubserteilung und dem damit einhergehenden Zeitfaktor ist jedoch zu berücksichtigen, dass der Arbeitnehmer an Freischichten sowieso nicht zu arbeiten braucht und deshalb auch keinen Urlaub nehmen muss. Für Tage an Freischichten ist also kein Urlaubstag in Ansatz zu bringen und somit auch kein Urlaubsentgelt zu bezahlen. Allerdings besteht ein Anspruch auf Entgeltzahlung aufgrund der Lohnabrede.

---

[192] BAG, Urteil vom 19. Juni 2012, Az.: 9 AZR 712/10, NJW 2012, 3258

7.3 Fälligkeit

Das Urlaubsentgelt ist bereits *vor Antritt* des Urlaubs auszubezahlen (§ 11 Abs. 2 BUrlG). Die Praxis weicht von diesem Grundsatz oftmals ab. Insbesondere bei einem regelmäßigen Monatsgehalt wird dieses auch im Urlaub einfach schlicht fortlaufend abgerechnet und ausbezahlt. Rechtlich ist dies an sich nur durch eine einschlägige tarifliche Vorschrift zulässig.

7.4 Verjährung

Der Anspruch auf Urlaubsentgelt verjährt nach der regelmäßigen Verjährungsfrist von drei Jahren (§ 195 BGB). Die Verjährungsfrist beginnt mit dem Schluss des Jahres, in dem der Anspruch entstanden ist und der Arbeitnehmer von den Anspruch begründenden Umständen und der Person des Schuldners Kenntnis erlangt oder ohne grobe Fahrlässigkeit erlangen müsste (§ 199 Abs. 1 BGB).

Beispiel:

Herr L hat für das Jahr 2016 zu wenig Urlaubsentgelt erhalten. Der Arbeitgeber hat versehentlich beim Weihnachtsurlaub vergessen, fünf Urlaubstage in die Gehaltsabrechnung einzustellen und auszubezahlen. Herr L kümmert sich jedoch nicht darum. Erst im März 2020, als er seine Unterlagen sortiert, fällt ihm auf, dass sein Arbeitgeber zu wenig abgerechnet und bezahlt hat.

Lösung:

Da es sich bei der Urlaubsentgelt von fünf Urlaubstagen um keinen ganz geringfügigen Betrag handeln dürfte, ist davon auszugehen, dass Herr L das Versäumnis seines Arbeitgebers ohne größere Schwierigkeiten hätte erkennen können. Eine Unkenntnis dürfte deshalb wohl auf grober Fahrlässigkeit beruhen. Die Verjährungsfrist für seinen Urlaubvergütungsanspruch beginnt deshalb mit Ablauf des 31. Dezember 2016 und endet am 31. Dezember 2020. Am 1. Januar 2021 ist sein Anspruch somit verjährt.

7.5 Ausschluss und Verfall

In vielen Fällen dürfte es jedoch schon gar nicht mehr auf eine Verjährung des Anspruches ankommen, wenn der Arbeitnehmer seine Ansprüche nicht zeitnah reklamiert. Denn viele Arbeits- und Tarifverträge enthalten Ausschlussklauseln, wonach Ansprüche aus dem Arbeitsverhältnis verfallen, wenn sie nicht innerhalb bestimmter Fristen schriftlich geltend gemacht werden. Bisweilen schließt sich daran noch eine zweite Stufe an: Der Anspruchsteller muss bei Ablehnung oder ausbleibender Reaktion des Vertragspartners seinen Anspruch innerhalb einer weiteren Frist gerichtlich geltend machen.

Beispiel für eine Ausschlussklausel:

„Alle Ansprüche aus dem Arbeitsverhältnis verfallen, wenn sie nicht innerhalb einer Ausschlussfrist von drei Monaten nach ihrer Fälligkeit gegenüber dem Vertragspartner in Textform geltend gemacht werden. Erklärt sich der Vertragspartner nicht innerhalb eines Monats ab Geltendmachung oder lehnt er ab, sind sie innerhalb von weiteren drei Monaten gerichtlich geltend zu machen. Hiervon unberührt bleiben Ansprüche, die auf Handlungen wegen Vorsatz oder grober Fahrlässigkeit beruhen sowie wegen Verletzung des Lebens, des Körpers und der Gesundheit und Ansprüche auf Zahlung des Mindestlohns."

Allerdings setzt dies voraus, dass die Ausschlussfrist wirksam vereinbart wurde. Je nachdem, ob es sich um eine individualvertragliche oder einschlägige tarifvertragliche Ausschlussfrist handelt, gelten unterschiedliche Anforderungen an die Zulässigkeit solcher Klauseln:

7.5.1 Arbeitsvertragliche Verfallklauseln

Bei arbeitsvertraglichen Klauseln sind die Grenzen der Regelungsmöglichkeiten weitaus enger gesteckt als bei tariflichen Vertragsbedingungen: Der Arbeitsvertrag wird – sofern es sich um einen vom Arbeitgeber vorformulierten Vertrag handelt (und dies wird in der Regel der Fall sein) – an den gesetzlichen Vorgaben der §§ 305 ff. BGB geprüft (sog. Recht der Allgemeinen Geschäftsbedingungen). Insbesondere darf eine Bestimmung in Allgemeinen Geschäftsbedingungen den Vertragspartner nicht unangemessen benachteiligen (§ 307 BGB).

So fordert das BAG, dass eine Ausschlussfrist nicht kürzer als drei Monate sein darf.[193] Eine kürzere Frist würde die Interessen des Arbeitnehmers nicht angemessen berücksichtigen und sich zu weit vom Verjährungsrecht entfernen (§ 307 BGB). Eine Ausschlussklausel darf sich auch nicht im Arbeitsvertrag an einer Stelle „verstecken", wo der Vertragspartner nicht mit ihr zu rechnen braucht (§ 305c BGB).[194] Auch einseitige Ausschlussklauseln, die nur für den Arbeitnehmer gelten sollen, nicht jedoch für Ansprüche des Arbeitgebers, werden als unzulässig erachtet.[195] Außerdem ist es erforderlich, auf die Rechtsfolge des Verfalls ausreichend deutlich hinzuweisen,[196] sonst liegt ein Verstoß gegen das Transparenzgebot (§ 307 Abs. 1 Satz 2 BGB) vor.

Gesetzlich unabdingbare Ansprüche müssen aus Transparenzgründen ausdrücklich ausgenommen sein. Dies gilt beispielsweise ab dem 1. Januar 2015 für den gesetzlichen Mindestlohn. Das BAG hat bereits entschieden, dass der Mindestlohn nicht nur für tatsächlich geleistete Arbeit zu bezahlen ist, sondern auch dann, wenn das Gesetz eine Entgeltfortzahlung für Arbeitsausfall anordnet, z. B. nach § 11 BUrlG.[197] Ansonsten ist die Ausschlussklausel insgesamt unwirksam, d. h., der Arbeitnehmer kann seinen vollen Anspruch auch bei Säumnis der Ausschlussfristen geltend machen. Nur für ältere Verträge, die vor dem Inkrafttreten des MiLoG abgeschlossen wurden, gilt eine bloße Teilunwirksamkeit beschränkt auf den Mindestlohnanteil.[198] Noch nicht von der Rechtsprechung entschieden ist, ob auch gesetzliche Mindesturlaubsansprüche sowie entsprechende Urlaubsentgeltansprüche explizit vom Verfall auszunehmen sind, um nicht die Unwirksamkeit der Klausel zu riskieren. Tatsächlich käme wohl kaum ein Arbeitnehmer auf die Idee, seinen Urlaub innerhalb einer Verfallsfrist geltend machen zu müssen. Anders sieht dies möglicherweise für die entsprechende Bezahlung aus. Nach bisheriger Ansicht der Rechtsprechung unterfällt der Urlaubsentgeltsanspruch einer etwaigen arbeits- oder tarifvertraglichen Ausschlussfrist,[199] so wie andere Arbeitsvergütungsansprüche auch. Versäumt der Arbeitnehmer die Frist, kann er keine Nachforderung

---

193 BAG, Urteil vom 28. September 2005, Az.: 5 AZR 52/05, NZA 2006,149
194 BAG, Urteil vom 29. November 1995, Az.: 5 AZR 447/94, NJW 1996, 2117
195 BAG, Urteil vom 31. August 2005, Az.: 5 AZR 545/04, NZA 2006, 324/326
196 BAG, Urteil vom 31. August 2005, Az.: 5 AZR 545/04, NZA 2006, 324/326
197 BAG, Urteil vom 29. Juni 2016, Az.: 5 AZR 716/15, AP § 1 MiLoG Nr. 2
198 BAG, Urteil vom 30. Januar 2019, Az.: 5 AZR 43/18, NZA 2019, 768
199 BAG, Urteil vom 22. Januar 2002, Az.: 9 AZR 601/00, NZA 2002, 1041

mehr stellen. Allerdings ist fraglich, ob dies auch künftig im Hinblick auf die europarechtlichen Vorgaben weiterhin so zu entscheiden sein wird, denn der EuGH[200] betrachtet den Urlaub und das Urlaubsentgelt als zusammengehörigen Anspruch. Erst das Urlaubsentgelt ermöglicht es dem Arbeitnehmer effektiv, seinen Urlaub tatsächlich zu nehmen. Der Urlaubsanspruch wiederum kann nur verfallen, wenn der Arbeitgeber seinen Mitwirkungspflichten nachgekommen ist (vgl. hierzu oben Abschnitt 5.3). Hieraus könnte man folgern, dass auch ein Verfall des Urlaubsentgelts nach den üblichen Ausschlussklauseln nicht ohne weiteres möglich sein könnte.[201]

Vorsorglich wird deshalb empfohlen, gesetzliche Urlaubsansprüche ebenfalls vom Verfall ausdrücklich auszunehmen.[202]

Erweist sich eine Ausschlussklausel im Arbeitsvertrag wegen Verstoßes gegen AGB-Recht als unwirksam, so gilt die gesetzliche Regelung (§ 306 Abs. 2 BGB). Und da das Gesetz keinen Verfall wegen Versäumnis von Ausschlussfristen kennt, bleibt nur das Verjährungsrecht, um einen Anspruch wegen Zeitablaufs abzuwehren. Der Arbeitgeber, der in der Regel die Arbeitsbedingungen in Form eines Formularvertrages stellt, trägt also das Risiko, wenn er es bei der Vertragsgestaltung zu Lasten des Arbeitnehmers „übertreibt". Das Gericht wird im Streitfall die Klausel nicht auf das gerade noch zulässige Maß der Benachteiligung „herunterbrechen" und mit diesem Inhalt aufrechterhalten. Eine solche sog. „geltungserhaltende Reduktion" findet bei Formularverträgen nicht statt.

Praxis-Tipp:

Bei Ausschlussklauseln im Arbeitsvertrag ist deshalb höchste Vorsicht geboten! Eine ungeschickte Formulierung oder Darstellungsweise kann zu ihrer Unwirksamkeit führen!

7.5.2 Tarifvertragliche Verfallklauseln

Der Urlaubsentgeltanspruch kann nach bisheriger Rechtsprechung des BAG ebenso wie sonstige Arbeitsentgeltansprüche unter eine tarifliche Ausschlussklausel wie § 37 TVöD/TV-L/TV-H fallen.[203]

---

200 z. B. EuGH, Urteil vom 16. März 2006, Az.: C-131/04 und C-257/04

201 so auch Bayreuther, NZA 2022, 1381

202 Köllmann/Wubbernitz, NZA 2023, 793

203 BAG, Urteil vom 22. Januar 2002, Az.: 9 AZR 601/00, NZA 2002, 1041

Anders als Einzelarbeitsverträge sind Tarifverträge vom Geltungsbereich der AGB-Kontrolle ausdrücklich ausgenommen (§ 310 Abs. 4 BGB). Es gelten lediglich die allgemeinen gesetzlichen Grenzen: Auch Tarifverträge dürfen nicht gegen höherrangiges zwingendes Gesetzesrecht verstoßen (§ 134 BGB) oder den Vertragspartner sittenwidrig benachteiligen (§ 138 BGB). Die Schwelle zur Unwirksamkeit einer Klausel ist somit weit höher gesetzt als im Arbeitsvertrag.

Dies führt bei einer tariflichen Ausschlussfrist, die Ansprüche auf den Mindestlohn nicht explizit ausnimmt, anders als bei einzelvertraglichen Ausschlussfristen nicht wegen Intransparenz zu einer Gesamtnichtigkeit der Klausel, sondern lediglich zu einer Teilunwirksamkeit, d. h. der Anspruch auf Urlaubsentgelt in Höhe des Mindestlohns erlischt nicht, im Übrigen bleibt die Verfallklausel jedoch wirksam.[204] Bei einschlägigen tarifvertraglichen Ausschlussfristen ist die Rechtsprechung deshalb bislang weitaus großzügiger. Das BAG hat in einer älteren Entscheidung betont, dass die Festlegung von Ausschlussfristen im Ermessen der Tarifvertragsparteien stehe, auch extrem kurze Fristen könnten zulässig sein.[205] Und sogar einseitige Ausschlussfristen wurden akzeptiert.[206] Ob sich diese Tendenz im Hinblick auf die europarechtlichen Vorgaben so fortsetzen wird, bleibt jedoch abzuwarten.

Die unterschiedliche Behandlung der Gestaltungsmacht von Arbeitsvertragsparteien einerseits und von Tarifvertragsparteien andererseits erklärt sich mit dem Unterschied der Verhandlungsmacht: Ein einzelner Arbeitnehmer wird oftmals nicht in der Lage sein, einzelne Klauseln des Arbeitsvertrags auszuhandeln. Bei Tarifverhandlungen wird die Arbeitnehmerseite jedoch von einer Gewerkschaft repräsentiert, die eine weitaus höhere Verhandlungsmacht und auch entsprechenden Sachverstand hat, sodass eine Verhandlungsparität unterstellt werden kann. Der Arbeitnehmer ist also weniger schutzbedürftig als bei individuellen Einzelverhandlungen. Es darf deshalb unterstellt werden, dass der Tarifvertrag das Arbeitsverhältnis ausgewogen regelt und auf die beidseitigen Interessen von Arbeitgeber- und Arbeitnehmerseite Rücksicht nimmt.

---

[204] BAG, Urteil vom 23. Januar 2019, Az.: 4 AZR 541/17, BeckRS 2019, 8903

[205] BAG, Urteil vom 16. November 1965, Az.: 1 AZR 160/65, AP § 4 TVG Ausschlussklausel Nr. 30

[206] BAG, Urteil vom 4. Dezember 1997, Az.: 2 AZR 809/96, NZA 1998, 431

Diese Vermutung gilt jedenfalls dann, wenn der Tarifvertrag kraft beidseitiger Tarifbindung der Arbeitsvertragsparteien gilt (§ 4 Abs. 1 TVG).

Wenn ein Tarifvertrag mittels einer arbeitsvertraglichen Bezugnahmeklausel oder schlicht aufgrund betrieblicher Übung Anwendung finden soll, ist zu differenzieren: Handelt es sich um den einschlägigen Tarifvertrag, der bei einer Tarifbindung der Parteien gelten würde,[207] und wird dieser im Ganzen angewendet, wird von der Rechtsprechung ebenfalls keine AGB-Kontrolle durchgeführt. Wird hingegen auf einen orts- oder branchenfremden Tarifvertrag verwiesen, so werden die Regelungen einer AGB-Prüfung unterzogen. Dasselbe gilt, wenn aus einem einschlägigen Tarifvertrag nur einzelne Regelungen herausgegriffen werden. Um eine AGB-Kontrolle zu vermeiden, muss zumindest ein in sich abgeschlossener Teilbereich in den Arbeitsvertrag einbezogen werden (z. B. der gesamte Komplex „Urlaub"). Denn ansonsten kann nicht ohne Weiteres angenommen werden, dass ein ausgewogenes Regelwerk vorliegt.

Würde z. B. ein Architekturbüro im Arbeitsvertrag mit einer Sekretärin einen Tarifvertrag zum Friseurhandwerk für anwendbar erklären, so müssten sich die Klauseln am Recht der Allgemeinen Geschäftsbedingungen messen lassen.

7.6 Pfändung, Abtretung, Vererbung

Das Urlaubsentgelt ist so wie sonstiges Arbeitseinkommen pfändbar. Die Pfändungsfreigrenzen sind deshalb zu beachten (§§ 850 ff. ZPO). Dementsprechend ist die Urlaubsentgelt auch abtretbar (§ 400 BGB). Auch bei einer Abtretung sind die Pfändungsfreigrenzen zu beachten (§ 394 Satz 1 BGB).

Ist der Arbeitnehmer verstorben und der Arbeitsgeber das Urlaubsentgelt schuldig geblieben, so geht dieser Anspruch auf die Erben über (§ 1922 BGB).

7.7 Gestaltungsmöglichkeiten

Von dem Grundsatz, dass für Zeiten der Arbeitsfreistellung im Rahmen des gesetzlichen Mindesturlaubs auch das Arbeitsentgelt zu bezahlen ist, kann weder durch Arbeitsvertrag noch durch Tarifvertrag zuungunsten des Arbeitnehmers abgewichen werden (§ 13

[207] BAG, Urteil vom 13. Dezember 2007, Az.: 6 AUR 222/07, NZA 2008, 478

BUrlG). Ein Verzicht des Arbeitnehmers auf die Urlaubsentgelt für den Mindesturlaub ist deshalb unwirksam. Dabei ist es egal, ob ein solcher Verzicht vorab, während eines laufenden Urlaubs oder im Anschluss daran vereinbart wird. Zur Möglichkeit, einen sog. Tatsachenvergleich abzuschließen, siehe Abschnitt 6.2.3.

Die Tarifvertragsparteien haben auch hier einen etwas weiteren Regelungsspielraum als die Arbeitsvertragsparteien. Sie können nämlich eine bestimmte vom Gesetz abweichende Berechnungsweise des Urlaubsentgelts festlegen. Voraussetzung ist, dass die gewählte Methode den zu erwartenden Verdienstausfall durch den Urlaub angemessen abbildet.[208] Werden regelmäßig an die Arbeitsleistung gekoppelte Prämien bezahlt, so müssen diese auch bei der Berechnung des Urlaubsentgelts berücksichtigt werden. Eine anderslautende tarifvertragliche Regelung wäre unzulässig. Anders als das BUrlG es vorsieht, könnte jedoch z. B. ein reines Lohnausfallprinzip in einem Tarifvertrag vereinbart werden. Dies bedeutet, dass exakt der Arbeitslohn während der urlaubsbedingten Freistellung zu bezahlen ist, den der Arbeitnehmer ohne die Arbeitsfreistellung verdient hätte (ohne Berücksichtigung des 13-wöchigen Referenzzeitraums). Möglich ist es aber auch, den Referenzzeitraum zu verlängern. Das BAG hat eine Verlängerung auf zwölf Monate für zulässig erachtet.[209]

7.8 Rückzahlung zu viel bezahlten Urlaubsentgelts

Im BUrlG ist nur eine spezielle Fallgestaltung geregelt:

Hat der Arbeitgeber zu viel Urlaubsentgelt bezahlt, weil er dem Arbeitnehmer mehr Urlaub gewährt hat, als er nach § 5 Abs. 1 Buchst. c) BUrlG verpflichtet war, so kann er das dafür gezahlte Urlaubsentgelt *nicht* zurückfordern, § 5 Abs. 3 BUrlG (siehe Abschnitt 3). Das sind die Fälle, in denen der Arbeitnehmer nach erfüllter Wartezeit in der ersten Hälfte eines Kalenderjahres aus dem Arbeitsverhältnis ausscheidet und er deshalb nach § 5 Abs. 1 BUrlG nur Anspruch auf einen Teilurlaubsanspruch von 1/12 für jeden vollen Kalendermonat des Arbeitsverhältnisses hat. Hat der Arbeitgeber ihm bereits einen längeren Urlaub gewährt, so kann er das dafür zu viel gezahlte Urlaubsentgelt nicht zurückfordern.

---

208 BAG, Urteil vom 15. Dezember 2009, Az.: 9 AZR 887/08, BeckRS 2010, 67193
209 BAG, Urteil vom 3. Dezember 2002, Az.: 9 AZR 535/01, AP § 11 BUrlG Nr. 57

Hat der Arbeitgeber hingegen aus anderen Gründen zu viel Urlaubsentgelt bezahlt (etwa weil er dieses schlicht falsch berechnet hat), so kommt an sich eine Zurückforderung wegen ungerechtfertigter Bereicherung (§ 812 BGB) in Betracht. Oftmals wird sich der Arbeitnehmer jedoch auf die sog. Entreicherung (§ 818 Abs. 3 BGB) berufen können. Dies wäre insbesondere dann der Fall, wenn er sie bereits ausgegeben hat und keine vermögenswerten Vorteile mehr vorhanden sind, die auf der Überzahlung beruhen – beispielsweise, weil er sich mit dem Geld einen luxuriöseren Urlaub gegönnt hat.

Allerdings darf sich der Arbeitnehmer nicht auf Entreicherung berufen, wenn er wusste, dass er mehr Urlaubsentgelt erhalten hat, als ihm zusteht (§ 819 Abs. 1 i. V. m. § 818 Abs. 4 BGB). Erforderlich ist eine tatsächliche positive Kenntnis. Eine lediglich fahrlässige Unkenntnis reicht nicht aus. Sofern dem Arbeitnehmer die Überzahlung nicht ins Auge springt, dürfte ihm im Streitfall die positive Kenntnis deshalb nur schwer nachzuweisen sein. Hinzu kommt, dass die Rechtsprechung bei niedrigen und mittleren Einkommensgruppen im Allgemeinen bereits ohne weitere Nachweise des Arbeitnehmers eine Entreicherung annimmt, wenn die Überzahlung 10 % des üblichen Entgelts nicht überschreitet.[210] Soweit der Arbeitnehmer also nur geringfügig zu viel Urlaubsentgelt erhalten hat, wird eine Rückforderung oftmals nicht möglich sein.

7.9 Besondere Aufwendungen des Arbeitnehmers im Rahmen der Urlaubsgestaltung

Das Urlaubsentgelt sichert das Arbeitsentgelt für die urlaubsbedingt ausgefallene Arbeit. Sie ist jedoch keine Kompensation für etwaige Mehraufwendungen, die dem Arbeitnehmer aufgrund besonderer Anweisungen des Arbeitgebers im Rahmen seiner Urlaubsgestaltung entstehen. Für solche Zusatzkosten kann dem Arbeitnehmer ein gesonderter Ausgleichsanspruch zustehen.

---

[210] BAG, Urteil vom 12. Januar 1994, Az.: 5 AZR 597/92, NZA 1994, 658, m. w. N.

Beispiel:

Arbeitgeber A schreibt seinen Mitarbeitern M vor, bei der privaten Nutzung von Mietwagen im Urlaub (oder auch sonst) eine bestimmte konzerneigene Firma zu bevorzugen. Ist der Mietwagen in der gewünschten Kategorie teurer ist als beim Konkurrenten, kommt ein Erstattungsanspruch des M hinsichtlich der Mehrkosten in Betracht.

Da der Arbeitgeber dem Arbeitnehmer jedoch hinsichtlich der Urlaubsgestaltung in aller Regel keine Vorschriften machen darf, wird ein solcher Erstattungsanspruch nur selten vorkommen. Es ist normalerweise allein Sache des Arbeitnehmers, wie er seinen Urlaub verbringt und welche Aufwendungen er hierfür tätigt. In besonderen Fällen kann es jedoch vorkommen, dass dem Arbeitnehmer durch besondere Vorgaben höhere Kosten entstehen: Das BAG hatte im Jahr 1963 über einen Fall zu entscheiden, in dem es einem Arbeitnehmer im öffentlichen Dienst untersagt war, Urlaubsreisen zwischen Berlin und Westdeutschland auf dem Landweg zu unternehmen.[211] Hierdurch sind dem Arbeitnehmer höhere Reisekosten entstanden, die sein Arbeitgeber als Aufwendungsersatz (§ 670 BGB) erstatten musste. Zu ersetzen sind aber nur diejenigen Kosten, die der Arbeitnehmer nach den Umständen des Einzelfalles für erforderlich halten durfte. Im Übrigen vergleiche hierzu auch die Ausführungen in Abschnitt 4).

---

211 BAG, Urteil vom 1. Februar 1963, Az.: 5 AZR 74/62, NJW 1963, 1221

8. Urlaubsgeld

Das Urlaubsgeld stellt eine zusätzliche Leistung des Arbeitgebers dar, die über die Urlaubsentgelt hinausgeht. Einen gesetzlichen Anspruch auf Urlaubsgeld gibt es nicht.

8.1 Anspruch

II

Ein solcher Anspruch kann sich nur aufgrund einer besonderen Vereinbarung ergeben. Diese kann sich in einem Tarifvertrag, einer Betriebsvereinbarung oder einem Einzelarbeitsvertrag finden. Ein Anspruch kann aber auch aufgrund einer betrieblichen Übung oder einer Gesamtzusage (etwa einem Aushang am schwarzen Brett) bestehen.

Im öffentlichen Dienst besteht nach § 20 TVöD/TV-L/TV-H ein Anspruch auf eine Jahressonderzahlung, mit der das frühere Urlaubs- und Weihnachtsgeld zusammengefasst wird.

Da es sich um eine übergesetzliche Leistung handelt, gelten die Einschränkungen des BUrlG nicht. Die Vertragsparteien können die Voraussetzungen, wann Urlaubsgeld gewährt wird, prinzipiell frei regeln. Dabei sind sie jedoch selbstverständlich an die allgemeinen Grundsätze des Arbeitsrechts gebunden. Prinzipiell sind der Grundsatz der Gleichbehandlung und die Diskriminierungsverbote zu beachten. So dürfen etwa Teilzeitbeschäftigte nicht vom Urlaubsgeld ausgeschlossen werden (§ 4 Abs. 1 TzBfG). Eine Differenzierung zwischen Angestellten und Arbeitern[212] wäre ebenso unzulässig wie eine solche nach der Rasse, ethnischen Herkunft, Geschlecht, Religion oder Weltanschauung, einer Behinderung, des Alters oder der sexuellen Identität ohne sachlichen Grund (§§ 1, 12, 15 AGG). Bei einem Verstoß gegen eines der sog. „verpönten Merkmale" nach dem AGG kann dem Arbeitnehmer ein Entschädigungsanspruch zustehen (§ 15 AGG). Außerdem haben die zu Unrecht ausgeschlossenen Beschäftigten einen Anspruch auf Gleichbehandlung, also auf entsprechende Nachzahlung der Leistung. Es wäre also demnach problematisch, älteren Arbeitnehmern ein höheres Urlaubsgeld zu gewähren als ihren jüngeren Kollegen. Der allgemeine Gleichbehandlungsgrundsatz im Arbeitsrecht besagt, dass Arbeitgeber, sofern sie Leistungen oder Vergünstigungen kollektiv, also nach einer

[212] BAG, Urteil vom 28. Mai 1996, Az.: 3 AZR 752/95, AP § 1 TVG Tarifverträge Metallindustrie Nr. 143

bestimmten Regel, gewähren, von diesen einzelne Arbeitnehmer nicht aus unsachlichen, willkürlichen Gründen ausschließen dürfen. Auch eine unsachliche, willkürliche Gruppenbildung wäre schon problematisch. Der Gleichbehandlungsgrundsatz ist dabei nicht auf die im AGG aufgeführten Merkmale beschränkt. Auch eine andere unsachliche Differenzierung führt zu einem Anspruch des zu Unrecht ausgeschlossenen Arbeitnehmers.

Beispiel:

Ein Verstoß gegen den Gleichbehandlungsgrundsatz liegt vor, wenn ein Arbeitgeber nur denjenigen Arbeitnehmern ein Urlaubsgeld verspricht, die in seiner Heimatgemeinde wohnen, weil er dort demnächst für den Stadtrat kandidiert.

Zulässig ist es jedoch beispielsweise, die Gewährung von Urlaubsgeld von einer bestimmten Wartezeit abhängig zu machen.[213] Denkbar ist auch eine Regelung, wonach nur Arbeitnehmer, die zu einem bestimmten Stichtag in einem ungekündigten Arbeitsverhältnis stehen, das Urlaubsgeld erhalten.[214] Dem Arbeitgeber steht es auch frei, das Urlaubsgeld von einer bestimmten Arbeitsleistung im Urlaubsjahr abhängig zu machen. Je nachdem, ob mit dem Urlaubsgeld die Betriebstreue honoriert werden soll oder dieses zumindest auch Entgeltcharakter hat, gelten unterschiedliche Anforderungen an die konkrete Ausgestaltung der Klauseln.

Für Regelungen in Tarifverträgen gilt prinzipiell dasselbe wie bereits oben zu den Verfallklauseln beim Urlaubsentgelt aufgeführt wurde: Den Tarifvertragsparteien steht ein weiterer Gestaltungsspielraum zu, als den Arbeitsvertragsparteien.[215] An höherrangiges Recht und Gesetz sind jedoch selbstverständlich auch die Tarifvertragsparteien gebunden. Insbesondere bei der Vereinbarung von Stichtags- und Rückzahlungsklauseln ist die grundrechtlich geschützte Berufsfreiheit des Arbeitnehmers (Art. 12 GG) zu beachten. Deshalb darf auch in Tarifverträgen keine unangemessen lange Bindungsdauer zulasten des Arbeitnehmers vereinbart werden.[216]

---

[213] BAG, Urteil vom 24. Oktober 1995, Az.: 9 AZR 128/94, NZA 1996, 774

[214] BAG, Urteil vom 22. Juli 2014, Az.: 9 AZR 981/12, NZA 2014, 1136

[215] BAG, Urteil vom 13. November 2013, Az.: 10 AZR 848/12, NZA 2014, 1466

[216] BAG, Urteil vom 4. September 1985, Az.: 5 AZR 655/84, NJW 1975, 278

Zulässig ist es beispielsweise, in einem Tarifvertrag Zeiten unbezahlter Arbeitsbefreiung anspruchsmindernd beim Urlaubsgeld zu berücksichtigen. Von einer solchen Vereinbarung wären dann auch streikbedingte Ausfalltage umfasst.[217]

Wird das Urlaubsgeld akzessorisch an die Gewährung von konkreten Urlaubstagen geknüpft, so tritt bei einem Verfall des Arbeitsfreistellungsanspruchs auch ein Verfall des Anspruchs auf Urlaubsgeld ein.[218]

Ob ein Anspruch auf Urlaubsgeld besteht, ist also stets anhand der Umstände des konkreten Einzelfalles zu prüfen.

8.2 Rückzahlung, Kürzung, Wegfall

Streitigkeiten können sich nicht nur an der Frage, ob ein Bezugsrecht des Arbeitnehmers besteht, entzünden, sondern auch ob evtl. ein Rückzahlungsanspruch entsteht, weil die Bezugsberechtigung weggefallen ist, oder ob der Arbeitgeber die Leistung in der Zukunft einstellen darf. Ohne entsprechenden Vorbehalt ist dies nämlich nicht der Fall. Was bei der konkreten Ausgestaltung im Arbeitsvertrag zu beachten ist, um kostspielige Überraschungen zu vermeiden, ist in Abschnitt 7.6 im Einzelnen dargestellt.

8.3 Fälligkeit

Die Fälligkeit des Urlaubsgeldes richtet sich nach der zugrundeliegenden Vereinbarung. Oftmals wird das Urlaubsgeld einmalig im Jahr zusammen mit dem Juni- oder Juligehalt ausbezahlt. Wird keine konkrete Abrede getroffen, so wäre es wohl analog § 11 Abs. 2 BUrlG vor dem Antritt des Urlaubs fällig. Dasselbe gilt, wenn das Urlaubsgeld zusammen mit dem Urlaubsentgelt ausgezahlt werden soll.

8.4 Verjährung, Verfall

Der Anspruch auf Urlaubgeld verjährt wie der auf Urlaubsentgelt innerhalb der regelmäßigen Verjährungsfrist von drei Jahren (§ 195 BGB), beginnend mit dem Schluss des Jahres, in dem der Anspruch fällig geworden ist (§ 199 BGB).

---

217 BAG, Urteil vom 13. Februar 2007, Az.: 9 AZR 374/06, NZA 2007, 573

218 BAG, Urteil vom 20. April 2012, Az.: 9 AZR 504/10, NZA 2012, 982

Das Urlaubsgeld unterliegt außerdem tarif- und einzelvertraglichen Ausschlussfristen.

8.5 Pfändung, Abtretung, Vererbung

Urlaubsgeld ist nicht pfändbar, soweit es den Rahmen des Üblichen nicht übersteigt (§ 850a Nr. 2 ZPO). Das Urlaubsgeld ist somit auch nicht abtretbar (§ 400 BGB).

Dieses Pfändungs- und Abtretungsverbot gilt jedoch nicht, wenn der Arbeitnehmer (z. B. von öffentlicher Stelle) den Gegenwert der Forderung bereits vorher erhalten hat. Der Anspruch kann deshalb auf die Bundesagentur für Arbeit übergehen, wenn diese dem Arbeitnehmer Insolvenzgeld für Urlaub gezahlt hat, den der Arbeitnehmer bereits vor Insolvenzeröffnung über das Vermögen seines Arbeitgebers erhalten hat.[219] Denn Urlaubsgeld wird im Rahmen des Insolvenzgeldes als Teil des Urlaubsentgelts behandelt.

Verstirbt der Arbeitnehmer, ohne zuvor sein Urlaubsgeld erhalten zu haben, geht der Anspruch auf die Erben über (§ 1922 BGB).

8.6 Mitbestimmung des Betriebsrats

Entscheidet sich der Arbeitgeber, seinen Beschäftigten kollektiv ein Urlaubsgeld zu gewähren, so besteht, soweit im Betrieb ein Betriebsrat besteht, ein zwingendes Mitbestimmungsrecht des Betriebsrats (§ 87 Abs. 1 Nr. 10 BetrVG). Möchte der Arbeitgeber nur einzelnen Mitarbeitern ein Urlaubsgeld bezahlen, so fehlt es in der Regel an einem kollektiven Tatbestand und es besteht auch kein Mitbestimmungsrecht des Betriebsrats. Dieses setzt eine kollektive Regelung für die gesamte oder zumindest Teile der Belegschaft voraus. Insbesondere in letzterem Fall kann die Abgrenzung bisweilen schwierig sein.

Existieren bereits tarifvertragliche Regelungen zum Urlaubsgeld, so ist der Grundsatz des sog. Tarifvorrangs zu beachten:

Ein Mitbestimmungsrecht und damit einhergehend die Kompetenz zum Abschluss einer Betriebsvereinbarung bestehen nur dann, wenn nicht bereits im einschlägigen Tarifvertrag eine abschließende Regelung zum Urlaubsrecht bzw. Urlaubsgeld besteht. Insoweit dürfen die Betriebsparteien nicht in „Konkurrenz" zu den Tarifvertragsparteien treten. Dem Arbeitgeber ist es aber unbenommen,

---

219 BAG, Urteil vom 11. Januar 1990, Az.: 8 AZR 440/88, DB 1990, 2377

ein übertarifliches Urlaubsgeld zu gewähren. Diesbezüglich besteht dann ein Mitbestimmungsrecht des Betriebsrats.[220]

Wichtig: Dabei steht dem Betriebsrat *kein* erzwingbares Mitbestimmungsrecht bei der Entscheidung darüber zu, ob überhaupt ein Urlaubsgeld bezahlt werden soll. Das Mitbestimmungsrecht bezieht sich lediglich auf die Verteilungsgrundsätze und Regelungen zum Bezug des Urlaubsgeldes, also das „Wie". Können sich Betriebsrat und Arbeitgeber nicht einigen, so entscheidet die Einigungsstelle.

Missachtet der Arbeitgeber das Mitbestimmungsrecht des Betriebsrats, so kann er sich bei einer Rechtsstreitigkeit mit einem Arbeitnehmer (beispielsweise über eine Anrechnung oder einen Widerruf) auch nicht auf die fragliche Regelung berufen.[221]

Soweit keine feste Laufzeit der Betriebsvereinbarung vereinbart ist, kann der Arbeitgeber diese jederzeit unter Einhaltung der vereinbarten Frist (oder bei Fehlen einer solchen mit einer dreimonatigen Frist, § 77 Abs. 5 BetrVG) kündigen, ohne eine Nachwirkung der Betriebsvereinbarung befürchten zu müssen, wenn er die Leistung insgesamt einstellen will: § 77 Abs. 6 BetrVG bestimmt zwar, dass nach Ablauf einer Betriebsvereinbarung ihre Regelungen in Angelegenheiten, in denen ein Spruch der Einigungsstelle die Einigung zwischen Arbeitgeber und Betriebsrat ersetzen kann, weiter gelten, bis sie durch eine andere Abmachung ersetzt werden. Diese Nachwirkung gilt jedoch dann nicht, wenn der Arbeitgeber beschließt, künftig gar kein Urlaubsgeld mehr zu bezahlen. Denn bezüglich der Entscheidung, ob überhaupt ein Urlaubsgeld gewährt wird, besteht kein Mitbestimmungsrecht des Betriebsrats. Somit besteht auch kein Anlass für eine Nachwirkung.[222]

Die Betriebsvereinbarung wirkt jedoch trotz Kündigung nach, wenn der Arbeitgeber lediglich die Art der Verteilung neu regeln will.

8.7 Lohnsteuer und Sozialversicherungsbeitragsrecht

Das Urlaubsgeld ist steuerpflichtiger Arbeitslohn und als sog. „sonstiger Bezug" im Sinne von § 39b EStG zu versteuern. Es besteht jedoch die Möglichkeit einer Lohnsteuerpauschalierung gemäß § 40

---

[220] BAG, Urteile vom 9. Februar 1989, Az.: 8 AZR 310/87, NZA 1989, 765; vom 3. Dezember 1991, Az.: GS 2/90, NZA 1992, 749

[221] BAG, Urteil vom 3. Dezember 1991, Az.: GS 2/90, NZA 1992, 749

[222] BAG, Urteil vom 9. Februar 1989, Az.: 8 AZR 310/87, NZA 1989, 765

Abs. 1 Nr. 1 EStG. Außerdem ist das Urlaubsgeld sozialversicherungsbeitragspflichtiges Arbeitsentgelt im Sinne von § 14 SGB IV.

9. Krankheit, medizinische Vorsorge, Rehabilitation und Quarantäne während des Urlaubs

Zeiten, in denen der Arbeitnehmer arbeitsunfähig erkrankt ist, werden nicht auf den Urlaub angerechnet, wenn sie durch ein ärztliches Attest nachgewiesen sind (§ 9 BUrlG). Dasselbe gilt, wenn der Arbeitnehmer an einer Maßnahme der medizinischen Vorsorge oder Rehabilitation teilnimmt, soweit er einen Anspruch auf Fortzahlung des Arbeitsentgelts nach dem Entgeltfortzahlungsgesetz (EFZG) hat (§ 10 BUrlG). § 9 EFZG stellt die Teilnahme an einer solchen Maßnahme in weiten Teilen der krankheitsbedingten Arbeitsunfähigkeit gleich.

9.1 Begünstigter Personenkreis

Die Anrechnungsvorschriften gelten prinzipiell für den in Abschnitt 1 genannten Personenkreis, also an sich auch für arbeitnehmerähnliche Personen. Da letztere jedoch nach dem EFZG keinen Anspruch auf Entgeltfortzahlung wegen krankheitsbedingter Arbeitsunfähigkeit haben, führen die Anrechnungsverbote der §§ 9, 10 BUrlG nur dazu, dass der Urlaub zu einem anderen Zeitpunkt genommen werden kann. Eine zusätzliche finanzielle Belastung für den Auftraggeber – etwa dass er zur Lohnfortzahlung im Krankheitsfall verpflichtet wäre – ergibt sich aus den Anrechnungsvorschriften bei arbeitnehmerähnlichen Personen nicht. Allerdings könnte sich eine solche Verpflichtung und damit finanzielle Belastung aus einer individuellen Vereinbarung oder einem Tarifvertrag ergeben.

9.2 Erholungsurlaub

Die Anrechnungsverbote der §§ 9 und 10 BUrlG gelten nur für den Erholungsurlaub. Auf andere Freistellungszeiten ist dieser Gedanke nicht ohne Weiteres übertragbar. So können Krankheitszeiten oder Rehabilitationsmaßnahmen durchaus auf Zeiten eines unbezahlten Sonderurlaubs angerechnet werden. Dieser wird dadurch nicht verlängert. Der Arbeitnehmer hat in diesem Fall auch keinen Anspruch auf Entgeltfortzahlung im Krankheitsfall, da die Ursache für den Vergütungsausfall nicht die Krankheit, sondern der Sonderurlaub ist.

Wichtig: Auf einen „echten" Erholungsurlaub dürfen hingegen weder nachgewiesene Krankheitszeiten noch Zeiten der Teilnahme an den genannten Maßnahmen angerechnet werden. Dies gilt auch dann, wenn sie in einen einheitlich festgesetzten Betriebsurlaub fallen. Auch dann muss entsprechend Urlaub nachgewährt werden.[223] Der Arbeitgeber kann sich nicht darauf zurückziehen, dass Urlaub nur in den Betriebsferien genommen werden darf.

Die landesrechtlichen Vorschriften über den Bildungsurlaub enthalten zum Teil ebenfalls Anrechnungsverbote, wenn der Arbeitnehmer während des Bildungsurlaubs erkrankt (vgl. zum Bildungsurlaub Kapitel VII Abschnitt 8).

9.3 Was gilt im Wiedereingliederungsverhältnis?

Schon begrifflich kann während eines Wiedereingliederungsverhältnisses nach § 74 SGB V kein Erholungsurlaub erteilt werden. Denn der Arbeitnehmer ist arbeitsunfähig und kann seine bisherige Tätigkeit nicht wie geschuldet verrichten.[224] Zur Wiedereingliederung in das Erwerbsleben können Arbeitnehmer und Arbeitgeber auf freiwilliger Basis ein Wiedereingliederungsverhältnis eingehen.[225] Der Arbeitnehmer erfüllt hier nicht seine vertragliche Arbeitspflicht, auch nicht teilweise, sondern die Arbeit ist eine Art Rehabilitationsmaßnahme. Da der Arbeitnehmer nach wie vor als arbeitsunfähig gilt und deshalb ohnehin von seiner Arbeitspflicht befreit ist, kann in diesem Zeitraum auch kein Urlaub gewährt werden. Das Arbeitsverhältnis ruht während der Wiedereingliederung. In dieser Zeit können aber durchaus Urlaubsansprüche auflaufen. Denn es reicht prinzipiell aus, dass in rechtlicher Hinsicht ein Arbeitsverhältnis besteht, wenngleich dieser Grundsatz in letzter Zeit von der Rechtsprechung in manchen Fällen, z. B. bei Kurzarbeit, aufgeweicht wurde. Allerdings dürften diese Fälle nicht mit dem Wiedereingliederungsverhältnis vergleichbar, diese Rechtsprechung mithin nicht übertragbar sein.

Kann der Arbeitnehmer seinen Mindesturlaub krankheitsbedingt nicht mehr im laufenden Urlaubsjahr nehmen, so ist er bis zum 31. März des nächsten oder gegebenenfalls sogar des übernächs-

[223] LAG Niedersachsen, Urteil vom 21. November 2008, Az.: 10 Sa 289/08, BeckRS 2009, 52336

[224] BAG, Urteil vom 24. September 2014, Az.: 5 AZR 611/12, NZA 2014, 1407

[225] BAG, Urteil vom 29. Januar 1992, Az.: 5 AZR 37/91, AP § 74 SGB V Nr. 1

ten Kalenderjahrs zu übertragen (zur längerfristigen krankheitsbedingten Arbeitsunfähigkeit siehe Abschnitt 5.6 „Übertragung"). Im Wiedereingliederungsverhältnis stellt sich also die Frage nach einer Anrechenbarkeit von Urlaubsansprüchen wegen Erkrankung gar nicht. Denn Urlaub und Krankheit treffen nicht aufeinander.

9.4 Krankheitsbedingte Arbeitsunfähigkeit

Der Begriff der krankheitsbedingten Arbeitsunfähigkeit nach dem Bundesurlaubsgesetz entspricht dem im Entgeltfortzahlungsgesetz.

9.4.1 Begriff

Eine Krankheit ist ein regelwidriger Körper- oder Geisteszustand, der einer Heilbehandlung bedarf.[226] Allerdings ist nicht jede Krankheit relevant. Entscheidend ist, dass die Krankheit zur Arbeitsunfähigkeit führt. Arbeitsunfähig ist ein Arbeitnehmer nur dann, wenn er die vertraglich vereinbarte Arbeitsleistung nicht mehr erbringen kann. Dabei reicht es aus, dass die Weiterarbeit die Krankheit verschlimmern oder eine Heilung verzögern oder gar verhindern würde.[227] Ob eine krankheitsbedingte Arbeitsunfähigkeit vorliegt, ist also abhängig von der ausgeübten Tätigkeit zu beurteilen.

Beispiel:

Eine Fußverletzung kann bei einem Maurer zur Arbeitsunfähigkeit führen, bei einer Schreibkraft jedoch nicht unbedingt. Der Arzt muss deshalb vor Ausstellung einer Arbeitsunfähigkeitsbescheinigung den Arbeitnehmer nach seiner ausgeübten Tätigkeit befragen. Denn sonst kann er gar nicht beurteilen, ob eine krankheitsbedingte Arbeitsunfähigkeit vorliegt.

Dabei kommt es nicht nur auf den aktuellen Arbeitsplatz an. Maßgeblich ist vielmehr, welche Tätigkeiten der Arbeitgeber dem Arbeitnehmer im Rahmen seines Direktionsrechts (§ 106 GewO) zuweisen kann. Der Arbeitgeber muss auf den Gesundheitszustand des Arbeitnehmers Rücksicht nehmen und ist gegebenenfalls sogar verpflichtet, ihm eine andere Tätigkeit zuzuweisen, wenn er seine bisherige Tätigkeit aus gesundheitlichen Gründen nicht weiter aus-

[226] BAG, Urteil vom 7. August 1991, Az.: 5 AZR 410/90, NZA 1992, 69
[227] BAG, Urteil vom 23. Januar 2008, Az.: 5 AZR 393/07, NZA 2008, 595

üben kann. Die neue Tätigkeit muss sich jedoch ebenfalls im Rahmen der vertraglichen Vereinbarung halten.

Beispiel:

Eine Krankenschwester, die aus gesundheitlichen Gründen nicht mehr in Nachtschicht tätig werden kann, darf künftig nur noch in Tagschichten eingeteilt werden.[228]

Dennoch geht die herrschende Meinung[229] und Rechtsprechung bislang noch von einem „Alles-oder-nichts-Prinzip" bei der Arbeitsfähigkeit aus: Es gibt demnach keine „Teilarbeitsunfähigkeit", jedenfalls nicht in quantitativer Hinsicht. Kann der Arbeitnehmer seine volle Arbeitsleistung nicht erbringen, so ist er arbeitsunfähig. Eine andere Frage ist es, ob der Arbeitgeber dem Arbeitnehmer einen anderen Arbeitsplatz zuweisen kann, den dieser trotz seiner gesundheitlichen Einschränkung noch ausfüllen kann. Die Abgrenzung kann in der Praxis schwierig sein, zumal sich auch in der Rechtsprechung noch keine klaren Konturen herausgebildet haben.

Anders als beim Entgeltfortzahlungsanspruch wegen Krankheit nach dem EFZG ist es *für die Anrechnung* von Urlaub irrelevant, ob die Erkrankung vom Arbeitnehmer verschuldet wurde oder nicht. Handelt es sich um eine vom Arbeitnehmer verschuldete krankheitsbedingte Arbeitsunfähigkeit, hat er jedoch keinen Anspruch auf Entgeltfortzahlung nach dem EFZG. Allerdings geht die Rechtsprechung nur selten von einem Verschulden aus. Dieses ist dem Arbeitnehmer nur dann vorzuwerfen, wenn ein grober Verstoß gegen das von einem verständigen Menschen im eigenen Interesse zu erwartende Verhalten vorliegt. Man kann also von einem „Verschulden gegen sich selbst" sprechen. Nur, wenn der Arbeitnehmer besonders leichtfertig, grob fahrlässig oder gar vorsätzlich gehandelt hat, verliert er seinen Anspruch auf Entgeltfortzahlung. In der Regel ist das der Fall bei grob verkehrswidrigem Verhalten im Straßenverkehr,[230] oder bei Unfällen, die auf Alkoholmissbrauch zurückgehen. Bei Sportunfällen hingegen ist das BAG recht groß-

---

228 BAG, Urteil vom 9. April 2014, Az.: 10 AZR 637/13, NZA 2014, 719

229 z. B. Müller-Glöge/Preis/Schmidt/Reinhard, Erfurter Kommentar, § 3 EFZG Rz. 12

230 BAG, Urteile vom 7. Oktober 1981, Az.: 5 AZR 1113/79, NJW 1982, 1013 (nicht angeschnallter Autofahrer); vom 8. Juli 1992, Az.: IV ZR 223/91, NJW 1992, 2418 (Überfahren einer roten Ampel)

zügig. Weder Amateurboxen[231] noch Drachenfliegen[232] oder Motorradfahren[233] stellen nach Ansicht der Richter besonders gefährliche Sportarten dar, die einen Anspruch auf Entgeltfortzahlung per se ausschließen, wenn es zu Verletzungen kommt. Solange der Sportler nicht in besonders grober Weise und leichtsinnig gegen anerkannte Regeln des Sports verstößt, behält er seinen Anspruch auf Entgeltfortzahlung.[234]

Ist einem Arbeitnehmer jedoch ein „Verschulden gegen sich selbst" vorzuwerfen, so steht ihm nach dem EFZG kein Anspruch auf Fortzahlung des Arbeitsentgelts zu. Befindet er sich gerade im Urlaub, wird die Zeit der Arbeitsunfähigkeit trotzdem nicht auf den Urlaub angerechnet. Er erhält dann an sich weder nach dem BUrlG noch nach dem EFZG ein Entgelt. Der Arbeitnehmer könnte in einem solchen Fall auf die Vorlage des Nachweises nach § 9 BUrlG verzichten. Dann werden ihm die Tage der Arbeitsunfähigkeit zwar auf den Urlaub angerechnet, aber er erhält zumindest Entgeltfortzahlung nach § 11 BUrlG. Sein Urlaubsanspruch ist dann aber auch in entsprechender Höhe erfüllt. Er hat dann keinen Anspruch auf Nachgewährung von Urlaub.

9.4.2 Nachweis

Nicht auf den Urlaub angerechnet werden lediglich solche Zeiten der krankheitsbedingten Arbeitsunfähigkeit, die durch ein ärztliches Attest nachgewiesen sind. Ohne Vorlage einer Arbeitsunfähigkeitsbescheinigung (AUB) hat der Arbeitnehmer keinen Anspruch darauf, dass der Urlaub für die Zeit seiner krankheitsbedingten Arbeitsunfähigkeit in einem anderen Zeitraum nachgewährt wird. Dem Arbeitgeber steht bis zur Vorlage des Nachweises ein Leistungsverweigerungsrecht zu. Eine Frist zur Vorlage des Nachweises sieht § 9 BUrlG nicht vor. Es kann sich eine solche jedoch aus einem Tarifvertrag ergeben.[235]

Je nachdem, ob der Arbeitnehmer im In- oder Ausland erkrankt, gelten unterschiedliche rechtliche Vorgaben für die Arbeitsunfähigkeitsbescheinigung:

---

[231] BAG, Urteil vom 1. Dezember 1976, Az.: 5 AZR 601/75, AP § 1 LohnFG Nr. 42
[232] BAG, Urteil vom 7. Oktober 1981, Az.: 5 AZR 338/79, NJW 1982, 1014
[233] LAG Köln, Urteil vom 2. März 1994, Az.: 7 Sa 1311/93, NZA 1994, 797
[234] BAG, Urteil vom 7. Oktober 1981, Az.: 5 AZR 1113/79, NJW 1982, 1014
[235] BAG, Urteil vom 15. Dezember 1987, Az.: 8 AZR 647/86, AP BUrlG § 9 Nr. 9

9.4.3 *Nachweis bei Erkrankung und Attest im Inland*

Für gesetzlich Versicherte erlässt der Gemeinsame Bundesausschuss der Ärzte und Krankenkassen (§ 92 Abs. 1 Nr. 7 SGB V) Richtlinien zur Beurteilung der Arbeitsfähigkeit. Sie wurde zuletzt am 7. Dezember 2023 geändert (mit Wirkung vom 21. Februar 2024 in Kraft getreten).[236] Der Arzt hat hiernach eine objektive Bewertung des Gesundheitszustandes des Arbeitnehmers vorzunehmen. Er muss, um eine Arbeitsunfähigkeit überhaupt beurteilen zu können, den Patienten über seine ausgeübte Tätigkeit befragen. Ist er der Ansicht, dass eine krankheitsbedingte Arbeitsunfähigkeit vorliegt, ist sie auf dem dafür vorgesehenen Vordruck zu bescheinigen. Vertragsärzte der kassenärztlichen Vereinigung sind an diese Richtlinien prinzipiell gebunden.

Dem Arbeitnehmer steht es jedoch frei, jeden anderen approbierten Arzt aufzusuchen. Auch das Attest dieser Ärzte reicht als Nachweis prinzipiell aus, soweit die Prinzipien der AUB-Richtlinien beachtet werden, also insbesondere erkennbar zwischen Krankheit als solcher und Arbeitsunfähigkeit unterscheiden. Dasselbe gilt für privat versicherte Arbeitnehmer.

Bezweifelt der Arbeitgeber die Richtigkeit des Attests, so hat er die Möglichkeit, eine gutachterliche Stellungnahme des medizinischen Dienstes der Krankenkassen zu beantragen (§ 275 Abs. 1 Nr. 3 SGB V). Allerdings kann die Krankenkasse auf eine Begutachtung verzichten, wenn sich nach ihrer Ansicht die Arbeitsunfähigkeit eindeutig aus den ihr vorliegenden Unterlagen ergibt. Ein Anspruch des Arbeitgebers gegen die Krankenkasse tätig zu werden, besteht nicht. Für privat versicherte Arbeitnehmer existiert keine vergleichbare Kontrollmöglichkeit. Der medizinische Dienst der Krankenkassen ist nur für gesetzlich Versicherte zuständig.

Kommt es zum Streit darüber, ob ein Arbeitnehmer in Wirklichkeit „krank gefeiert hat", müsste der Arbeitgeber in einem Prozess konkrete Tatsachen darlegen und beweisen, die ernsthafte Zweifel an der Richtigkeit der Bescheinigung begründen. Bei einem konkreten Verdacht, dass der Arbeitnehmer die Arbeitsunfähigkeit nur vortäuscht, käme der Einsatz eines Detektivs in Betracht. Wegen des damit verbundenen Eingriffs in das allgemeine Persönlichkeitsrecht des Arbeitnehmers ist jedoch Vorsicht geboten. Kann das Gericht keinen hinreichend konkreten Anlass für den Detektiveinsatz erken-

[236] abrufbar unter www.g-ba.de

nen, so kann dem Arbeitnehmer sogar ein Schadensersatzanspruch zustehen.[237]

In Zusammenhang mit dem Urlaub drängen sich insbesondere dann Zweifel an der Richtigkeit einer AUB auf, wenn dem Arbeitnehmer nur ein kürzerer als beantragter Urlaub gewährt wurde und er sodann für den restlichen Zeitraum ein ärztliches Attest wegen angeblicher Krankheit vorlegt. Allerdings ist die Rechtsprechung hier recht zurückhaltend und nimmt oftmals dennoch eine hohe Beweiskraft eines vorgelegten ärztlichen Attests an.[238] In einem besonders dreisten Fall war das Gericht jedoch trotz vorgelegter AUB nicht von der Arbeitsunfähigkeit des Arbeitnehmers überzeugt: Der Arbeitnehmer, dem Urlaub vom 11. August bis zum 29. August gewährt worden war, hatte für den Zeitraum vom 1. September bis zum 15. September ein ärztliches Attest vorgelegt. Den Rückflug, der am 29. August vorgesehen war, hatte er jedoch bereits am 28. August auf den 11. September umgebucht.[239] In diesem Fall hat das Gericht mangels Nachweis der Arbeitsunfähigkeit eine Zahlungsverpflichtung des Arbeitgebers wegen Krankheit abgelehnt.

Der Beweiswert des Attests kann auch erschüttert sein, wenn der Arbeitnehmer einer Nebentätigkeit nachgeht, die mit seiner behaupteten Arbeitsunfähigkeit nicht in Einklang zu bringen ist.[240]

Wichtig: Wird der Arbeitnehmer hingegen lediglich beim Einkaufen oder bei einem leichten Spaziergang gesehen, so ist dies in der Regel nicht geeignet, ernsthafte Zweifel an der Richtigkeit des Attests zu wecken.

Ernsthafte Zweifel können sich daraus ergeben, dass eine Arbeitsunfähigkeitsbescheinigung zeitlich exakt den Zeitraum zwischen einer Kündigungserklärung durch den Arbeitnehmer und dem rechtlichen Ende des Arbeitsverhältnisses abdeckt.[241]

Formale Fehler bei der Ausstellung der Arbeitsunfähigkeitsbescheinigung können ebenfalls den Beweiswert einschränken: Dies ist insbesondere dann der Fall, wenn die Arbeitsunfähigkeit rückwirkend bescheinigt wird. Der Arzt kann ja oft nicht wissen, wie lange die

---

[237] BAG, Urteil vom 19. Februar 2015, Az.: 8 AZR 1007/13, NZA 2015, 994

[238] LAG Rheinland-Pfalz, Urteil vom 26. November 2014, Az.: 4 Sa 398/14, BeckRS 2015, 68699

[239] LAG Hamm, Urteil vom 8. Juni 2005, Az.: 18 Sa 1962/04, NZA-RR 2005, 625

[240] BAG, Urteil vom 26. August 1993, Az.: 2 AZR 154/93, NZA 1994, 63

[241] BAG, Urteil vom 8. September 2021, Az.: 5 AZR 149/21, NZA 2022, 39

Beschwerden schon vorhanden sind. Er muss sich auf die Angaben seines Patienten verlassen. Die aktuellen AUB-Richtlinien erlauben deshalb auch maximal eine Rückdatierung von drei Kalendertagen. Wurde noch weiter zurückdatiert (was am Ausstellungsdatum zu erkennen ist), so sind Zweifel am Beweiswert des Attestes angebracht.

Schafft es der Arbeitgeber im Prozess, den Beweiswert des ärztlichen Attests zu erschüttern, so obliegt es dem Arbeitnehmer, die Arbeitsunfähigkeit durch andere Beweismittel zu belegen. Gelingt ihm das nicht, so hat er keinen Anspruch auf Entgeltfortzahlung wegen Krankheit. Außerdem gilt ein gewährter Urlaub als genommen.

9.4.4 Nachweis bei Erkrankung und Attest im Ausland

Einer im Ausland ausgestellten ärztlichen Arbeitsunfähigkeitsbescheinigung kommt grundsätzlich der gleiche Beweiswert zu wie der in Deutschland ausgestellten. Allerdings muss aus der Bescheinigung hervorgehen, dass dem Arzt der Unterschied zwischen „Krankheit" und „Arbeitsunfähigkeit" bewusst war. Denn schließlich führt nicht jede Krankheit auch zu einer Arbeitsunfähigkeit. Dies dürfte nicht für jeden ausländischen Arzt ohne Weiteres klar sein.

Beispiel:

Ein Attest, das lediglich „Genesungsbedarf" oder eine „Prellung an der linken Hand"[242] feststellt, reicht nicht aus.

Im Übrigen gelten jedoch für Krankmeldungen und Atteste aus dem EU-Ausland besondere Regeln: Der EuGH hat entschieden, dass der Arbeitgeber in tatsächlicher und rechtlicher Hinsicht an eine im EU Ausland getroffene ärztliche Feststellung über Eintritt und Dauer der Arbeitsunfähigkeit gebunden ist, sofern er darauf verzichtet, den Arbeitnehmer durch einen Arzt seiner Wahl vor Ort untersuchen zu lassen.[243] Hierzu sei er gemäß Art. 18 Abs. 5 der Verordnung (EWG) Nr. 574/72 berechtigt. Dementsprechend hat der deutsche Gesetzgeber eine Regelung im EFZG aufgenommen, wonach der Arbeitnehmer bei Beginn einer Arbeitsunfähigkeit im Ausland nicht nur verpflichtet ist, dem Arbeitgeber die Arbeitsunfähigkeit und deren voraussichtliche Dauer, sondern auch seine Adresse am Aufenthaltsort mitzuteilen (§ 5 Abs. 2 Satz 1 EFZG). Denn nur dann

242 BAG, Urteil vom 15. Dezember 1987, Az.: 8 AZR 647/86, AP § 9 BUrlG Nr. 9
243 EuGH, Urteil vom 3. Juli 1992, Rs. C-45/90, NJW 1992, 2687

besteht für den Arbeitgeber die Möglichkeit, den Arbeitnehmer am Urlaubsort durch einen Arzt seiner Wahl untersuchen zu lassen. In der Praxis wird der Arbeitgeber von diesem Recht jedoch aus praktischen Gesichtspunkten nur selten Gebrauch machen.

Auch wenn er hiervon absieht, bleibt es ihm unbenommen, auf andere Art zu beweisen, dass der Arbeitnehmer missbräuchlich oder betrügerisch eine Arbeitsunfähigkeit vortäuscht. Dies hat der EuGH[244] in einer weiteren Entscheidung anerkannt und das BAG bestätigt.[245]

D. h. also, dass der Arbeitgeber das ärztliche Attest aus dem EU-Ausland prinzipiell anerkennen muss, es sei denn, es enthält keinen hinreichenden Hinweis auf eine konkrete Arbeitsunfähigkeit oder der Arbeitgeber kann nachweisen, dass der Arbeitnehmer missbräuchlich oder betrügerisch gehandelt hat. Es genügt hier also (anders als beim deutschen Attest) nicht, den Beweiswert des ärztlichen Attestes lediglich durch Anzeichen zu erschüttern. Der Beweiswert des im EU-Ausland ausgestellten ärztlichen Attestes ist also höher als der des im deutschen Inland ausgestellten!

Allerdings darf das Gericht unter Berücksichtigung des gesamten Inhalts der Verhandlungen und des Ergebnisses einer etwaigen Beweisaufnahme nach freier Überzeugung entscheiden, ob eine Behauptung für wahr oder unwahr zu halten ist (§ 286 Abs. 1 ZPO). Deshalb wird das Gericht im konkreten Einzelfall den gesamten Sachverhalt entsprechend würdigen.

Beispiel:

Die Arbeitnehmerin G hat für die Zeit vom 11. bis zum 31. Juli 1998 Urlaub erhalten. Zeitgleich hat ihr Ehemann Urlaub genommen, der beim selben Arbeitgeber beschäftigt war. Beide sind sodann mit dem Pkw gemeinsam nach Griechenland gereist. Anfang August teilte der Ehemann dem Arbeitgeber telefonisch mit, dass seine Ehefrau unter Kreislaufproblemen leide. Am 23. Juli hatte ein Pathologe (!) der Ehefrau Arbeitsunfähigkeit vom 23. Juli bis zum 15. August bescheinigt. Am 17. August bestätigte er mit weiterem Schriftstück, dass Frau G „unter Hüftschmerzen leidet und Genesung vom 17. August bis

[244] EuGH, Urteil vom 2. Mai 1996, Rs. C-206/94, NJW 1996, 635
[245] BAG, Urteil vom 8. September 2021, Az.: 5 AZR 149/21, NZA 2022, 39

einschließlich zum 4. September 1998 benötigt". Der Arbeitgeber hat die Entgeltfortzahlung wegen Krankheit verweigert.

Das LAG Düsseldorf hat die Klage der Frau G auf Entgeltfortzahlung abgewiesen, weil sie keinen hinreichenden Beweis für die behauptete krankheitsbedingte Arbeitsunfähigkeit vorgelegt habe. Die Bescheinigungen des Pathologen hat es nicht als ausreichenden Beweis anerkannt.[246]

9.4.5 Vorlagefrist

Nach dem EFZG ist der Arbeitnehmer verpflichtet, bei einer länger als drei Kalendertage andauernden Erkrankung ein Attest spätestens am darauf folgenden Werktag vorzulegen (§ 5 Abs. 1 EFZG). Versäumt der Arbeitnehmer die fristgerechte Vorlage, so liegt eine Pflichtverletzung vor, die abgemahnt werden kann. Außerdem kann der Arbeitgeber die Entgeltfortzahlung verweigern, solange der Arbeitnehmer die Bescheinigung nicht vorlegt (§ 7 Abs. 1 Nr. 1 EFZG). Das BUrlG sieht prinzipiell zwar keine Frist zur Vorlage des Attests vor. Der Arbeitgeber hat jedoch auch dann, wenn die Erkrankung während des Urlaubs auftritt, solange das Attest fehlt, ein Leistungsverweigerungsrecht. Dieses erlischt, und zwar rückwirkend, sobald der Arbeitnehmer das Attest vorliegt. Der Arbeitgeber hat dann das Entgelt nachzubezahlen.

Allerdings wird ein ordnungsgemäß handelnder Arzt ein Attest weder zurückdatieren noch für einen länger als drei Tage zurückliegenden Zeitraum Arbeitsunfähigkeit bescheinigen (vgl. Abschnitt 9.4.3). Es liegt deshalb im eigenen Interesse des Arbeitnehmers, das Attest möglichst zeitnah zu besorgen und auch dem Arbeitgeber zu übergeben.

Was die Anrechnung auf den Urlaub anbelangt, darf der Arbeitnehmer die Vorlage des Attestes ebenfalls nicht zu lange hinauszögern. Denn sonst kann sein Anspruch auf Nachgewährung von Urlaub nach den allgemeinen Regeln verfallen. Problematisch wird es, sobald das Urlaubsjahr vorbei ist und sich die Frage einer Übertragung ins nächste Urlaubsjahr stellt. Denn diese erfolgt nur unter bestimmten Voraussetzungen (siehe Abschnitt 5).

---

[246] LAG Düsseldorf, Urteil vom 25. August 1999, Az.: 17 Sa 812/99, NZA-RR 2000, 13

Außerdem kann in einem Tarifvertrag bestimmt sein, dass die Arbeitsunfähigkeitsbescheinigung „unverzüglich", d. h. ohne schuldhaftes Zögern, vorzulegen ist. Geschieht dies nicht, so wird die Zeit der Erkrankung auf den Urlaub angerechnet. Das BAG hat eine solche Regelung auch für den gesetzlichen Mindesturlaub für zulässig gehalten.[247]

Teils wird vor dem Hintergrund der AZRL und der neueren Rechtsprechung des EuGH an diesem Ergebnis mittlerweile gezweifelt (vgl. auch unten Abschnitt 9.4.9 „Abdingbarkeit"). Das LAG Rheinland-Pfalz[248] hält die Anzeigepflicht jedoch auch mit Art. 7 Abs. 1 AZRL vereinbar und zwar mit dem überzeugenden Argument, dass „unverzüglich" nach juristischem Sprachgebrauch „ohne schuldhaftes Zögern" bedeutet. Soweit ein Arbeitnehmer aufgrund seiner Erkrankung oder seines Aufenthaltsorts nicht in der Lage sein sollte, sich beim Arbeitgeber krank zu melden, so hat dies auch nicht den Verlust des Urlaubsanspruchs zur Folge. Er muss dies jedoch nachholen, sobald es ihm möglich ist.

9.4.6 Sonstige Meldepflichten des Arbeitnehmers

Hält sich der Arbeitnehmer während seines Urlaubs im Ausland auf, hat er nicht nur seinem Arbeitgeber die Arbeitsunfähigkeit schnellstmöglich mitzuteilen, vielmehr muss er, sofern er Mitglied einer gesetzlichen Krankenkasse ist, auch dieser die Arbeitsunfähigkeit und deren voraussichtliche Dauer unverzüglich anzeigen. Dasselbe gilt, wenn die Arbeitsunfähigkeit länger als zunächst angezeigt andauert. Nur in Deutschland informieren die Ärzte im Allgemeinen die Krankenkassen von sich aus. Die Arbeitsunfähigkeitsbescheinigung enthält in der Regel einen Vermerk darüber, ob die Meldung an die Krankenkasse erfolgt ist (§ 5 Abs. 1 Satz 5 EFZG). Im Zweifel sollte der Arbeitnehmer jedoch nachfragen und sich gegebenenfalls selbst darum kümmern.

Hält sich der Arbeitnehmer jedoch im Ausland auf und lässt sich die Arbeitsunfähigkeit von einem Arzt vor Ort bestätigen, so muss er sich selbst darum kümmern und die Arbeitsunfähigkeitsbescheinigung an seine Krankenkasse senden. Die Krankenkassen können sodann aufgrund etwaiger zwischenstaatlicher Sozialversicherungs-

---

[247] BAG, Urteil vom 15. Dezember 1987, Az.: 8 AZR 647/86, AP § 9 BUrlG Nr. 9

[248] LAG Rheinland-Pfalz, Urteil vom 12. Oktober 2011, Az.: 8 Sa 246/11, öAT 2012, 95

abkommen eine ärztliche Begutachtung zur Arbeitsunfähigkeit des Arbeitnehmers veranlassen. Die gesetzlichen Krankenkassen können festlegen, dass der Arbeitnehmer seine Anzeige- und Mitteilungspflicht auch gegenüber einem ausländischen Sozialversicherungsträger erfüllen kann. Informationen, wie sich der Arbeitnehmer im Krankheitsfall konkret verhalten muss, um einen Anspruchsverlust zu vermeiden, finden sich zu den jeweiligen Ländern unter www.dvka.de.

Unterbleibt die Mitteilung an die Krankenkasse, kann sich dies negativ auf einen eventuellen Krankengeldanspruch des Arbeitnehmers auswirken (§ 49 Abs. 1 Nr. 5 SGB V).

Kehrt der Arbeitnehmer aus dem Ausland zurück, so hat er außerdem sowohl seinem Arbeitgeber als auch seiner Krankenkasse die Rückkehr unverzüglich anzuzeigen (§ 5 Abs. 2 Satz 7 EFZG).

9.4.7 Neufestsetzung des Urlaubs

Hat der Arbeitnehmer eine Erkrankung während des Urlaubs ordnungsgemäß nachgewiesen, so werden die Tage der Arbeitsunfähigkeit nicht auf den gesetzlichen Jahresurlaub angerechnet. Dies gilt nicht nur für den gesetzlichen Mindesturlaub, sondern auch – soweit die Parteien insoweit keine andere Regelung getroffen haben – für einen etwaigen einzel- oder tarifvertraglichen Mehrurlaub.

Das bedeutet jedoch nicht, dass der Arbeitnehmer seinen Urlaub eigenmächtig um die Krankheitstage verlängern darf. Ein Selbstbeurlaubungsrecht steht dem Arbeitnehmer nicht zu. Vielmehr muss der Arbeitgeber den Urlaub neu erteilen.

Umstritten ist, ob dem Arbeitnehmer ein Recht auf Verlegung des gesamten Urlaubs zusteht, wenn er bereits vor Beginn des Urlaubs erkrankt und die Arbeitsunfähigkeit auch einige Tage des bereits erteilten Urlaubs betrifft. Teilweise wird vertreten, dass der Arbeitgeber hier nur den Anteil, auf den die Arbeitsunfähigkeit entfällt, neu festsetzen muss. Der übrige Urlaub soll von der Krankheit unberührt bleiben.[249] Diese Ansicht steht im Einklang mit dem Wortlaut des § 9 BUrlG. Gute Argumente dürfte der Arbeitnehmer jedoch dann haben, wenn die verbleibende Urlaubsdauer weniger als zwölf aufeinanderfolgende Werktage umfasst und auch zuvor

---

[249] z. B. Müller-Glöge/Preis/Schmidt/Gallner, Erfurter Kommentar, § 9 BurlG Rz. 8

noch kein entsprechend langer Urlaub genommen werden konnte. Dieser Gesichtspunkt darf bei der Neufestsetzung des Urlaubs nicht außer Betracht bleiben.[250] In der Praxis dürfte diese Frage jedoch keine besonders große Rolle spielen. Die Arbeitsvertragsparteien werden hier in aller Regel eine einvernehmliche Lösung finden. Gerichte müssen sich, soweit ersichtlich, mit dieser Thematik nicht allzu häufig auseinandersetzen.

9.4.8 Übertragungszeitraum

Ist der Arbeitnehmer so lange krank, dass er seinen Urlaubsanspruch im laufenden Kalenderjahr nicht mehr realisieren kann, stellt sich die Frage der Übertragung auf das nächste Urlaubsjahr. Das BUrlG sieht an sich nur eine dreimonatige Übertragungsfrist auf das nächste Kalenderjahr (also bis zum 31. März des Folgejahres) vor (§ 7 Abs. 3 Satz 3 BUrlG). Der EuGH hat jedoch entschieden, dass diese kurze Übertragungsfrist nicht im Einklang mit Art. 7 AZRL steht und eine verlängerte Übertragungsfrist von 15 Monaten gelten muss,[251] wenn der Arbeitnehmer krankheitsbedingt nicht in der Lage war, seinen Urlaub fristgerecht zu nehmen. Wegen der Einzelheiten der Übertragung von Urlaub bei Krankheit siehe Abschnitt 5.6.3.

9.4.9 Abdingbarkeit

Die Tarifvertragsparteien können Modalitäten des Nachweises von Arbeitsunfähigkeit regeln. Das BAG hat es für zulässig erachtet, vom Arbeitnehmer die Vorlage des ärztlichen Attestes „unverzüglich" zu verlangen, wenn er eine Anrechnung von Krankheitstagen auf seinen Urlaub vermeiden möchte.[252] Allerdings läuft dies letztlich wohl auf eine Beschränkung des gesetzlichen Mindesturlaubs hinaus. Es ist deshalb durchaus fraglich, ob diese Rechtsprechung im Hinblick auf Art. 7 AZRL für den gesetzlichen Mindesturlaub aufrechterhalten werden kann. Soweit es sich um tarifvertraglichen Mehrurlaub handelt, ist die Regelung freilich unbedenklich, denn insoweit sind die Tarifvertragsparteien nicht an die Vorgaben zum gesetzlichen Mindesturlaub gebunden.

---

[250] ebenso Arnold/Tillmanns/Rambach, BUrlG, Kommentar, § 9 BUrlG Rz. 5

[251] EuGH, Urteile vom 20. Januar 2009 (Schultz-Hoff), Az.: C-350/06, C-520/06, NZA 2009, 135; vom 22. November 2011, Az.: C- 214/10, NZA 2011, 1333

[252] BAG, Urteil vom 15. Dezember 1987, Az.: 8 AZR 325/86, AP § 9 BUrlG Nr. 9

Durch Individualarbeitsvertrag kann von der Bestimmung des § 9 BUrlG, was den gesetzlichen Mindesturlaub anbelangt, zulasten des Arbeitnehmers nicht abgewichen werden (§ 13 Abs. 1 Satz 3 BUrlG).

Regelungen, die die Rechtsstellung des Arbeitnehmers verbessern, sind jedoch nach allgemeinen Grundsätzen ohne Weiteres möglich.

9.5 Maßnahmen der medizinischen Vorsorge und Rehabilitation

Auch Zeiten für Maßnahmen der medizinischen Vorsorge oder Rehabilitation dürfen nicht auf den Urlaub angerechnet werden, soweit ein Anspruch auf Fortzahlung des Arbeitsentgelts nach dem EFZG besteht (§ 10 BUrlG). Im allgemeinen Sprachgebrauch sind dies die klassischen Kuren. Eine Anrechnung auf den Urlaub unterbleibt, wenn ein öffentlich-rechtlicher Sozialleistungsträger die Maßnahme nach § 9 EFZG vor Beginn der Kur gebilligt hat. Ist der Arbeitnehmer nicht gesetzlich krankenversichert oder rentenversichert, so tritt an die Stelle der Bewilligung durch den Sozialleistungsträger eine ärztliche Verordnung.

Im Rahmen der Urlaubsanrechnung ist es irrelevant, ob der Arbeitnehmer selbst die Kur finanziert oder seine Krankenkasse.

Liegt eine solch privilegierte Maßnahme nach § 9 EFZG vor und hat der Arbeitnehmer auch noch nicht den Sechs-Wochen-Zeitraum des § 1 Abs. 1 EFZG überschritten, so erhält der Arbeitnehmer Entgeltfortzahlung nach dem EFZG für die Dauer der Maßnahme. Die Teilnahme wird einer Arbeitsverhinderung wegen Krankheit gleichgestellt.

Die Maßnahme darf dann nicht auf den gesetzlichen Erholungsurlaub angerechnet werden. Der Arbeitgeber dürfte für diesen Zeitraum gar keinen Urlaub erteilen, selbst wenn dies der Arbeitnehmer wünschen würde, etwa weil er keinen Anspruch mehr auf Entgeltfortzahlung nach dem EFZG hat. Dies wäre dann der Fall, wenn der Sechs-Wochen-Zeitraum des § 1 EFZG bereits abgelaufen ist.

Fehlt es hingegen an der Bewilligung oder Verordnung, muss der Arbeitnehmer für die Teilnahme regulären Erholungsurlaub beim Arbeitgeber beantragen. Er bekommt dann Entgeltfortzahlung nach dem BUrlG, wenn der Urlaub gewährt wird.

Stellt sich erst nach der Teilnahme an der Maßnahme heraus, dass diese nicht den Anforderungen des § 9 EFZG entsprochen hat, so kann der Arbeitgeber nicht nachträglich Urlaub gewähren. Denn eine nachträgliche Urlaubserteilung ist generell nicht möglich. Gegebenenfalls kann der Arbeitgeber jedoch vom Arbeitnehmer Rückzahlung von Entgelt nach dem Bereicherungsrecht verlangen.

Unmittelbar nach einer beendeten Maßnahme hat der Arbeitnehmer zusätzlich die Möglichkeit, seinen regulären Erholungsurlaub zu nehmen (§ 7 Abs. 1 Satz 2 BUrlG), soweit er ihn noch nicht aufgebraucht hat. Der Arbeitgeber kann diesem Wunsch weder dringende betriebliche Belange noch Urlaubswünsche anderer Arbeitnehmer entgegenhalten.

Urlaub, der wegen der Teilnahme an einer medizinischen Vorsorge oder Rehabilitationsmaßnahme nicht im Urlaubsjahr genommen werden kann, ist zu übertragen. Ob der übertragene Urlaub bis zum 31. März des Folgejahres zu nehmen ist (§ 7 Abs. 3 Satz 3 BUrlG), oder ob die EuGH-Rechtsprechung[253] zur Erkrankung des Arbeitnehmers entsprechend herangezogen werden muss, sodass ein erweiterter Übertragungszeitraum von 15 Monaten zu gelten hat, ist höchstrichterlich, soweit ersichtlich, noch nicht entschieden. Teils wird dies in der Literatur bejaht, da es allein dem behandelnden Arzt obliege, zu entscheiden, ob und inwieweit der Arbeitnehmer zur Wiederherstellung seiner Arbeitsfähigkeit eine Kur benötigt.[254] Allerdings wird hierbei übersehen, dass medizinische Vorsorgeleistungen nach § 23 SGB V nicht auf Arbeitsunfähigkeit abstellen, sondern auf eine „Schwächung der Gesundheit", die in absehbarer Zeit voraussichtlich zu einer Krankheit führen würde. Es genügt, dass durch die Maßnahme Krankheiten verhütet oder eine Verschlimmerung vermieden werden. Auch um der Gefährdung der gesundheitlichen Entwicklung eines Kindes entgegenzuwirken, kann eine Kur verordnet werden. Ein unmittelbarer Bezug zur ausgeübten Tätigkeit und somit zur krankheitsbedingten Arbeitsunfähigkeit besteht also nicht. Wenn im konkreten Fall keine krankheitsbedingte Arbeitsunfähigkeit vorliegt, dürfte der vom BUrlG vorgesehene Übertragungszeitraum bis zum 31. März des Folgejahres also in der Regel ausreichend sein.

Auch von § 10 BUrlG darf durch Vereinbarung nur abgewichen werden, wenn hierdurch der gesetzliche Mindesturlaub nicht unterschritten wird. Für Mehrurlaub sind andere Regelungen auch zulasten des Arbeitnehmers möglich, sowohl durch Tarifvertrag, Be-

---

253 EuGH, Urteil vom 20. Januar 2009, C-350/06, NJW 2009, 495

254 Arnold/Tillmanns/Ackermann, BUrlG, Kommentar, § 10 BUrlG Rz. 14

triebsvereinbarung oder Arbeitsvertrag. Eine Abweichung zugunsten des Arbeitnehmers ist nach allgemeinen Grundsätzen ohnehin unbedenklich.

9.6 Quarantäne

II

Ob eine hoheitlich angeordnete Quarantäne, die vor dem 17. September 2022 angeordnet wurde, während eines bereits gewährten Urlaubs dem Arbeitnehmer einen Anspruch auf entsprechende Nachgewährung der in Quarantäne verbrachten Urlaubstage gibt, ist vom BAG noch nicht entschieden. Die Instanzrechtsprechung[255] hat einen solchen Anspruch und eine analoge Anwendung des § 9 BUrlG, der nur für Erkrankungen gilt, überwiegend abgelehnt. Es falle in den Risikobereich des Arbeitnehmers, wie er den Urlaub verbringen kann. Der Arbeitgeber schulde keinen bestimmten „Urlaubserfolg". Das ArbG Ludwigshafen und das BAG[256] haben dem EuGH diese Frage zur Vorabentscheidung vorgelegt und angefragt, ob diese Ansicht mit Art. 31 Abs. 2 GrCh und Art. 7 AZRL vereinbar ist. Der EuGH[257] hat entschieden, dass der Arbeitgeber nach EU-Recht nicht verpflichtet ist, dem Arbeitnehmer in Quarantäne verbrachte Urlaubstage gutzuschreiben. Allerdings dürfte die Frage für die Zukunft keine praktische Bedeutung mehr haben: Seit dem 17. September 2022 gilt nach dem neu eingeführten § 59 Abs. 1 IfSG, dass eine nach dem Infektionsschutzgesetz angeordnete Quarantäne nicht auf den Jahresurlaub angerechnet wird. Die Frage wurde also vom Gesetzgeber geklärt. Relevanz hat die ausstehende Entscheidung des EuGH deshalb nur noch für Altfälle.

---

255 LAG Düsseldorf, Urteil vom 15. Oktober 2021, Az.: 7 Sa 857/21, ArbRAktuell 2022, 78; LAG Köln, Urteil vom 13. Dezember 2021, Az.: 2 Sa 488/21, RDG 2022, 78; LAG Schleswig-Holstein, Urteil vom 15. Februar 2022, Az.: 1 Sa 208/21, BeckRS 2022, 3584; a. A. LAG Hamm, Urteil vom 27. Januar 2022, Az.: 5 Sa 1030/21, NZA-RR 2022, 333

256 BAG, Vorlagebeschluss vom 16. August 2022, Az.: 9 AZR 76/22, NZA 2023, 39

257 EuGH, Urteil vom 14. Dezember 2023, Az.: C-206/22, BeckRS 2023, 35770

10. Erwerbstätigkeit während des Urlaubs

Nach § 8 BUrlG darf ein Arbeitnehmer während des Urlaubs keine dem Urlaubszweck widersprechende Erwerbstätigkeit leisten.

10.1 Dem Urlaubszweck zuwider laufende Erwerbstätigkeit

Der Erholungsurlaub soll dem Arbeitnehmer die Möglichkeit zur Erhaltung und Wiederherstellung seiner Arbeitskraft geben. Dies soll der Arbeitnehmer nicht dadurch beeinträchtigen, dass er während seines Erholungsurlaubes zu Erwerbszwecken tätig wird. Eine solche Tätigkeit würde sowohl den Interessen des Arbeitgebers als auch denen des Arbeitnehmers widersprechen. Der Arbeitnehmer soll nicht während des ihm gewährten Urlaubs einer Erwerbstätigkeit nachgehen, die ihm erst durch die Urlaubsgewährung möglich wird. Durch § 8 BUrlG wird dem Arbeitnehmer jedoch nicht jede Form von Arbeit während des Urlaubs untersagt, sondern nur eine Erwerbstätigkeit, also eine Tätigkeit, für die der Arbeitnehmer eine entsprechende Gegenleistung erhält, gleichgültig ob diese in Geld oder in einem Sachbezug besteht. Auf die rechtliche Gestaltung der Erwerbstätigkeit kommt es dabei nicht an. Es ist also egal, ob diese auf Basis eines Arbeitsvertrages, eines Dienst- oder eines Werkvertrages oder auf sonstiger Grundlage geleistet wird.

Allen anderen Tätigkeiten darf der Arbeitnehmer im Urlaub nachgehen (also gemeinnützigen, karitativen oder politischen). Er darf auch Gefälligkeitsarbeiten für Dritte – und gegen Kost und Logis – übernehmen, Tätigkeiten zu eigenen Zwecken ausführen, insbesondere sich fortbilden.[258]

Dem Arbeitnehmer ist auch nicht jede Erwerbstätigkeit untersagt, sondern nur diejenige, die dem Urlaubszweck widerspricht. Ob und wann das der Fall ist, ist anhand der Umstände des Einzelfalls unter Berücksichtigung von Art, Umfang, Schwere und Regelmäßigkeit der Tätigkeit zu beurteilen. Soweit der Arbeitnehmer neben seiner Haupttätigkeit, bei der er den Urlaub erhält, regelmäßig eine Nebentätigkeit auch außerhalb des Urlaubs ausübt, stellt diese Nebentätigkeit keine dem Urlaubszweck widersprechende Tätigkeit dar.

Ebenfalls erlaubt ist eine Erwerbstätigkeit, die die Leistungsfähigkeit des Mitarbeiters nicht beeinträchtigt, sondern fördert, also z. B. eine Ausgleichstätigkeit, wie beispielsweise eine landwirtschaftliche

[258] BAG, Urteil vom 25. Februar 1988, Az.: 8 AZR 596/85, NJW 1988, 2757

Tätigkeit eines Büroangestellten. Selbst Aushilfstätigkeiten im eigenen Berufsfeld sollen zulässig sein, wenn sie die Leistungsfähigkeit des Arbeitnehmers nicht beeinträchtigen.

Abgesehen von dem Verbot einer dem Urlaubszweck zuwiderlaufenden Erwerbstätigkeit besteht keine Verpflichtung des Arbeitnehmers, sich während des Urlaubs entsprechend dem Urlaubszweck zu verhalten und sich zu erholen.

10.2 Folgen eines Verstoßes

Eine Zuwiderhandlung gegen das Verbot, eine urlaubswidrige Erwerbstätigkeit auszuführen, stellt einen Verstoß gegen die arbeitsvertraglichen Nebenpflichten dar. Dieser kann abgemahnt werden und im Wiederholungsfall zu einer Kündigung berechtigen.[259] Dem Arbeitgeber kann auch ein Anspruch auf Unterlassung einer urlaubswidrigen Erwerbstätigkeit zustehen. Ein Verstoß gegen das Verbot einer urlaubswidrigen Erwerbstätigkeit begründet jedoch weder ein Recht des Arbeitgebers, die Urlaubsentgelt zu kürzen, noch entfällt damit der Anspruch auf Urlaubsentgelt.[260] Ein Herausgabeanspruch wegen ungerechtfertigter Bereicherung besteht ebenfalls nicht.[261]

Denkbar wären Schadenersatzansprüche nach § 280 BGB, sofern – was in der Regel jedoch nicht möglich seien dürfte – ein kausaler Schaden dargelegt und bewiesen werden kann.[262]

Eine Klausel zur Kürzung des Urlaubsentgelts im Arbeits- oder Tarifvertrag für den Fall, dass ein Arbeitnehmer unbefugt und entgegen § 8 BUrlG während seines Urlaubs einer anderen Erwerbstätigkeit nachgeht, wäre jedenfalls hinsichtlich des gesetzlichen Mindesturlaubs unwirksam.[263]

---

259 BAG, Urteil vom 25. Februar 1988, Az.: 8 AZR 596/85, NZA 1988, 607

260 BAG, Urteil vom 25. Februar 1988, Az.: 8 AZR 596/85, a. a. O.; LAG Rheinland-Pfalz, Urteil vom 23. Mai 2014, Az.: 7 Sa 66/14, BeckRS 2014, 70646

261 BAG, Urteil vom 25. Februar 1988, Az.: 8 AZR 596/85, a. a. O.

262 BAG, Urteile vom 25. Februar 1988, Az.: 8 AZR 596/85, a. a. O.; vom 25. Januar 1990, Az.: 8 AZR 495/88, BeckRS 1990, 30895820

263 BAG, Urteil vom 25. Februar 1988, 8 AZR 596/85, NZA 1988, 607, zu § 47 Abs. 8 BAT

10.3 Gestaltungsmöglichkeiten

Von den Regelungen des § 8 BUrlG kann gemäß § 13 Abs. 1 BUrlG zugunsten des Arbeitnehmers sowohl kollektivvertraglich als auch individualvertraglich abgewichen werden. Jede Regelung, durch die die Freiheit des Arbeitnehmers, über seine Freizeit zu verfügen, erweitert wird, begünstigt diesen. Daher soll nach herrschender Meinung in der Literatur[264] auch eine Vereinbarung zulässig sein, die jegliche Erwerbstätigkeit während des Urlaubs gestattet. Nach anderer Ansicht soll eine solche Klausel gegen § 1 BUrlG verstoßen, da von einem „Erholungsurlaub" dann gar nicht mehr die Rede sein kann.

Zulasten der Arbeitnehmer kann von dem Verbot, dem Urlaubszweck widersprechende Tätigkeiten auszuüben, nur durch Tarifvertrag abgewichen werden (§ 13 Abs. 1 Satz 1 BUrlG). Durch Tarifvertrag kann dem Arbeitnehmer jedoch keine bestimmte Urlaubsgestaltung vorgeschrieben werden oder ihm Tätigkeiten untersagt werden, die nicht mit dem Arbeitsverhältnis in unmittelbarem Zusammenhang stehen.

Für Urlaubsansprüche, die über den gesetzlichen Mindesturlaub hinausgehen, gilt die Unabdingbarkeit (§ 13 BUrlG) nicht.[265] So ist nach der Rechtsprechung eine tarifliche Regelung zulässig, nach der der Entgeltanspruch für einen den gesetzlichen Mindesturlaub überschreitenden Urlaub bei einer unzulässigen Erwerbstätigkeit entfällt.[266]

---

264 Leinemann/Lieb, BUrlG § 13 Rz. 92; Schütz/Hauck, Rz. 889; andere Ansicht: Erfurter Kommentar/Gallner, § 13 BUrlG Rz. 15

265 BAG, Urteil vom 25. Februar 1988, Az.: 8 AZR 596/85, NZA 1988, 607

266 BAG, Urteil vom 25. Februar 1988, Az.: 8 AZR 596/85, a. a. O.

11. Urlaubsabgeltung

Wenn der Arbeitnehmer seinen Urlaub nicht realisieren kann, stellt sich die Frage nach einer finanziellen Abgeltung. Das Gesetz sieht eine solche Möglichkeit nur unter bestimmten Voraussetzungen vor:

11.1 Beendigung des Arbeitsverhältnisses

II

Solange das Arbeitsverhältnis besteht, darf nach dem BUrlG keine Abgeltung von gesetzlichen Urlaubsansprüchen erfolgen. Er soll in natura genommen werden. Erst wenn der Urlaub wegen Beendigung des Arbeitsverhältnisses nicht genommen werden kann, wandelt er sich in einen Abgeltungsanspruch um (§ 7 Abs. 4 BUrlG).

Beispiel:

Arbeitnehmerin X hat nach dem Arbeitsvertrag einen Urlaubsanspruch von 28 Werktagen. Aus persönlichen Gründen hat sie bis zum Oktober noch keinen Urlaub genommen. Da im Betrieb ohnehin viel zu tun ist, bietet ihr der Arbeitgeber an, den Urlaub für das laufende Kalenderjahr zusammen mit dem Novembergehalt abzugelten. Frau X ist einverstanden. Der Arbeitgeber zahlt die volle Urlaubsabgeltung vereinbarungsgemäß aus.

Lösung:

Die Vereinbarung zur Abgeltung des Urlaubsanspruchs ist, was den gesetzlichen Mindesturlaub anbelangt, unwirksam (§ 134 BGB). Ausgehend von einer Fünf-Tage-Woche war also die Urlaubsabgeltung nur für acht Werktage möglich, da der gesetzliche Mindesturlaub für Frau X 20 Werktage beträgt und dieser nicht abgegolten werden darf. Der Arbeitgeber kann dennoch die Abgeltungssumme für die 20 Urlaubstage *nicht* zurückfordern. Denn es ist davon auszugehen, dass ihm bewusst war, dass er nicht zur Leistung verpflichtet war. Das Gesetz schließt in solchen Fällen eine Rückforderung aus (§ 814 BGB). Außerdem ist die Abgeltung unter Verstoß gegen das BUrlG geleistet worden. Auch deshalb ist der Arbeitgeber zur Rückforderung nicht berechtigt (§ 817 Satz 2 BGB).

Frau X könnte ihren Mindesturlaub also trotz bereits erfolgter Abgeltung noch verlangen. Solange der Arbeitgeber auch nicht seinen Mitwirkungspflichten bei der Gewährung nachkommt, was in einem Fall wie hier anzunehmen sein dürfte, kann dieser nach neuerer Rechtsprechung auch nicht verjähren oder verfallen (zur Urlaubsübertragung siehe Abschnitt 5.6).

Wichtig: Eine Urlaubsabgeltung ist nur dann möglich, wenn das Arbeitsverhältnis beendet ist. Aus welchen Gründen die Beendigung erfolgte, ist irrelevant. Die Beendigung kann durch Kündigung, Zeitablauf oder Aufhebungsvereinbarung eingetreten sein.

11.1.1 Wechsel vom Ausbildungs- in ein Arbeitsverhältnis

Ausbildungs- und nachfolgendes Arbeitsverhältnis sind urlaubsrechtlich als einheitliches Beschäftigungsverhältnis zu werten, was sich aus § 2 BUrlG ergibt. Eine tarifliche Bestimmung, wonach bei Ende eines Ausbildungsverhältnisses der verbliebene Resturlaub abzugelten ist, findet hinsichtlich des gesetzlichen Mindesturlaubs keine Anwendung, wenn der Auszubildende unmittelbar in ein reguläres Arbeitsverhältnis übernommen wird. Der Arbeitnehmer kann seinen restlichen Urlaubsanspruch aus dem Ausbildungsverhältnis im laufenden Arbeitsverhältnis verwirklichen.

Wichtig: Bei der Berechnung des Urlaubsentgelts ist das Entgelt aus dem laufenden Arbeitsverhältnis und nicht etwa die Ausbildungsvergütung zugrunde zu legen,[267] und zwar auch nicht nur teilweise, sollte der Wechsel in das Normalarbeitsverhältnis noch in den 13-wöchigen Referenzzeitraum fallen. Denn § 11 Abs. 1 Satz 2 BUrlG bestimmt ausdrücklich, dass anstelle des Durchschnittsverdienstes in der Vergangenheit das erhöhte Gehalt zugrunde zu legen ist.

11.1.2 Altersteilzeit im Blockmodell

Bei einem Altersteilzeitverhältnis mit Arbeits- und anschließender Freistellungsphase darf eine Abgeltung erst mit rechtlicher Beendigung des Arbeitsverhältnisses gezahlt werden. Der Übergang von der Arbeits- in die Freistellungsphase führt noch nicht zur Beendigung des Arbeitsverhältnisses. Hat der Arbeitnehmer seinen Urlaub nicht bereits in der Arbeitsphase genommen, so kann er dies zwar in der Freistellungsphase nicht nachholen, da er ohnehin keine Arbeitspflicht mehr hat. Aber erst wenn das Arbeitsverhältnis auch rechtlich beendet ist, kann eine Abgeltung des gesetzlichen Min-

[267] BAG, Urteil vom 29. November 1984, Az.: 6 AZR 238/82, NZA 1985, 598

desturlaubs erfolgen. Dies setzt allerdings voraus, dass zu diesem Zeitpunkt überhaupt noch Urlaubsansprüche bestehen und nicht etwa nach allgemeinen Grundsätzen verfallen sind (zum Verfall von Urlaubsansprüchen siehe Abschnitt 6.2).

Problematisch war die Konstellation, in der der Arbeitgeber zwar den Urlaub rechtzeitig noch für die Arbeitsphase erteilt hat, der Arbeitnehmer jedoch während dieser Zeit arbeitsunfähig erkrankt und der Urlaub deshalb nicht erfüllt werden konnte. Ob in diesem Fall der Urlaubsanspruch mit Beginn der Freistellungsphase oder zumindest nach einem 15-monatigem Übertragungszeitraum bei lang andauernder Krankheit erlischt oder ein Abgeltungsanspruch entsteht, wurde erst im Jahr 2023 vom EuGH[268] geklärt. Anlass war folgender Fall: Ein Arbeitnehmer hatte in 2012 mit seinem Arbeitgeber vereinbart, sein langjähriges Arbeitsverhältnis in ein Altersteilzeitverhältnis umzuwandeln. Der Arbeitnehmer sollte im Zeitraum vom 1. Februar 2013 bis zum 31. Mai 2016 noch arbeiten, danach sollte er bis zur Beendigung des Arbeitsverhältnisses am 30. September 2019 freigestellt werden. Seinen Resturlaub sollte der Arbeitnehmer vom 4. bis 25. Mai 2016 erhalten. Er erkrankte jedoch und konnte deshalb bis zum Beginn der Freistellungsphase am 1. Juni 2016 2 2/3 Urlaubstage nicht mehr in Anspruch nehmen. Er verlangte nach Beendigung des Arbeitsverhältnisses im Jahr 2019 Abgeltung der verbliebenen, nicht genommenen Urlaubstage. Die Vorinstanzen[269] haben die Klage abgewiesen mit der Begründung, nach § 7 Abs. 3 BUrlG sei der Anspruch am 31. März 2017 erloschen. Das BAG[270] hatte Zweifel, ob diese Auslegung EU-rechtskonform ist und legte dem EuGH die Frage zur Vorabentscheidung vor. Dieser hat entschieden, dass ein Verfall von Urlaubsansprüchen, die wegen Erkrankung vom Arbeitnehmer nicht realisiert werden können, nur dann in Betracht kommt, wenn es sich um eine langfristige Erkrankung, die sich über mehrere Bezugszeiträume erstreckt, handelt. Nur dann können sich Urlaubsansprüche in einem Ausmaß ansammeln, die den Arbeitgeber in ernsthafte Organisationsschwierigkeiten bringen können. Diese können in Einklang mit der Rechtsprechung zu Langzeiterkrankungen nach Ablauf von 15 Monaten verfallen

268 EuGH, Urteil vom 27. April 2023, Az.: C-192/22, NZA 2023, 681

269 ArbG Regensburg, Urteil vom 12. Februar 2020, Az.: 3 Ca 2315/19, BeckRS 2020, 55757; LAG München, Urteil vom 11. August 2020, Az.: 7 Sa 392/20, BeckRS 2020, 55756

270 BAG, Beschluss vom 12. Oktober 2021, Az.: 9 AZR 577/20 (A), NZA 2022, 1198

(vgl. hierzu Abschnitt 5.6.3). Bei einer Kurzzeiterkrankung wie im vorliegenden Fall – weniger als drei Tage – sei dies nicht der Fall. Der Arbeitgeber hat es selbst in der Hand, bei geplanten Freistellungen rechtzeitig für die Gewährung des Urlaubs zu sorgen, indem er den Urlaub möglichst frühzeitig erteilt. Demnach war der Resturlaub von 2 2/3 Tagen nach Beendigung des Arbeitsverhältnisses abzugelten.

Wechselt der Arbeitnehmer nicht in die Freistellung, sondern lediglich in eine Teilzeitphase, so besteht das Arbeitsverhältnis fort und es kann ebenfalls (noch) keine Abgeltung von Urlaubsansprüchen erfolgen. Der Urlaub ist in der Teilzeitphase zu gewähren (zur Berechnung von Urlaubsansprüchen bei unterjährigem Wechsel der wöchentlichen Arbeitszeit vgl. Abschnitt 4.2.6).

Arbeitnehmerähnliche Personen können Urlaubsabgeltung nicht schon dann verlangen, wenn ein einzelner Auftrag abgearbeitet ist, sondern erst dann, wenn die geschäftliche Beziehung als solche beendet ist.

11.1.3 Tarif- und arbeitsvertragliche Abweichungsmöglichkeit

Eine Urlaubsabgeltung kommt nach dem BUrlG nur bei Beendigung des Arbeitsverhältnisses in Betracht. Ein Tarifvertrag darf die Abgeltung von Urlaub auch im laufenden Arbeitsverhältnis vorsehen. Voraussetzung dafür ist, dass es sich um Urlaubsansprüche handelt, die in natura nicht mehr genommen werden können, also verfallen sind. Die Regelung für die Abgeltung dieser Urlaubsansprüche weicht zwar vom Gesetz ab, ist für den Arbeitnehmer jedoch günstiger. Der Sinn und Zweck des Urlaubs, dem Arbeitnehmer bezahlte Freizeit zur freien Verfügung zu gewähren, wird hiervon nicht berührt, denn er hat bei verfallenen Urlaubsansprüchen keinen Anspruch mehr auf Freistellung.

Auch hinsichtlich der Mehrurlaubsansprüche, die über den gesetzlichen Urlaubsanspruch hinausgehen, können sowohl die Tarif- als auch Arbeitsvertragsparteien eine vom Gesetz abweichende Regelung treffen, soweit kein Gleichlauf gilt (vgl. dazu Abschnitt 1.1.2 und 4.3.2).

Nicht verfallene Mindesturlaubsansprüche dürfen hingegen im laufenden Arbeitsverhältnis nicht in einem späteren Kalenderjahr abgegolten werden, sie sind in natura zu nehmen (§ 7 Abs. 3 Satz 1 BUrlG und ebenso Art. 7 AZRL).

11.2 Bestehen von Urlaubsansprüchen

Es werden nur Urlaubsansprüche abgegolten, die zum Zeitpunkt der Beendigung des Arbeitsverhältnisses schon entstanden sind und auch noch bestehen.

Hat der Arbeitnehmer die Wartezeit bei seinem Ausscheiden noch nicht erfüllt (§ 4 BUrlG) oder scheidet er nach erfüllter Wartezeit in der ersten Hälfte des Kalenderjahres aus (§ 5 Abs. 1 BUrlG), so werden auch nur anteilige Urlaubsansprüche (1/12 für jeden vollen Monat des Bestehens des Arbeitsverhältnisses) erworben und diese abgegolten.

Treffen Beendigung des Arbeitsverhältnisses und Erfüllung der Wartezeit (Variante § 5 Abs. 1 Buchst. b) zusammen, oder scheidet der Arbeitnehmer nach Erfüllung der Wartezeit am 30. Juni aus (§ 5 Abs. 1 Buchst. c), stellt sich die Frage, ob der Arbeitnehmer nur einen anteiligen oder einen vollen Abgeltungsanspruch erwirbt. Das BAG hat in einer älteren Entscheidung die Auffassung vertreten, dass die Rechtswirkung der erfüllten Wartezeit nicht dadurch aufgehoben wird, dass der Arbeitnehmer gleichzeitig mit dem Ende der Wartezeit aus dem Arbeitsverhältnis ausscheidet.[271] Der Arbeitnehmer könnte also, wenn sein Arbeitsverhältnis am 30. Juni endet, für dieses Urlaubsjahr eine Abgeltung ausgehend vom vollen Jahresurlaubsanspruch (nicht nur vom hälftigen) beanspruchen. Die aktuelle Instanzrechtsprechung[272] und wohl auch herrschende Meinung in der Literatur[273] gehen jedoch davon aus, dass der volle Urlaubsanspruch erst *nach* Erfüllung der Wartezeit erworben wird. Dies entspricht auch dem Wortlaut des § 4 BUrlG. Der Arbeitnehmer erhält im Beispielsfall nach dieser Ansicht also nur eine anteilige Urlaubsabgeltung.

Auch bereits verfallene Urlaubsansprüche müssen nicht mehr abgegolten werden. Wenn ein Arbeitnehmer zum 31. Dezember ausscheidet, können nur solche Urlaubsansprüche noch offen sein, die bei Fortbestehen des Arbeitsverhältnisses übertragen worden wären bzw. nicht verfallen sind. Wenn also kein Übertragungsgrund vorliegt, erhält der Arbeitnehmer auch keine Urlaubsabgeltung, denn es besteht schon kein Urlaubsanspruch mehr. Etwas anderes

---

[271] BAG, Urteil vom 26. Januar 1967, Az.: 5 AZR 365/66, AP § 4 BUrlG Nr. 1

[272] z. B. LAG Berlin, Urteil vom 24. Januar 2003, Az.: 13 Sa 62/03, BeckRS 2003, 40628

[273] Arnold/Tillmanns, BUrlG, Kommentar, § 4 BUrlG Rz. 26 ff.

gilt nur bei einer entsprechenden Vereinbarung (vgl. oben Abschnitt 11.1.3 „Tarif- und arbeitsvertragliche Abweichungsmöglichkeit").

Wichtig: Ohne eine gesonderte Vereinbarung ist der Arbeitgeber nicht verpflichtet, bereits verfallene Urlaubsansprüche abzugelten.

Zu berücksichtigen ist jedoch, dass nach neuerer Rechtsprechung Urlaubsansprüche nicht verfallen oder verjähren, wenn der Arbeitgeber seinen Mitwirkungspflichten bei der Gewährung von Urlaub nicht nachgekommen ist (vgl. oben Abschnitt 5.3). Insofern kann der Arbeitgeber bei der Beendigung des Arbeitsverhältnisses böse Überraschungen erleben, wenn aus den vergangenen Jahren hohe Urlaubsansprüche aufgelaufen sind.

Noch nicht erfüllte Ersatzurlaubsansprüche aus vergangenen Jahren (weil der Arbeitgeber entgegen seiner gesetzlichen Verpflichtung den Urlaub nicht rechtzeitig gewährt hat) werden ebenfalls abgegolten, wenn sie noch nicht verfallen sind. Auch hier ist prinzipiell Voraussetzung, dass das Arbeitsverhältnis beendet ist. Wechselt der Arbeitnehmer beispielsweise bei einer Altersteilzeit in die Freistellungsphase und kann er deshalb den Ersatzurlaub nicht mehr realisieren, kann er erst nach der rechtlichen Beendigung eine Abgeltung verlangen (vgl. oben Abschnitt 11.1.2 „Altersteilzeit im Blockmodell").

Ist der Arbeitnehmer während eines laufenden Kündigungsrechtsstreits mit seinem früheren Arbeitgeber ein neues Arbeitsverhältnis mit einem anderen Arbeitgeber eingegangen und hat Letzterer dem Arbeitnehmer Urlaub gewährt, der sich (auch) auf den Zeitraum des rechtlichen Bestehens des früheren Arbeitsverhältnisses bezieht, so muss sich der Arbeitnehmer den tatsächlich gewährten Urlaub aus dem neuen Arbeitsverhältnis im Rahmen des Urlaubsabgeltungsanspruches gegen den früheren Arbeitgeber anrechnen lassen (§ 615 Satz 2 BGB, § 11 KSchG analog). Der Arbeitnehmer hätte schließlich – jedenfalls wenn es sich um zwei Vollzeitarbeitsverhältnisse handelt – nicht für beide Arbeitgeber gleichzeitig arbeiten können.[274]

---

[274] LAG Niedersachsen, Urteil vom 2. Mai 2022, Az.: 15 Sa 885/21, NZA-RR 2022, 398

11.3 Sonstige Voraussetzungen

11.3.1 Gesetzlicher Mindesturlaub

Der Urlaubsabgeltungsanspruch ist nach neuerer Rechtsprechung ein reiner Geldanspruch. Er ist nicht an die Vorgaben zur Gewährung von Urlaub in natura, d. h. Gewährung in tatsächlichen Urlaubstagen, gebunden. Es kommt weder auf die Fristenregelung des § 7 BUrlG an, noch auf die Erfüllbarkeit des Urlaubsanspruches als solchen.

Beispiel:

Ein Urlaubsanspruch ist abzugelten, obwohl er im laufenden Kalenderjahr oder im Übertragungszeitraum gar nicht mehr genommen werden kann, weil die Zeit für eine tatsächliche Urlaubsgewährung wegen Beendigung des Arbeitsverhältnisses nicht mehr ausreicht.

Würde das Arbeitsverhältnis fortbestehen, so würde der Urlaubsanspruch des Arbeitnehmers verfallen. Scheidet er jedoch aus dem Arbeitsverhältnis aus, so erhält er für diesen Urlaubsanspruch die entsprechende Abgeltung. Entscheidend ist nur, ob im Beendigungszeitpunkt noch Urlaubsansprüche offen sind. Der gesetzliche Mindesturlaub muss auch dann abgegolten werden, wenn der Arbeitnehmer dauerhaft erkrankt ist. Es ist auch irrelevant, ab der Arbeitnehmer bis über den Beendigungszeitpunkt des Arbeitsverhältnisses arbeitsunfähig erkrankt ist.

Somit ist – jedenfalls was den Urlaub anbelangt – der langzeiterkrankte Arbeitnehmer, dessen Arbeitsverhältnis beendet ist, gegenüber demjenigen Arbeitnehmer, dessen Arbeitsvertrag fortbesteht, in einem Vorteil: Denn der Urlaubsanspruch des letzteren verfällt auch nach der genannten EuGH Rechtsprechung spätestens zum 31. März des übernächsten Folgejahres. Der Arbeitnehmer, der aus einem Arbeitsverhältnis ausscheidet und bei dem nicht feststeht, ob er vor dem 31. März des übernächsten Folgejahres wieder genesen wird, erhält sofort bei seinem Ausscheiden die entsprechende Urlaubsabgeltung.

Wichtig: Der Urlaubsabgeltungsanspruch ist sofort mit der Beendigung des Arbeitsverhältnisses fällig, nicht etwa erst bei einer Genesung.

11.3.2 Vertraglicher Mehrurlaub

Etwas anderes kann jedoch für arbeits- oder tarifvertraglichen Mehrurlaub gelten. Maßgeblich ist stets, was die Vertragsparteien im Einzelfall vereinbart haben. Für solche übergesetzlichen Ansprüche kann es deshalb durchaus darauf ankommen, ob der Arbeitnehmer zum Ende des Übertragungszeitraums wieder arbeitsfähig geworden ist. Der Arbeitnehmer erhält dann seine Urlaubsabgeltung jedenfalls insoweit nicht bereits mit Beendigung des Arbeitsverhältnisses.

Vielmehr muss gegebenenfalls abgewartet werden, ob der Urlaubsanspruch – das Fortbestehen des Arbeitsverhältnisses unterstellt – innerhalb des Übertragungszeitraums in natura erfüllbar wird, mit anderen Worten, ob der arbeitsunfähig erkrankte Arbeitnehmer rechtzeitig wieder gesund wird und tatsächliche Urlaubstage gewährt werden könnten.[275] Der Arbeitnehmer muss seinen Anspruch rechtzeitig vor Ablauf des Übertragungszeitraumes beim Arbeitgeber anmelden, sonst kann er verfallen. Im Prozess trägt die Beweislast für die Wiederherstellung seiner Arbeitsfähigkeit der Arbeitnehmer.[276]

Beispiel:

Arbeitnehmer Y arbeitet in einer Fünf-Tage-Woche. Sein Arbeitsvertrag sieht vor, dass Urlaub, der über den gesetzlichen Mindesturlaub hinausgeht, maximal bis zum 31. März des Folgejahres übertragen wird. Er ist seit Anfang des Urlaubsjahres arbeitsunfähig erkrankt. Sein Arbeitsverhältnis endet zum 30. September. Er hat in diesem Urlaubsjahr noch keinen Urlaub genommen. Sein Urlaubsanspruch beträgt 25 Arbeitstage.

Lösung:

Da Herr Y erst in der zweiten Kalenderhälfte ausscheidet, hat er Anspruch auf seinen vollen Jahresurlaub (§ 5 Abs. 1 Buchst. c) BUrlG). Herr Y erhält bei seinem Ausscheiden Ende September zunächst die Urlaubsabgeltung für die gesetzlichen 20 Urlaubstage. Hinsichtlich der restlichen fünf Urlaubstage kann der Arbeitgeber zunächst abwarten, ob Herr Y so rechtzeitig wieder gesund wird, dass er diese bis zum 31. März des Folgejahres hätte nehmen können. Ist dies der Fall, so werden Herrn Y auch

275 BAG, Urteil vom 12. April 2011, Az.: 9 AZR 80/10, NZA 2011, 1050

276 BAG, Urteil vom 20. April 1989, Az.: 8 AZR 612/87, NZA 1989, 763

die restlichen fünf Urlaubstage als Abgeltung ausbezahlt. Wird Herr Y jedoch nicht rechtzeitig wieder gesund, so verfällt auch der Urlaubsabgeltungsanspruch mit Ablauf des 31. März des Folgejahres.

Praxis-Tipp:

Es wird genau geprüft, ob die Vertragsparteien tatsächlich eine von den Grundsätzen des gesetzlichen Urlaubsrechts abweichende Regelung für den Mehrurlaub treffen wollten. Ohne entsprechende Anhaltspunkte im Vertragswerk ist davon auszugehen, dass der Mehrurlaub den gesetzlichen Regelungen zum Mindesturlaub folgt (vgl. Abschnitt 4.3.2).

11.4 Höhe

Die Urlaubsabgeltung wird wie das Urlaubsentgelt berechnet.[277]

Der Urlaubsabgeltungsanspruch umfasst auch den über den gesetzlichen Mindesturlaub hinausgehenden Mehrurlaubsanspruch.

11.5 Verzicht

Der Arbeitnehmer kann auf gesetzliche Urlaubsansprüche, wie bereits dargestellt wurde, nicht verzichten. Da der Abgeltungsanspruch jedoch als reiner Geldanspruch behandelt wird, ist ein Verzicht auf diesen Anspruch nach Beendigung des Arbeitsverhältnisses – etwa durch eine allgemeine Erledigungsklausel in einem gerichtlichen Vergleich – durchaus möglich.[278] Im laufenden Arbeitsverhältnis ist ein Verzicht (sozusagen im Voraus) hingegen nicht zulässig. Hierin läge ein Verstoß gegen zwingendes Urlaubsrecht (§ 13 BUrlG).

11.6 Aufhebungsvertrag, Vergleich

In Aufhebungsverträgen oder gerichtlichen Vergleichen, in denen um die Beendigung eines Arbeitsverhältnisses gestritten wurde, wird sinnvollerweise auch der Resturlaub geregelt.

277 BAG, Urteil vom 12. April 2011, Az.: 9 AZR 80/10, NZA 2011, 1050; vgl. oben Abschnitt 7.2

278 BAG, Urteil vom 14. Mai 2013, Az.: 9 AZR 844/11, NZA 2013, 1098

Die Parteien können – ohne gegen das Abgeltungsverbot im laufenden Arbeitsverhältnis zu verstoßen – einen sog. Tatsachenvergleich abschließen, d. h., die Parteien stellen übereinstimmend fest, dass Resturlaub in natura bereits genommen wurde (zum Tatsachenvergleich siehe Abschnitt 6.3.2).

Soll der Arbeitnehmer bis zur Beendigung des Arbeitsverhältnisses von seiner Arbeitspflicht unter Entgeltfortzahlung freigestellt werden, wird üblicherweise vereinbart, dass noch offener Resturlaub und Zeitguthaben angerechnet werden. Eine zeitliche Lage des Urlaubs innerhalb der Freistellung wird meist nicht explizit festgelegt. Oftmals findet sich auch eine sog. Turboklausel in der Abmachung. Der Arbeitnehmer wird berechtigt, sich mit einer kurzen Ankündigungsfrist von meist wenigen Tagen vor dem fix vereinbarten Beendigungszeitpunkt vom Arbeitsverhältnis zu lösen. Er erhält in diesem Fall als Ausgleich für das entgehende Arbeitsentgelt stattdessen eine (gegebenenfalls zusätzliche) Abfindung. Diese kann, muss aber keineswegs genauso hoch sein wie das entfallende Bruttogehalt. In der Praxis wird oftmals eine Quote von 75 % vereinbart. Für den Arbeitnehmer hat dies den Vorteil, früher ein neues Arbeitsverhältnis eingehen zu können, was ihm bei weiter bestehendem Arbeitsverhältnis ansonsten wegen eines Wettbewerbsverstoßes unter Umständen nicht erlaubt wäre und ohne dass sein Verdienst beim neuen Arbeitgeber auf das Entgelt vom früheren Arbeitgeber angerechnet wird. Außerdem sparen sich beide Parteien die Sozialversicherungsabgaben, da bei einer Abfindung, anders als beim Arbeitsentgelt, keine solchen anfallen.

Erkrankt der Arbeitnehmer während eines Teils der Freistellungsphase oder endet das Arbeitsverhältnis früher als geplant, weil der Arbeitnehmer von der Turboklausel Gebrauch macht, stellt sich die Frage, ob Resturlaub tatsächlich verbraucht wurde. Der BAG hat geurteilt, dass bei Verwendung einer Turboklausel die Parteien in der Regel den Urlaubsanspruch zeitlich vorrangig vor anderen Freistellungzwecken befriedigen wollten. Dies entspreche dem Erholungszweck des Urlaubs am besten.

Will der Arbeitgeber sichergehen, dass vorrangig offene Urlaubs- und Zeitguthabenansprüche bedient werden, sollte er dies explizit in die Vereinbarung mit aufnehmen. Besteht während des gesamten Freistellungszeitraums Arbeitsunfähigkeit, entsteht dennoch ein Abgeltungsanspruch.

11.7 Verjährung, Verfall

Der Urlaubsabgeltungsanspruch unterliegt der Verjährung und kann auch von Ausschluss- oder Verfallklauseln umfasst sein. Zur Anwendung von Ausschlussfristen und Verfallklauseln bei Urlaubsansprüchen vgl. die Ausführungen in Abschnitt 7.5.

Es gilt die allgemeine Verjährungsfrist von drei Jahren (§ 195 BGB).

Allerdings wird in vielen Fällen der Urlaubsabgeltungsanspruch schon zuvor wegen einer arbeits- oder tarifvertraglichen Verfallklausel nicht mehr durchsetzbar sein. Doch nicht jede Verfallklausel hält einer rechtlichen Prüfung stand: Arbeitsvertragliche Klauseln müssen insbesondere transparent formuliert sein (§ 307 Abs. 1 Satz 2 BGB). Nicht selten scheitert ein Verfall von Ansprüchen trotz Verfallklausel im Arbeitsvertrag deshalb, weil diese zu weitgehend formuliert ist und Ansprüche, auf die der Arbeitnehmer nicht wirksam verzichten kann, vom Verfall nicht explizit ausgenommen werden. Die ungenaue Formulierung hat dann oft die Gesamtnichtigkeit der fraglichen Klausel zur Folge, sofern der unwirksame Teil nicht eindeutig abgegrenzt werden kann. So kann beispielsweise die Verjährung für Haftungsansprüche wegen Vorsatzes nicht von vornherein abbedungen werden. Wird dies bei der Klauselgestaltung nicht berücksichtigt, verfällt der Urlaubsabgeltungsanspruch nicht.[279] Nach der Rechtsprechung des BAG genügt es insoweit nicht, lediglich Ansprüche aus „unerlaubter Handlung" vom Verfall auszunehmen, denn das Verbot gilt auch für Ansprüche aus vorsätzlicher Vertragsverletzung.

Ist die Verfallklausel hingegen in einem Tarifvertrag enthalten, gelten diese strengen Maßstäbe des AGB-Rechts nicht (§ 310 Abs. 4 Satz 1 BGB). Tarifliche Ausschlussfristen sind deshalb auch zumindest im Übrigen wirksam, wenn sie nicht explizit Ansprüche aus vorsätzlicher Haftung oder den gesetzlichen Mindestlohn ausnehmen.[280] Es liegt insoweit dann lediglich eine Teilnichtigkeit der Klausel vor.

Die Ausschlussfrist beginnt nach bislang herrschender Meinung mit der rechtlichen Beendigung des Arbeitsverhältnisses zu laufen. Problematisch kann dies werden, wenn Streit über den Beendigungszeitpunkt besteht und dies erst in einem gerichtlichen Verfahren geklärt wird. Der Arbeitnehmer muss vorsorglich seine Ansprüche

---

[279] BAG, Urteil vom 9. März 2021, Az.: 9 AZR 323/20, NZA 202, 1257

[280] BAG, Urteil vom 27. Oktober 2020, Az.: 9 AZR 531/19, NZA 2022, 504

auf Abgeltung entsprechend der Ausschlussklausel geltend machen, wenn er einen Verfall verhindern will. Allein die Erhebung einer Kündigungsschutz- oder Entfristungsklage beinhaltet nicht konkludent die Geltendmachung von Urlaubsabgeltungsansprüchen. Schließlich beruft sich der Arbeitnehmer gerade auf den Bestand des Arbeitsverhältnisses. Ein Abgeltungsanspruch setzt jedoch die Beendigung des Arbeitsverhältnisses voraus.

Praxis-Tipp:

Wird im Kündigungsschutzverfahren ein Vergleich zur Beendigung des Arbeitsverhältnisses geschlossen, ist für die Berechnung der Ausschlussfrist das gewählte Beendigungsdatum maßgeblich, nicht das Datum des Vergleichsschlusses oder wann dieser wirksam wird.[281] Wird im Vergleich eine etwaige Urlaubsabgeltung nicht mitgeregelt, kann eine spätere Geltendmachung an einer Ausschlussfrist scheitern. Es ist Sache des Arbeitnehmers, seinen Anspruch rechtzeitig geltend zu machen. Der Arbeitgeber muss ihn hierauf nicht hinweisen.

Dies gilt nach derzeitiger BAG-Rechtsprechung auch dann, wenn der Arbeitgeber im laufenden Arbeitsverhältnis seiner Mitwirkungsobliegenheit bei der Urlaubserteilung nicht nachgekommen ist (vgl. oben Abschnitt 5.3). Auch in diesem Fall kann nach Auffassung des BAG der Urlaubsabgeltungsanspruch – im Gegensatz zum Urlaubsgewährungsanspruch in natura – verjähren oder verfallen. Denn mit der Beendigung des Arbeitsverhältnisses entfällt nach Auffassung des BAG die besondere Schutzbedürftigkeit des Arbeitnehmers.[282] Die Verjährungsfrist beginnt mit dem Ende des Jahres, in dem das Arbeitsverhältnis geendet hat. Mit Rücksicht auf die Änderung der Rechtsprechung zur Mitwirkungsobliegenheit durch Urteil des EuGH vom 6. November 2018[283] beginnt die Verjährung jedoch für Zeiträume vor 2018 erst mit Ende 2018. Vorher war einem Arbeitnehmer die Klageerhebung nicht zumutbar.

---

281 BAG, Urteil vom 27. Oktober 2020, Az.: 9 AZR 531/19, NZA 2021, 504

282 BAG, Urteil vom 31. Januar 2023, Az.: 9 AZR 456/20, NZA 2023, 757; Az.: 9 AZR 244/20, NZA 2023, 818

283 EuGH, Urteile vom 6. November 2018, Az.: C-684/16, NZA 2018, 1474; Az.: C-619/16, NZA 2018, 1612

Ob diese Rechtsprechung auch für die Zukunft Bestand hat, ist jedoch nicht gesichert: In einem vor dem EuGH[284] aktuell anhängigen Verfahren aus Italien hat die EuGH-Generalanwältin in ihrem Schlussantrag[285] vertreten, dass die Mitgliedsstaaten zwar die Abgeltung von nicht genommenem Urlaub bei Ende des Arbeitsverhältnisses unter bestimmten Voraussetzungen beschränken dürfen, um zum Schutz der Gesundheit der Arbeitnehmer darauf hinzuwirken, dass diese ihren Urlaub während des Arbeitsverhältnisses in natura tatsächlich in Anspruch nehmen (und nicht aufsparen). Dies setze jedoch voraus, dass sie zuvor wirksam in die Lage versetzt worden seien, ihren Urlaub tatsächlich zu nehmen. Diese Formulierung deutet darauf hin, dass auch Urlaubsabgeltungsansprüche nur bei Erfüllung der Mitwirkungsobliegenheit des Arbeitgebers verfallen und verjähren können. Der EuGH[286] hat sich dem angeschlossen und in Fortführung seiner bisherigen Rechtsprechung festgestellt, dass es für einen Verfall von Urlaubsabgeltung nicht ausreicht, dass der Arbeitnehmer sein Arbeitsverhältnis freiwillig beendet hat (im entschiedenen Fall: freiwillig in den vorgezogenen Altersruhestand gewechselt hat). Vielmehr hat der Arbeitgeber nachzuweisen, dass er seinen Mitwirkungspflichten ordnungsgemäß nachgekommen ist. Dies zeigt, dass das deutsche Urlaubsrecht unter dem Einfluss des EU-Rechts und der EuGH-Rechtsprechung ständig im Fluss ist. Das LAG Rheinland-Pfalz vertritt insoweit bereits die Auffassung, dass ein Abgeltungsanspruch erst dann fällig wird, wenn der Arbeitgeber den Arbeitnehmer über den konkreten Urlaubsanspruch und die Verfallfrist belehrt hat. Erst ab diesem Zeitpunkt könne eine Verfallfrist laufen.[287]

[284] EuGH Rechtssache, C-218/22 – Commune di Copertino, BeckRS 2023, 17501

[285] https://curia.europa.eu/jcms/upload/docs/application/pdf/2023-06/cp230096de.pdf, abgerufen am 30. August 2023

[286] EuGH, Urteil vom 18.1.2024 – C-218/22 BeckRS 2024, 311

[287] LAG Rheinland-Pfalz, Urteil vom 22. Dezember 2022, Az.: 5 Sa 486/21, NZA-RR 2023, 231 Rn. 32

11.8 Pfändbarkeit, Abtretung, Aufrechnung

Die Urlaubsabgeltung ist so wie das Arbeitseinkommen pfändbar. Es sind die Pfändungsfreigrenzen (§§ 850 ff. ZPO) zu beachten.

Entsprechendes gilt für die Abtretung (§ 400 BGB).

Der Arbeitgeber kann gegenüber dem Anspruch auf Urlaubsabgeltung auch nur im Rahmen der Pfändungsfreigrenzen aufrechnen (§ 394 BGB).

11.9 Vererbung

War der Arbeitnehmer bereits aus dem Arbeitsverhältnis ausgeschieden und verstirbt er im Anschluss, bevor der Arbeitgeber den Urlaubsabgeltungsanspruch bezahlt hat, so geht sein Anspruch unproblematisch auf die Erben über (§ 1922 Abs. 1 BGB).

Wird das Arbeitsverhältnis erst durch den Tod des Arbeitnehmers aufgelöst, gilt dasselbe: Anders als früher nimmt die Rechtsprechung[288] inzwischen im Einklang mit dem Urteil des EuGH[289] an, dass auch dann der Urlaubsabgeltungsanspruch vererblich ist.

Zu beachten sind vom Erben etwaige arbeits- oder tarifvertraglich vereinbarte Ausschlussfristen. Der Erbe wird zwar nicht zum Arbeitnehmer, er tritt jedoch insoweit in die Rechte und Pflichten des Arbeitnehmers ein. Da Urlaubsabgeltungsansprüche nach vertraglicher oder kollektivrechtlicher Ausschlussklausel verfallen können, z. B. im öffentlichen Dienst nach § 37 Abs. 1 Satz 1 TVöD/TV-L/TV-H, hat auch der Erbe die jeweilige Ausschlussfrist zu beachten. Die Ausschlussfrist beginnt mit dem Tod des Arbeitnehmers zu laufen, denn dies ist der Zeitpunkt, in dem der Abgeltungsanspruch entsteht.[290]

Dies gilt auch für den tarifvertraglichen Mehranspruch des § 26 TVöD/TV-L/TV-H: Da der Tarifvertrag insoweit keine eigenständige Regelung trifft, läuft dieser gleich mit dem gesetzlichen Urlaubsanspruch nach dem BUrlG.[291] Es gilt die Ausschlussfrist des § 37 Abs. 1 Satz 1 TVöD/TV-L/TV-H.

Der Anspruch auf Abgeltung kann außerdem verjähren nach allgemeinen Grundsätzen (§ 195 BGB), also innerhalb von drei Jahren,

---

[288] BAG, Urteil vom 22. Januar 2019, Az.: 9 AZR 45/16, NZA 2019, 829

[289] EuGH, Urteil vom 12. Juni 2014, Az.: C-118/13, NZA 2014, 651

[290] BAG, Urteil vom 22. Januar 2019, Az.: 9 AZR 45/16, NZA 2019, 829

[291] BAG, Urteile vom 22. Mai 2012, Az.: 9 AZR 618/10, NZA 2012, 987 zum TV-L; vom 22. Januar 2019, Az.: 9 AZR 45/16, NZA 2019, 829

beginnend mit dem Schluss des Jahres, in dem der Arbeitnehmer gestorben ist.[292]

11.10 Lohnsteuer und Sozialversicherungsbeitragsrecht

Die Urlaubsabgeltung ist steuerpflichtiges Arbeitsentgelt. Sie stellt einen sonstigen Bezug i. S. des § 39b Abs. 3 EStG dar.

Sozialversicherungsrechtlich ist die Urlaubsabgeltung als einmalig gezahltes Arbeitsentgelt zu behandeln; sie unterliegt der Beitragspflicht (§ 23a SGB IV).

12. Urlaub und Arbeitslosengeld

Hat der Arbeitnehmer wegen Beendigung des Arbeitsverhältnisses einen Anspruch auf Urlaubsabgeltung, ruht sein Anspruch auf Arbeitslosengeld für die Zeit des abgegoltenen Urlaubs (§ 157 Abs. 2 SGB III). Hierdurch soll ein Doppelbezug von Leistungen aus dem Arbeitsverhältnis einerseits und von Lohnersatzleistungen nach dem SGB III andererseits vermieden werden.

Der Arbeitslosengeldanspruch ruht ab dem Ende des Arbeitsverhältnisses für die Dauer, die dem Urlaubsabgeltungszeitraum entspricht. Der Ruhenszeitraum verkürzt den Anspruch auf Arbeitslosengeld nicht in zeitlicher Hinsicht (wie etwa bei einer Sperrzeit, z. B. wegen eigenverantwortlicher Aufgabe des Arbeitsplatzes, § 148 SGB III), sondern schiebt den Anspruch in zeitlicher Hinsicht lediglich hinaus.

Bei der Berechnung werden die geltenden individuellen Urlaubsregelungen des Arbeitnehmers berücksichtigt. Eine Verlängerung des Ruhenszeitraumes durch Feiertage erfolgt nicht. Der Ruhenszeitraum läuft kalendermäßig ab, unabhängig davon, ob der Arbeitnehmer Arbeitslosengeld beantragt hat oder nicht.[293]

Damit der Arbeitslosengeldanspruch ruht, muss der Arbeitnehmer die Urlaubsabgeltung erhalten haben oder sie beanspruchen können (§ 157 Abs. 2 SGB III). Wenn der Arbeitnehmer den Urlaubsabgeltungsanspruch tatsächlich erhalten hat, kommt es nicht darauf an, ob der Arbeitnehmer auch einen Rechtsanspruch hierauf hatte.

Zwischen der Urlaubsabgeltung und der Beendigung des Beschäftigungsverhältnisses ist ein ursächlicher Zusammenhang notwendig,

---

292 Groeger, Arbeitsrecht im Öffentlichen Dienst, § 15 Rz. 15.19f

293 BSG, Urteil vom 29. Oktober 1986, Az.: 7 RAr 48/85, NZA 1987, 324

was jedoch in der Regel der Fall ist. Hat der Arbeitnehmer die Urlaubsabgeltung trotz eines arbeitsrechtlichen Anspruchs nicht erhalten, ruht der Arbeitslosengeldanspruch dennoch. Ist der arbeitsrechtliche Anspruch auf Urlaubsabgeltung bereits verfallen, ruht der Arbeitslosengeldanspruch nicht.

Lediglich ähnliche Leistungen wie z. B. eine Entschädigung für einen bereits erloschenen Urlaubsabgeltungsanspruch führen nicht zu einem Ruhen des Arbeitslosengeldanspruches nach § 157 Abs. 2 SGB III.[294] Eventuell kann die ähnliche Leistung jedoch als eine Zahlung von Arbeitsentgelt anzusehen sein, die zu einem Ruhen des Arbeitslosengeldanspruchs nach § 157 Abs. 1 SGB III führen kann.

Hat der Arbeitslose wegen Beendigung des Beschäftigungsverhältnisses unter Aufrechterhaltung des Arbeitsverhältnisses eine Entlassungsentschädigung erhalten oder zu beanspruchen und wird in diesem Zusammenhang auch eine Urlaubsabgeltung gewährt, verlängert sich der Ruhenszeitraum entsprechend (§ 158 Abs. 3 SGB III).[295]

Auch ein Urlaubsabgeltungsanspruch nach einer ausländischen Rechtsordnung kann zu einem Ruhen des Arbeitslosengeldanspruches führen.[296]

Enthält die Urlaubsabgeltungszahlung auch ein Urlaubsentgelt, sind beide getrennt voneinander zu behandeln, da die Zahlung von Urlaubsentgelt zu einem Ruhen nach § 157 Abs. 1 SGB III führt.

Ein Verzicht auf die Urlaubsabgeltung kann das Eintreten des Ruhens des Arbeitslosengelds nicht vermeiden.

Zahlt die Agentur für Arbeit während eines Ruhenszeitraumes Arbeitslosengeld an den Arbeitslosen aus, obwohl der Anspruch aufgrund eines Urlaubsabgeltungsanspruches ruht (Gleichwohlgewährung gemäß § 157 Abs. 3 Satz 2 SGB III), geht der Anspruch auf Urlaubsabgeltung in Höhe des gezahlten Arbeitslosengelds auf die Agentur für Arbeit über (§ 115 SGB X).[297]

Zu einer sozialrechtlichen Sicherungslücke kann es kommen, wenn der Arbeitslose während des Ruhenszeitraumes arbeitsunfähig erkrankt, da eine Leistungsfortzahlung nach § 146 SGB III voraus-

---

[294] BSG, Urteil vom 21. Juni 2001, Az.: B 7 AL 62/00 R, NZA-RR 2002, 275

[295] BSG, Urteil vom 23. Januar 1997, Az.: 7 RAr 72/94, NZS 1997, 530

[296] BSG, Urteil vom 17. März 2016, Az.: B 11 AL 4/15 R, NZS 2016, 670

[297] BAG, Urteil vom 17. November 2010, Az.: 10 AZR 649/09, NJW 2011, 1020

setzt, dass der Arbeitslose im Bezug von Arbeitslosengeld steht. Gegebenenfalls besteht auch kein Krankengeldanspruch, wenn eine Prognose ergibt, dass der Arbeitnehmer mehr als einen Monat ab Ende des Beschäftigungsverhältnisses arbeitsunfähig sein wird.[298]

Erhält der Arbeitnehmer jedoch im Zeitpunkt der Beendigung des Arbeitsverhältnisses bereits Krankengeld, ruht der Krankengeldanspruch durch die Urlaubsabgeltung nicht. Der Ruhenszeitraum bezüglich des Arbeitslosengeldbezuges verschiebt sich auch nicht auf die Zeit nach der Erkrankung des Arbeitnehmers,[299] denn dieser beginnt rechnerisch unmittelbar im Anschluss an die Beendigung des Arbeitsverhältnisses.

Im ersten Monat nach Ende der Beschäftigung besteht ein nachgehender gesetzlicher Krankenversicherungsschutz aus dem beendeten Arbeitsverhältnis (§ 19 Abs. 2 SGB V). Ab dem zweiten Monat besteht ein Kranken- und Pflegeversicherungsschutz für Bezieher von Arbeitslosengeld, auch wenn der Anspruch aufgrund einer Sperrzeit oder wegen einer Urlaubsabgeltung ruht (§ 5 Abs. 1 Nr. 2 SGB V, § 20 Abs. 1 Nr. 2 SGB XI).

Treffen der Ruhenstatbestand wegen einer Urlaubsabgeltung (§ 157 Abs. 2 SGB III) und derjenige wegen des Anspruchs auf Entlassungsentschädigung (§ 158 SGB III) zusammen, verlängert sich das Abfindungsruhen um die Zeit des abgegoltenen Urlaubs (§ 158 Abs. 1 Satz 5 SGB III).

298 BSG, Urteil vom 10. Mai 2012, Az.: B 1 KR 19/11 R, BeckRS 2012, 72145
299 BAG, Urteil vom 17. November 2010, Az.: 10 AZR 649/09, NJW 2011, 1020

13. Insolvenz des Arbeitgebers

Die Beantragung und die Eröffnung des Insolvenzantrages berühren den Bestand des Arbeitsverhältnisses und damit auch den Urlaubsanspruch nicht.

13.1 Urlaubsanspruch

Der Urlaubsanspruch wird durch die Eröffnung des Insolvenzverfahrens nicht berührt.[300] Dies gilt unabhängig davon, ob der Urlaubsanspruch auf Beschäftigungszeiten vor oder nach Insolvenzeröffnung beruht.

Bereits gewährter Urlaub kann wie vereinbart genommen werden. Er kann auch nicht durch den Insolvenzverwalter einseitig widerrufen werden. Mit Eröffnung des Insolvenzverfahrens bzw. mit Bestellung eines vorläufigen Insolvenzverwalters mit Verfügungsbefugnis geht die Arbeitgeberstellung auf diesen über. Ab diesem Zeitpunkt kann allein der Insolvenzverwalter, nicht mehr aber der Arbeitgeber selbst, d. h. Vorstand oder Geschäftsführer der Gesellschaft, den Urlaub gewähren. Bei Ablehnung der Eröffnung des Insolvenzverfahrens mangels Masse verbleibt die Verwaltungsverfügungsbefugnis beim Arbeitgeber, sodass dieser dann auch noch für die Urlaubsgewährung zuständig bleibt.

Wenn es infolge der Insolvenz zu einem Verkauf des Geschäftsbetriebes und damit zu einem Betriebsübergang im Sinne des § 613a BGB kommt, geht der Urlaubsanspruch auch in der Insolvenz auf den Betriebserwerber über, da er keinem bestimmten Zeitraum zugeordnet werden kann, soweit der Urlaub noch nicht festgelegt ist.[301]

13.2 Urlaubsentgelt

Auch der Anspruch auf Urlaubsentgelt wird durch die Eröffnung des Insolvenzverfahrens nicht berührt. Für den Arbeitnehmer Bedeutung hat aber der Zeitpunkt der Insolvenzeröffnung für die Frage, ob es sich bei dem Urlaubsentgelt um eine Masseverbindlichkeit oder eine Insolvenzforderung handelt. Masseverbindlichkeiten sind

---

300 BAG, Urteile vom 25. März 2003, Az.: 9 AZR 174/02, NZI 2004, 102; vom 21. November 2006, Az.: 9 AZR 97/06, ZIP 2007, 834

301 BAG, Urteile vom 18. November 2003, Az.: 9 AZR 95/03, NZA 2004, 651; vom 21. November 2006, Az.: 9 AZR 97/06, ZIP 2007, 834

solche, die zur Fortführung der Geschäfte und zur Durchführung des Insolvenzverfahrens erforderlich sind. Sie genießen Vorrang vor anderen Insolvenzforderungen. Der Anspruch auf Urlaubsentgelt für Urlaub, der vor Stellung des Insolvenzantrages gewährt und durch den Arbeitnehmer genommen wurde, ist hingegen eine Insolvenzforderung.

Wurde der Urlaub durch den Arbeitgeber genehmigt, aber noch nicht (vollständig) genommen, ist das Urlaubsentgelt für die Zeit bis zur Eröffnung des Insolvenzverfahrens bzw. Bestellung des vorläufigen Insolvenzverwalters mit Verfügungsbefugnis Insolvenzforderung und ab diesem Zeitpunkt Masseverbindlichkeit.[302]

Urlaub, der durch den Insolvenzverwalter oder den vorläufigen Insolvenzverwalter mit Verfügungsbefugnis gewährt wird, ist Masseverbindlichkeit.[303]

13.3 Urlaubsgeld

Wird das Urlaubsgeld zusätzlich zum Urlaubsentgelt für jeden tatsächlichen gewährten Urlaubstag bezahlt, so ist es wie das Urlaubsentgelt zu behandeln.[304] Wird das Urlaubsgeld dagegen unabhängig von der tatsächlichen Urlaubsgewährung an den einzelnen Mitarbeiter zu einem festen Zeitpunkt gezahlt, so ist wieder darauf abzustellen, ob das Urlaubsgeld nach den vereinbarten Regelungen vor Insolvenzeröffnung oder danach fällig ist. Daraus ergibt sich dann, ob es sich um eine Insolvenzforderung oder um eine Masseverbindlichkeit handelt.

13.4 Urlaubsabgeltung

Auch bei der Frage der Auswirkung der Insolvenz auf die Urlaubsabgeltung ist darauf abzustellen, wann das Arbeitsverhältnis beendet wurde, vor oder nach Insolvenzeröffnung.

Wenn das Arbeitsverhältnis vor Eröffnung des Insolvenzverfahrens endet und damit der Urlaubsabgeltungsanspruch vor Eröffnung des Insolvenzverfahrens entstanden ist, stellt dieser eine Insolvenzforderung im Sinne von § 38 InsO dar.

---

302 BAG, Urteil vom 21. Juni 2005, Az.: 9 AZR 295/04, NZI 2006, 309; LAG Hamm, Urteil vom 7. Oktober 2010, Az.: 2 Sa 955/09, BeckRS 2010, 66312

303 BAG, Urteil vom 25. März 2003, Az.: 9 AZR 174/02, NZI 2004, 102

304 BAG, Urteil vom 4. Juni 1977, Az.: 5 AZR 663/75, NJW 1978, 182

Endet das Arbeitsverhältnis nach Eröffnung des Insolvenzverfahrens und hat der (endgültige oder vorläufige starke) Insolvenzverwalter noch Arbeitsleistungen des Arbeitnehmers in Anspruch genommen, so ist der Anspruch auf Urlaubsabgeltung in Gänze als Masse- bzw. bei Masseunzulänglichkeit als Neumasseverbindlichkeit zu berichtigen.[305]

13.5 Insolvenzgeld

Arbeitnehmer erhalten bei einem Insolvenzereignis (Eröffnung eines Insolvenzverfahrens, Abweisung des Insolvenzantrags mangels Masse oder vollständige Beendigung der Betriebstätigkeit im Inland, wenn ein Antrag auf Eröffnung des Insolvenzverfahrens nicht gestellt worden ist und ein Insolvenzverfahren offensichtlich mangels Masse nicht in Betracht kommt) gemäß §§ 165 ff. SGB III für die vorangegangenen drei Monate Insolvenzgeld bzw. wenn das Arbeitsverhältnis vorher beendet wurde, für die letzten drei Monate vor Beendigung des Arbeitsverhältnisses. Die Zahlung erfolgt nur auf Antrag, der innerhalb einer Ausschlussfrist von zwei Monaten ab Insolvenzereignis gestellt werden muss.

Zu den Ansprüchen auf Arbeitsentgelt, die durch das Insolvenzgeld gesichert sind, gehören alle Ansprüche auf Bezüge aus dem Arbeitsverhältnis. Zu diesen Ansprüchen zählt auch das Urlaubsentgelt und das Urlaubsgeld, unabhängig davon, wie sie insolvenzrechtlich einzuordnen sind. Im Falle der Zahlung von Insolvenzgeld gehen die Ansprüche gegen den Arbeitgeber auf die Bundesagentur für Arbeit über (§ 169 SGB III). Nach § 166 Abs. 1 Nr. 1 SGB III besteht kein Anspruch auf Insolvenzgeld für Entgeltansprüche, die dem Arbeitnehmer wegen der Beendigung des Arbeitsverhältnisses oder für die Zeit nach Beendigung des Arbeitsverhältnisses zustehen. Hierzu zählt auch der Anspruch auf Urlaubsabgeltung.[306]

---

[305] BAG, Urteil vom 25. November 2021, Az.: 6 AZR 94/19, NZA 2022, 366; Beschluss vom 16. Februar 2021, Az.: 9 AS 1/21, NZA 2021, 129

[306] BSG, Urteil vom 20. Februar 2002, Az.: B 11 AL 71/01R, NZI 2002, 506

III. Mitbestimmung des Betriebs- bzw. Personalrats

III. Mitbestimmung des Betriebs- bzw. Personalrats

1. Vorbemerkungen

Auf kollektivrechtlicher Ebene sind neben den tarifvertraglichen Regelungen die jeweiligen betriebsverfassungsrechtlichen bzw. personalvertretungsrechtlichen Vorgaben zu beachten.

2. Privatwirtschaft: BetrVG

Besteht ein Betriebsrat, so ist dieser bei der Gestaltung von Urlaubsregelungen zu beteiligen.

2.1 Zwingende Mitbestimmung

Dem Betriebsrat steht ein Mitbestimmungsrecht bei der Aufstellung allgemeiner Urlaubsgrundsätze und von Urlaubsplänen zu (§ 87 Abs. 1 Nr. 5 Alt. 1 BetrVG). Das Mitbestimmungsrecht bezieht sich dabei auf kollektive Sachverhalte, die für die gesamte oder einen bestimmten Teil der Belegschaft gelten sollen, z. B. bei der Festlegung von Betriebsurlaub in einem bestimmten Zeitraum.

Fehlt die Zustimmung des Betriebsrats, ist die Festlegung der Betriebsferien unwirksam. Kommt eine Einigung mit dem Betriebsrat nicht zustande, so kann die Einigungsstelle angerufen werden. Der Spruch der Einigungsstelle ersetzt die Einigung zwischen Arbeitgeber und Betriebsrat (§ 87 Abs. 2 BetrVG).

Darüber hinaus besteht ein Mitbestimmungsrecht des Betriebsrats bei der Festsetzung der zeitlichen Lage des Urlaubs für einzelne Arbeitnehmer, wenn zwischen diesen und dem Arbeitgeber kein Einverständnis erzielt wird (§ 87 Abs. 1 Nr. 5 Alt. 2 BetrVG). Können sich auch Betriebsrat und Arbeitgeber nicht einigen, so können sowohl der Betriebsrat als auch der Arbeitgeber die Einigungsstelle anrufen. Der Spruch der Einigungsstelle ersetzt die Einigung zwischen Betriebsrat und Arbeitgeber (§ 87 Abs. 2 BetrVG). Maßstab ist § 7 BUrlG. Ob ein derart aufwändiges Verfahren hier angebracht ist, kann bezweifelt werden. Es ist jedoch vom Gesetzgeber so vorgesehen. Treffen Betriebsrat und Arbeitgeber oder die Einigungsstelle eine dem Arbeitnehmer nicht genehme Entscheidung, so muss er diese nicht zwingend akzeptieren. Er kann dennoch versuchen, seine Interessen gerichtlich durchzusetzen (zum gerichtlichen Rechtsschutz zur Durchsetzung von Urlaubsansprüchen siehe Kapitel V Abschnitt 2).

Wichtig: Die Entscheidung über die Dauer des Urlaubsanspruchs unterliegt nicht dem Mitbestimmungsrecht des Betriebsrats. Dieses bezieht sich ausschließlich auf die Lage des Urlaubs. Rechtsgrundlage für die Dauer und Gewährung des Urlaubsanspruchs sind die gesetzlichen, tariflichen oder arbeitsvertraglichen Regelungen.[1]

Das Mitbestimmungsrecht nach § 87 Abs. 1 Nr. 5 BetrVG gehört zu den sog. zwingenden Mitbestimmungsrechten des Betriebsrats. Der Betriebsrat kann auch von sich aus die Initiative ergreifen (wenn der Arbeitgeber untätig bleibt) und eine Regelung verlangen.

2.2 Betriebsvereinbarungen auf freiwilliger Basis

Auf freiwilliger Basis können auch Betriebsvereinbarungen zur Dauer des Urlaubs geschlossen werden, soweit § 77 Abs. 3 BetrVG nicht entgegensteht. Hiernach können Arbeitsbedingungen, die „durch Tarifvertrag geregelt sind oder üblicherweise geregelt werden", nicht Gegenstand einer Betriebsvereinbarung sein, es sei denn, der Tarifvertrag gestattet dies ausdrücklich durch eine sog. Öffnungsklausel.

Eine Öffnungsklausel erlaubt es, vom Tarifvertrag abweichende Regelungen zu treffen. Maßgeblich ist der räumlich, sachlich, zeitlich und persönlich einschlägige Tarifvertrag. Allerdings ist nach der Rechtsprechung des BAG weder die Tarifgebundenheit des Arbeitnehmers noch des Arbeitgebers erforderlich.[2] Ist eine solche Öffnungsklausel im Tarifvertrag nicht enthalten, wird der „normale" Erholungsurlaub deshalb oftmals unter die Regelungssperre fallen.

Praxis-Tipp:

Denkbar ist ein zusätzlicher „Treueurlaub" für langjährige Betriebstreue, wenn ein solcher nicht auch im einschlägigen Tarifvertrag geregelt wird. Möchte man als Arbeitgeber freiwillig einen solchen kollektiv geltenden zusätzlichen Urlaub

---

1 BAG, Urteil vom 14. Januar 1992, Az.: 9 AZR 148/91, AP § 3 BUrlG Nr. 5

2 BAG, Urteil vom 23. März 2011, Az.: 4 AZR 268/09, AP § 77 BetrVG 1972 Nr. 101

gewähren, so empfiehlt sich – sofern im Betrieb ein Betriebsrat besteht – dies in Form einer kündbaren Betriebsvereinbarung zu tun: Denn sollten sich die Umstände ändern und will man von dieser Regelung wieder Abstand nehmen, ist es bedeutend leichter, eine Betriebsvereinbarung zu kündigen, als mit jedem Arbeitnehmer einzelvertraglich eine Änderung der Arbeitsbedingungen zu erreichen.

Als Alternative – auch für Betriebe, in denen kein Betriebsrat besteht – bietet sich die Möglichkeit z. B. eines Freiwilligkeits- oder Widerrufsvorbehalts an (siehe hierzu Kapitel VI Abschnitt 2.3 und 2.4).

3. Öffentlicher Dienst: Personalvertretungsrecht

Der Personalrat kann bei der Urlaubsgestaltung nur insoweit mitbestimmen, als keine gesetzliche oder tarifvertragliche Regelung besteht. Solch eine hat Vorrang und ist der Mitbestimmungskompetenz entzogen.

In den meisten Bundesländern beschränkt sich die Mitbestimmung durch den Personalrat auf die Erstellung allgemeiner Urlaubsgrundsätze und/oder die Aufstellung eines Urlaubsplans.[3] Dem Personalrat steht insoweit ein eigenes Antrags- bzw. Initiativrecht zu.[4] In manchen Personalvertretungsgesetzen ergibt sich das Mitbestimmungsrecht in Urlaubsgestaltungsfragen aus der sog. „Allzuständigkeit" in sozialen und organisatorischen Angelegenheiten.[5] In manchen Bundesländern und bei Bundesbehörden kommt ein Mitbestimmungsrecht für den konkreten Einzelfall bei Festsetzung der zeitlichen Lage des Erholungsurlaubs hinzu, wenn mit dem Beschäftigten

3 § 74 Abs. 1 Nr. 5 LPVG BW; Art. 75 Abs. 4 Nr. 3 BayPVG; § 85 Abs. 1 Nr. 4 LPVG Berlin; § 63 Abs. 1 Buchst. h BremPVG; § 74 Abs. 1 Nr. 8 HPVG Hessen; § 78 Abs. 1 Nr. 3 SPersVG Saarland

4 § 84 Abs. 1 LPVG BW; Art. 70a Abs. 1 BayVG; § 79 Abs. 4 LPVG Berlin; § 66 Abs. 1 LPersVG Brandenburg; § 58 Abs. 4 BremPVG; § 80 Abs. 8 HmbPersVG; § 67 HPVG Hessen; § 65 PersVG M-V; §§ 66 Abs. 4, 69 Abs. 1 NPersVG Niedersachsen; § 74 Abs. 3 LPersVG Rheinland-Pfalz; § 75 Abs. 3 SPersVG Saarland; § 83 SächsPersVG; § 70 ThürPersVG

5 § 51 Abs. 1 i. V. m. § 54 Abs. 4 Nr. 6 MBG Schleswig-Holstein; §§ 69 Abs. 1, 72 Abs. 5 Nr. 5, 73 Abs. 1 Nr. 6, Abs. 2 Nr. 7 ThürPersVG

kein Einverständnis erzielt werden kann[6] oder wenn einem Antrag auf Beurlaubung nicht entsprochen wird.[7] In Sachsen-Anhalt gilt für Arbeitnehmer das Mitbestimmungsrecht bei Ablehnung einer Beurlaubung aus familiären Gründen (§ 67 Abs. 1 Nr. 12 PersVG LSA).

3.1 Aufstellung eines Urlaubsplans

Mit dem Urlaubsplan sollen die Interessen der einzelnen Beschäftigten an der Verteilung und Lage ihres Urlaubs untereinander sowie der Dienststelle an möglichst geringer Störung des Dienstbetriebs durch die urlaubsbedingte Abwesenheit ihrer Beschäftigten in Ausgleich gebracht werden. Nach dem BVerwG ist unter „Aufstellung eines Urlaubsplans" in einem „engeren Sinne die vollständige oder teilweise Feststellung der zeitlichen Lage des Urlaubs aller oder jedenfalls von Teilen der Beschäftigten einer Dienststelle für eine oder auch mehrere Urlaubsperioden unter Berücksichtigung dienstlicher Belange und nach Abstimmung sich gegebenenfalls überschneidender Urlaubsansprüche zu verstehen".[8] Nach dem Verständnis des BVerwG kann der Urlaubsplan auch lediglich einen Teil der Urlaubsperiode umfassen. Ansonsten könnte der Dienstgeber das Mitbestimmungsrecht umgehen, indem er stets nur für kurze Zeiträume Vorgaben für die Urlaubsplanung macht. Der Urlaubsplan muss nach der Lesart des BVerwG auch nicht zwingend dem Ausgleich divergierender Interessen der Belegschaft dienen. Der Urlaubsplan muss also noch keine individuellen positiven Festlegungen von Urlaub für einzelne Mitarbeiter enthalten. Auch die Aufstellung allgemeiner Verfahrens- und Verteilungsgrundsätze wie die Anweisung, sich in Listen einzutragen oder Vertretungsregeln zu beachten, können Teil eines Urlaubsplans sein.[9] Das Mitbestimmungsrecht zur Aufstellung eines Urlaubsplans beinhaltet somit nach neuerer Rechtsprechung auch die Beteiligung bei der Festlegung abstrakt-genereller Urlaubsregelungen.[10]

III

[6] § 66 Nr. 4 LPersVG Brandenburg; §§ 87 Abs. 1 Nr. 2, 88 Nr. 12 Buchst. a) und Buchst. b) HmbPersVG; § 68 Abs. 1 Nr. 21 PersVG M-V; § 65 Nr. 17 NPersVG Niedersachsen; § 72 Abs. 4 Nr. 4 LPVG NRW; § 80 Abs. 2 Nr. 10 LPersVG Rheinland-Pfalz; § 81 Abs. 2 Nr. 3 SächsPersVG; § 80 Abs. 1 Nr. 16 BPersVG

[7] § 88 Nr. 12 HmbPersVG; § 67 Abs. 1 Nr. 12 LPersVG Sachsen-Anhalt; §§ 69 Abs. 1, 73 Abs. 1 Nr. 6, Abs. 2 Nr. 7 ThürPersVG

[8] BVerwG, Beschluss vom 9. August 2022, Az.: 5 P 14.21 Rz. 14 m. w. N.

[9] VGH München, Beschluss vom 25. November 1992, Az.: 17 P 92.3068; BVerwG, Beschluss vom 21. September 2022, Az.: 5 P 17.21

[10] BVerwG, Beschluss vom 21. September 2022, Az.: 5 P 17.21

Bei der Koordinierung der Urlaubswünsche der Beschäftigten ist auf einen gerechten Ausgleich zu achten. Soziale Gründe sind zu berücksichtigen. Beschäftigte, deren Kinder eine Krippe, einen Kindergarten oder die Schule besuchen, wären demnach bevorzugt für Zeiten der Schließzeiten bzw. Schulferien für den Urlaub einzuteilen.

Ein Urlaubsplan kann nicht nur den Erholungsurlaub beinhalten, sondern kann auch andere vorhersehbare Arbeitsbefreiungen wie Eltern-, Pflegezeit-, Zusatz- oder Sonderurlaub in einem festgelegten Zeitraum regeln.

In der Regel wird die Mitbestimmung in Form einer Dienstvereinbarung umgesetzt.

Die Änderung des Urlaubsplans ist ebenso mitbestimmungspflichtig wie die erstmalige Aufstellung.[11]

Der Urlaubsplan stellt noch keine Urlaubserteilung dar. Der Beschäftigte muss sich diesen noch konkret erteilen lassen. Er kann sich nicht unter Berufung auf den Urlaubsplan selbst „beurlauben".

3.2 Urlaubssperre

Eine Urlaubssperre für bestimmte Zeiten – sei es auch nur für eine bestimmte Anzahl von Mitarbeitern in Form einer Mindestpräsenz[12] – ist nicht Teil eines Urlaubsplans, sondern stellt eine vorgeschaltete Entscheidung und Weisung dar, die nicht mitbestimmungspflichtig ist.[13]

3.3 Betriebsurlaub, Schließzeiten

Die Anordnung von Betriebsurlaub soll als Teil eines Urlaubsplans hingegen mitbestimmungspflichtig sein.[14] Begründet wird dies u. a. mit dem Sinn und Zweck des Mitbestimmungsrechts. Der Urlaub der Beschäftigten wird beim Betriebsurlaub – anders als bei einer Urlaubssperre – zumindest teilweise bereits konkret festgelegt.

---

11 Ballerstedt/Schleicher/Faber/Hebeler; BayPVG, Art. 75–79 Rz. 440

12 VG Hannover, Beschluss vom 12. August 2014, Az.: 16 A 2197/13; OVG Magdeburg, Beschluss vom 28. Oktober 2020, Az.: 6 L 2/1

13 BVerwG, Beschluss vom 19. Januar 1993, Az.: 6 P 19/90; VGH Kassel, Beschluss vom 9. Juli 2020, Az.: 22 B 347/20.PV; a. A.: Schubert/Welkoborsky in Boecken/Düwell/Diller/Hanau, Gesamtes Arbeitsrecht, § 80 BPersVG Rz. 16, 2. Auflage 2022

14 BVerwG, Beschluss vom 9. August 2022, Az.: 5 P 14.21

Anders ist dies zu beurteilen, wenn z. B. Schließzeiten noch nicht konkret feststehen und sich die vorgegebenen Grundsätze noch nicht unmittelbar auf die zeitliche Lage des Urlaubs der Beschäftigten auswirken.[15] Die Anordnung ist in diesem Fall als dienstliche Weisung, die der Urlaubsplanung vorausgeht, zu verstehen und damit mitbestimmungsfrei.

3.4 Aufstellung allgemeiner Urlaubsgrundsätze

Urlaubsgrundsätze enthalten allgemeine, abstrakte Richtlinien zur Urlaubsverteilung über ein bestimmtes Urlaubsjahr hinaus, also z. B. Vertretungsregeln, die Kombination von Erholungsurlaub mit Zeitguthaben, Antragsfristen etc.

[15] VGH München, Beschluss vom 25. November 1992, Az.: 17 P 92.3068: Es wurde für die Beschäftigten der kommunalen Kinderkrippen lediglich vorgegeben, dass die einzelnen Einrichtungen 15 Tage im Jahr als Schließzeiten festlegen, während deren die Beschäftigten Urlaub nehmen.

IV. Urlaubsregelungen für besondere Personengruppen

IV

IV. Urlaubsregelungen für besondere Personengruppen

1. Zusatzurlaub nach dem SGB IX

Das Sozialgesetzbuch Neuntes Buch (SGB IX) enthält Regelungen zur Rehabilitation und Teilhabe behinderter Menschen. Aufgrund des besonderen Erholungsbedürfnisses eines schwerbehinderten Menschen sieht das SGB IX in § 208 einen Anspruch auf einen Zusatzurlaub von einer Woche vor, d. h. fünf Urlaubstage bei einer Fünf-Tage-Woche, entsprechend mehr oder weniger bei längerer oder kürzerer Arbeitswoche.

1.1 Ursprung

Seinen Ursprung hat der Zusatzurlaub in den Regelungen für die aus den Weltkriegen zurückgekehrten kriegsversehrten und kriegsbeschädigten Bürger. Zusatzurlaubstage waren erstmals in den Landesgesetzen nach 1945 und dem 2. Schwerbeschädigtengesetz aus dem Jahr 1953 geregelt. Das Schwerbehindertengesetz (SchwbG) trat im Jahr 1974 in Kraft und wurde 2001 von dem nunmehr geltenden SGB IX abgelöst.

Hintergrund für die gesetzliche Regelung des Zusatzurlaubes ist die Überlegung, dass ein schwerbehinderter Arbeitnehmer seine Arbeitskraft schneller als ein gesunder Arbeitnehmer verbraucht und deshalb ein besonderes Erholungsbedürfnis hat. Durch den Zusatzurlaub sollen die Arbeitskraft und die Wettbewerbsfähigkeit des schwerbehinderten Arbeitnehmers gesichert und erhalten werden. Außerdem soll ein Ausgleich für die behinderungsbedingten Mehrbelastungen erfolgen. Auf ein konkretes Erholungsbedürfnis kommt es dabei nicht an.

1.2 Rechtsnatur

Der Zusatzurlaub nach § 208 SGB IX ist ein gesetzlicher Mindesturlaub. Er ist zwingend. Vereinbarungen, die für den schwerbehinderten Arbeitnehmer ungünstiger als die gesetzlichen Regelungen sind, sind nach § 134 BGB unwirksam.

Der Anspruch auf den Zusatzurlaub ist unabhängig davon, ob der Arbeitgeber die Pflichtquote zur Beschäftigung schwerbehinderter Menschen gemäß § 154 SGB XI erfüllt.

Der Zusatzurlaub tritt zu dem Grundurlaubsanspruch des schwerbehinderten Arbeitnehmers, also zu dem gesetzlichen Mindesturlaub nach dem BUrlG zuzüglich eines gegebenenfalls arbeitsvertraglich oder tarifvertraglich vereinbarten Mehrurlaubsanspruchs hinzu. Der Zusatzurlaub folgt dem Hauptanspruch auf Erholungsurlaub.[1] Gelten beim Arbeitgeber Betriebsferien, erhalten die schwerbehinderten Arbeitnehmer ihren Zusatzurlaub ebenfalls in den Betriebsferien. Lehrer an öffentlichen Schulen erhalten den Zusatzurlaub während der Schulferien (in Bayern nach § 3 Abs. 5 Satz 1 BayUrlV).

Soweit in § 208 SGB IX nichts anderes geregelt ist, sind auf den Zusatzurlaub die allgemeinen Regelungen des BUrlG anwendbar. So gelten auch beim Zusatzurlaub für schwerbehinderte Menschen insbesondere die Vorschriften über das Urlaubsjahr (§ 1 BUrlG), die Wartezeit (§ 4 BUrlG), den Teilurlaub (§ 5 BUrlG), den Ausschluss von Doppelansprüchen (§ 6 BUrlG), den Zeitpunkt der Urlaubsgewährung (§ 7 BUrlG), die Übertragbarkeit des Urlaubes ins nächste Jahr und das Urlaubsgeld (§ 11 BUrlG).

Auch die Mitwirkungspflichten des Arbeitgebers (vgl. Kapitel II Abschnitt 5.3) gelten gleichermaßen. Der Arbeitgeber muss den Berechtigten zur Inanspruchnahme des Urlaubs auffordern und auf den drohenden Verfall hinweisen, wenn er eine Übertragung in das Folgejahr vermeiden will, schlicht, weil der Arbeitnehmer von seinem Recht auf Zusatzurlaub aus freien Stücken keinen Gebrauch macht. Etwas anders gilt nur, wenn dem Arbeitgeber die Schwerbehinderteneigenschaft oder zumindest eine entsprechende Antragstellung nicht bekannt sind und erstere auch nicht offensichtlich ist[2] (vgl. hierzu Abschnitt 1.4 „Schwerbehinderteneigenschaft").

Praxis-Tipp:

Der Arbeitnehmer hat erst dann Anspruch auf vollen Zusatzurlaub, wenn die Wartezeit erfüllt ist. Das Arbeitsverhältnis muss also mindestens seit sechs Monaten bestehen.

1 BAG, Urteil vom 23. März 2010, Az.: 9 AZR 128/09, NZA 2010, 810, zu § 125 SGB IX a. F.

2 BAG, Urteile vom 26. April 2022, Az.: 9 AZR 367/21, NZA 2022, 1047; vom 30. November 2021, Az.: 9 AZR 143/21, NZA 2023, 902

1.3 Für wen gilt das Gesetz?

Der schwerbehinderte Mensch muss seinen Wohnsitz bzw. seinen gewöhnlichen Aufenthalt im Geltungsbereich des SGB IX haben oder sein Arbeitsplatz muss dort liegen.

Einen Anspruch auf den Zusatzurlaub nach § 208 SGB IX haben schwerbehinderte Menschen im Sinne von § 2 Abs. 2 SGB IX mit einem Grad der Behinderung von mindestens 50.

Gemäß § 151 Abs. 3 SGB IX haben gleichgestellte behinderte Menschen (mit einem Grad der Behinderung von mindestens 30 bis unter 50, § 2 Abs. 3 SGB IX) keinen Anspruch auf den Zusatzurlaub nach § 208 SGB IX.

Beamte und Angestellte im öffentlichen Dienst in Hessen mit einem Grad der Behinderung von 25 bis 49 können sich jedoch auf die Hessische Urlaubsverordnung berufen: Diese gewährt schon bei einem nicht nur vorübergehenden Grad der Behinderung von wenigstens 25 und höchstens 49 wegen einer durch die Behinderung bedingten Erholungsbedürftigkeit Zusatzurlaub bis zu drei Arbeitstagen im Jahr (§ 13 HessUrlV). Die Verordnung schließt in ihrem Geltungsbereich damit die Lücke für schwerbehinderten Menschen gleichgestellte Personen des SGB IX zumindest teilweise.

Im Saarland können schwerbehinderte Menschen mit einer Minderung der Erwerbsfähigkeit von 25 % bis ausschließlich 50 % einen Zusatzurlaub von drei Arbeitstagen nach dem Gesetz Nr. 186 betreffend die Regelung des Zusatzurlaubes für kriegs- und unfallbeschädigte Arbeitnehmer vom 22. Juni 1950/30. Juni 1951 (ZUrlG SL) beanspruchen. Allerdings ist dieses Gesetz am 1. Januar 2000 außer Kraft getreten. Es gilt jedoch noch weiter für diejenigen, die bereits im Jahr 1999 einen Anspruch nach dem ZUrlG SL hatten, um ihren Besitzstand zu wahren.

Auch schwerbehinderte Menschen im Eingangs-, Berufsbildungs- und Arbeitsbereich in Werkstätten für behinderte Menschen haben einen Anspruch auf den Zusatzurlaub.

Dasselbe gilt für Beamte, Richter, Soldaten, Teilnehmer an einer Arbeitsbeschaffungsmaßnahme, Heimarbeiter oder sonstige arbeitnehmerähnliche schwerbehinderte Menschen.

1.4 Schwerbehinderteneigenschaft

Den Anspruch auf Zusatzurlaub nach dem SGB IX haben schwerbehinderte Menschen. Die Schwerbehinderteneigenschaft muss lediglich objektiv vorliegen und bedarf keiner Anerkennung durch die jeweilige Behörde. Die Feststellung der Schwerbehinderteneigenschaft durch die Behörde hat nur deklaratorischen Charakter. Sie erleichtert es dem Betroffenen, seine Schwerbehinderteneigenschaft nachzuweisen. Für die Entstehung des Anspruchs muss der Arbeitnehmer diesen unter Berufung auf die Schwerbehinderteneigenschaft ausdrücklich geltend machen.[3]

Der Anspruch des schwerbehinderten Arbeitnehmers auf Zusatzurlaub besteht auch, wenn der Arbeitgeber von der Schwerbehinderteneigenschaft nichts wusste. Wenn die Schwerbehinderung nicht offenkundig ist, gilt jedoch die Mitwirkungsobliegenheit des Arbeitgebers nicht. Er muss nicht jeden Arbeitnehmer vorsorglich auf einen etwaigen Sonderurlaubsanspruch hinweisen und ihn auffordern, diesen zu nehmen und auf einen drohenden Verfall mit Ablauf des Kalenderjahres hinweisen. Er hat keine Fragepflicht (wohl aber jedenfalls nach Ablauf der Wartezeit ein Fragerecht). Der Arbeitgeber darf sich grundsätzlich darauf verlassen, dass der Arbeitnehmer die Schwerbehinderteneigenschaft anzeigt.[4]

Hat der Arbeitnehmer erst einen Antrag auf Feststellung der Schwerbehinderteneigenschaft gestellt und informiert er den Arbeitgeber hiervon, kann der Arbeitgeber während des laufenden Verfahrens vorsorglich seinen Informations- und Hinweispflichten für den Fall nachkommen, dass die Schwerbehinderteneigenschaft rückwirkend festgestellt wird. Bei Inanspruchnahme des Zusatzurlaubs durch den Arbeitnehmer muss er diesen auch gewähren. Sonst könnte man ihm widersprüchliches Verhalten vorwerfen.

Dieses Vorgehen bietet sich zumindest dann an, wenn eine positive Entscheidung der Behörde wahrscheinlich erscheint. Bezweifelt der Arbeitgeber hingegen, dass die Behörde eine Schwerbehinderteneigenschaft feststellen wird, und will er den Zusatzurlaub nicht schon vorsorglich während des laufenden Verfahrens gewähren, trägt er das Risiko dafür, dass sich seine Prognose im Nachhinein als falsch erweist: Hat ihn der Arbeitnehmer über seinen Antrag – oder gegebenenfalls nach einer Ablehnung über die Einlegung eines

---

[3] BAG, Urteil vom 28. Januar 1982, Az.: 6 AZR 636/79, AP § 44 SchwbG Nr. 3

[4] BAG, Urteil vom 30. November 2021, Az.: 9 AZR 143/21, BeckRS 2021, 48632

Rechtsmittels – informiert, und wird später rückwirkend die Schwerbehinderteneigenschaft festgestellt, so besteht – ebenfalls rückwirkend – der Anspruch auf Zusatzurlaub. Wenn der Arbeitgeber seinen Mitwirkungsobliegenheiten für den vergangenen Zeitraum nicht nachgekommen ist, konnte der Zusatzurlaub nicht mit Ablauf des Kalenderjahres nach § 7 Abs. 3 BUrlG verfallen.[5]

Der Arbeitgeber kann die Gewährung des Zusatzurlaubes jedoch solange verweigern, bis der Arbeitnehmer die Voraussetzungen für den Zusatzurlaub nachgewiesen hat.

Bei einer rückwirkenden Feststellung der Schwerbehinderteneigenschaft gelten gemäß § 208 Abs. 3 SGB IX die allgemeinen Verfalls- und Übertragungsbestimmungen und zum Ersatzurlaubsanspruch (vgl. oben Kapitel II Abschnitt 5.6 und 6.2). Wenn der Arbeitgeber keine Kenntnis von der Schwerbehinderteneigenschaft bzw. eines entsprechenden Feststellungsantrags des Arbeitnehmers hatte, kann der Zusatzurlaub auch ohne Hinweis des Arbeitgebers auf den Urlaub verfallen sein.[6]

Mit dem Erlöschen der Schwerbehinderteneigenschaft erlischt auch der Anspruch auf den Zusatzurlaub. Sinkt der Grad der Behinderung auf weniger als 50, bleibt dem schwerbehinderten Menschen der Schutz des SGB IX und somit der Anspruch auf den Zusatzurlaub während einer Schonfrist erhalten, die gemäß § 199 Abs. 1 SGB IX erst am Ende des dritten Kalendermonats nach Eintritt der Unanfechtbarkeit des die Verringerung feststellenden Bescheides endet. Hat die Behörde im Bescheid nur eine zeitlich befristete Schwerbehinderteneigenschaft festgestellt, so kann sich der schwerbehinderte Mensch ab diesem Zeitpunkt nicht mehr auf den behördlichen Bescheid als Nachweis für seine Schwerbehinderteneigenschaft berufen. Er könnte den Nachweis jedoch auch durch ein anderes ärztliches Gutachten führen.

1.5 Tatsächliche Arbeitsleistung, Erwerbsminderungsrente

Für die Entstehung des Zusatzurlaubes wird kein gewisses Ausmaß an tatsächlicher Arbeitsleistung vorausgesetzt. Er entsteht auch, wenn der schwerbehinderte Arbeitnehmer dauererkrankt ist oder wenn das Arbeitsverhältnis aufgrund einer Erwerbsminderungs-

---

[5] BAG, Urteil vom 26. April 2022, Az.: 9 AZR 367/21, NZA 2022, 1047

[6] BAG, Urteil vom 26. April 2022, Az.: 9 AZR 367/21, NZA 2022, 1047

rente ruht. Diesbezügliche tarifvertragliche Kürzungsvorschriften sind unwirksam.[7]

Hieran dürfte sich auch durch die neuere Rechtsprechung des BAG zur Kürzung des Urlaubs bei Wegfall der Arbeitspflicht, z.B. wegen Kurzarbeit oder eines Sabbaticals (vgl. oben Kapitel II Abschnitt 4.2.4 und 4.2.7), nichts geändert haben, denn es handelt sich um einen personenbedingten Grund für das Ruhen des Arbeitsverhältnisses, vergleichbar mit dem einer Arbeitsunfähigkeit.[8] Der Urlaubsanspruch kann jedoch bei durchgehender Erkrankung oder voller Erwerbsminderung des Arbeitnehmers bis zum 31. März des zweiten auf das Urlaubsjahr folgenden Jahres nach allgemeinen Grundsätzen verfallen sein. (vgl. oben Kapitel II Abschnitt 5.6.3)

1.6 Dauer

Gemäß § 208 Abs. 1 SGB IX haben schwerbehinderte Menschen einen Anspruch auf bezahlten Zusatzurlaub in Höhe von fünf Arbeitstagen pro Urlaubsjahr bei einer Fünf-Tage-Woche. Bei mehr oder weniger als fünf Arbeitstagen in der Kalenderwoche erhöht bzw. vermindert sich der Zusatzurlaub entsprechend. Somit haben auch teilzeitbeschäftigte schwerbehinderte Menschen Anspruch auf den Zusatzurlaub, der sich entsprechend reduziert, wenn an weniger als fünf Tagen die Woche gearbeitet wird (vgl. Kapitel II Abschnitt 4.2.1).

Wichtig: Eine Auf- oder Abrundung von Urlaubstagen ist im Fall der Teilzeitbeschäftigung nicht zulässig, sodass gegebenenfalls eine stundenweise Gewährung zu erfolgen hat.

Bei unterjährigem Ein- oder Austritt ist der Urlaubsanspruch nach den Vorgaben des § 5 BUrlG ebenfalls anteilig zu zwölfteln (vgl. dazu Kapitel II Abschnitt 3.3 „Teilurlaub"). Scheidet der schwerbehinderte Arbeitnehmer beispielsweise vor Ablauf der Wartezeit (§ 4 BUrlG) bzw. in der ersten Jahreshälfte trotz Erfüllung der Wartezeit aus dem Arbeitsverhältnis aus, hat der schwerbehinderte Arbeitnehmer gemäß § 5 Abs. 1 Buchst. a), b) oder c) BUrlG lediglich einen Anspruch auf einen anteiligen Zusatzurlaub.

---

7 BAG, Urteil vom 7. August 2012, Az.: 9 AZR 353/10, AP § 7 BUrlG Nr. 61

8 so auch LAG Rheinland-Pfalz, Urteil vom 3. Dezember 2020, Az.: 5 Sa 113/20, BeckRS 2020, 42360; Rolfs/Giesen/Meßling/Udsching/Lampe, BeckOK Arbeitsrecht, § 1 BUrlG Rz. 11a

Liegen die Voraussetzungen des § 5 BUrlG nicht vor, z. B. der Arbeitnehmer scheidet in der zweiten Jahreshälfte eines Kalenderjahres aus, erwirbt er – vorbehaltlich einer ganzjährig bestehenden Schwerbehinderteneigenschaft – den vollen Zusatzurlaub nach dem SGB IX.

Gemäß § 208 Abs. 2 SGB IX besteht nur ein anteiliger Anspruch auf den Zusatzurlaub, wenn die Schwerbehinderteneigenschaft nicht im ganzen Kalenderjahr besteht. Für jeden vollen Monat der im Beschäftigungsverhältnis vorliegenden Schwerbehinderteneigenschaft besteht ein Anspruch auf 1/12 des Zusatzurlaubes gemäß § 208 Abs. 1 SGB IX.

Wichtig: Ergeben sich hierdurch Bruchteile von Urlaubstagen von mindestens einem halben Tag, erfolgt eine Aufrundung. Bruchteile von weniger als 0,5 sind mit dem tatsächlichen Wert zu gewähren.

Eine weitere Minderung des Zusatzurlaubes (z. B. wegen Kündigung im ersten Halbjahr) ist nicht möglich, § 208 Abs. 2 Satz 3 SGB IX.

1.7 Urlaubsentgelt, Urlaubsgeld

Auch während des Zusatzurlaubes nach § 208 SGB IX erhält der Arbeitnehmer Urlaubsentgelt. Es wird also das Arbeitsentgelt nach den allgemeinen Regelungen weiter bezahlt (vgl. hierzu Kapitel II Abschnitt 7).

In Heimarbeit beschäftigte schwerbehinderte Arbeitnehmer erhalten ein Urlaubsentgelt, das sich nach § 210 Abs. 3 SGB XI berechnet. Hiernach gelten auch für den Zusatzurlaub die einzelvertraglichen oder tariflichen Regelungen. Bestehen solche Regelungen nicht, erhält der schwerbehinderte Mensch als zusätzliches Urlaubsentgelt 2 % des in der Zeit vom 1. Mai des vergangenen bis zum 30. April des laufenden Jahres verdienten Arbeitsentgelts ausschließlich der Unkostenzuschläge.

Ein Anspruch auf ein zusätzliches Urlaubsgeld besteht nur, wenn ein individuelles Urlaubsgeld vereinbart wurde, das nach der Zahl der Urlaubstage berechnet wird und nicht auf den allgemeinen Urlaub beschränkt ist.

Praxis-Tipp:

Bei Vereinbarung eines festen jährlichen Urlaubsgeldes besteht für den Zusatzurlaub kein zusätzlicher Urlaubsgeldanspruch.

1.8 Verfall und Abgeltung

Der Anspruch auf den Zusatzurlaub erlischt grundsätzlich, wenn er so spät im Urlaubsjahr bzw. im Übertragungszeitraum geltend gemacht wird, dass er nicht mehr genommen werden kann. Dies setzt jedoch voraus, dass der Arbeitnehmer vom Arbeitgeber rechtzeitig dazu in die Lage versetzt worden ist, seinen Urlaub zu nehmen. Der Arbeitgeber muss also seinen Mitwirkungsobliegenheiten nachgekommen sein, mithin, den Arbeitnehmer rechtzeitig aufgefordert haben, seinen Urlaub zu nehmen. Es gelten für den Zusatzurlaub für Schwerbehinderte die gleichen Grundsätze wie für den gesetzlichen Mindesturlaub (vgl. oben Kapitel II Abschnitt 5 unter „Urlaubsgewährung").

Auch die Grundsätze bei einer Dauererkrankung gelten entsprechend (vgl. Kapitel II Abschnitt 5.6.3). Kann der schwerbehinderte Arbeitnehmer während des Bezugszeitraumes aufgrund einer Arbeitsunfähigkeitserkrankung keine Arbeitsleistung erbringen, verfällt auch der Anspruch auf Zusatzurlaub frühestens 15 Monate nach Ende des Urlaubsjahres bzw. des Übertragungszeitraumes.

Kann der Zusatzurlaub wegen Beendigung des Arbeitsverhältnisses nicht mehr gewährt werden, ist er abzugelten. Dies gilt selbst dann, wenn der Arbeitgeber erst nach Beendigung des Arbeitsverhältnisses von der Schwerbehinderteneigenschaft des Arbeitnehmers Kenntnis erhält.

1.9 Mitbestimmungsrechte des Betriebs- und Personalrats

Der Betriebsrat hat nach § 87 Abs. 1 Nr. 5 BetrVG ein Mitbestimmungsrecht auch bezüglich des Zusatzurlaubes nach § 208 SGB IX, desgleichen der Personalrat nach den jeweiligen Vorschriften der Personalvertretungsgesetze (vgl. hierzu oben Kapitel III).

2. Jugendarbeitsschutzgesetz

Für Jugendliche sieht das JArbSchG in § 19 einen im Vergleich zum BUrlG erweiterten Anspruch auf bezahlten Erholungsurlaub vor. Damit soll einem gesteigerten Erholungsbedürfnis der Jugendlichen Rechnung getragen und der Übergang ins Erwerbsleben erleichtert werden.

2.1 Wo gilt das Gesetz?

Das JArbSchG gilt in der Bundesrepublik und in der Ausschließlichen Wirtschaftszone (AWZ), Art. 55 SRÜ. Die AWZ umfasst das Gebiet vom Ende des Küstenmeeres bis zu 200 Seemeilen von der Basislinie entfernt. Es gehört nach Art. 2, 3 SRÜ nicht mehr zum eigentlichen Hoheitsgebiet des Staates wie das sog. Küstenmeer, das maximal 12 Seemeilen von der Basislinie entfernt sein darf. Praktische Bedeutung kann dies z. B. für Tätigkeiten auf Offshore-Anlagen in der Nord- oder Ostsee haben. Für jugendliche Besatzungsmitglieder auf Seeschiffen gilt das SeeArbG (vgl. Abschnitt 6).

Dabei gilt für den räumlichen Anwendungsbereich das Territorialitätsprinzip. Maßgebend ist, wo der Jugendliche beschäftigt wird, nicht, wo der Arbeitgeber seinen Sitz hat.

2.2 Für wen gilt das Gesetz?

Nach seinem § 1 findet das JArbSchG auf Beschäftigungsverhältnisse mit Personen Anwendung, die noch nicht 18 Jahre alt sind und

- in der Berufsausbildung stehen oder
- als Arbeitnehmer oder als Heimarbeiter tätig sind oder
- mit sonstigen Dienstleistungen betraut sind, die der Arbeitsleistung von Arbeitnehmern oder Heimarbeitern ähnlich sind oder
- in einem der Berufsausbildung ähnlichen Ausbildungsverhältnis stehen.

Es gilt nicht für geringfügige gelegentliche Hilfsleistungen, z. B. aus Gefälligkeit, oder für die Beschäftigung durch die Personensorgeberechtigten im Familienhaushalt (§ 1 JArbSchG).

Jugendlicher ist, wer das 15., aber noch nicht das 18. Lebensjahr vollendet hat (§ 2 Abs. 2 JArbSchG).

Für Kinder unter 15 Jahren (§ 2 Abs. 1 JArbSchG) gilt ein generelles Beschäftigungsverbot (§ 5 Abs. 1 JArbSchG). Ausnahmen sind möglich, wie das Austragen von Zeitungen als leichte und geeignete Beschäftigung für Kinder über 13 Jahren mit Einwilligung der Personensorgeberechtigten unter bestimmten weiteren Voraussetzungen.

Soweit Ausnahmen zugelassen sind (§ 5 Abs. 2 bis 4 JArbSchG), findet § 19 JArbSchG, der die Höhe des Urlaubsanspruchs für Jugendliche regelt, jedoch ebenfalls Anwendung.

2.3 Urlaubsanspruch

Nach § 19 Abs. 1 JArbSchG beträgt der Urlaub

- mindestens 30 Werktage, wenn der Jugendliche zu Beginn des Kalenderjahres noch nicht 16 Jahre alt ist
- mindestens 27 Werktage, wenn der Jugendliche zu Beginn des Kalenderjahres noch nicht 17 Jahre alt ist und
- mindestens 25 Werktage, wenn der Jugendliche zu Beginn des Kalenderjahres noch nicht 18 Jahre alt ist.

Stichtag für die Altersgrenze ist nach dem Wortlaut also der 1. Januar. Wer erst am 2. Januar Geburtstag hat, kommt somit noch in den Genuss des längeren Urlaubs für das gesamte Kalenderjahr.

Beispiel:

Arbeitnehmer A hat am 2. Januar sein 17. Lebensjahr vollendet. Sein Kollege B hatte schon am 1. Januar seinen 17. Geburtstag gefeiert.

A steht nach § 19 Abs. 2 Satz 1 JArbSchG ein Urlaubsanspruch von 27 Werktagen im Kalenderjahr zu, seinem nur einen Tag älteren Kollegen hingegen nur von 25 Werktagen.

Hinzu kommen noch drei weitere Werktage Urlaub, wenn der Jugendliche im Bergbau unter Tage beschäftigt wird. Da das Gesetz keine bestimmte Dauer der Beschäftigung unter Tage vorschreibt, soll es nach wohl h. M. für diesen speziellen Zusatzanspruch ausreichend sein, dass der Jugendliche im Urlaubsjahr überhaupt (und sei es nur einen Tag!) unter Tage beschäftigt ist.

Steht dem Jugendlichen nach dem Schwerbehindertenrecht weiterer Zusatzurlaub zu, so addieren sich die Ansprüche aus § 19 JArbSchG und § 208 SGB IX.

§ 19 JArbSchG spricht von „Werktagen". Werktage sind alle Tage, die nicht Sonn- oder Feiertage sind (§ 3 Abs. 2 BUrlG), somit prinzipiell auch Samstage. Jugendliche dürfen jedoch nur an fünf Tagen die Woche beschäftigt werden (§ 15 JArbSchG). Die Werktage sind deshalb in Arbeitstage umzurechnen:

Nach § 19 JArbSchG entsprechen

- 30 Werktage 25 Arbeitstagen Urlaub,
- 27 Werktage 22,5 Arbeitstagen Urlaub,
- 25 Werktage 20,83 Arbeitstagen Urlaub.

Eine Aufrundung nach § 5 Abs. 2 BUrlG erfolgt insoweit nicht, da es hier nicht um einen Teilurlaub für ein Arbeitsverhältnis geht, das während des laufenden Kalenderjahrs begonnen oder geendet hat.

2.4 Gewährung des Urlaubsanspruchs

Der Urlaub soll in der Zeit der Berufsschulferien gegeben werden (§ 19 Abs. 3 JArbSchG). In begründeten Fällen kann der Urlaub jedoch auch außerhalb der Ferien genommen werden, etwa im Fall von Betriebsferien oder wenn der Jugendliche dies wünscht, um seinen Urlaub gemeinsam mit seiner Familie zu verbringen.

Besucht der Jugendliche während seines Urlaubs die Berufsschule, muss der Arbeitgeber hierfür einen weiteren Urlaubstag gewähren (§ 19 Abs. 3 Satz 2 JArbSchG). Umstritten ist, ob dies auch gilt, wenn der Jugendliche während seines Urlaubs nicht am Unterricht teilgenommen hat. War er arbeitsunfähig, so erfolgt jedenfalls keine Anrechnung dieses Berufsschultages auf den Urlaubsanspruch (§ 19 Abs. 4 Satz 1 JArbSchG i. V. m. § 9 BUrlG). Hat er hingegen unentschuldigt gefehlt, so wird vertreten, dass der Arbeitgeber dennoch für den Berufsschultag einen weiteren Urlaubstag zu gewähren hat, auch gegen den Wortlaut des Gesetzes: Schließlich besteht an Tagen des Berufsschulunterrichts ohnehin keine Arbeitspflicht (§ 15 BBiG). Somit kann man an diesen Tagen auch nicht von der Arbeitspflicht freistellen. Andererseits erscheint diese Argumentation doch recht formaljuristisch und mit Rücksicht auf den Erholungszweck, dem § 19 JArbSchG dient, nicht überzeugend. Einem Jugendlichen für einen geschwänzten Berufsschultag einen weiteren Urlaubstag zu gewähren, erscheint auch nicht gerade pädagogisch wertvoll und widerspricht auch dem Wortlaut des § 19 Abs. 3 Satz 2 JArbSchG.

2.5 Jugendliche Heimarbeiter

Dem in Heimarbeit beschäftigten Jugendlichen stehen zunächst die in § 12 BUrlG aufgeführten Rechte zu (vgl. hierzu Abschnitt 7).

Abweichend hiervon hat der Auftraggeber oder Zwischenmeister jedoch den erhöhten Urlaubsanspruch nach § 19 Abs. 2 JArbSchG zu gewähren sowie das in § 19 Abs. 4 JArbSchG aufgeführte Urlaubsentgelt zu bezahlen. Dieses beträgt in Abweichung von § 12 BUrlG bei einem Urlaubsanspruch von 30 Werktagen 11,6 %, bei 27 Werktagen 10,3 % und bei 25 Werktagen 9,5 % des in der Zeit vom 1. Mai bis 30. April des Folgejahres bzw. bis zur Beendigung des Beschäftigungsverhältnisses verdienten Bruttoarbeitsentgelts ohne Unkostenzuschlag und ohne Entgeltfortzahlungen für Krankheit, Feiertage und Urlaub.

Somit kommt es durch die Stichtagsregelung hinsichtlich des Alters (1. Januar, vgl. oben) dazu, dass das höhere Entgelt für ein niedrigeres Lebensjahr noch im darauf folgenden Urlaubsjahr bei der Berechnung mit einfließt.

2.6 Geltung des BUrlG, Abweichung durch Tarifvertrag

Im Übrigen gilt das BUrlG weitgehend entsprechend (§ 19 Abs. 4 Satz 1 JArbSchG): Anwendbar sind die Vorschriften über die Wartezeit (§ 4 BUrlG), den Teilurlaub (§ 5 BUrlG), den Ausschluss von Doppelansprüchen (§ 6 BUrlG), die Art und Weise der Urlaubsgewährung (§ 7 BUrlG), das Verbot der Erwerbstätigkeit während des Urlaubs (§ 8 BUrlG), eine Erkrankung während des Urlaubs (§ 9 BUrlG), Maßnahmen der medizinischen Vorsorge und Rehabilitation (§ 10 BUrlG), das Urlaubsentgelt (§ 11 BUrlG), die Heimarbeit (§ 12 BUrlG) und die Möglichkeit der Verlegung des Urlaubsjahres durch Tarifvertrag für die Deutsche Bahn AG und die Bundespost-Nachfolger (§ 13 Abs. 3 BUrlG).

Nicht anwendbar ist jedoch § 13 Abs. 1 und 2 BUrlG: Dies bedeutet, dass Tarifnormen für Jugendliche keine ungünstigeren Regelungen treffen können.

2.7 Bußgeld, Strafe

Nach § 58 Abs. 1 Nr. 16 JArbSchG kann derjenige mit einem Bußgeld bis zu 15.000 Euro belegt werden, der entgegen § 19 Abs. 1 (Urlaubsanspruch), auch i. V. m. Abs. 2 Satz 1 oder 2 (Urlaubsdauer) oder entgegen Abs. 3 Satz 2 (Nachgewährung von Urlaubstagen bei Berufsschulbesuch), oder Abs. 4 Satz 2 (Urlaub im Bereich der Heimarbeit) Urlaub nicht oder nicht mit der vorgeschriebenen Dauer gewährt.

Bei vorsätzlichem Handeln und daraus resultierender Gesundheitsgefährdung oder beharrlicher Wiederholung kann die Tat auch mit Geldstrafe oder Freiheitsstrafe bis zu einem Jahr bestraft werden (§ 58 Abs. 5 JArbSchG).

3. Sonderregelungen für Auszubildende

Auszubildende sind nicht nur im Rahmen des Erholungsurlaubs von ihrer Arbeitspflicht freizustellen, sondern auch zum Zweck der Teilnahme am Berufsschulunterricht:

3.1 Berufsschulunterricht

Der Auszubildende hat einen Anspruch auf Freistellung von der Arbeitspflicht für die Teilnahme am Berufsschulunterricht und an den Prüfungen (§ 15 BBiG), und zwar unter Fortzahlung der vertraglichen Vergütung.

Außerdem bestehen Beschäftigungsverbote für Tage der Teilnahme am Berufsschulunterricht (§ 9 JArbSchG)

- vor einem vor 9.00 Uhr beginnenden Unterricht, wobei dies auch für Personen gilt, die über 18 Jahre, aber noch berufsschulpflichtig sind. Die Berufsschulpflicht richtet sich nach den Schulpflichtgesetzen der Länder.
- an einem Berufsschultag mit mehr als fünf Unterrichtsstunden von mindestens 45 Minuten Dauer, einmal in der Woche.
- in Berufsschulwochen mit einem planmäßigen Blockunterricht von mindestens 25 Stunden an mindestens fünf Tagen. Zusätzliche betriebliche Ausbildungsveranstaltungen bis zu zwei Stunden wöchentlich sind jedoch zulässig.

Berufsschultage, die den genannten Voraussetzungen genügen, werden mit acht Stunden auf die Arbeitszeit angerechnet, entsprechende Berufsschulwochen mit 40 Stunden.

3.2 Erholungsurlaub

Ansonsten richtet sich der gesetzliche Mindesturlaubsanspruch der Höhe nach je nach Alter entweder nach dem BUrlG oder dem JArbSchG.

Schwerbehinderte Auszubildende erhalten Zusatzurlaub nach § 208 SGB IX.

Wichtig: Hat der Auszubildende seinen vollen Urlaubsanspruch bei Beendigung des Berufsausbildungsverhältnisses noch nicht erhalten und schließt sich ein Arbeitsverhältnis unmittelbar an, so ist der Resturlaub aus dem Ausbildungsverhältnis nicht abzugelten, sondern in natura zu gewähren.

4. Arbeitsplatzschutzgesetz

Das ArbPlSchG soll Nachteile ausgleichen, die Arbeitnehmern und zu ihrer Berufsausbildung Beschäftigten durch die Ausübung des Wehrdienstes und Teilnahme an Wehrübungen in Bezug auf ihr Arbeitsverhältnis entstehen. Der Arbeitnehmer, der im Anschluss an den Wehrdienst seine Arbeit wieder aufnimmt, soll zumindest wirtschaftlich so behandelt werden, als hätte er den Grundwehrdienst nicht geleistet.[9] Das ArbPlSchG gibt dem Arbeitnehmer Kündigungsschutz. Bei einem Ausbildungsverhältnis darf der Ausbildende die Übernahme des Auszubildenden in ein unbefristetes Arbeitsverhältnis nicht aus Anlass des Wehrdienstes ablehnen. Der Arbeitgeber darf auch die Verlängerung eines befristeten Arbeitsverhältnisses oder die Übernahme des Arbeitnehmers in ein unbefristetes Arbeitsverhältnis nicht aus Anlass des Wehrdienstes ablehnen (§ 2 ArbPlSchG).

Das Arbeitsverhältnis bleibt während der Ableistung des Grundwehrdienstes bzw. der Teilnahme an der Wehrübung bestehen, seine Hauptleistungspflichten ruhen, d. h. es wird weder gearbeitet noch wird Entgelt gezahlt.

---

9 BAG, Urteil vom 28. Juni 1994, Az.: 3 AZR 988/93, NZA 1995, 433

4.1 Für wen gilt das Gesetz?

Da seit Juli 2011 die Wehrpflicht ausgesetzt ist, hat das ArbPlSchG derzeit nur eingeschränkte Bedeutung, nämlich insbesondere für den freiwilligen Wehrdienst (§ 16 Abs. 7 ArbPlSchG, § 58b SoldatenG) und Wehrübungen. Anders als auf den früheren Zivildienst (§ 78 Abs. 1 Nr. 1 ZDG) findet auf den neu geschaffenen Bundesfreiwilligendienst das ArbPlSchG keine Anwendung. Es gilt auch nicht für Berufssoldaten, jedoch für Soldaten auf Zeit für die ersten sechs Monate der Dienstzeit. Dauert die gesamte Dienstzeit nicht länger als zwei Jahre, so ist das ArbPlSchG für die ganze Dienstzeit anwendbar (§ 16a ArbPlSchG).

Das ArbPlSchG gilt für Arbeitnehmer, Auszubildende, in Heimarbeit Beschäftigte, Beamte und Richter. Dies allerdings nur insoweit, als sie dem deutschen Wehrrecht unterliegen sowie für in Deutschland beschäftigte ausländische Arbeitnehmer, die Staatsangehörige der Vertragsparteien der Europäischen Sozialcharta[10] vom 18. Oktober 1961 sind und ihren rechtmäßigen Aufenthalt in Deutschland haben (§ 16 Abs. 6 ArbPlSchG).

Ebenso geschützt werden Staatsangehörige aus allen EU-Mitgliedstaaten, denn Art. 21 Abs. 2 und Art. 15 Abs. 2 der EU-Grundrechte-Charta sowie Art. 45 AEUV verbieten jegliche Diskriminierung von Arbeitnehmern aus den EU-Mitgliedstaaten.

Dasselbe gilt für Arbeitnehmer aus den EWR-Staaten (Norwegen, Island, Liechtenstein), die ebenfalls Arbeitnehmerfreizügigkeit und Diskriminierungsschutz genießen (Art. 4, 28 EWR-Abkommen), sowie Staatsbürger aus der Schweiz.[11]

Auch Arbeitnehmer aus den Maghreb-Staaten sind aufgrund von Assoziierungs-Abkommen[12] mit der EU geschützt. Ebenso Staatsbürger aus dem EU-Beitrittskandidaten Nordmazedonien.[13]

Andere ausländische Arbeitnehmer, die von ihrem Herkunftsstaat zur Wehrpflicht herangezogen werden, genießen nicht den Schutz des ArbPlSchG.

---

10 https://rm.coe.int/the-charter-at-a-glance-deu/16808ff5f5, abgerufen am 14. August 2023

11 Art. 6 Freizügigkeitsabkommen EU-Schweiz

12 Art. 67 EU-Algerien, ABl. L 265 vom 10.Oktober 2005

13 Art. 44 EU-Mazedonien, ABl. L 84 vom 20. März 2004

4.2 Umfang des Urlaubsanspruchs

Während des Wehrdienstes bzw. der Wehrübung ruht das Arbeitsverhältnis (§ 1 Abs. 1 ArbPlSchG). Durch § 4 ArbPlSchG wird das Urlaubsrecht des BUrlG modifiziert:

Während der Zeit des Wehrdienstes richtet sich der Urlaub nach den Vorschriften für Soldaten (§ 28 SUV).

Für das zivile Arbeitsverhältnis, das der Betroffene im Anschluss an den Wehrdienst fortsetzt, gilt Folgendes: Der Arbeitgeber kann Erholungsurlaub, der dem Arbeitnehmer für ein Urlaubsjahr aus dem Arbeitsverhältnis zusteht, für jeden vollen Kalendermonat, den der Arbeitnehmer Wehrdienst leistet, um 1/12 kürzen (§ 4 Abs. 1 ArbPlSchG).

Wichtig: Diese Kürzungsmöglichkeit bezieht sich nicht nur auf den gesetzlichen Mindesturlaub, sondern auch auf zusätzlichen Urlaub nach Tarifvertrag, Betriebsvereinbarung oder Einzelvertrag. Der Arbeitgeber ist nicht verpflichtet, den Arbeitnehmer vor dem Wehrdienst über die Kürzung aufzuklären oder seine Absicht hierzu mitzuteilen.[14] Er kann aber auch auf die Kürzung verzichten. Dies kann auch durch schlüssiges Verhalten geschehen. Will der Arbeitgeber nicht darauf verzichten, sollte er von vornherein erst gar keine Missverständnisse aufkommen lassen.

IV

Praxis-Tipp:

Der Arbeitgeber sollte am besten schon vor Dienstantritt ausdrücklich mitteilen, dass er von der Kürzungsmöglichkeit Gebrauch machen möchte, wenn er das Entstehen von Urlaubsansprüchen für die Zeit des Grundwehrdienstes bzw. der Teilnahme an einer Wehrübung verhindern will.

Ergeben sich durch die Zwölftel-Regelung Bruchteile von Urlaubstagen, so könnte man an eine Aufrundung analog nach § 5 Abs. 2 BUrlG denken (also Aufrundung bei Brüchen, die mindestens einen halben Urlaubstag ergeben). Zwingend ist dies jedoch nicht. Auch eine Umrechnung nach Stunden erscheint – ebenso für Bruchteile unter 0,5 – gesetzeskonform. Diese Frage ist jedoch soweit ersichtlich noch nicht höchstrichterlich geklärt. Da § 5 BUrlG keinen allgemeinen Rechtsgedanken zur Rundung von Urlaubstagen aufstellt,

---

14 BAG, Urteil vom 28. Juli 1992, Az.: 9 AZR 340/91, NZA 1994, 27 zu § 17 BErzGG

sondern vielmehr eine Ausnahme von der Regel macht, dürfte eine analoge Anwendung abzulehnen sein.

Jedenfalls kann nach dem eindeutigen Wortlaut keine Kürzung erfolgen für Monate, in denen der Arbeitnehmer teilweise gearbeitet hat: Die Kürzung ist nur für jeden vollen Kalendermonat zulässig, den der Arbeitnehmer Wehrdienst geleistet hat.

4.3 Zu viel gewährter Urlaub

Hat der Arbeitnehmer vor Antritt des Wehrdienstes mehr Urlaub erhalten, als ihm hiernach zustünde, so darf der Arbeitgeber die zu viel gewährten Urlaubstage nach Ableistung des Wehrdienstes vom Urlaubsanspruch des Arbeitnehmers abziehen, § 4 Abs. 4 ArbPlSchG.

4.4 Gewährung des Urlaubsanspruchs

Der Erholungsurlaub ist dem Arbeitnehmer auf Verlangen vor Antritt des Wehrdienstes zu gewähren. Dennoch folgt hieraus kein Recht auf Selbstbeurlaubung, wenn der Arbeitgeber den Anspruch nicht freiwillig erfüllt. Der Arbeitnehmer muss gerichtliche Hilfe, gegebenenfalls in Form des einstweiligen Rechtsschutzes,[15] in Anspruch nehmen.

Ist der Resturlaub noch nicht verbraucht worden, so ist er nach dem Wehrdienst im laufenden oder im nächsten Urlaubsjahr zu gewähren.

4.5 Urlaubsabgeltung

Endet das Arbeitsverhältnis während des Wehrdienstes oder wird das Arbeitsverhältnis im Anschluss daran nicht fortgesetzt, so ist der noch nicht gewährte Urlaub abzugelten.

---

15 LAG Rheinland-Pfalz, Beschluss vom 7. März 2002, Az.: 7 Ta 226/02, NZA-RR 2003, 130

5. Urlaub bei Eignungsübungen (EÜG)

Gesondert geregelt ist auch der Urlaub für Arbeitnehmer, die sich freiwillig zu einer Eignungsübung (Übung zur Auswahl von freiwilligen Soldaten) verpflichtet haben. Die einschlägigen Bestimmungen finden sich im EÜG und der zugehörigen Rechtsverordnung (VEÜG).

5.1 Urlaubsanspruch

Gemäß § 1 EÜG ruht während einer Zeit bis zu vier Monaten das Arbeitsverhältnis während der Eignungsübung. Das EÜG und die VEÜG sollen hier einen gerechten Ausgleich zwischen Arbeitnehmer- und Arbeitgeberinteresse hinsichtlich der Urlaubsansprüche schaffen:

Aus der Teilnahme an der Eignungsübung dürfen dem Arbeitnehmer in beruflicher und betrieblicher Hinsicht keine Nachteile entstehen (§ 6 Abs. 1 EÜG).

Nach § 1 VEÜG erhält der Arbeitnehmer, der nach Teilnahme an der Eignungsübung aus den Streitkräften ausscheidet, für jeden angefangenen Monat (nicht: Kalendermonat), den er bei den Streitkräften Dienst geleistet hat, 1/12 des Urlaubs, der ihm nach seinem Arbeitsverhältnis für das laufende Urlaubsjahr zusteht. Auf die Erfüllung der Wartezeit (§ 4 BUrlG) kommt es nicht an. Bruchteile von Urlaubstagen werden hier nach dem Willen des Verordnungsgebers ausdrücklich aufgerundet (§ 1 Abs. 2 VEÜG).

Der Urlaubsanspruch entfällt jedoch, wenn er bereits vor der Eignungsübung verbraucht oder abgegolten war.

Anders als beim ArbPlSchG, das dem Arbeitgeber eine Kürzung des Urlaubsanspruchs um je 1/12 für jeden vollen Kalendermonat, den der Arbeitnehmer Wehrdienst leistet, ermöglicht, wird nach dem EÜG der von den Streitkräften gewährte und bezahlte Urlaub auf den Erholungsanspruch, den der Arbeitnehmer gegen seinen Arbeitgeber erworben hat, angerechnet (§ 1 Abs. 5 VEÜG). Aufgrund der oben genannten Berechnungsvorschriften, die vom BUrlG abweichen, kann es deshalb durchaus zu unterschiedlichen Ergebnissen bei der Kürzung des Urlaubsanspruchs nach dem ArbPlSchG oder dem EÜG kommen.

5.2 Urlaubsentgelt

Der Urlaub ist unter Fortzahlung der Dienstbezüge vor der Entlassung aus den Streitkräften zu gewähren. Auch wenn der Urlaub wegen Krankheit oder wegen der Entlassung auf eigenen Antrag bis zur Entlassung nicht genommen werden kann, sind die Dienstbezüge für den restlichen Urlaub zu zahlen.

5.3 Urlaubsabgeltung

Scheidet der Arbeitnehmer nach der Eignungsübung nicht aus, sondern bleibt als freiwilliger Soldat bei den Streitkräften, so erhält er den noch nicht verbrauchten Urlaub aus dem Arbeitsverhältnis ebenfalls von den Streitkräften. Eine Abgeltung erfolgt nicht (§ 2 VEÜG).

5.4 Urlaubsbescheinigung

Damit die Streitkräfte den Urlaubsanspruch berechnen können, hat der Arbeitgeber dem Arbeitnehmer bereits vor Beginn der Eignungsübung eine Urlaubsbescheinigung über den zustehenden und bereits gewährten Erholungsurlaub im laufenden Urlaubsjahr auszuhändigen, der diese wiederum bei den Streitkräften abzugeben hat. Umgekehrt erhält auch der Teilnehmer, der nach der Eignungsübung sein Arbeitsverhältnis fortsetzt, von den Streitkräften für seinen Arbeitgeber eine entsprechende Bescheinigung (§ 3 VEÜG).

5.5 Urlaubskassen

Beiträge für Urlaubskassen brauchen für die Dauer der Eignungsprüfung nicht entrichtet zu werden (§ 7 VEÜG).

6. Seearbeitsgesetz (SeeArbG)

Im Seearbeitsgesetz sind besondere Urlaubsansprüche für Seeleute geregelt, die auf sog. Kauffahrteischiffen unter deutscher Flagge arbeiten. Das Arbeitsverhältnis wird als „Heuerverhältnis" bezeichnet. Das SeeArbG trägt den Besonderheiten der Seeschifffahrt und insbesondere der internationalen Zusammensetzung der Besatzung Rechnung.

Dem SeeArbG liegen das Seearbeitsübereinkommen der IAO von 2006, das die Bundesrepublik 2013 ratifiziert hat, sowie die Richtlinien der Europäischen Union 2009/13/EG vom 16. Februar 2009 und 1999/63/EG vom 20. Mai 1969 zugrunde. Das Seerechtübereinkommen gilt als „Charta der Arbeitnehmerrechte" auf See. Es hat zum Ziel, weltweit Mindestarbeitsbedingungen für Seeleute durchzusetzen.

Das SeeArbG ist am 1. August 2013 in Kraft getreten. Es löste das bis dahin geltende Seemannsgesetz ab.

6.1 Nationale Sachverhalte

Naturgemäß wird sich bei der Seeschifffahrt, die transnational agiert, oftmals die Frage stellen, ob deutsches Recht und damit das SeeArbG überhaupt anwendbar ist.

Die denkbaren Fallkonstellationen sind vielseitig: Das Schiff kann unter deutscher oder ausländischer Flagge fahren, sowohl der Reeder als auch der Vertragsarbeitgeber sowie das Besatzungsmitglied können unterschiedliche Staatsangehörigkeiten haben, der Arbeitsvertrag kann in oder außerhalb Deutschlands geschlossen und in deutscher oder anderer Sprache abgefasst sein, die Route kann zwischen verschiedenen Ländern verlaufen.

Wichtig: Nur wenn ein Fall ohne jeglichen Auslandsbezug vorliegt, gilt unproblematisch jedenfalls das zwingende deutsche Recht. Von diesem kann auch durch eine etwaige andere Rechtswahl nicht zum Nachteil des Arbeitnehmers abgewichen werden (Art. 3 Abs. 3, Art. 8 Abs. 1 Satz 2 Rom I VO).

6.2 Internationale Sachverhalte

In allen anderen Fällen mit Auslandsbezug ist zu prüfen, ob das Heuerverhältnis deutschem Recht unterfällt. Einschlägige Vorschrift ist Art. 8 Rom I VO. Hiernach können die Parteien zunächst eine

Rechtswahl unter den Voraussetzungen des Art. 3 Abs. 3 und 4, Art. 8 Abs. 1 Rom I VO treffen. Von zwingendem Recht können die Parteien jedoch zulasten des Arbeitnehmers auch nicht durch Rechtswahl abweichen. Zwingendes Recht sind u. a. Vorschriften über den bezahlten Mindestjahresurlaub (§ 2 Abs. 2 Nr. 2 AEntG). Auch § 9 SeeArbG bestimmt, dass von seinen Vorschriften zuungunsten des Besatzungsmitglieds nur abgewichen werden kann, wenn dies ausdrücklich zugelassen ist.

Somit muss anhand der in Art. 8 Abs. 2 bis 4 Rom I VO vorgegebenen Kriterien geprüft werden, ob deutsches Recht auf den Sachverhalt anwendbar ist.

6.2.1 Flaggenstatut

Hier bietet sich zunächst an, auf das Recht des Erfüllungsorts (Art. 8 Abs. 2 Rom I VO) abzustellen. Maßgeblich wäre dann die Flagge, unter welcher das Schiff fährt (sog. Flaggenstatut). Schließlich ist der Arbeitsplatz des Besatzungsmitglieds das Schiff.

6.2.2 Weitere Umstände

Das BAG hat entschieden, dass das Flaggenstatut hier nicht allein maßgeblich sein kann.[16] Dies ergibt sich bereits aus § 21 Abs. 4 Flaggenrechtsgesetz (FlRG), wonach für Besatzungsmitglieder ohne Wohnsitz oder ständigen Aufenthalt im Inland deutsches Arbeitsrecht nicht schon deshalb gilt, weil das Schiff die Bundesflagge führt. Wenn die Umstände des Falles eine engere Verknüpfung mit einer anderen Rechtsordnung erkennen lassen, wird die Flagge alleine nicht ausreichen, den Bezug zur deutschen Rechtsordnung herzustellen. Umgekehrt wird man auf eine Umgehungsabsicht schließen dürfen, wenn das Schiff unter einer „Billigflagge" fährt und sich im Übrigen keinerlei Anknüpfungspunkte für die Geltung des Rechts dieser Nation ergeben. Nach anderer Ansicht soll der Ort der Niederlassung, die das Besatzungsmitglied eingestellt hat, maßgeblich sein (Art. 8 Abs. 3 Rom I VO). Diese Ansicht ist jedoch jedenfalls dann nicht überzeugend, wenn für den Arbeitgeber ein Heueragent tätig war, der den Vertrag am Sitz seiner Niederlassung abgeschlossen hat. Wenn sich im Übrigen keine weiteren An-

---

[16] BAG, Urteile vom 24. August 1998, Az.: 2 AZR 3/89, AP Internationales Privatrecht, Arbeitsrecht, Nr. 30; vom 3. Mai 1995, Az.: 5 AZR 15/94, AP Internationales Privatrecht, Arbeitsrecht, Nr. 32, noch zu Art. 30 EGBGB

knüpfungspunkte an das Recht dieses Staates finden lassen, kann dieses Kriterium allein ebenfalls nicht überzeugen. Sachgerechte Ergebnisse wird man deshalb oftmals nur unter Heranziehung der Berichtigungsklausel des Art. 8 Abs. 4 Rom I VO erzielen, die alle Umstände des Vertragsverhältnisses berücksichtigt.

Diese sind neben der Flagge z. B.

- die Nationalitäten der Besatzung und des Arbeitgebers,
- der Ort des Vertragsschlusses,
- die Vertragssprache,
- der Zahlungsort,
- die gefahrene Route usw.

In diesem Sinne hat auch der EuGH[17] argumentiert und nicht auf das Flaggenstatut abgestellt. Allerdings steht eine höchstrichterliche Entscheidung zu Art. 8 Rom I VO, was das Flaggenstaut betrifft, bislang noch aus.

Nur dann, wenn die Prüfung des Art. 8 Rom I VO die Anwendbarkeit deutschen Arbeitsrechts ergeben hat, kann ein Urlaubsanspruch nach dem SeeArbG gegeben sein.

6.3 Für welche Schiffe gilt das Gesetz?

Das SeeArbG gilt für alle Kauffahrteischiffe, die die deutsche Flagge führen (§ 1 SeeArbG).

6.3.1 Flagge

Das SeeArbG nimmt also doch wieder auf die Flagge Bezug. Diese ist hier jedoch nicht als Kollisionsregel zu verstehen, die bestimmt, wann deutsches Recht zur Anwendung kommt und wann nicht. Vielmehr ist die deutsche Flagge schlicht ein Voraussetzungsmerkmal für die Anwendung des SeeArbG.

Beispiel:

Ein Schiff fährt unter ausländischer Flagge. Das Besatzungsmitglied ist deutscher Staatsangehöriger, der Arbeitsvertrag

[17] Allerdings noch zu Art. 6 EVÜ, EuGH, Urteil vom 15. Dezember 2011, Az.: C-384/10, NZA 2012, 223

wurde in Deutschland in deutscher Sprache abgefasst und das Schiff legt regelmäßig in einem deutschen Hafen an.

In diesem Fall ist das BUrlG anwendbar, nicht das SeeArbG. Es sind aber die Mindestbedingungen des Seearbeitsübereinkommens nach § 9 Satz 2 SeeArbG zu berücksichtigen.

Entscheidend für die Anwendbarkeit des SeeArbG ist, dass dem Schiff die Befugnis zum Führen der Bundesflagge erteilt wurde. Welche Schiffe hierzu berechtigt oder verpflichtet sind, ist im Flaggenrechtsgesetz (FlRG) und der zugehörigen Verordnung (FlRV) geregelt.

Seeschiffe, die zwar unter ausländischer Flagge fahren, aber einen deutschen Hafen anlaufen, können im Rahmen der Hafenstaatkontrolle von den Berufsgenossenschaften zumindest auf Einhaltung von Mindestarbeits- und Lebensbedingungen hin kontrolliert werden (§ 1 Abs. 3 SeeArbG). Nach § 137 SeeArbG haben auch die Reeder und Kapitäne von Schiffen, die unter ausländischer Flagge geführt werden, für die Einhaltung der Anforderungen des Teils A des Seearbeitsübereinkommens zu sorgen. Hinsichtlich des Urlaubsanspruchs ist einschlägig die Norm A 2.4 des Codes. Hiernach ist als Berechnungsgrundlage für die Urlaubsdauer die Formel von 2,5 Kalendertagen je Dienstmonat heranzuziehen. Berechtigte Arbeitsversäumnisse sind nicht als Urlaub anzurechnen. Ein Verzicht auf diesen Mindesturlaub ist nur in Fällen möglich, welche die zuständige Stelle festgelegt hat. Die Berufsgenossenschaften sind dazu berufen, die Einhaltung dieser Mindestarbeitsbedingungen zu kontrollieren und zu überwachen, sobald ein Schiff unter ausländischer Flagge einen deutschen Hafen anläuft (§§ 138 ff. SeeArbG). Es sollte sich dann kein Besatzungsmitglied an Bord befinden, das seit zwölf Monaten keinen Urlaub erhalten hat. Im Extremfall kann die Berufsgenossenschaft das Auslaufen des Schiffes untersagen, bis der Verstoß beseitigt ist (§ 143 Abs. 3 SeeArbG). Bei einem Verstoß gegen die Verpflichtung zur Urlaubsgewährung erscheint ein solch schwerwiegender Eingriff jedoch kaum denkbar, da er in der Regel wohl unverhältnismäßig ist.

6.3.2 Kauffahrteischiffe

Gemäß § 1 Abs. 1 des Flaggenrechtsgesetzes (FlRG) sind Kauffahrteischiffe „zur Seefahrt bestimmte Schiffe“, wenn der Reeder mit dem

Schiff den dauernden Erwerb durch Seefahrt bezweckt, also alle Handelsschiffe, Fischereischiffe im Seebereich, Schiffe zur Bergung und Hilfsleistung, Schleppdienste etc.[18]

Nicht darunter fallen sog. Traditionsschiffe, da diese nicht für den Erwerb durch Seefahrt bestimmt sind. Aus dem gleichen Grund fallen auch staatliche Schiffe, die hoheitlichen Zwecken dienen (z. B. Militär-, Schul- und staatliche Forschungsschiffe, Küstenwache), nicht unter das SeeArbG.

Ebenfalls ausgenommen sind nach § 1 Abs. 2 SeeArbG gewerbsmäßig genutzte Sportboote unter 24 Meter Länge, wenn auf diesen nicht mehr als zwei Personen beschäftigt sind, da man den klassischen „Skipper" nicht für schutzbedürftig hielt. Etwaiges Personal soll durch das allgemeine Urlaubsrecht hinreichend geschützt sein.

Nicht unter den Anwendungsbereich des SeeArbG fallen Besatzungsmitglieder von Binnenschiffen. Schiffe, die den Grenzbereich zwischen See und Binnengewässern befahren, also z. B. Flussmündungen, Förden, Haffen und Bodden, sind ebenfalls nicht vom Geltungsbereich des SeeArbG umfasst, wenn die Zonen 1 und 2 nach Anh. 1 der BinSchUO (Binnenschiffsuntersuchungsordnung) nicht seewärts verlassen werden sollen bzw. dies nur mit Ausnahmegenehmigung geschehen darf (§ 1 Abs. 2 SeeArbG).

6.4 Geschützte Personen

6.4.1 Besatzungsmitglieder

Zum geschützten Personenkreis der Besatzungsmitglieder gehören nach § 3 SeeArbG alle Seeleute, die an Bord des Schiffes beschäftigt sind. Teilweise werden auch Selbstständige vom Schutzbereich des SeeArbG umfasst. Hinsichtlich des Urlaubsrechts ist dies dann der Fall, wenn es sich bei den Selbstständigen um arbeitnehmerähnliche Personen handelt (§ 148 Abs. 2 Nr. 1 SeeArbG). Arbeitnehmerähnliche Personen arbeiten zwar auf selbstständiger Basis, sind also nicht persönlich im selben Grad wie Arbeitnehmer abhängig. Sie sind nicht wie Arbeitnehmer in den Betrieb des Arbeitgebers eingebunden und diesem gegenüber weisungsgebunden. Wirtschaftlich sind sie jedoch von einem bestimmten Auftraggeber abhängig und dadurch sozial ähnlich schutzwürdig wie ein Arbeitnehmer. Ob

[18] BT-Drucks. 17/10959 S. 60

diese Voraussetzungen vorliegen, muss für jeden Einzelfall konkret geprüft werden.

Besatzungsmitglieder sind auch der Kapitän, Schiffsoffiziere und alle sonstigen Arbeitnehmer, unabhängig davon, ob sie vom Reeder oder einem anderen Arbeitgeber angestellt sind. Auch die zu ihrer Berufsausbildung beschäftigten Besatzungsmitglieder gehören dazu, nicht jedoch Schüler und Praktikanten. Nicht einbezogen sind Beschäftigte, deren Tätigkeitsschwerpunkt an Land liegt und die sich in der Regel nur kurz an Bord aufhalten, wie Lotsen, Werftarbeiter, Personen, die Reparaturen durchführen, Unterhaltungskünstler, Wissenschaftler und Sicherheitskräfte. Auch Personen, die zur Errichtung von beispielsweise Windkraftanlagen eingesetzt werden und sich deshalb vorübergehend auf einem Seeschiff befinden, fallen nicht in den Anwendungsbereich des SeeArbG. Absatz 3 des § 3 SeeArbG zählt die ausgenommenen Personengruppen im Einzelnen auf.

6.4.2 Ausschluss von deutschem Arbeitsrecht (§ 21 Abs. 4 FlRG)

Für Besatzungsmitglieder ohne Wohnsitz oder ständigen Aufenthalt im Inland ist noch auf die Besonderheit des § 21 Abs. 4 FlRG hinzuweisen: Schiffseigner, deren Kauffahrteischiff unter deutscher Flagge geführt wird, können mit den Besatzungsmitgliedern die Geltung von nicht zwingend geltendem deutschen Arbeitsrecht ausschließen. Voraussetzung ist, dass das Seeschiff in das Internationale Schiffsregister (sog. „Zweitregister") eingetragen wurde. Der Reeder bzw. Arbeitgeber braucht dann beispielsweise den philippinischen Besatzungsmitgliedern nicht dieselbe Heuer zu bezahlen wie seinen deutschen Seeleuten. Dies bedeutet eine diskriminierende Behandlung von ausländischen Besatzungsmitgliedern, die jedoch vom Gesetzgeber aus Wettbewerbsgründen so gewollt und vom BVerfG[19] auch gebilligt wurde.

Wichtig: Das gesetzliche Urlaubsrecht ist zwingendes Recht (§ 2 Abs. 2 Nr. 2 AEntG). Hiervon kann auch bei einer Eintragung in das Zweitregister nicht zulasten ausländischer Besatzungsmitglieder abgewichen werden.

Etwas anderes gilt jedoch für einen über den gesetzlichen Urlaubsanspruch hinausgehenden etwaigen tariflichen Urlaubsanspruch:

[19] BVerfG, Urteile vom 10. Januar 1995, Az.: 1 BvF 1/90, 1 BvR 342/90, 1 BvR 348/90, NJW 1995, 2339

Hier sieht § 21 Abs. 4 Satz 3 FlRG wiederum eine Öffnungsklausel für Tarifverträge des Reeders mit einer ausländischen Gewerkschaft vor. Diese Klausel erlaubt es, vom Tarifvertrag abweichende Regelungen zu treffen.

6.4.3 Arbeitgeberverantwortung

Nach § 4 Abs. 1 SeeArbG hat der Reeder die Pflichten zu erfüllen, die sich aus dem SeeArbG ergeben. Reeder ist der Eigentümer des Schiffes oder der Schiffsbetreiber: Dies ist derjenige, der vom Eigentümer die Verantwortung für den Betrieb des Schiffes übernommen hat und sich dazu verpflichtet hat, die Aufgaben und Pflichten des Reeders nach dem SeeArbG und anderen Umsetzungsvorschriften nach dem Seearbeitsübereinkommen zu übernehmen. Der Betreiber wird auch „Vertragsreeder" genannt. Meist sind es steuerliche oder finanzierungstechnische Gründe, die zu einer Aufspaltung von Eigentümer- und Betreiberstellung führen.

Oftmals wird der (Vertrags-)Reeder den Heuervertrag mit dem Besatzungsmitglied abschließen. Dies ist jedoch nicht zwingend der Fall. Zum Beispiel stellen sog. Crewing-Agenturen Personal für Frachtschiffe, Gastronomiebetriebe das Personal für die Bewirtung von Fahrgästen etc. Es kann also zum Auseinanderfallen von Vertragsarbeitgeber- und Reederstellung kommen. In diesem Fall sind beide Personen/Körperschaften für die Erfüllung der Arbeitgeberpflichten verantwortlich (§ 4 Abs. 2 SeeArbG). Im Heuervertrag sind beide aufzuführen (§ 28 Abs. 2 Nr. 1 SeeArbG). Das Besatzungsmitglied kann sich an beide wenden. Sie haften als sog. Gesamtschuldner (§§ 421 ff. BGB). Der Reeder haftet jedoch nur für die gesetzlichen Mindestarbeitsbedingungen, also z. B. für den Mindesturlaub nach § 56 SeeArbG. Hat der Vertragsarbeitgeber zusätzlichen Urlaub zugesagt, so besteht für den überschießenden Urlaubsanspruch nur ein Anspruch gegen den Vertragsarbeitgeber. Im Innenverhältnis zwischen Reeder und Vertragsarbeitgeber kann ein Ausgleichsanspruch entstehen (§ 426 BGB).

Für die Auslegung von vertraglichen oder tarifvertraglichen Regelungen über Zusatzurlaub können die Vorschriften der §§ 56 ff. SeeArbG zur Auslegung herangezogen werden, wenn die Parteien nichts anderes vereinbart haben.

6.5 Urlaubsanspruch

Der Urlaubsanspruch entsteht gemäß § 56 SeeArbG, § 271 Abs. 1 BGB bereits mit Begründung des Heuerverhältnisses und der Beantragung des Urlaubs. Es ist – anders als nach dem BUrlG – keine Wartezeit erforderlich. Soweit die Erfordernisse des § 58 SeeArbG erfüllt sind, ist der Urlaub auch „im Voraus" zu gewähren. Es ist auch nicht erforderlich, dass das Besatzungsmitglied im Beschäftigungsjahr überhaupt gearbeitet hat oder erholungsbedürftig ist.

Ein Verzicht auf den Mindesturlaub als solchen ist nicht möglich (§ 9 SeeArbG, § 13 Abs. 1 Satz 3 BUrlG), ein Verzicht auf einen Abgeltungsanspruch nach Beendigung des Arbeitsverhältnisses hingegen durchaus. In der Praxis üblich sind – wie im Urlaubsrecht nach dem BUrlG auch – sog. „Tatsachenvergleiche". Hiermit können Arbeitnehmer und Arbeitgeber Streitigkeiten darüber, ob und in welchem Umfang Urlaub tatsächlich bereits gewährt wurde bzw. noch zu gewähren ist, regeln. Faktisch kann darin auch ein Verzicht des Arbeitnehmers auf einen Teil seines Urlaubs liegen. Die Rechtsprechung akzeptiert derartige Vergleiche jedenfalls bislang dennoch.

6.6 Urlaubsumfang

6.6.1 Bemessungsgrundlagen

Nach §§ 56, 57 SeeArbG hat das Besatzungsmitglied Anspruch auf bezahlten Urlaub mindestens in Höhe von 30 Kalendertagen je Beschäftigungsjahr. Für jugendliche Besatzungsmitglieder erhöht sich der Urlaubsanspruch gestaffelt nach dem Alter. Er beträgt 34 Kalendertage für jedes Beschäftigungsjahr, wenn der Jugendliche zu Beginn des Beschäftigungsverhältnisses noch nicht 17 Jahre alt ist, und 32 Kalendertage, wenn er zu diesem Zeitpunkt noch nicht 18 Jahre alt ist. Diese Bevorzugung jugendlicher Besatzungsmitglieder soll nicht altersdiskriminierend, sondern im Sinne des Jugendschutzes gerechtfertigt sein. Die Nicht-Gewährung des Urlaubs für Jugendliche stellt eine bußgeldbewehrte Ordnungswidrigkeit dar (§ 145 Abs. 1 Nr. 8 SeeArbG).

Anders als das BUrlG spricht das SeeArbG von „Kalendertagen". Dies folgt daraus, dass die Besatzungsmitglieder ja auch die gesamte Woche an Bord sind, nicht nur etwa von Montag bis Samstag oder Freitag.

Der Urlaubsanspruch wird in Kalendertagen, nicht in Werktagen wie im BUrlG, berechnet, da an Bord auch die Sonn- und Feiertage Arbeitstage sind.

Anders als im BUrlG ist im SeeArbG Bezugszeitraum nicht das Kalenderjahr, sondern das Beschäftigungsjahr. Endet das Heuerverhältnis vor Ablauf des Beschäftigungsjahres, so besteht für jeden angefangenen Beschäftigungsmonat Anspruch auf 1/12 des Jahresurlaubs (§ 63 Abs. 1 SeeArbG). Bruchteile von Urlaubstagen, die mindestens einen halben Tag ergeben, sind nach § 56 Abs. 2 SeeArbG, § 5 Abs. 2 BUrlG aufzurunden.

6.6.2 Beendigung des Heuerverhältnisses

Hat das Besatzungsmitglied bis zur Beendigung des Heuerverhältnisses während des laufenden Beschäftigungsjahres mehr Urlaub erhalten, als ihm an sich zustünde, so ist eine Rückforderung von Urlaubsentgelt nach § 64 Abs. 2 SeeArbG ausgeschlossen.

Das Entstehen von Doppelansprüchen bei einem Arbeitgeberwechsel ist jedoch auch im Seearbeitsrecht gemäß § 56 Abs. 2 SeeArbG, § 6 BUrlG ausgeschlossen. Hat der Arbeitnehmer also im alten Heuerverhältnis bereits mehr Urlaub erhalten, als ihm rechnerisch anteilsmäßig zustünde oder hat er über diesen ihm rechnerisch zustehenden Urlaubsanspruch eine Abgeltung erhalten, so muss er sich diesen überschießenden Anteil auf seinen Vollanspruch beim Folgearbeitgeber anrechnen lassen.

6.6.3 Anrechnung

Reisetage zum Urlaubsort sind nicht anzurechnen (§ 58 Abs. 3 Satz 1 SeeArbG). Welcher Ort Urlaubsort ist, bestimmt § 59 SeeArbG: Das ist nach Wahl des Besatzungsmitglieds sein Wohnort, der Ort, an dem der Heuervertrag abgeschlossen ist, der durch Tarifvertrag festgelegte Ort oder jeder andere im Heuervertrag festgelegte Ort. Die Reisekosten zum Urlaubsort hat der Arbeitgeber zu tragen (§ 60 SeeArbG).

Gleichfalls nicht anrechenbar sind gemäß § 57 Abs. 3 SeeArbG:

- gesetzliche Feiertage am Ort des Heimathafens

  Heimathafen ist der Ort, von dem aus die Seefahrt mit dem Schiff betrieben wird, also in der Regel der Geschäftssitz der Reederei, ersatzweise auch der Sitz des Registergerichts.

- Krankheitstage sowie Ausfälle infolge Mutterschaft
- Landgang
- Ausgleichsfreizeiten nach § 52 SeeArbG für Arbeit an Sonn- und Feiertagen
- Reisetage im Rahmen der Heimschaffung (§ 76 Abs. 3 SeeArbG).

6.7 Urlaubsgewährung

Der Urlaub ist vom Arbeitgeber oder dem Reeder bzw. einem Vertreter zu gewähren, wobei die für das allgemeine Urlaubsrecht nach dem BUrlG entwickelten Grundsätze zur Mitwirkungsobliegenheit des Arbeitgebers übertragbar sind. Der Arbeitgeber hat den Arbeitnehmer also rechtzeitig auf seine Urlaubsansprüche hinzuweisen und dass diese verfallen, wenn sie nicht rechtzeitig genommen werden (vgl. oben Kapitel II Abschnitt 5.3).

Ein Selbstbeurlaubungsrecht des Besatzungsmitglieds besteht nicht. Das Besatzungsmitglied muss seinen Urlaubsanspruch also geltend machen und notfalls einklagen, wenn der Arbeitgeber diesen nicht gewähren möchte.

Zusätzlich besteht ein Beschwerderecht nach § 127 SeeArbG. Die Beschwerde kann beim unmittelbaren Vorgesetzten, dem Kapitän, dem Reeder, der Berufsgenossenschaft, der deutschen Auslandsvertretung oder einer sonstigen geeigneten Stelle angebracht werden (§ 128 Abs. 1, 2 und 4 SeeArbG). Wird der Urlaub eigenmächtig genommen, kann eine Abmahnung ausgesprochen werden, im Wiederholungsfall oder extremen Fällen kann auch die Kündigung in Betracht kommen. Ein Anspruch auf Entgelt besteht in diesem Fall ebenfalls nicht.

Bei der zeitlichen Festlegung des Urlaubs sind die Urlaubswünsche des Besatzungsmitglieds zu berücksichtigen, es sei denn, es stehen dringende betriebliche Belange oder Urlaubswünsche anderer vom Reeder beschäftigter Besatzungsmitglieder entgegen, die sozial vorrangig zu behandeln sind. Der Urlaub ist jedoch möglichst nach sechsmonatigem ununterbrochenem Dienst an Bord, spätestens bis zum Schluss des Beschäftigungsjahres zu gewähren. Da die Hafenkontrollen prüfen, ob die Vorschriften zum Mindesturlaub nach dem Seearbeitsübereinkommen eingehalten werden, sollte deshalb kein Besatzungsmitglied länger als zwölf Monate ununterbrochen auf See gewesen sein.

Der Urlaub ist grundsätzlich zusammenhängend und tageweise, nicht etwa nach Stunden zu gewähren.

Wenn allgemeine Urlaubsgrundsätze oder ein Urlaubsplan aufgestellt werden sollen, so besteht ein Mitbestimmungsrecht des Betriebsrats. Zuständig ist je nach Regelungsumfang der Seebetriebsrat (§ 116 Abs. 6 Nr. 1a BetrVG) oder der Bordbetriebsrat (§ 115 Abs. 7 Nr. 1 BetrVG, § 87 Abs. 1 Nr. 5 BetrVG). Auch wenn bei der konkreten zeitlichen Festlegung des Urlaubs zwischen Arbeitgeber und Arbeitnehmer kein Einverständnis erzielt werden kann, hat der Betriebsrat ein Mitbestimmungsrecht.

6.8 Urlaubsentgelt

Während des Urlaubs erhält das Besatzungsmitglied seine vertraglich vereinbarte Heuer (§ 61 SeeArbG). Für Sachwerte wie Verpflegung an Bord wird ein Abgeltungsbetrag bezahlt. Anders als im BUrlG ist das Urlaubsentgelt nicht zwingend vor Antritt des Urlaubs zu bezahlen, vielmehr kann es bei dem üblichen Abrechnungsmodus verbleiben.

Wichtig: Vom Urlaubsentgelt zu unterscheiden ist ein etwaiges Urlaubsgeld, das zusätzlich vereinbart sein kann.

6.9 Krankheit während des Urlaubs

§ 62 SeeArbG bestimmt, dass Krankheitstage nur dann nicht auf den Urlaub angerechnet werden, wenn sie durch ärztliches Attest nachgewiesen sind. Wie sonst auch im Urlaubsrecht muss es sich um eine Krankheit handeln, die zur Arbeitsunfähigkeit führt. Unerheblich ist im Rahmen der Urlaubsansprüche, ob die Krankheit selbst verschuldet ist. Ist dies der Fall, erhält das Besatzungsmitglied jedoch keine Fortzahlung der Heuer.

Ist der Arbeitnehmer wiederhergestellt, verlängert sich sein Urlaub nicht automatisch um die Tage, die wegen Krankheit nicht als Urlaub gelten. Vielmehr muss der restliche Urlaub erneut zugeteilt werden (§ 62 Abs. 2 Satz 2 SeeArbG).

Wenn die krankheitsbedingte Arbeitsunfähigkeit voraussichtlich über den Ablauf des Urlaubs hinaus fortdauert, muss dies wahlweise dem Vertragsarbeitgeber oder Reeder mitgeteilt werden.

Ist ein Besatzungsmitglied über einen längeren Zeitraum erkrankt und kann deshalb seinen Jahresurlaub nicht antreten, so verfällt dieser 15 Monate nach Ablauf des Beschäftigungsjahres, in dem der Urlaub krankheitsbedingt nicht (voll) gewährt werden konnte.[20]

6.10 Erwerbstätigkeit während des Urlaubs

Eine dem Urlaubszweck zuwiderlaufende Erwerbstätigkeit ist verboten (§ 56 Abs. 2 SeeArbG, § 8 BUrlG). Das Besatzungsmitglied, das seinen Urlaub mit Arbeitsleistung gegen Entgelt, die dem Urlaubszweck widerspricht – sei es auf selbstständiger oder unselbstständiger Basis – verbringt, kann abgemahnt und im Wiederholungsfall auch gekündigt werden (vgl. hierzu Kapitel II Abschnitt 10).

Der Urlaub entfällt jedoch nicht durch die Erwerbstätigkeit, auch das Urlaubsentgelt ist weiterzubezahlen.

6.11 Urlaubsabgeltung und Verlängerung des Heuerverhältnisses

Prinzipiell ist eine Abgeltung von Urlaubsansprüchen nicht erlaubt.

6.11.1 Beendigung des Heuerverhältnisses

Nur wenn der Urlaub wegen Beendigung des Heuerverhältnisses nicht mehr genommen werden kann, sieht das Gesetz eine Abgeltung vor (§ 64 Abs. 3 SeeArbG).

Vorrangig ist jedoch zu prüfen, ob eine Verlängerung des Heuerverhältnisses um die Tage des Resturlaubs in Frage kommt (§ 64 Abs. 1 SeeArbG).

Nur dann, wenn die Verlängerung des Heuerverhältnisses nicht möglich ist, weil das Besatzungsmitglied ein neues Rechtsverhältnis eingeht oder es aus von seinem Willen unabhängigen Gründen nicht in der Lage ist, den Urlaub im Verlängerungszeittraum zu nehmen – etwa weil er arbeitsunfähig erkrankt ist –, darf der Resturlaub abgegolten werden.

Erkrankt das Besatzungsmitglied nochmals im Verlängerungszeitraum, muss das Heuerverhältnis nicht ein zweites Mal verlängert werden. Der Resturlaub ist abzugelten.

Soweit ersichtlich noch nicht höchstrichterlich entschieden ist die Frage, ob auch ein außerordentlich gekündigtes Heuerverhältnis verlängert werden muss. Dies wird teils verneint, weil in diesem Fall

---

20 BAG, Urteil vom 7. August 2012, Az.: 9 AZR 353/10, NZA 2012, 1216; ArbG Hamburg, Urteil vom 10. Mai 2016, Az.: S 1 Ca 272/15, BeckRS 2016, 68684

eine Verlängerung dem Arbeitgeber in der Regel nicht zumutbar sein soll. Ob dies in allen Fällen pauschal so gelten kann, darf bezweifelt werden. Richtig dürfte sein, auf die konkreten Umstände des Einzelfalls abzustellen.

6.11.2 Neues Arbeitsverhältnis mit dem Reeder

Geht das Besatzungsmitglied nach dem Heuerverhältnis ein anderes Arbeitsverhältnis mit dem Reeder ein, darf der Resturlaub aus dem früheren Heuerverhältnis hingegen nicht abgegolten werden, vielmehr ist er im neuen Arbeitsverhältnis zu gewähren (§ 64 Abs. 2 SeeArbG).

6.11.3 Tod des Besatzungsmitglieds

Endet das Arbeitsverhältnis mit dem Tod des Besatzungsmitglieds, erlischt der Urlaubsanspruch. Er kann nicht mehr gewährt werden.

Eine andere Frage ist, ob sich der Urlaubsgewährungsanspruch in einen solchen auf Abgeltung umwandelt, der auf die Erben übergehen kann. Der EuGH hat dies bejaht.[21] Dieses Urteil ist jedoch zur AZRL ergangen, die sich auf Landarbeitnehmer bezieht. Es ist jedoch zu erwarten, dass diese Rechtsprechung künftig auch auf Seeleute erstreckt werden wird.

6.12 Freizeitausgleich und Landgang

6.12.1 Freizeitausgleich

Der Freizeitausgleich nach § 52 SeeArbG ist vom Urlaubsanspruch zu unterscheiden. Der Freizeitausgleichsanspruch entsteht nur dann, wenn am Sonntag oder Feiertag gearbeitet wurde oder sich das Schiff an diesem Tag weniger als zwölf Stunden in einem Hafen befunden hat (§ 52 Abs. 1 Satz 1 SeeArbG). Dem Servicepersonal sind je Monat mindestens zwei freie Tage zu gewähren.

Der Freizeitausgleich ist durch einen arbeitsfreien Werktag zu gewähren, und zwar in einem Hafen, in dem Landgang möglich und zulässig ist (§ 52 Abs. 3 SeeArbG). Auf See kann der Freizeitausgleich nur auf Verlangen des Besatzungsmitglieds erfüllt werden. Bei der Festlegung ist auf die Wünsche des Besatzungsmitglieds Rücksicht zu nehmen (§ 52 Abs. 4 i. V. m. § 58 Abs. 1 SeeArbG), es sei denn, es

[21] EuGH, Urteil vom 12. Juni 2014, Az.: C-118/13, NZA 2014, 651 Rz. 30

stehen dringende betriebliche Gründe oder die Wünsche anderer sozial vorzugswürdiger Besatzungsmitglieder entgegen.

Der Freizeitausgleich soll möglichst zeitnah, eventuell sogar im Voraus, erfüllt werden. Notfalls ist er mit dem nächsten Urlaub zu verbinden (§ 52 Abs. 2 SeeArbG). Ist auch das aus betrieblichen Gründen nicht möglich, muss er abgegolten werden.

6.12.2 Landgang

Vom Urlaubsanspruch zu unterscheiden ist das Recht auf Landgang (§ 35 SeeArbG): In seiner dienstfreien Zeit hat das Besatzungsmitglied, wenn das Schiff im Hafen oder auf Reede liegt, Anspruch auf Landgang. Die Reede ist der Ankerplatz außerhalb eines Hafens. Der Kapitän hat, soweit zumutbar, für eine Verbindung zum Land zu sorgen. Voraussetzung ist, dass die Abfahrtszeit und Sicherheit des Schiffes und seiner Besatzungsmitglieder den Landgang zulassen (§ 35 Abs. 3 SeeArbG).

Der Landgang wird auf den Urlaubsanspruch nicht angerechnet (§ 57 Abs. 3 Nr. 4 SeeArbG). Er dient einem kurzfristigen Ausgleich der psychischen Nachteile, die mit der Einschränkung der Bewegungsfreiheit an Bord einhergehen, nicht der längerdauernden Erholung.

7. Heimarbeit

Heimarbeiter und die ihnen nach dem Heimarbeitsgesetz (HAG) gleichgestellten Erwerbstätigen sind sog. arbeitnehmerähnliche Personen. Sie sind auftragsbezogen in selbstgewählter Arbeitsstätte (also oftmals zuhause) allein oder mit Hilfe von Familienangehörigen tätig. Sie können also in der Regel Arbeitszeit und -ort selbst bestimmen und unterliegen keinen direkten Weisungen des Auftraggebers. Sie sind deshalb keine „echten" Arbeitnehmer. Allerdings sind sie wirtschaftlich abhängig und werden in mancherlei Hinsicht Arbeitnehmern rechtlich gleichgestellt. Teilweise findet Arbeitsrecht auch in modifizierter Fassung Anwendung. So auch im Urlaubsrecht (§ 12 BUrlG):

7.1 Anwendungsbereich

Nach § 1 Abs. 1 HAG sind in Heimarbeit Beschäftigte

- Heimarbeiter,
- Hausgewerbetreibende sowie
- diesen gleichgestellte Personen.

Was darunter zu verstehen ist, wird in § 2 Abs. 1 bis 2 HAG definiert: Danach sind **Heimarbeiter** Personen, die in selbstgewählter Arbeitsstätte allein oder mit Familienangehörigen im Auftrag von Gewerbetreibenden oder Zwischenmeistern erwerbsmäßig arbeiten und die Verwertung der Arbeitsergebnisse dem unmittelbar oder mittelbar auftraggebenden Gewerbetreibenden überlassen. Dabei ist es unerheblich, ob der Heimarbeiter Roh- oder Hilfsstoffe selbst beschafft oder gestellt bekommt. Ein **Hausgewerbetreibender** stellt im Auftrag des Gewerbetreibenden oder Zwischenmeisters Waren her, bearbeitet oder verpackt sie, wobei er von nicht mehr als zwei Hilfskräften oder anderen Heimarbeitern unterstützt wird, aber in jedem Fall auch selbst mitarbeitet. Der **Zwischenmeister** ist selbst ebenfalls kein Arbeitnehmer. Er gibt die ihm vom Gewerbetreibenden übertragene Arbeit an andere Heimarbeiter oder Haugewerbetreibende weiter. Er arbeitet also anders als der Hausgewerbetreibende nicht selbst mit.

Dabei kann durchaus auch eine qualifizierte Tätigkeit Heimarbeit im Sinne des HAG sein. Die Tätigkeit des Heimarbeiters muss nicht gewerblicher Art sein, es genügt, dass eine „erwerbsmäßige" Tätigkeit vorliegt.

Beispiel:

Programmierarbeiten können in Heimarbeit erbracht werden. Dies jedenfalls dann, wenn der Programmierer, um zu seinem Lebensunterhalt beizutragen, mit eigenen Betriebsmitteln ausschließlich im wirtschaftlichen Interesse eines Auftraggebers tätig ist,[22] jedoch sonst nicht weisungsgebunden ist, er also insbesondere Arbeitszeit und -ort selbst festlegen und Aufträge auch ablehnen kann.

IV

Darüber hinaus können weitere schutzbedürftige Personen durch Verwaltungsakt des bei der zuständigen obersten Arbeitsbehörde (in Bayern z. B. das bayerische Staatsministerium für Arbeit und Soziales) gebildeten Heimarbeitsausschusses den Heimarbeitern **gleichgestellt** werden (§ 1 Abs. 2, 3, 4 HAG). Dabei handelt es sich in der Regel um Personen, die ebenfalls in der Regel allein oder mit ihren Familienangehörigen in ihrer Wohnung oder selbst gewählten Betriebsstätte eine sich in regelmäßigen Arbeitsvorgängen wiederholende Arbeit im Auftrag eines anderen gegen Entgelt ausüben, ohne dass ihre Tätigkeit als gewerblich anzusehen wäre oder der Auftraggeber ein Gewerbetreibender ist. Dasselbe gilt für Hausgewerbetreibende, die mit mehr als zwei Hilfskräften zusammen arbeiten, andere Gewerbetreibende, die ebenfalls wirtschaftlich ähnlich abhängig sind, wie klassische Heimarbeiter oder Zwischenmeister. Für Letztere beschränkt sich jedoch beim Urlaubsrecht die Gleichstellung auf die Anwendung des § 12 Nr. 5 BUrlG: Der Zwischenmeister kann das Urlaubsentgelt, das er seinerseits als Auftraggeber an die für ihn in Heimarbeit tätigen Personen zu zahlen hat, von seinem Auftraggeber erstattet verlangen. Auch für die anderen gleichgestellten Personen kann die Anwendung des § 12 BUrlG in der Gleichstellungsanordnung ausdrücklich ausgeschlossen werden, § 12 Satz 1 BUrlG.

7.2 Telearbeit und Homeoffice

Bei einer Tätigkeit im Homeoffice oder im Rahmen der sog. „Telearbeit" muss es sich keineswegs zwingend um „Heimarbeit" i. S. d. HAG handeln. Vielmehr ist die Qualifizierung sowohl als Arbeitsverhältnis, freies Dienst- oder Auftragsverhältnis oder als Heimarbeit im engeren Sinne möglich. Entscheidend sind die allgemein gel-

---

[22] BAG, Urteil vom 14. Juni 2016, Az.: 9 AZR 305/15, ArbRAktuell, 2016, 607

tenden Abgrenzungskriterien wie persönliche Abhängigkeit, Weisungsgebundenheit und Einbindung in den Betrieb. Zum Beispiel ist die Erbringung von Datenerfassungs- und -auswertungsarbeiten, ein Redigieren oder Übersetzen von Texten, Fernwartungs- oder Programmierarbeiten sowohl als selbstständige Tätigkeit als auch im Rahmen eines Arbeits- oder Heimarbeitsverhältnisses denkbar.

Beispiel:

Herr X bearbeitet an seinem heimischen PC vom Unternehmen U vorgegebene Texte und ist dabei online mit diesem verbunden. Dabei arbeitet er via E-Mail mit anderen Mitarbeitern des U zusammen und U hat eine vollständige Zugriffs- und Überwachungsmöglichkeit hinsichtlich der Tätigkeit und des Arbeitsergebnisses des X.

Wenn Herr X sich seine Arbeit nicht frei einteilen und Aufträge auch ablehnen kann, ist von einem Arbeitsverhältnis zwischen X und U auszugehen.

7.3 Anwendung des BUrlG

Nach § 12 BUrlG sind nicht alle Vorschriften des BUrlG auf Heimarbeiter und ihnen Gleichgestellte anwendbar. Nicht anwendbar sind § 4 (Wartezeit), § 5 (Teilurlaub), § 6 (Ausschluss von Doppelansprüchen), § 7 Abs. 3 und 4 (Übertragbarkeit und Abgeltung des Urlaubsanspruchs) und § 11 BUrlG (Urlaubsentgelt).

Die übrigen Vorschriften gelten jedoch unter Beachtung der Sonderregeln nach § 12 BUrlG auch für in Heimarbeit Beschäftigte.

7.4 Urlaubsentgelt

Beim Urlaubsentgelt ist zwischen Heimarbeitern und Hausgewerbetreibenden einerseits sowie Zwischenmeister andererseits zu unterscheiden.

7.4.1 Heimarbeiter und Hausgewerbetreibende

Nach § 12 Nr. 1 BUrlG haben Heimarbeiter und Gleichgestellte bei einem Urlaubsanspruch von 24 Werktagen jährlich Anspruch auf ein Urlaubsentgelt von 9,1 % des in der Zeit vom 1. Mai bis zum 30. April des Folgejahres verdienten Arbeitsentgelts vor Abzug der Steuern und Sozialversicherungsbeiträge, ohne Unkostenzuschläge und ohne Zahlungen für Lohnausfälle an Feiertagen, Krankheit und Urlaub. Endet das Beschäftigungsverhältnis vor dem 30. April des Folgejahres, so tritt an dessen Stelle das Beendigungsdatum.

Der Quote von 9,1 % liegt die Überlegung zugrunde, dass im Kalenderjahr mit 365 Tagen 52 Sonntage, durchschnittlich 12 Feiertage, 24 Urlaubstage und pauschal 16 Krankheitstage enthalten sind, sodass mit 267 Arbeitstagen zu rechnen ist. Das Verhältnis von 24 Urlaubstagen zur Anzahl der Arbeitstage ergibt die Quote von 9,1 %.

Für Hausgewerbetreibende und Gleichgestellte gilt nach § 12 Nr. 4 BUrlG eine entsprechende Entgeltregelung.

War der Heimarbeiter im Berechnungszeitraum nicht ständig für den Gewerbetreibenden beschäftigt, so steht ihm ein anteiliger Urlaubsanspruch zu, § 12 Nr. 2 BUrlG.

Beispiel:

Frau H war im Bezugszeitraum insgesamt 60 Arbeitstage tätig und hat dabei ein Bruttoentgelt (ohne Ersatzzahlungen wegen Feiertag, Krankheit oder Urlaub) in Höhe von 3.000 Euro erhalten.

Das Urlaubsentgelt beträgt (3.000 Euro x 9,1 %) = 273 Euro
die durchschnittliche Tagesvergütung (3.000 Euro : 60) =
50 Euro
Urlaubstage (273 Euro : 50 Euro) = 5,46 Urlaubstage

Bruchteile von Urlaubstagen werden nicht gerundet.

Nach dem Gesetzeswortlaut soll das Urlaubsentgelt an sich bei der letzten Entgeltzahlung vor Antritt des Urlaubs gezahlt werden (§ 12 Nr. 3 BUrlG). In der Praxis werden jedoch auch laufende Zuschläge bezahlt.

7.4.2. Zwischenmeister

Dem Zwischenmeister steht hingegen nur ein Erstattungsanspruch hinsichtlich seiner Aufwendungen nach § 12 Nr. 1 bis 4 BUrlG gegenüber den für ihn in Heimarbeit Beschäftigten und Gleichgestellten zu.

7.4.3 Entgeltbeleg

Nach § 12 Nr. 6 BUrlG ist Urlaubsentgelt im Entgeltbeleg gesondert auszuweisen.

7.4.4 Entgeltsicherung

§ 12 Nr. 8 BUrlG erklärt die Vorschriften zum Entgeltschutz in §§ 23 bis 25, 27 HAG (Behördliche Überwachung der Entgelte und Pfändungsschutz) und zu § 28 HAG (Auskunfts- und Erklärungspflichten zum Entgelt) für Urlaubsentgelte für entsprechend anwendbar. Dasselbe gilt für die Mithaftung des Hauptauftraggebers neben dem Zwischenmeister für weiterzugebende Entgelte.

Ebenso wird der Entgeltschutz für fremde Hilfskräfte der Hausgewerbetreibenden nach § 26 HAG auch für die Urlaubsentgeltansprüche angeordnet.

7.5 Urlaubsgewährung

Den Urlaub als solchen in Form der Arbeitsfreistellung kann der Heimarbeiter, auch wenn er sich seine Arbeitszeit ansonsten frei einteilen kann, dennoch nicht ohne Weiteres selbst nehmen. Auch hier besteht kein Selbstbeurlaubungsrecht. Der Gewerbetreibende hat die Urlaubswünsche des Heimarbeiters jedoch zu berücksichtigen (§ 7 Abs. 1 BUrlG).

7.6 Erwerbstätigkeit

Den Heimarbeitern und den ihnen Gleichgestellten ist es – wie den Arbeitnehmern – verboten, während des Urlaubs einer dem Erholungszweck widersprechenden Erwerbstätigkeit nachzugehen (§ 8 BUrlG).

7.7 Krankheit und Reha

Erkrankt der Heimarbeiter oder Gleichgestellte während des Urlaubs und ist dadurch arbeitsunfähig, so wird diese Zeit bei Nachweis nicht auf den Urlaubsanspruch angerechnet, § 9 BUrlG.

Dasselbe gilt für Maßnahmen der medizinischen Vorsorge und Rehabilitation im Sinne von § 10 BUrlG.

7.8 Tarifverträge und bindende Festsetzungen

7.8.1 Tarifverträge

Durch Tarifvertrag kann bestimmt werden, dass Heimarbeiter, die nur für einen einzigen Auftraggeber tätig sind und tariflich wie ein Betriebsarbeiter behandelt werden, Urlaub nach den allgemeinen Urlaubsbestimmungen erhalten (§ 12 Abs. 7 BUrlG).

Eine Abweichung von § 12 BUrlG ist jedoch auch aufgrund des Tarifvorbehalts in § 13 BUrlG möglich (vgl. Kapitel II Abschnitt 2.3).

7.8.2 Bindende Festsetzungen durch den Heimarbeitsausschuss

Bestehen Gewerkschaften oder Auftraggebervereinigungen für den Zuständigkeitsbereich eines Heimarbeitsausschusses nicht oder repräsentieren diese nur eine Minderheit der Auftraggeber oder Beschäftigten, so hat nach § 19 Abs. 3 HAG der Heimarbeitsausschuss die Möglichkeit, bindende Festsetzungen zu Beschäftigungsbedingungen zu erlassen. Der Ausschuss hat also quasi eine Ersatzzuständigkeit anstelle des Gesetzgebers und der Tarifparteien, was an sich zumindest systemwidrig erscheint. Das BVerfG hat diese Praxis jedoch für mit dem Grundgesetz vereinbar gehalten.[23]

Solche bindenden Festsetzungen enthalten oftmals auch Regelungen zum Urlaub.

Die bindenden Festsetzungen haben die Wirkung eines allgemeinverbindlichen Tarifvertrages und werden in das beim Bundesministerium für Arbeit und Soziales geführte Tarifregister eingetragen.

---

[23] BVerfG, Beschluss vom 27. Februar 1973, Az.: 2 BvL 27/69, NJW 1973, 1320

8. Zusatzurlaub für Opfer des Nationalsozialismus

Nach § 15 Abs. 2 BUrlG sind mit dem Inkrafttreten des BUrlG die landesrechtlichen Vorschriften über den Erholungsurlaub außer Kraft getreten. In Kraft bleiben jedoch die landesrechtlichen Bestimmungen über den Urlaub für Opfer des Nationalsozialismus und für solche Arbeitnehmer, die geistig oder körperlich in ihrer Erwerbsfähigkeit behindert sind.

Größtenteils sind diese landesrechtlichen Vorschriften inzwischen außer Kraft getreten.[24]

Teils wurde schon durch das Schwerbeschädigtengesetz 1953 eine einheitliche Regelung geschaffen und die Ländergesetze wurden aufgehoben, mit Ausnahme von Regelungen für Beschädigte unter 50 % Minderung der Erwerbsfähigkeit.

Praktische Geltung hat heute nur noch das Saarländische Gesetz Nr. 186, betreffend die Regelung des Zusatzurlaubs für kriegs- und unfallbeschädigte Arbeitnehmer in der Privatwirtschaft vom 22. Juni 1950 (ZUrlG SL). Nach diesem Gesetz stehen Beschädigten mit einer Erwerbsminderung von mindestens 25 vom Hundert in der Privatwirtschaft drei Arbeitstage Zusatzurlaub zu (§ 12). Dieses Ländergesetz ist zwar zum 1. Januar 2000 ebenfalls außer Kraft gesetzt worden. Nach einer Übergangsbestimmung bleibt Anspruchsberechtigten, die bis zum Stichtag Anspruch auf Zusatzurlaub hatten, dieser jedoch weiterhin erhalten.

Teilweise gelten auch heute noch tarifliche Regelungen über Zusatzurlaub für Opfer des Nationalsozialismus fort.[25]

Nicht unerwähnt bleiben soll auch § 8 zum Zusatzurlaub für Kämpfer gegen den Faschismus und Verfolgte des Faschismus vom 28. September 1978 der ehemaligen DDR, der gemäß Anlage II, Kapitel VII, Sachgebiet A, Abschnitt III Nr. 2 des Einigungsvertrages ebenfalls noch gilt und einen jährlichen Erholungsurlaub für diese Personengruppe in Höhe von 27 Arbeitstagen vorsieht. Alle Arten von Zusatz-

---

[24] so das Badische Landesgesetz über Mindesturlaub für Arbeitnehmer vom 13. Juli 1949, aufgehoben mit Gesetz vom 3. Februar 1994; Niedersächsisches Urlaubsgesetz vom 10. Februar 1948, außer Kraft seit 30. November 2007; Rheinland-Pfälzisches Landesgesetz zur Regelung des Urlaubs vom 8. Oktober 1948, außer Kraft seit 23. Juni 2010

[25] BAG, Urteil vom 24. Februar 2010, Az.: 4 AZR 708/08, AP § 2 TVÜ Nr. 2; § 27 Abs. 1 TV-L i. V. m. § 7 Niedersächsische Erholungsurlaubsverordnung

urlaub, mit Ausnahme des arbeitsbedingten Zusatzurlaubs, werden bei Vorliegen der Voraussetzungen zusätzlich gewährt.

9. Kinder- und Jugendpflege

In allen 16 Bundesländern existieren gesetzliche Regelungen zur Freistellung von ehrenamtlichen Mitarbeitern in der Jugendpflege. In der Regel erfolgt eine unbezahlte Freistellung. Nur in Hessen und Mecklenburg-Vorpommern erfolgt die Freistellung als bezahlter Sonderurlaub. Die Arbeitgeber können hier einen Erstattungsanspruch gegen das Land geltend machen – allerdings teils ohne Sozialversicherungsabgaben oder unter dem Vorbehalt der Haushaltslage.

In den Bundesländern gelten folgende Gesetze:

Baden-Württemberg: Gesetz zur Stärkung des Ehrenamts in der Jugendarbeit vom 20. November 2007: 10 Tage/3 Veranstaltungen. Azubis: 5 Kalendertage. Alter des ehrenamtlichen Helfers: mind. 16 Jahre. Ablehnung: nur aus dringenden betrieblichen Belangen.

Bayern: Gesetz zur Freistellung von Arbeitnehmern für Zwecke der Jugendarbeit vom 14. April 1980: 15 Tage/4 Veranstaltungen. Alter des ehrenamtlichen Helfers: mind. 16 Jahre. Ablehnung nur aus unabweisbarem betrieblichem Interesse, mit schriftlicher Begründung.

Berlin: Gesetz zur Ausführung des Kinder- und Jugendhilfegesetzes vom 9. Mai 1995 i. d. F. vom 27. April 2001, § 10: 12 Arbeitstage/3 Veranstaltungen. Ablehnung aus nachvollziehbaren betrieblichen Gründen („Soll-Vorschrift“).

Brandenburg: Erstes Gesetz zur Ausführung des 8. Buches Sozialgesetzbuch – Kinder- und Jugendhilfe i. d. F. vom 26. Juni 1997, § 22: 10 Arbeitstage, Ablehnung aus dringenden betrieblichen Erfordernissen.

Bremen: Bremisches Kinder-, Jugend- und Familienförderungsgesetz vom 22. Dezember 1998: 12 Tage/3 Veranstaltungen, Ablehnung aus unabweisbarem betrieblichem oder dienstlichem Interesse.

Hamburg: Gesetz über Sonderurlaub für Jugendgruppenleiter vom 28. Juni 1955: 12 Tage/3 Veranstaltungen, Ablehnung aus zwingendem betrieblichem Interesse.

Hessen: Hessisches Kinder- und Jugendhilfegesetzbuch vom 18. Dezember 2006 – tritt Ende 2025 außer Kraft: 12 Arbeitstage/verteilt auf maximal 24 halbtägige Veranstaltungen. Alter des ehrenamtlichen Helfers: mind. 16 Jahre. Ablehnung aus dringenden betrieblichen Erfordernissen. Sonderurlaub wird bezahlt, privater Arbeitgeber hat Erstattungsanspruch gegen das Land mit Ausnahme der Sozialversicherungsbeiträge.

Mecklenburg-Vorpommern: Kinder- und Jugendförderungsgesetz Mecklenburg-Vorpommern vom 7. Juli 1997: 5 Werktage. Alter des ehrenamtlichen Helfers: 16 Jahre. Ablehnung aus dringenden betrieblichen Gründen. Bezahlter Sonderurlaub, aber Ausgleich durch das Land vorbehaltlich der Haushaltsmittel.

Niedersachsen: Gesetz über die Arbeitsbefreiung für Zwecke der Jugendpflege und des Jugendsports vom 29. Juni 1962: 12 Werktage/3 Veranstaltungen. Ehrenamtlicher Helfer muss Inhaber des Jugendgruppenleiterausweises sein. Ablehnung aus dringenden betrieblichen Erfordernissen.

Nordrhein-Westfalen: Gesetz zur Gewährung von Sonderurlaub für ehrenamtliche Mitarbeiter in der Jugendhilfe vom 31. Juli 1974: 8 Arbeitstage/3 Veranstaltungen. Alter des ehrenamtlichen Helfers: mind. 16 Jahre. Ablehnung aus unabweisbarem betrieblichem Interesse. Ausgleich des Verdienstausfalls über den Träger möglich.

Rheinland-Pfalz: Landesgesetz zur Stärkung des Ehrenamtes in der Jugendarbeit vom 5. Oktober 2001: 12 Tage/max. 24 Halbtagsveranstaltungen. Alter des ehrenamtlichen Helfers: mind. 16 Jahre. Ablehnung aus unabweisbarem betrieblichem Interesse. Ausgleich des Verdienstausfalls durch das Land bis zu 60 Euro je vollem Arbeitstag.

Saarland: Gesetz über Sonderurlaub für ehrenamtliche Mitarbeiterinnen und Mitarbeiter in der Jugendarbeit vom 8. Juli 1998: 2 Wochen. Alter des ehrenamtlichen Helfers: mind. 15 Jahre. Ablehnung aus unabweisbarem betrieblichem oder schulischem Interesse.

Sachsen: Gesetz des Freistaates Sachsen über die Erteilung von Sonderurlaub an Mitarbeiter in der Jugendhilfe vom 27. August 1991: 12 Arbeitstage/4 Veranstaltungen. Alter des ehrenamtlichen Helfers: mind. 18 (16 bei RVO) Jahre. Ablehnung bei Gefährdung der wirtschaftlichen Existenz, Begründung erforderlich.

Sachsen-Anhalt: Gesetz zur Freistellung ehrenamtlich in der Jugendarbeit tätiger Personen vom 23. Januar 1996: 12 Tage/3 Veranstaltungen. Alter des ehrenamtlichen Helfers: mind. 16 Jahre. Ablehnung aus unabweisbarem betrieblichem Interesse. Fortzahlung des Sozialversicherungsbeitrags durch den Arbeitgeber mit Erstattungsmöglichkeit durch das Land. Anspruchsberechtigter erhält außerdem Kostenpauschale vom Land in Höhe von 18 Euro je Arbeitstag,

Schleswig-Holstein: Erstes Gesetz zur Ausführung des Kinder- und Jugendhilfegesetzes vom 5. Februar 1992; Landesverordnung über die Freistellung für ehrenamtliche Mitarbeit in der Jugendarbeit vom 16. Dezember 2009: 12 Tage/3 Veranstaltungen. Alter des ehrenamtlichen Helfers: mind. 16 Jahre plus Jugendleiterausweis. Ablehnung aus dringendem betrieblichem Interesse. Ausgleich des Verdienstausfalls mittels Träger durch das Land; bezahlte Freistellung im öffentlichen Dienst.

Thüringen: Thüringer Kinder- und Jugendhilfe-Ausführungsgesetz vom 5. Februar 2009: 10 Arbeitstage/3 Veranstaltungen. Alter des ehrenamtlichen Helfers: mind. 16 Jahre. Ablehnung aus berechtigtem Interesse mit schriftlicher Begründung. Ausgleich des Vergütungsausfalls durch das Land bis zu 35 Euro je Arbeitstag nach Haushaltsplan.

10. Zusatzurlaub im öffentlichen Dienst

10.1 Zusatzurlaub nach § 27 TVöD/TV-L/TV-H

Arbeitnehmer im öffentlichen Dienst können bei bestimmten belastenden Tätigkeiten bezahlten Zusatzurlaub erhalten.

10.2 Schichtdienst (§ 27 Abs. 1 bis 4 TVöD/§ 27 Abs. 2 bis 4 TV-L/TV-H)

Beschäftigten, die in Schichtdiensten arbeiten und einen Anspruch auf entsprechende Zulage haben, wird ein zusätzlicher Urlaub gewährt (§ 27 TVöD/TV-L/TV-H). Dabei wird zwischen ständiger und nicht ständiger Wechselschicht- bzw. Schichtarbeit unterschieden. Die Dauer des Zusatzurlaubs hängt jeweils von der Dauer der Wechselschicht- bzw. Schichtarbeit ab. Bei ständiger Schichtarbeit wird für je vier zusammenhängende Monate, bei ständiger Wechselschichtarbeit für je zwei zusammenhängende Monate je ein Arbeitstag als Zusatzurlaub gewährt. Nach der Protokollerklärung sind Unterbrechungen durch Arbeitsbefreiung, Freizeitausgleich, bezahlten Urlaub oder Arbeitsunfähigkeit in den Grenzen des § 22

TVöD/TV-L/TV-H für die Beurteilung, ob ständige Schicht- bzw. Wechselschichtarbeit vorliegt, ohne Belang.

Bei nicht ständiger, aber überwiegender Wechselschichtarbeit für je drei Monate im Jahr wird ein Arbeitstag Zusatzurlaub gewährt; bei nicht ständiger, aber überwiegender Schichtarbeit müssen fünf Monate Schichtarbeit gearbeitet werden, um einen Tag zusätzlichen Urlaub zu erhalten. Überwiegende Schicht- bzw. Wechselschichtarbeit liegt vor, wenn diese mindestens 50 % der gesamten Arbeitsleistung umfasst.[26]

Im Übrigen gelten für den Zusatzurlaub nach § 27 TVöD/TV-L/TV-H die Regelungen zum Erholungsurlaub nach § 26 TVöD/TV-L/TV-H entsprechend, mit Ausnahme der Zwölftel-Regelung zum Teilurlaub.

Im kommunalen Bereich existieren je nach Sparte unterschiedliche Regelungen für Wechselschicht- und Schichtarbeit. Im Hinblick auf die Sachnähe der Betriebsparteien sollen bei nicht ständiger (Wechsel-)Schichtarbeit bei annähernd gleicher Belastung die Gewährung zusätzlicher Urlaubstage durch Betriebs-/Dienstvereinbarung geregelt werden, vgl. z. B. § 27 Abs. 3 TVöD (VKA).

10.3 Nachtarbeit (§ 27 Abs. 3.1 TVöD-K und TVöD-B)

Beschäftigte in kommunalen Krankenhäusern sowie Pflege- und Betreuungseinrichtungen erhalten außerdem Zusatzurlaub für Nachtarbeit. Die Dauer des Zusatzurlaubs ist von der Anzahl der geleisteten Nachtarbeitsstunden im Kalenderjahr abhängig.

10.4 Zusatzurlaub nach den Regeln für Beamte (§ 27 Abs. 1 TV-L/TV-H)

Der TV-L/TV-H gewährt zudem Zusatzurlaub nach den Regeln für Beamte des jeweiligen Landes. Ausgenommen sind die beamtenrechtlichen Vorgaben zur Schicht-, Wechselschicht- und Nachtarbeit. Insoweit verbleibt es bei den tariflichen Regelungen des TV-L/TV-H.

Folgende landesbeamtenrechtliche Regelungen gewähren einen Zusatzurlaub, der dementsprechend auch Arbeitnehmern des öffentlichen Dienstes des jeweiligen Landes zugutekommen kann:

---

[26] Groeger, Arbeitsrecht im öffentlichen Dienst, § 15 Rz. 15.29

- § 7 Niedersächsische Erholungsurlaubsverordnung – NEUrlVO (für Opfer der nationalsozialistischen Verfolgung: drei oder fünf zusätzliche Urlaubstage)
- § 6 Urlaubsverordnung Sachsen-Anhalt – UrlVO LSA: (bei bestimmten gesundheitsgefährdenden Tätigkeiten: drei zusätzliche Urlaubstage)
- § 16 Urlaubsverordnung Rheinland-Pfalz – UrlVO (bei bestimmten gesundheitsgefährdenden Tätigkeiten und solchen in Einrichtungen des Maßregelungsvollzugs der Psychiatrie mit unmittelbarem Kontakt zu psychisch Kranken: vier zusätzliche Urlaubstage)
- § 4 Bayerische Urlaubs- und Mutterschutzverordnung – UrlMV (bei bestimmten gesundheitsgefährdenden Tätigkeiten und solchen in psychiatrischen oder vergleichbaren Einrichtungen mit unmittelbarem Kontakt zu psychisch Kranken: vier zusätzliche Urlaubstage)
- § 12 Thüringer Urlaubsverordnung – ThürUrlVO (bei bestimmten gesundheitsgefährdenden Tätigkeiten und solchen in psychiatrischen oder vergleichbaren Einrichtungen mit unmittelbarem Kontakt zu psychisch Kranken: vier zusätzliche Urlaubstage)
- § 23 Arbeitszeit- und Urlaubsverordnung Baden-Württemberg – AzUVO (Schwerbehinderte mit einem GdB von mehr als 30, aber weniger als 50 oder Grad der Schädigungsfolgen von mindestens 25 aber weniger als 50: drei zusätzliche Urlaubstage; Tätigkeiten in Zentren der Psychiatrie mit unmittelbarem Kontakt zu psychisch kranken Menschen: ein zusätzlicher Urlaubstag)

10.5 Umfangsbegrenzung von Zusatzurlaub

Der Zusatzurlaub nach § 27 TVöD/TV-L/TV-H und sonstigen Bestimmungen (mit Ausnahme des § 208 SGB IX für Schwerbehinderte) ist auf maximal sechs Arbeitstage im Kalenderjahr begrenzt. Erholungs- und Zusatzurlaub zusammen dürfen 35 Arbeitstage im Kalenderjahr nicht überschreiten. Diese Grenze gilt jedoch nicht für den Zusatzurlaub für Mitarbeiter, die ständig oder überwiegend Schicht- oder Wechselschichtarbeit leisten. Für Mitarbeiter, die das 50. Lebensjahr vollendet haben, soll eine Grenze von insgesamt 36 Arbeitstagen gelten. Auch wenn die Tarifvertragsparteien davon ausgegangen sind, dass die physische Belastung bei Schichtarbeit höher ist als bei Normalarbeit, stellt sich die Frage, ob es sich hier um eine altersdiskriminierende Regelung handelt, mit der Folge, dass auch jüngere Arbeitnehmer einen entsprechend höheren Anspruch geltend machen könnten („Anpassung nach oben“).[27] Dies wird die Rechtsprechung klären müssen.

11. Urlaubskassen im Baugewerbe

11.1 Allgemeines

Im Baugewerbe werden gewerbliche Arbeitnehmer häufig nur kurzfristig beschäftigt. Diese Arbeitnehmer würden nach dem BUrlG oft keinen oder nur einen geringfügigen Urlaubsanspruch erwerben, der wegen der alsbaldigen Beendigung des Arbeitsverhältnisses abzugelten wäre. Dauert das Arbeitsverhältnis länger als sechs Monate, müsste der Arbeitgeber den gesamten Jahresurlaub abgelten, wenn er nicht in natura genommen werden konnte. Um diese für beide Seiten unbefriedigende Situation zu vermeiden, ist der Urlaub im Baugewerbe branchenbezogen geregelt.

11.2 Rechtsgrundlagen

§ 13 Abs. 2 BUrlG gibt dem Baugewerbe und sonstigen Wirtschaftszweigen, in denen wegen häufigen Ortswechsels Arbeitsverhältnisse von kurzer Dauer (kürzer als ein Jahr) üblich sind, die Möglichkeit, diesem Umstand durch tarifliche Regelungen Rechnung zu tragen, um einen zusammenhängenden Urlaub für alle Arbeitnehmer zu gewährleisten. Zu diesem Zweck kann auch von den Bestimmungen des BUrlG abgewichen werden.

Die Tarifparteien der Bauindustrie und des Baugewerbes haben von dieser Möglichkeit Gebrauch gemacht. Es wurden deshalb für Bayern die gemeinnützige sog. UKB (Urlaubskasse des bayerischen Baugewerbes), für Berlin die SOKA Berlin (Sozialkasse des Berliner Baugewerbes) und für die übrigen Bundesländer die ULAK (Urlaubs- und Lohnausgleichskassen der Bauwirtschaft) geschaffen. Die ZVK (Zusatzversorgungskasse des Baugewerbes) ist mit dem Inkasso beauftragt. Die Urlaubskassen sind Teil der Sozialkassen des Baugewerbes (SOKA-Bau).

---

[27] BAG, Urteil vom 20. März 2012, Az.: 9 AZR 529/10, FD-ArbR 2012, 330444, zu gestaffelter Urlaubsdauer nach § 26 Abs. 1 Satz 1 TVöD a. F.

Wechselt der Arbeitnehmer den Arbeitgeber, kann er – bei einer weiteren Beschäftigung im Baugewerbe – seinen angesparten Urlaub auf das nächste Arbeitsverhältnis übertragen und dort in Anspruch nehmen.

11.3 Geltungsbereich

11.3.1 Örtlich

Die Regelungen zur Urlaubsgewährung für das gesamte Bundesgebiet außer Bayern finden sich in § 8 des BRTV Bau (Bundesrahmentarifvertrag Bau), für Bayern in der Urlaubsregelung für die gewerblichen Arbeitnehmer im Baugewerbe Bayern. Das Sozialkassenverfahren ist im Tarifvertrag über das Sozialkassenverfahren im Baugewerbe (VTV) geregelt und gilt für das gesamte Bundesgebiet.

11.3.2 Sachlich

Der BRTV Bau, die Urlaubsregelung für die gewerblichen Arbeitnehmer im Baugewerbe Bayern, sowie der VTV gelten sachlich für Betriebe des Baugewerbes. Dies sind solche, deren betriebliche Tätigkeit auf die gewerbliche Erstellung von Bauten gerichtet ist oder die gewerbliche bauliche Leistungen im Zusammenhang mit der Erstellung, Instandsetzung, Instandhaltung, Änderung oder Beseitigung von Bauwerken oder sonstige bauliche Leistungen erbringen. In den tariflichen Bestimmungen ist anhand von Beispielen detailliert aufgelistet, welche Arten von Betrieben darunter fallen.

11.3.3 Persönlich

Der BRTV Bau sowie das bayerische Pendant gelten für gewerbliche Arbeitnehmer, der VTV jedoch teils auch für Angestellte, die eine rentenversicherungspflichtige Tätigkeit nach dem SGB VI ausüben, Azubis und wehrdienstpflichtige Arbeitnehmer, die bis zu ihrer Einberufung eine nach dem SGB VI versicherungspflichtige Tätigkeit aus- geübt haben. Letztere Personengruppe dürfte in Anbetracht der Aussetzung der Wehrpflicht im Jahr 2011 derzeit keine praktische Bedeutung haben. Nicht erfasst werden geringfügig Beschäftigte.

All die genannten Tarifverträge sind vom Bundesminister für Arbeit und Soziales für allgemeinverbindlich erklärt worden (zuletzt VTV i. d. F. vom 10. November 2022, BRTV Bau i. d. F. vom 10. November

2022, BAnz vom 31. Juli 2023, geltend jeweils ab dem 1. Januar 2023). Sie gelten somit auch für Arbeitnehmer und Arbeitgeber, die nicht tarifgebunden sind (§ 5 Abs. 4 TVG) sowie für ausländische Arbeitgeber, die Arbeitnehmer zur Arbeitsleistung nach Deutschland entsenden (§ 3 AEntG).

Allerdings hatte das BAG die Allgemeinverbindlicherklärungen des VTV 2008, 2010, 2012, 2013 und 2014 für unwirksam erklärt.[28] Dies mit der Begründung, der Minister bzw. die Ministerin habe sich schon nicht ordnungsgemäß mit der Angelegenheit befasst. Zudem lagen die nach der damals gültigen Fassung des § 5 Abs. 1 TVG erforderlichen Voraussetzungen zur Allgemeinverbindlicherklärung nicht vor: § 5 Abs. 1 Nr. 1 TVG a. F. bestimmte, dass ein Tarifvertrag nur dann für allgemeinverbindlich erklärt werden kann, wenn die tarifgebundenen Arbeitgeber nicht weniger als 50 % der unter den Geltungsbereich des Tarifvertrags fallenden Arbeitnehmer beschäftigen. Dies konnte nicht festgestellt werden. Das Urteil führte dazu, dass wechselseitig zwischen nicht tarifgebundenen Arbeitgebern und den Urlaubskassen bestehende Beitrags- und Erstattungsansprüche an sich neu geprüft und evtl. rückabgewickelt werden mussten, soweit noch keine Verjährung oder Bestandskraft eingetreten ist. Um die SOKA-Bau vor existenzbedrohenden Beitragsrückforderungen zu bewahren, hat der Gesetzgeber eilig das Sozialkassenverfahrenssicherungsgesetz (SoKaSiG und SoKaSiG2) auf den Weg gebracht. Hiernach sollen Tarifverträge, die bislang durch Allgemeinverbindlicherklärung durch das Ministerium für Arbeit und Soziales Geltung beanspruchten, nunmehr kraft Gesetzes gelten, und zwar rückwirkend für den Zeitraum ab 1. Januar 2006. Das Sozialkassenverfahrenssicherungsgesetz ist nicht zuletzt wegen dieser Rückwirkung auf Kritik gestoßen, da das Vertrauen der Betroffenen in die geltende Rechtslage dadurch massiv gestört wurde. Allerdings hat das BVerfG seine Verfassungskonformität bestätigt.[29] Die Rechtsanwender durften in diesem Fall nicht auf den Rechtsschein der nichtigen Norm vertrauen, sondern mussten mit der Wiederherstellung durch den Gesetzgeber rechnen. Für die Jahre 2015 bis 2018 hat das BAG die rechtsgültige Allgemeinver-

[28] BAG, Urteile vom 21. September 2016, Az.: 10 ABR 48/15, BeckRS 2016, 74224 und Az.: 10 ABR 33/15, BeckRS 2016, 74233

[29] BVerfG, Beschluss vom 11. August 2020, Az.: 1 BvR 2654/17, NZA 2020, 1338

bindlicherklärung des Sozialkassentarifvertrages VTV bestätigt.[30] Für die Zeit ab 1. Januar 2019 gelten die neu abgeschlossenen Sozialkassentarifverträge wieder allgemeinverbindlich.

11.4 Inhalt

Der BRTV Bau und die Urlaubsregelung im Baugewerbe für Bayern sind in wesentlichen Teilen inhaltsgleich. Im Folgenden wird deshalb der Einfachheit halber auf den BRTV Bau Bezug genommen.

Die Urlaubskassen führen für jeden baugewerblichen Arbeitnehmer ein Arbeitnehmerkonto, auf dem Urlaubsansprüche für einen zusammenhängenden Urlaub angespart werden. Zu diesem Zweck haben die Arbeitgeber der Urlaubskasse gegenüber diverse Meldepflichten zu erfüllen, geregelt im VTV (nunmehr geltend über § 7 SokaSiG). Der letzte Arbeitgeber, bei dem der Arbeitnehmer seinen Urlaub beantragt, gewährt den Urlaub – egal, ob dieser bei ihm oder bei früheren Bauarbeitgebern erworben wurde – und zahlt das Urlaubsentgelt aus. Das ausgezahlte Urlaubsentgelt bekommt der Arbeitgeber von der Urlaubskasse erstattet (§ 12 VTV). Die Zahlung von Urlaubsabgeltung kann der Arbeitnehmer hingegen direkt bei der Urlaubskasse beantragen (§ 13 VTV).

Im Einzelnen:

11.4.1 Urlaubsdauer

Es werden 30 Arbeitstage Urlaub im Kalenderjahr gewährt, Schwerbehinderte erhalten zudem den gesetzlichen Zusatzurlaub von fünf weiteren Arbeitstagen (§ 8 Nr. 1.1 und 1.2 zu § 8 BRTV Bau). Samstage gelten nicht als Arbeitstage (§ 8 Nr. 1.3 BRTV Bau).

Für je zwölf Beschäftigungstage (bei Schwerbehinderten bereits für 10,3 Beschäftigungstage) entsteht jeweils ein Anspruch auf einen Tag Urlaub (§ 8 Nr. 2.3 BRTV Bau). Ein voller Beschäftigungsmonat ist mit 30 Beschäftigungstagen zu zählen. Eine Wartezeit im Sinne des BUrlG gibt es nicht. Allerdings wird der volle Urlaubsanspruch somit erst nach zwölf Monaten Beschäftigungszeit erworben.

Wechselt der Arbeitnehmer in einen anderen Betrieb der Bauwirtschaft, nimmt er seinen erworbenen Urlaubsanspruch mit. Resturlaub am Ende des Kalenderjahres wird kaufmännisch gerundet

[30] BAG, Beschlüsse vom 21. März 2018, Az.: 10 ABR 62/16, NZA-Beilage 2018, 8; vom 20. November 2018, Az.: 10 ABR 12/18, NZA 2019, 628

und sodann in das nächste Kalenderjahr übertragen (§ 8 Nr. 2.7 BRTV Bau).

11.4.2 Urlaubsvergütung

Die Urlaubsvergütung beträgt aktuell 14,25 % bzw. bei schwerbehinderten Menschen 16,63 % des Bruttojahreseinkommens. Sie besteht aus Urlaubsentgelt in Höhe von 11,4 v. H. – bei Schwerbehinderten 13,3 v. H. – des Bruttolohnes und dem zusätzlichen Urlaubsgeld. Das zusätzliche Urlaubsgeld beträgt 25 v. H. des Urlaubsentgelts. Es kann auf betrieblich gewährtes zusätzliches Urlaubsgeld angerechnet werden (§ 8 Ziff. 4.1 BRTV).

Für einen Urlaubstag berechnet sich das Urlaubsentgelt bei einem Urlaubsanspruch von 30 Urlaubstagen entsprechend § 8 Nr. 4.3 BRTV nach der Formel:

$$\frac{\text{Bruttojahresvergütung x 14,25 \% (bzw. 16,63 \%)}}{\text{30 Urlaubstage}}$$

Soweit der Arbeitnehmer trotz unverschuldeter Arbeitsunfähigkeit keinen Anspruch auf Entgeltfortzahlung hatte, wurde somit nach bisheriger Rechtslage auch sein Urlaubsentgeltanspruch vermindert. Das BAG sah hierin einen Verstoß gegen den tariffesten Grundsatz des § 1 BUrlG, wonach jeder Arbeitnehmer einen Anspruch auf bezahlten Urlaub hat. Gemäß § 11 Abs. 1 Satz 2 BUrlG seien Verdienstkürzungen wegen unverschuldeter Arbeitsversäumnis nicht statthaft. Dieses Prinzip sei auch in § 1 BUrlG schon enthalten. Die Bestimmung sei deshalb nicht nach § 13 Abs. 1 BUrlG (vgl. Kapitel II Abschnitte 2.3 und 7.8) zulässig. Auch § 13 Abs. 2 BUrlG ermächtigt die Tarifparteien nicht zu einer derartigen Regelung, da hiernach nur insoweit Abweichungen vom gesetzlichen Mindesturlaub möglich sind, als dies für die Sicherung eines zusammenhängenden Urlaubs erforderlich ist. Eine Bestimmung, wonach sich der Urlaub und dementsprechend das Urlaubsentgelt wegen vorheriger Arbeitsunfähigkeit vermindert, dient ganz offensichtlich nicht diesem Zweck und kann deshalb auch nicht auf § 13 Abs. 2 BUrlG gestützt werden.[31] In den BRTV Bau wurde deshalb in Nr. 5 zu § 8 eine entsprechende Berichtigung hinsichtlich unverschuldeter Arbeitsunfähigkeit wegen Krankheit eingefügt.

---

31 BAG, Urteil vom 15. Januar 2013, Az.: 9 AZR 465/11, NZA-RR 2013, 585

11.4.3 Kurzarbeit

Bei Kurzarbeit sollen nach § 8 Nr. 5.2 BRTV Bau die ersten 90 Stunden Kurzarbeit bei der Berechnung des Urlaubsentgelts unberücksichtigt bleiben. Der EuGH hat bereits im Jahr 2012 im Zusammenhang mit einer Regelung in einer Betriebsvereinbarung die Kürzung des Urlaubsanspruchs in Raten bei Kurzarbeit grundsätzlich für mit Art. 7 Abs. 1 AZRL vereinbar gehalten.[32]

Nach neuerer Rechtsprechung des BAG sind Arbeitstage, die aufgrund Kurzarbeit ausfallen, bei der Berechnung des Urlaubsanspruchs ohnehin nicht als Zeiten mit Arbeitspflichten zu berücksichtigen (vgl. Kapitel II Abschnitt 4.2.4).

11.4.4 Urlaubsabgeltung

Nr. 6 sieht einen Anspruch auf Urlaubsabgeltung in diversen Fällen vor, die über § 7 Abs. 4 BUrlG hinausgehen. So soll der Urlaub abgegolten werden, wenn ein Arbeitnehmer nicht mehr vom BRTV Bau erfasst wird, ohne dass das Arbeitsverhältnis endet. Dieser Fall ist im Licht der Rechtsprechung des EuGH zu Art. 7 Abs. 2 AZRL problematisch, da die Abgeltung von nicht genommenem Mindesturlaub im bestehenden Arbeitsverhältnis in einem späteren Jahr nach dem EuGH nicht mit der Richtlinie vereinbar ist.[33] Die Abgeltung stelle einen Anreiz für den Arbeitnehmer dar, auf Erholungsurlaub zu verzichten. Es bleibt deshalb abzuwarten, ob diese Regelung im BRTV Bau auch künftig aufrechterhalten bleiben kann.

Der Anspruch auf Urlaubsabgeltung richtet sich nach § 8 Nr. 6.2 BRTV Bau gegen die Kasse, soweit Beiträge geleistet oder nachzuentrichten sind und nicht für Urlaubsentgelt verwendet worden oder zum Ausgleich für geleistete Erstattungen zu verwenden sind.

11.4.5 Verfall

Die Urlaubs- und Urlaubsabgeltungsansprüche verfallen mit Ablauf des Kalenderjahres, das auf das Urlaubsjahr folgt (also nach zwölf Monaten). Kann der Urlaub wegen unverschuldeter Arbeitsunfähigkeit nicht genommen werden, tritt der Verfall der Urlaubsansprüche erst 15 Monate nach Ablauf des Urlaubsjahres ein. Insoweit haben

---

[32] EuGH, Urteil vom 8. November 2012, Az.: C-229/11 und C-230/11, NZA 2012, 1273

[33] EuGH, Urteil vom 6. April 2006, Az.: C-124/05, NZA 2006, 719

die Tarifvertragsparteien bereits der neuen Rechtsprechung über längere Übertragungsfristen für längerfristig erkrankte Arbeitnehmer Rechnung getragen.[34]

11.4.6 Vererbung

In § 8 Nr. 9 BRTV Bau haben die Vertragsparteien bestimmt, dass Ansprüche auf Urlaubsentgelt, Abgeltung und Entschädigung vererbt werden.

Diese Regelung steht im Einklang mit der neueren Rechtsprechung des BAG zur Vererbbarkeit von Urlaubsabgeltungsansprüchen nach dem BUrlG bzw. für Mehrurlaub, der dessen Grundsätzen folgt. Früher war das BAG der Auffassung, dass dieser Anspruch auf Abgeltung für nicht genommenen Urlaub erlischt, wenn das Arbeitsverhältnis durch Tod des Arbeitnehmers beendet wird. Einem verstorbenen Arbeitnehmer könne der Erholungsurlaub naturgemäß nicht mehr zugutekommen. Somit könne auch kein Abgeltungsanspruch entstehen. Die Erben des Arbeitnehmers konnten dementsprechend keinen Anspruch auf Urlaubsabgeltung geltend machen. Inzwischen hat das BAG[35] diese Rechtsprechung jedoch mit Hinblick auf Art. 7 Abs. 2 AZRL und die Beurteilung des EuGH[36] aufgegeben und die Vererbbarkeit des Urlaubsabgeltungsanspruches bejaht.

11.4.7 Entschädigung

Nach dem Verfall von Urlaubs- oder Urlaubsabgeltungsansprüchen kann ein Anspruch auf Entschädigung des Arbeitnehmers gegen die Urlaubskasse entstehen. Dies regelt § 8 Nr. 8 BRTV Bau.

11.4.8 Sonstiges

Daneben enthält der BRTV Bau noch besondere Regelungen für Ausbildungsverhältnisse, jugendliche Arbeitnehmer, Urlaub bei Altersteilzeit und von einem ausländischen Arbeitgeber ins Inland entsandte Arbeitnehmer.

---

[34] BAG, Urteil vom 7. August 2012, Az.: 9 AZR 353/10, NZA 2012, 1216

[35] BAG, Urteil vom 22. Januar 2019, Az.: 9 AZR 45/16

[36] EuGH, Urteil vom 6. November 2018, Az.: C-569/16 und C-570/16

V. Durchsetzung des Urlaubsanspruchs

V. Durchsetzung des Urlaubsanspruchs

1. Kein Selbstbeurlaubungsrecht des Arbeitnehmers

Auch wenn der Arbeitgeber rechtswidrig den Urlaubsantrag abgelehnt hat, hat der Arbeitnehmer kein Recht auf Selbstbeurlaubung.[1] Eine Selbstbeurlaubung ist selbst dann ausgeschlossen, wenn der Urlaubsanspruch wegen Fristablaufs nach § 7 Abs. 2 BUrlG oder aufgrund der bevorstehenden Beendigung des Arbeitsverhältnisses sonst zu erlöschen droht.

Eine Selbstbeurlaubung durch den Arbeitnehmer kann je nach Einzelfall sowohl die ordentliche als auch die außerordentliche Kündigung rechtfertigen.[2] Für die Dauer der Selbstbeurlaubung hat der Arbeitnehmer dann auch keinen Entgeltanspruch. Darüber hinaus kann eine Selbstbeurlaubung den Arbeitnehmer auch dazu verpflichten, den aufgrund der Selbstbeurlaubung dem Arbeitgeber entstandenen Schaden zu ersetzen (§ 280 Abs. 1 BGB).

2. Gerichtliche Durchsetzung des Urlaubsanspruchs

Nachdem der Arbeitnehmer den Urlaub nicht selbst durchsetzen kann, ist er zur Durchsetzung seines Urlaubes auf gerichtliche Hilfe angewiesen.

2.1 Klageverfahren

Für sämtliche Klagen des Arbeitnehmers auf Urlaubsgewährung sind die Arbeitsgerichte zuständig (§ 2 Abs. 1 Nr. 3a ArbGG).

Bei den Klagen ist zwischen solchen auf Gewährung des Urlaubes für einen bestimmten Zeitraum, Gewährung des Urlaubes ohne einen bestimmten Zeitpunkt und auf Feststellung eines bestimmten Urlaubsanspruchs zu unterscheiden.

---

1 BAG, Urteile vom 25. Januar 1994, Az.: 9 AZR 312/92, NZA 1994, 652; vom 20. Januar 1994, Az.: 2 AZR 521/93, NZA 1994, 548, 549 f.; vom 23. Januar 2001, Az.: 9 AZR 287/99, NZA 2001, 1020, 1021

2 BAG, Urteile vom 20. Januar 1994, NZA 1994, 548, 550; vom 16. März 2000, Az.: 2 AZR 75/99, NZA 2000, 1332, 1333 f.

2.1.1 Klage auf Urlaubsbewährung in einem bestimmten Zeitraum

Für die Klage auf Gewährung eines Urlaubs in einem bestimmten Zeitraum ist die Leistungsklage die richtige Klageart. Dem steht auch nicht entgegen, dass grundsätzlich der Arbeitgeber als Schuldner des Urlaubsanspruchs zur Festlegung des Urlaubs verpflichtet ist, da er die Wünsche des Arbeitnehmers zu berücksichtigen hat, soweit ihm kein Leistungsverweigerungsrecht zusteht. Die Klage ist auf Gewährung des Urlaubes in einem bestimmten Zeitraum unter Angabe der Zahl der gewünschten Urlaubstage und für welches Urlaubsjahr zu richten.

Die Klage wird unzulässig, wenn der Zeitraum, für den der Urlaub geltend gemacht wird, vorbei ist. Das wird angesichts der langen Prozessdauer häufig der Fall sein.

Die Vollstreckung eines obsiegenden Urteils erfolgt nach herrschender Meinung nach § 894 ZPO, d. h. die Willenserklärung – Freistellungserklärung durch den Arbeitgeber für den gewünschten Urlaubszeitraum – gilt als abgegeben, sobald das Urteil rechtskräftig ist. Eine weitere Zwangsvollstreckung erübrigt sich damit. Der Arbeitnehmer kann den Urlaub schlicht antreten, so wie es im Urteil bestimmt ist, allerdings erst, wenn dieses rechtskräftig ist.

2.1.2 Klage auf Urlaubserteilung ohne bestimmten Zeitraum

Nach der Rechtsprechung des BAG sind auch Klagen für eine bestimmte Zahl von Urlaubstagen ohne Angabe eines konkreten Zeitraumes, in dem der Urlaub genommen werden soll, zulässig.[3]

2.1.3 Feststellungsklage

Soweit zwischen den Parteien der Umfang des Urlaubsanspruchs streitig ist, kommt auch eine Klage auf Feststellung des Umfangs des Urlaubsanspruches in Betracht. Denkbar ist auch eine Klage auf Feststellung des für das Urlaubsjahr noch bestehenden Resturlaubes.

2.2 Einstweilige Verfügung

Da eine Entscheidung in der Hauptsacheklage häufig zu spät kommen wird, steht dem Arbeitnehmer auch die Möglichkeit offen, seinen Urlaubsanspruch im Rahmen einer einstweiligen Verfügung

---

3 BAG, Urteil vom 4. September 2002, Az: 9 AZR 355/01, NZA 2003, 150

geltend zu machen. Sinn des einstweiligen Verfügungsverfahrens Ist es an sich, eine vorläufige Regelung zu schaffen. Gerade dies ist bei einer einstweiligen Verfügung auf Urlaubsgewährung jedoch nicht der Fall. Hier wird der Urlaubsanspruch nicht nur gesichert, sondern er wird gewährt, was nicht vorläufig, sondern endgültig ist. Dennoch lässt die Rechtsprechung dies ausnahmsweise zu, um dem Arbeitnehmer effektiven Rechtsschutz zu gewähren.[4]

Vor diesem Hintergrund ist die einstweilige Verfügung aber auf Ausnahmefälle zu beschränken. Der Arbeitnehmer muss daher sowohl den drohenden Zeitablauf als auch die für ihn nicht wiedergutzumachenden Nachteile darlegen. Die Eilbedürftigkeit darf nicht durch den Arbeitnehmer selbst verursacht worden sein, z. B. indem er eine Urlaubsreise bereits vor Genehmigung des Urlaubs gebucht hat.[5] Ein Grund für den Erlass einer einstweiligen Verfügung soll nach der Literatur gegeben sein, wenn der Arbeitnehmer für den Urlaub mit seiner Familie, insbesondere seinen Kindern, auf die Schulferien angewiesen ist, der Arbeitgeber den Urlaub aber verweigert.[6]

Ein Verfügungsgrund für die einstweilige Verfügung besteht auch nur dann, wenn eine konkrete zeitliche Lage des Urlaubs im Antrag genannt ist.

Bei Arbeitgebern, in deren Betrieb ein Betriebsrat besteht, muss der Arbeitnehmer darüber hinaus versucht haben, sich an den Betriebsrat zu wenden, der dann gemäß § 87 Abs. 1 Nr. 5 BetrAVG tätig werden kann. Nur wenn auch das nicht hilft, kann eine einstweilige Verfügung gerechtfertigt sein.

Die Fiktion der Urlaubsgewährung tritt mit Zustellung der einstweiligen Verfügung an den Arbeitgeber ein.

---

4 LAG Baden-Württemberg, Urteil vom 3. Juni 2009, Az.: 10 SaGa 1/09, NZA-RR 2010, 178

5 LAG Hamburg, Urteil vom 15. September 1989, Az.: 3 Ta 17/89, BeckRS 1989, 30939991

6 Arnold/Tillmanns, § 7 BUrlG, Kommentar, Rz. 120

3. Gerichtliche Durchsetzung der Urlaubsabgeltung

Der Urlaubsabgeltungsanspruch ist nach der neuen Rechtsprechung des BAG ein reiner Geldanspruch.[7] Er kann daher wie jeder Zahlungsanspruch vor dem Arbeitsgericht eingeklagt werden.

V

7 BAG, Urteile vom 4. Mai 2010, Az.: 5 AZR 183/09, NZA 2010, 1011; vom 19. Juni 2012, Az.: 9 AZR 652/10, NZA 2012, 1087

VI. Reduzierung von Urlaubsansprüchen

VI. Reduzierung von Urlaubsansprüchen

1. Entstehung von Mehrurlaubsansprüchen

Hat der Arbeitgeber erst einmal günstigere Regelungen, als sie das BUrlG oder einschlägige Tarifverträge vorsehen, dem Arbeitnehmer gegenüber zugesagt oder schlicht mehrmals gewährt, ist es schwierig, im Nachhinein diese Vergünstigung wieder zu entziehen.

Ein Anspruch auf die Vorteile (z. B. einer längeren Urlaubsdauer oder Zahlung von Urlaubsgeld) auch für die Zukunft besteht nicht nur bei einer ausdrücklichen Vereinbarung z. B. im Arbeitsvertrag, sondern kann auch durch sog. betriebliche Übung entstehen, wenn der Arbeitgeber dieselbe Leistung mehrfach hintereinander gewährt hat.

VI

Die Rechtsprechung geht von einer Anspruchsbegründung bei in der Regel dreimaliger vorbehaltloser Gewährung aus.[1] Entscheidend ist, ob die Arbeitnehmer aus dem Verhalten des Arbeitgebers entnehmen durften, der Arbeitgeber habe sich zu der Leistung verpflichten wollen und würde sie auch künftig erbringen. Auch wenn die Leistung nicht kollektiv („betrieblich") erbracht wurde, sondern nur einzelnen Arbeitnehmern gegenüber, können diese einen Anspruch auf diese Weise für die Zukunft erwerben.[2]

2. Dauerhafte Bindung verhindern

Wie kann man als Arbeitgeber verhindern, dass aus einer individuellen Vereinbarung oder schlicht freiwilligen Gewährung ein dauerhafter Anspruch der Arbeitnehmer entsteht?

---

1 BAG, Urteil vom 1. April 2009, Az.:10 AZR 393/08, AP § 242 BGB Betriebliche Übung Nr. 84

2 BAG, Urteil vom 13. Mai 2015, Az.: 10 AZR 266/14, NJW 2015, 3326

2.1 Teilkündigung

Die Rechtsprechung gestattet grundsätzlich keine schlichte Teilkündigung,[3] d. h. die Kündigung der einzelnen Regelung ist nicht möglich.

2.2 Änderungskündigung

Eine Änderungskündigung, die nach § 2 KSchG auf eine Beendigung des gesamten Arbeitsverhältnisses gerichtet ist, wenn der Arbeitnehmer der Änderung nicht zustimmt, dürfte oftmals nicht dem Willen des Arbeitgebers entsprechen. Abgesehen davon sind die Hürden einer Änderungskündigung sehr hoch.

Praxis-Tipp:

Möchte man sich als Arbeitgeber sich nicht dauerhaft binden, sollte man deshalb von vornherein klarstellen, dass es sich nicht um eine dauerhafte Leistung handelt. Man kann die Zahlung von Urlaubsgeld oder Gewährung von zusätzlichen freien Tagen z. B. unter einen Freiwilligkeits- oder einen Widerrufsvorbehalt stellen.

In allen Fällen muss er auf eine transparente, verständliche Regelung achten (§ 307 Abs. 1 Satz 2 BGB). Aus diesem Grund wäre eine Kombination aus Freiwilligkeits- und Widerrufsvorbehalt bereits unwirksam. Die Bestimmung, eine Sonderzahlung „freiwillig und widerruflich" zu gewähren, ist in sich widersprüchlich, denn nur eine Leistung, auf die ein Anspruch besteht, kann widerrufen werden. Bei einer freiwilligen Leistung besteht jedoch gerade kein Rechtsanspruch – so die Argumentation des BAG.[4]

Wichtig: Eine konkludente individuelle Regelung zwischen dem Arbeitgeber und Arbeitnehmer geht einer Regelung eines Freiwilligkeitsvorbehaltes in Formulararbeitsverträgen stets vor (§ 305b BGB)!

---

3 BAG, Urteil vom 23. August 1989, Az.: 5 AZR 569/88, NZA 1990, 191
4 BAG, Urteil vom 14. September 2011, Az.: 10 AZR 526/10, NZA 2012, 81

2.3 Freiwilligkeitsvorbehalt

Der Arbeitgeber kann eine Leistung „freiwillig", also ausdrücklich ohne Rechtsanspruch für den Arbeitnehmer anbieten. Mit einem solchen Vorbehalt soll nicht nur die Anspruchsentstehung im aktuellen Bezugszeitraum, sondern auch eine solche in der Zukunft aus betrieblicher Übung nach dreimaliger vorbehaltloser Gewährung verhindert werden.

Ein Freiwilligkeitsvorbehalt darf nicht den Eindruck eines Leistungsanspruchs beim Arbeitnehmer erwecken. Schon das bloße Inaussichtstellen einer regelmäßigen Zahlung kann widersprüchlich sein. Unklarheiten in der Formulierung gehen zulasten des Verwenders (§ 305c Abs. 2 BGB), also des Arbeitgebers. Die Rechtsprechung ist hier sehr rigide.

Beispiel:

„Die Gewährung von Urlaubsgeld durch den Arbeitgeber erfolgt freiwillig und ohne Begründung eines Anspruchs für die Zukunft. Der Arbeitgeber entscheidet jedes Jahr frei, ob und in welcher Höhe ein Urlaubsgeld gewährt wird."

Variante:

„Die Zahlung von Urlaubsgeld ist eine freiwillige Leistung der Firma."

Diese Klausel wurde von der Rechtsprechung als anspruchsbegründend für die Zukunft angesehen. Denn sie bringe lediglich zum Ausdruck, dass keine Verpflichtung des Arbeitgebers aus Gesetz, Betriebsvereinbarung oder Tarifvertrag bestehe.[5]

Ebenfalls unzulässig, weil zu weitgehend, wären Pauschalvorbehalte für alle nicht ausdrücklich zugesagten Leistungen in Arbeitsverträgen.

Problematisch sind Freiwilligkeitsvorbehalte bei allen Arbeitgeberleistungen, die Vergütungscharakter haben, also leistungsorientiert sind. Unverfänglich sind lediglich Freiwilligkeitsvorbehalte bei Zahlungen, die eindeutig zu anderen Zwecken geleistet werden, zum Beispiel Jubiläumsgelder, Geburtstagsgelder etc. Bei Urlaubsgeld

5 BAG, Urteil vom 21. Januar 2003, Az.: 9 AZR 546/01, NJOZ 2003, 1856

wäre also klarzustellen, dass es zu Erholungszwecken gezahlt wird und nicht als Vergütung für geleistete Arbeit.[6]

Wichtig: Bei der Formulierung eines Freiwilligkeitsvorbehalts ist also größte Vorsicht geboten, sodass keinerlei Missverständnisse entstehen können, die letztlich zulasten des Arbeitgebers gehen.

2.4 Widerrufsvorbehalt

Der Arbeitgeber kann auch eine Leistung für die Zukunft zusagen, sich aber vorbehalten, die Weitergewährung in der Zukunft durch Widerruf zu beenden.

Bei einem Widerrufsvorbehalt ist neben § 307 BGB auch § 308 Nr. 4 BGB zu beachten. Hiernach ist es dem Verwender von AGB (also dem Arbeitgeber) verwehrt, von einer versprochenen Leistung abzuweichen, wenn nicht die Änderung unter Berücksichtigung der Interessen des Verwenders für den anderen Vertragsteil (also dem Arbeitnehmer) zumutbar ist.

Die Rechtsprechung hat bislang folgende Kriterien herausgearbeitet:

- Der Umfang der unter dem Widerrufsvorbehalt stehenden Leistung darf maximal 25 % des gesamten Gehalts betragen (bis zu 30 % nur dann, wenn in der Leistung auch Aufwendungsersatz enthalten war).
- Das verbleibende Gehalt darf den Tariflohn (sofern einschlägig) oder den Mindestlohn nicht unterschreiten.
- Es müssen nachvollziehbare Gründe für einen Widerruf angegeben werden, sodass für den Arbeitnehmer erkennbar ist, wann er mit einer Änderung zu rechnen hat.
- Der Arbeitgeber darf das Widerrufsrecht nur nach billigem Ermessen, § 315 BGB, ausüben. Zum Beispiel hat er hierbei den arbeitsrechtlichen Gleichbehandlungsgrundsatz zu beachten.

Es findet also eine Kontrolle auf zwei Ebenen statt: zunächst hinsichtlich der Vertragsgestaltung als solcher und sodann zusätzlich bei der konkreten Ausübung des Widerrufsvorbehalts. Hier können Ankündigungs- und/oder Auslauffristen eine Rolle spielen.

---

6 BAG, Urteil vom 22. Juli 2014, Az.: 9 AZR 981/12, NZA 2014, 1136

Beispiel:

„Der Arbeitnehmer erhält ein Urlaubsgeld in Höhe von ... Euro jährlich. Der Arbeitgeber kann diese Leistung im Fall einer wirtschaftlichen Notlage widerrufen.“[7]

Zu beachten ist, dass die Rechtsprechung hinsichtlich der anzugebenden Widerrufsgründe noch im Fluss ist, insbesondere hinsichtlich der Frage, wie konkret diese Gründe sein müssen.

2.5 Teilbefristung

Der Arbeitgeber kann eine Leistung ausdrücklich auf einen bestimmten Zeitraum beschränken, wenn dies sachlich gerechtfertigt ist (sog. Teilbefristung).

Eine Befristung von einzelnen Arbeitsbedingungen, insbesondere von Vergütungsregeln, ist jedoch nur dann zulässig, wenn sie den Arbeitnehmer nicht unangemessen benachteiligen (§ 307 Abs. 1 BGB). Letztlich erfordert die Teilbefristung das Vorliegen eines sachlichen Grundes, der umso gewichtiger sein muss, je stärker in den Kernbereich des Arbeitsverhältnisses eingegriffen wird.

Beispiel:

Die Gewährung von zusätzlichen Urlaubstagen zum Ausgleich für besondere vorübergehende Belastungen kann befristet werden.

Geht es um Urlaubsgeld, ist zu beachten, dass nach der Rechtsprechung eine Befristung von Vergütungsbestandteilen, die 25 % oder mehr der Gesamtvergütung ausmachen, kaum Bestand haben dürfte. Bei Urlaubsgeld dürfte diese Höhe in der Regel jedoch nicht erreicht werden. Zu empfehlen ist auch hier die Klarstellung, dass es sich bei dem Urlaubsgeld nicht um einen Entgeltbestandteil, sondern eine zusätzliche, leistungsunabhängige Leistung handelt.

---

[7] BAG, Urteil vom 24. Januar 2017, Az.: 1 AZR 772/14, NZA 2017, 931 (zum Widerrufsvorbehalt betreffend Weihnachtsgeld)

2.6 Stichtagsklauseln

Sonderzahlungen, z. B. in Form von Urlaubsgeld, neben dem regulären Gehalt möchte der Arbeitgeber in der Regel nur solchen Arbeitnehmern zukommen lassen, die ihm auch zum Zeitpunkt der Zahlung oder sogar darüber hinaus als Arbeitskraft zur Verfügung stehen. Oftmals finden sich deshalb Stichtagsklauseln in Arbeitsverträgen, wonach eine bestimmte Sonderzahlung davon abhängig gemacht wird, dass das Arbeitsverhältnis zu einem bestimmten Zeitpunkt ungekündigt besteht. Oder die Zahlung steht unter dem Vorbehalt einer Rückforderung, wenn das Arbeitsverhältnis innerhalb einer bestimmten Frist nach der Gewährung beendet wird.

Die Rechtsprechung des BAG zur Zulässigkeit solcher Klauseln hat sich in den letzten Jahren erheblich zulasten des Arbeitgebers verschärft:

2.6.1 Sonderzahlungen zur Honorierung von erbrachter Arbeitsleistung

Sonderzahlungen, die zumindest auch eine bereits erbrachte Arbeitsleistung honorieren sollen, dürfen nicht vom Bestand des Arbeitsverhältnisses zu einem Zeitpunkt, der außerhalb des definierten Bezugszeitraums liegt, abhängig gemacht werden.[8] Denn der Arbeitnehmer hat die Sonderzahlung mit seiner Arbeitsleistung bereits verdient, sie kann ihm nicht mehr entzogen werden. Eine derartige Stichtagsklausel wäre mit dem wesentlichen Grundgedanken des Austauschverhältnisses in § 611 Abs. 1 BGB unvereinbar und damit gemäß § 307 Abs. 2 Nr. 1 BGB nichtig. Die Frage, ob mit der Sonderzahlung geleistete Arbeit vergütet werden sollte oder nicht, ist durch Auslegung zu ermitteln.

2.6.2 Nicht leistungsbezogene Sonderzahlungen

Für nicht leistungsbezogene Sonderzahlungen ist eine Stichtagsregelung hingegen nicht grundsätzlich ausgeschlossen. So hat das BAG beispielsweise eine Regelung, in der pro genommenen Urlaubstag nur dann ein bestimmtes Urlaubsgeld zugesagt wurde, sofern zum Zeitpunkt des Urlaubs ein ungekündigtes Arbeitsverhältnis besteht, für wirksam erachtet.[9] Die Tatsache, dass das Urlaubsgeld

---

[8] BAG, Urteil vom 13. November 2013, Az.: 10 AZR 848/12, NZA 2014, 368

[9] BAG, Urteil vom 22. Juli 2014, Az.: 9 AZR 981/1, NZA 2014, 1136

für jeden genommenen Urlaubstag gezahlt werden sollte, deute darauf hin, dass es zu Erholungszwecken und nicht als Entgelt für Arbeitsleistung gezahlt werde.

2.7 Rückzahlungsklauseln

Für Rückzahlungsklauseln gilt nach derzeitiger Rechtsprechung Folgendes:

Mit Rücksicht auf die grundgesetzlich garantierte Berufsfreiheit des Arbeitnehmers darf dieser nicht durch eine übermäßig lange Bindungsdauer an einem Wechsel seines Arbeitsplatzes gehindert werden. Für Sonderzahlungen, die z. B. als „Weihnachtsgeld" im November oder Dezember zur Auszahlung kommen, hat die Rechtsprechung folgendes Schema aufgestellt:

- Sonderzahlungen bis zu einem Betrag von 100 Euro können nicht zurückgefordert werden. Ein schützenswertes Interesse des Arbeitgebers an einer Rückzahlung besteht nicht. Bagatellbeträge sind in der Regel schnell verbraucht, sodass sie im Vermögen des Arbeitnehmers oft nicht mehr vorhanden sein dürften.
- Für Sonderzahlungen über 100 Euro, aber unter einem Bruttomonatsgehalt, können Rückzahlungsklauseln vereinbart werden, die bis zum 31. März des Folgejahres (jedoch nicht darüber hinaus) reichen.
- Sonderzahlungen in Höhe eines Bruttomonatsgehalts oder mehr können eine Bindung bis zum 30. Juni des Folgejahres rechtfertigen.

Dieses Schema ist prinzipiell auch auf Urlaubsgelder, die in der Regel im Juni oder Juli zur Auszahlung kommen, übertragbar. Die Fristen verschieben sich dann entsprechend im Kalenderjahr. Ein Urlaubsgeld, das mehr als 100 Euro, aber weniger als ein Bruttomonatsgehalt beträgt und Ende Juni bezahlt wird, könnte bei entsprechender Vereinbarung also noch bis zum 31. Oktober (vier Monate später) zurückverlangt werden.

Praxis-Tipp:

Bei der Formulierung einer Rückzahlungsklausel ist zu beachten, dass diese nicht eine vertragliche Bindung des Arbeitnehmers über die genannten Termine hinaus zur Folge hat. Eine solche längere Bindung läge vor, wenn beispielsweise das

Behalten der Zahlung ein „zum 31. Oktober ungekündigtes Arbeitsverhältnis" vorausgesetzt wird. Der Arbeitnehmer hat bei einer ordentlichen Kündigung stets eine bestimmte Frist einzuhalten, sodass letztlich eine Bindung über den 31. Oktober hinaus die Folge wäre, würde der Arbeitnehmer die Sonderzahlung behalten wollen. Denn er dürfte frühestens am 1. November kündigen und das Arbeitsverhältnis würde noch bestehen, solange die Kündigungsfrist läuft.

VII. Freistellung außerhalb des Urlaubsrechts

VII. Freistellung außerhalb des Urlaubsrechts

1. Überblick

Neben dem klassischen Erholungsurlaub kann dem Arbeitnehmer auch ein Freistellungsanspruch in bestimmten Lebenslagen zustehen oder vereinbart werden. Am bekanntesten dürfte die „Elternzeit", früher noch „Erziehungsurlaub" genannt, sein. Aber auch die (Familien-)Pflegezeit könnte in Anbetracht einer „alternden Gesellschaft" in Zukunft noch stärkere Bedeutung erlangen. Von praktischer Relevanz ist auch die vorübergehende kurzzeitige Verhinderung aus persönlichen Gründen (§ 616 BGB) und – last but not least – das Sabbatical. Von § 616 BGB abgesehen, wird der Arbeitnehmer in der Regel lediglich von seiner Arbeitspflicht freigestellt. Ein Anspruch auf Entgeltfortzahlung ist damit grundsätzlich nicht verbunden.

Im Folgenden wird dargestellt, ob und unter welchen Voraussetzungen ein Anspruch auf Freistellung besteht und wie sich dieser auf die Urlaubsansprüche des Arbeitnehmers auswirkt.

2. Elternzeit

Vorläufer der heutigen Elternzeit war der im Jahr 1979 eingeführte Mutterschaftsurlaub. Dieser wurde zur Betreuung und Erziehung von Säuglingen und Kleinstkindern bis zu deren vollendetem sechsten Lebensmonat gewährt. Arbeitsentgeltansprüche bestanden nicht. Es wurde jedoch eine Garantie des Arbeitsplatzes geschaffen und außerdem ein Mutterschaftsgeld von zunächst 750,00 DM gezahlt. Arbeitgeber kritisierten damals das Gesetz scharf und drohten, keine Frauen mehr im gebärfähigen Alter einzustellen (!). Dessen ungeachtet wurde im Lauf der Zeit der Anspruch auf Erziehungsurlaub immer weiter ausgebaut. Das BErzGG, das am 1. Januar 1986 in Kraft trat, bezog nun auch die Väter mit in den Kreis der Anspruchsberechtigten ein und erhöhte den Freistellungsanspruch stufenweise auf 18 Monate und zuletzt drei Jahre. Im Jahr 2001 wurde der Erziehungsurlaub in „Elternzeit" umbenannt. Seitdem können auch Lebenspartner Elternzeit beantragen. Außerdem wurde die Elternzeit flexibilisiert. Erziehungsgeld wurde bis zu maximal zwei Jahre lang gewährt.

Das Gesetz zum Elterngeld und zur Elternzeit (BEEG) hat am 1. Januar 2007 das BErzGG abgelöst. Es setzt zugleich die europäische Richtlinie zum Elternurlaub (RL 2010/18/EU) um. Das BEEG regelt in den §§ 1 bis 14 BEEG die Voraussetzungen und Bedingungen zum Bezug des Elterngeldes und in §§ 15 bis 21 BEEG die Elternzeit.

2.1 Rechtsnatur der Elternzeit

Elternzeit bedeutet eine Freistellung von der Arbeitspflicht. Das Arbeitsverhältnis mit seinen Hauptpflichten (Arbeitsleistung und Entgeltzahlung) ruht. Ein Anspruch auf Entgeltzahlung besteht deshalb im Allgemeinen nicht. Deshalb ist auch ein Dienstwagen (auch wenn die Privatnutzung gestattet ist) während der Elternzeit in der Regel zurückzugeben. Unverfallbarkeitsfristen im Rahmen einer betrieblichen Altersversorgung werden jedoch nicht unterbrochen. Einzel- oder tarifvertraglich kann die Zahlung von Urlaubsgeld auch bei Elternzeit vereinbart werden.

Die vertraglichen allgemeinen Nebenpflichten, wie etwa ein Geheimhaltungsgebot oder ein Wettbewerbsverbot, bleiben bestehen. Für den Arbeitgeber bedeutet dies, dass er den Arbeitnehmer bei betrieblichen Änderungen informieren muss. Der Arbeitnehmer behält sowohl das aktive als auch das passive Wahlrecht zum Betriebsrat. Außerdem besteht Kündigungsschutz (dazu noch eingehend unten).

In einem Arbeitszeugnis darf der Arbeitgeber nach der Rechtsprechung die Dauer der genommenen Elternzeit nur erwähnen, wenn die tatsächliche Unterbrechung mindestens 2/3 der Gesamtdauer des Arbeitsverhältnisses ausmacht[1] oder wenn es vor der Beendigung längerfristig unterbrochen war und es im konkreten Beruf auf einen stets aktuellen Wissenstand ankommt.[2]

2.2 Geschützter Personenkreis

Anspruch auf Elternzeit haben Arbeitnehmerinnen und Arbeitnehmer, egal, ob sie in Teilzeit arbeiten, befristet oder unbefristet eingestellt sind. Endet das Arbeitsverhältnis jedoch durch eine Be-

---

1 BAG, Urteil vom 10. Mai 2005, Az.: 9 AZR 261/04, NZA 2005, 1237

2 LAG Köln, Urteil vom 4. Mai 2012, Az.: 4 Sa 114/12, NZA-RR 2012, 563

fristung, endet auch die Elternzeit. Im Einzelfall kann eine Verlängerung über die Befristung hinaus jedoch geboten sein, etwa wenn dies vertraglich vereinbart wurde oder bei einer Berufsbildung (§ 20 Abs. 1 Satz 2 BEEG).

Auch zur Berufsbildung im Sinne von § 1 BBiG Beschäftigte gehören zum anspruchsberechtigten Personenkreis (§ 20 Abs. 1 BEEG). Gemeint sind nicht nur die klassischen Auszubildendenverhältnisse, sondern auch Berufsausbildungsvorbereitungen, die berufliche Fortbildung und die berufliche Umschulung. Volontäre und Praktikanten können nach § 26 BBiG i. V. m. § 10 Abs. 2 BBiG ebenfalls in den Schutzbereich der §§ 15 bis 21 BEEG einbezogen sein. Bei Praktikanten ist jedoch zu differenzieren: Praktika, die „nur" im Rahmen der Studienordnung oder von schulischen Vorgaben durchlaufen werden, fallen nicht unter das BBiG[3] und damit auch nicht unter das BEEG. Auch ein duales Studium wird während der Praxisphase nicht unbedingt ohne Weiteres zu einem Berufsbildungsverhältnis im Sinne des BBiG.[4] Nur dann, wenn während des Studiums zugleich ein regulärer Ausbildungsvertrag läuft, findet das BBiG Anwendung.

Keinen Anspruch auf Elternzeit haben nach dem BEEG arbeitnehmerähnliche Selbstständige. Dies sind Personen, die zwar ihre Tätigkeit eigenverantwortlich und nicht in persönlicher Abhängigkeit erbringen, so wie es für Arbeitnehmer typisch ist, aber wirtschaftlich hauptsächlich von einem Hauptauftraggeber abhängig und deshalb einem Arbeitnehmer vergleichbar sozial schutzbedürftig sind. Arbeitnehmerähnliche Personen haben ihre Arbeitsleistung in aller Regel persönlich zu erbringen, beschäftigen also eher keine Angestellten. Sie können – anders als Arbeitnehmer – einen Auftrag auch ablehnen. Beispiele wären freiberufliche Journalisten, Dozenten, Nachtwachen, Künstler oder Ein-Firmen-Handelsvertreter. Tarifverträge für diesen Personenkreis (§ 12a TVG) können jedoch Regeln enthalten, inwieweit Kinderbetreuungszeiten im Rahmen der vertraglichen Beziehung zwischen Auftraggeber und der arbeitnehmerähnlichen Person zu berücksichtigen sind.

Auch Heimarbeiter und ihnen gleichgestellte Personen erhalten Elternzeit (§ 20 BEEG).

---

3 BAG, Urteil vom 18. November 2011, Az. 3 AZR 192/07, NZA 2009, 435

4 BAG, Urteil vom 16. Oktober 2002, Az.: 4 AZR 429/01, AP § 1 TVG Tarifverträge: Metallindustrie Nr. 181

Für Beamte, Richter und Soldaten gelten spezialgesetzliche Regelungen.[5]

Voraussetzung der Elternzeit ist, dass das Kind im eigenen Familienhaushalt von der anspruchsberechtigten Person betreut und erzogen wird (§ 15 Abs. 1 BEEG). Außerdem muss eine personale Beziehung zum Kind bestehen. In der Regel sind dies die Eltern. Es können jedoch auch die Pflegepersonen im Rahmen einer Adoptions- oder Vollzeitpflege sein, der Ehegatte oder Lebenspartner des Elternteils oder die Großeltern, wenn sie mit dem Enkelkind in einem Haushalt leben, dieses betreuen und erziehen und ein Elternteil des Kindes minderjährig ist oder sich in einer Ausbildung befindet, die vor dem 18. Lebensjahr begonnen wurde und die Arbeitskraft des Elternteils im Allgemeinen voll in Anspruch nimmt (§ 15 Abs. 1a BEEG). Außerdem darf in diesem Fall keiner der Elternteile für die beanspruchten Zeiten selbst Elternzeit in Anspruch nehmen.

Die §§ 15 bis 21 BEEG in der neuen Fassung gelten für ab dem 1. Juli 2015 geborene Kinder. Für ältere Kinder sind noch die Vorschriften in der Fassung, die bis zum 31. Dezember 2014 galt, weiter anzuwenden. In der Folge wird jeweils, soweit sich Änderungen ergeben haben, darauf hingewiesen.

2.3 Gestaltungsmöglichkeiten

Der Anspruch auf Elternzeit gilt zwingend. Er ist nicht abdingbar, weder durch Arbeitsvertrag noch durch Betriebsvereinbarung oder Tarifvertrag. Dies stellt § 15 Abs. 2 Satz 5 BEEG ausdrücklich klar.

Jeder Elternteil kann je Kind bis zu maximal 36 Monate Elternzeit in Anspruch nehmen. Die Mutterschutzfristen des § 6 Abs. 1 MuSchG nach der Entbindung werden bei der Mutter angerechnet. Bei durchgehender Inanspruchnahme von Elternzeit ab der Geburt des Kindes kann diese also bis zur Vollendung des dritten Lebensjahres laufen. Die Elternzeit kann jedoch auch zeitlich aufgeteilt und teilweise bis zur Vollendung des achten Lebensjahres des Kindes in Anspruch genommen werden:

Jeder Anspruchsberechtigte kann seine Elternzeit auf drei Abschnitte (für Kinder, die bis zum 30. Juni 2015 geboren sind: zwei Abschnitte) verteilen. Bei noch mehr Abschnitten ist die Zustimmung

---

[5] § 79 BBG, die landesrechtlichen Beamtengesetze, § 46 DRiG, § 28 Abs. 7 Soldatengesetz sowie die ergänzenden Rechtsverordnungen

des Arbeitgebers nötig (§ 16 Abs. 1 Satz 5 und 6 BEEG). Dabei kann die Elternzeit auch unterbrochen werden, etwa dergestalt, dass im ersten und dritten Lebensjahr Elternzeit genommen und im zweiten Lebensjahr gearbeitet wird. Grundsätzlich besteht der Anspruch auf Elternzeit bis zu Vollendung des dritten Lebensjahres des Kindes. Von diesen 36 Monaten kann jedoch ein Anteil auf die Zeit zwischen dem dritten Geburtstag und Vollendung des achten Lebensjahres übertragen werden:

2.3.1 Alte Rechtslage (für vor dem 1. Juli 2015 geborene Kinder)

Nach der alten Rechtslage, die für vor dem 1. Juli 2015 geborene Kinder galt (§ 27 BEEG), konnten nur bis zu zwölf Monate mit Zustimmung des Arbeitgebers auf die Zeit bis zur Vollendung des achten Lebensjahres übertragen werden (§ 15 Abs. 2 BEEG a. F.). Den Antrag auf Übertragung musste der Arbeitnehmer bis zur Vollendung des dritten Lebensjahres des Kindes beim Arbeitgeber stellen. Der Arbeitgeber hatte seine Entscheidung, ob er dieser Verteilung zustimmt, nach billigem Ermessen (§ 315 BGB) zu treffen. Wollte er seine Zustimmung nicht geben, so war der betroffene Arbeitnehmer auf den Rechtsweg zu den Arbeitsgerichten verwiesen. Hatte der Arbeitgeber zugestimmt oder war seine Zustimmung vom Gericht ersetzt worden, so konnte der Arbeitnehmer die übertragenen Monate unter Beachtung einer siebenwöchigen Ankündigungsfrist in Anspruch nehmen.

2.3.2 Neue Rechtslage (für ab dem 1. Juli 2015 geborene Kinder)

Nach der neuen Fassung des BEEG, das für Kinder gilt, die ab dem 1. Juli 2015 geboren sind, kann nun ein Anteil von bis zu 24 Monaten Elternzeit im Zeitraum zwischen dem dritten und dem achten Geburtstag genommen werden (§ 15 Abs. 2 BEEG). Dies kann sinnvoll sein, um Kind und Eltern den Übergang in die Schulzeit zu erleichtern, zumal gerade in den ersten Schuljahren der Betreuungsbedarf für die Stunden nach dem Unterricht nicht immer durch Hortangebote abgedeckt werden kann. Eine Zustimmung des Arbeitgebers für die zeitliche Verschiebung ist nicht mehr nötig, ebenso wenig eine Ankündigung noch vor Vollendung des dritten Lebensjahres des Kindes. Allerdings ergibt sich eine Einschränkung für den Fall, dass Eltern die Elternzeit auf drei oder mehr Abschnitte verteilen wollen und der dritte Abschnitt zwischen dem dritten Geburtstag und dem vollendeten achten Lebensjahr des Kindes liegt: Der

Arbeitgeber kann den Antrag dann aus dringenden betrieblichen Gründen innerhalb von acht Wochen nach Zugang des Antrags ablehnen.

Praxis-Tipp:

Arbeitgeber, die Arbeitnehmer mit Kindern zwischen vier und acht Jahren einstellen, müssen also damit rechnen, dass diese evtl. noch Elternzeit bis zu 24 Monate in Anspruch nehmen können. Um dies überprüfen zu können, kann sich der Arbeitgeber eine Bescheinigung über bereits genommene Elternzeit vom alten Arbeitgeber vorlegen lassen (§ 16 Abs. 1 Satz 8 und 9 BEEG). Allerdings besteht dieser Vorlageanspruch nach dem Gesetz erst in dem Moment, in dem der Arbeitnehmer Elternzeit beim neuen Arbeitgeber verlangt. Der Arbeitgeber kann die Vorlage der Bescheinigung also nicht schon bei oder gar vor der Einstellung verlangen. Selbst eine bloße Frage im Einstellungsgespräch, ob eine Übertragung von Elternzeit noch möglich ist, kann problematisch sein: Man könnte darin eine mittelbare Diskriminierung weiblicher Bewerber sehen (§ 1, § 2 Nr. 1, § 3 Abs. 2 AGG), da wohl nach wie vor mehr weibliche Personen Elternzeit in Anspruch nehmen als männliche. Wegen evtl. drohender Entschädigungsansprüche (§ 15 AGG) sollte eine solche Frage deshalb vorsichtshalber unterbleiben.

Die Elternzeit bezieht sich zwar prinzipiell hinsichtlich Dauer und Aufteilung auf das jeweilige Kind. Jedoch wird die Elternzeit für jeden Elternteil separat betrachtet, d. h. die Elternzeit des einen Partners wird nicht auf diejenige des anderen Partners angerechnet.[6] § 15 Abs. 3 Satz 1 BEEG stellt klar, dass die Elternzeitregelung sich auf das jeweilige Arbeitsverhältnis des beanspruchenden Elternteils bezieht. Die Arbeitsverhältnisse der beiden Eltern sind nicht miteinander verknüpft. Das dient der übersichtlichen Gestaltung des jeweiligen Arbeitsverhältnisses, auch und gerade für den Arbeitgeber: Dieser muss bei der Gewährung von Elternzeit nicht auch Elternzeit aus einem Arbeitsverhältnis des Partners seines Arbeitnehmers berücksichtigen.

6 Broschüre „Elterngeld, ElterngeldPlus und Elternzeit" des BMFSFJ, www.bmfsfj.de, S. 88

Beispiel zur Aufteilung von Elternzeit zwischen Eltern:

Eltern können frei wählen, wer von ihnen Elternzeit nimmt. Sie können die Zeiten untereinander aufteilen oder auch gemeinsam Elternzeit nehmen (§ 15 Abs. 3 Satz 1 BEEG). Wenn sich beide gleichzeitig von Beginn an für drei Jahre Elternzeit entscheiden, so können beide gemeinsam drei Jahre Elternzeit für ein Kind in Anspruch nehmen.[7] Wollen sie sich abwechseln, so kann beispielsweise der Vater für das erste und dritte Lebensjahr des Kindes und die Mutter für das zweite Lebensjahr Elternzeit in Anspruch nehmen. Die Mutter kann nun noch 24 Monate Elternzeit und der Vater zwölf Monate Elternzeit auf den Zeitraum zwischen dritten Geburtstag und Vollendung des achten Lebensjahres des Kindes übertragen.

Bei mehreren Kindern besteht der Anspruch für jedes Kind, auch wenn sich die Zeiträume überschneiden (§ 15 Abs. 2 Satz 4 BEEG), denn ansonsten könnte der Anspruch bei Mehrlingen oder mehreren Kindern, die in kurzem zeitlichen Abstand geboren oder angenommen werden, nicht vollständig realisiert werden. Bei Mehrlingsgeburten steht Eltern also für jedes Kind Elternzeit bis zur Vollendung des dritten Lebensjahres zu, d. h. dass bei Zwillingen bis zu (2 x 36 Monate =) 72 Monate Elternzeit in Anspruch genommen werden können.

Bei einem angenommenen Kind oder Kind in Vollzeit- oder Adoptionspflege kann die Elternzeit ebenfalls für 36 Monate in Anspruch genommen werden, und zwar nicht ab Geburt, sondern ab Beginn der Aufnahme des Kindes. Beschränkt ist der Anspruch zeitlich auf die Vollendung des achten Lebensjahres.

2.4 Geltendmachung

Der Arbeitnehmer muss dem Arbeitgeber schriftlich mitteilen, dass er Elternzeit in Anspruch nehmen will. Anzugeben sind verbindliche Daten zu Beginn und Dauer der Elternzeit. Schriftform bedeutet hier nach dem BAG nicht E-Mail oder Fax, sondern ein körperliches Schreiben mit Unterschrift.[8]

---

[7] so die h. M., vgl. Schaub/Linck, Arbeitsrechts-Handbuch, § 172 Rz. 12 m. w. N.; Rancke, Mutterschutz, Elterngeld, Betreuungsgeld, Elternzeit, 5. Aufl. 2022, § 15 BEEG Rz. 41

[8] BAG, Urteil vom 10. Mai 2016, Az.: 9 AZR 145/13, NZA 2016, 1137

Um dem Arbeitgeber Planungssicherheit zu geben, hat der Arbeitnehmer gewisse Vorgaben einzuhalten. Bis zur Vollendung des dritten Lebensjahres des Kindes gilt eine Frist von sieben Wochen sowie die Pflicht, sich für die ersten beiden Lebensjahre des Kindes festzulegen. Für Elternzeit im Übertragungszeitraum, also zwischen drittem Geburtstag und vollendetem achten Lebensjahr, gilt hingegen eine Ankündigungsfrist von 13 Wochen:

Der Anspruchsteller muss also spätestens sieben bzw. 13 Wochen vor Beginn der Elternzeit diese beim Arbeitgeber verlangen, und zwar schriftlich (§ 16 Abs. 1 Satz 1 BEEG). Die Verlängerung der Ankündigungsfrist im Übertragungszeitraum kann als Ausgleich dafür gesehen werden, dass dem Arbeitgeber nach neuer Rechtslage keine Möglichkeit zur Verweigerung der Elternzeit im Übertragungszeitraum per se zusteht.

Wichtig: Umfasst der Abschnitt, für den Elternzeit verlangt wird, sowohl einen Teil des Zeitraums bis zur Vollendung des dritten Lebensjahres des Kindes also auch einen solchen zwischen drittem Geburtstag und Vollendung des achten Lebensjahres, so muss der Arbeitnehmer für letztgenannten Zeitraum die 13-Wochen-Frist für diesen Abschnitt einhalten! Eine kürzere Frist kann bei dringenden Gründen ausnahmsweise ausreichen (§ 16 Abs. 1 Satz 3 BEEG), z. B. wenn eine geplante Betreuungsperson kurzfristig ausfällt.

Beispiel:

Das Kind wird am 1. August 2020 geboren. Die Mutter möchte sechs Monate Elternzeit vom 1. Juli 2023 bis zum 31. Dezember 2023 nehmen. Die siebenwöchige Anmeldefrist für die Elternzeit im Juli ist bei Erklärung bis spätestens 12. Mai 2023 eingehalten, für die 13-wöchige Anmeldefrist betreffend die Elternzeit ab 1. August 2023 wäre hingegen rechnerisch an sich der 1. Mai 2023 einzuhalten.

Achtung:

Der 1. Mai ist ein Feiertag. Der Arbeitgeber wird deshalb wohl erst am darauf folgenden Werktag von dem Elternzeitverlangen Kenntnis nehmen, was zu einer Verkürzung des Zeitraums führt, der dem Arbeitgeber nach dem Gesetz zur Planung zur Verfügung stehen soll. Um hier Streitigkeiten zu vermeiden, sollte deshalb darauf geachtet werden, dass die Erklärung schon am vorhergehenden Werktag zugeht (§ 193 BGB analog), damit der Arbeitgeber die Fristen voll und ganz ausschöpfen kann. Im Beispiel wäre es also sinnvoll, dem Arbeitgeber bereits spätestens am 28. April 2023 das schriftliche Elternzeitverlangen für den gesamten Zeitraum ab 1. Juli 2023 zu übergeben und sich den Empfang quittieren zu lassen.

Versäumt der Arbeitnehmer die Frist oder berechnet er sie falsch, so ist er mit seinem Anspruch auf Elternzeit zwar nicht ausgeschlossen, es verschiebt sich der Beginn der Elternzeit jedoch um die entsprechende Zeit.

2.5 Vorzeitige Beendigung der Elternzeit

Der Arbeitnehmer ist an seine Erklärung grundsätzlich gebunden, sobald sie dem Arbeitgeber zugegangen ist. Er benötigt für eine vorzeitige Beendigung die Zustimmung des Arbeitgebers, § 16 Abs. 3 BEEG. Ohne Zustimmung des Arbeitgebers kann die Elternzeit lediglich beendet werden, wenn die Arbeitnehmerin ein weiteres Kind zur Welt bringt und die Mutterschutzfristen greifen (§ 16 Abs. 3 Satz 3 BEEG). Die Arbeitnehmerin soll dem Arbeitgeber jedoch die Beendigung der Elternzeit rechtzeitig mitteilen.

Stirbt das Kind, so endet die Elternzeit automatisch spätestens drei Wochen nach dem Tod des Kindes (§ 16 Abs. 4 BEEG).

In besonderen vom Gesetz aufgeführten Fällen kann der Arbeitgeber seine Zustimmung zur Beendigung nur aus dringenden betrieblichen Gründen verweigern. Solche Fälle sind die Geburt eines weiteren Kindes, eine schwere Erkrankung, Schwerbehinderung oder der Tod eines Elternteils oder eines Kindes oder eine erhebliche Gefährdung der wirtschaftlichen Existenz der Eltern oder sonstige Härtefälle. Ein dringender betrieblicher Grund, die Zustimmung zu verweigern, wäre beispielsweise eine fehlende Beschäftigungsmöglichkeit, weil der Arbeitgeber eine Ersatzkraft eingestellt hat und diese gleichfalls beschäftigen muss.

In anderen Fällen wird man vom Arbeitgeber zumindest eine Entscheidung nach billigem Ermessen fordern können. D. h., er darf nicht willkürlich seine Zustimmung verweigern, sondern muss zumindest einen sachlichen Grund angeben und seine Interessen gegen diejenigen des Arbeitnehmers abgewogen haben. Das BAG hat dies bei einem Verlängerungsgesuch bereits ausdrücklich festgestellt.[9] Bei einer Verkürzung kann dann aber wohl auch nichts anderes gelten.

Will der Arbeitgeber das Gesuch des Arbeitnehmers in einem Härtefall ablehnen, muss er dies innerhalb von vier Wochen schriftlich unter Angabe der Gründe tun. In einem eventuell nachfolgenden Rechtsstreit kann er nur diejenigen Gründe vorbringen, die er in seinem Ablehnungsschreiben genannt hat. Versäumt der Arbeitgeber die Frist oder reichen die Ablehnungsgründe nicht aus, wird die Elternzeit aufgrund der Erklärung des Arbeitnehmers beendet.[10]

2.6 Verlängerung der Elternzeit

Eine Verlängerung der Elternzeit ist mit Zustimmung des Arbeitgebers im Rahmen der Voraussetzungen des § 15 Abs. 2 BEEG (vgl. oben zur Dauer der Elternzeit Abschnitt 2.3) jederzeit möglich.

Wichtig: Einen Anspruch auf Verlängerung hat der Arbeitnehmer nur, wenn ein vorgesehener Wechsel der Anspruchsberechtigten aus einem wichtigen Grund nicht erfolgen kann. Das ist beispielsweise der Fall, wenn der andere Elternteil erkrankt ist und die Betreuung nicht wie geplant übernehmen kann oder wenn er ausgezogen ist und somit nicht mehr elternzeitberechtigt ist (Voraussetzung ist, dass der Anspruchsberechtigte mit dem zu betreuenden Kind in einem Haushalt lebt, vgl. oben Abschnitt 2.2).

In allen anderen Fällen hat der Arbeitnehmer auch hier nur einen Anspruch auf Entscheidung nach billigem Ermessen (§ 315 BGB), d. h. auch hier muss der Arbeitgeber nachvollziehbare Gründe darlegen, wenn er dem Verlangen nicht stattgeben möchte.

Die Ankündigungsfrist von sieben Wochen spielt bei der Verlängerung der Elternzeit keine Rolle.

2.7 Urlaubsansprüche

2.7.1 Kürzungsmöglichkeit

Während der Elternzeit kann der Arbeitgeber für jeden vollen Kalendermonat Elternzeit den Erholungsurlaub um jeweils ein Zwölftel kürzen (§ 17 Abs. 1 BEEG).

---

9 BAG, Urteil vom 18. November 2011, Az.: 9 AZR 315/10, NZA 2012, 262

10 BAG, Urteil vom 21. April 2009, Az.: 9 AZR 391/08, AP § 16 BErzGG Nr. 9

Dies betrifft den gesetzlichen Urlaubsanspruch nach dem BUrlG, aber auch darüber hinausgehende tarif- oder arbeitsvertragliche Ansprüche. Allerdings können insbesondere in Tarifverträgen Regelungen enthalten sein, die die Kürzung ganz oder teilweise ausschließen.

Praxis-Tipp:
Die Kürzung geschieht nicht automatisch. Der Arbeitgeber muss von seinem Recht aktiv Gebrauch machen und gegenüber dem Arbeitnehmer erklären, dass man den Erholungsurlaub entsprechend kürzen wird. Die Kürzungserklärung kann auch schon vor Beginn der Elternzeit abgegeben werden, allerdings nicht schon vor Abgabe des Elternzeitverlangens durch den Arbeitnehmer.

Öffentlicher Dienst:

Auch § 26 Abs. 2 TVöD entbindet den Arbeitgeber nicht von dem Erfordernis, die Kürzung aktiv für den Einzelfall zu erklären: Zwar ist in § 26 Abs. 2 Buchst. c) TVöD bestimmt, dass sich beim Ruhen des Arbeitsverhältnisses die Dauer des Erholungsurlaubs einschließlich eines etwaigen Zusatzurlaubs für jeden vollen Kalendermonat um ein Zwölftel mindert. Nach dem LAG Niedersachsen kann durch einen Tarifvertrag von den Vorgaben der §§ 1, 3 BUrlG und § 17 BEEG jedoch nicht zulasten des Arbeitnehmers abgewichen werden.[11]

Eine pauschale Klausel im Arbeitsvertrag ist gleichfalls nicht ausreichend. Denn Voraussetzung der Kürzungsmöglichkeit soll es sein, dass der Arbeitnehmer Elternzeit in Anspruch nimmt. Somit kann der Arbeitgeber also einer Arbeitnehmerin, die noch kein Elternzeitverlangen gestellt hat, nicht mit Hinblick auf eine bevorstehende Geburt und ein zu erwartendes Elternzeitverlangen den Urlaub nach § 17 BEEG kürzen. Sobald das Elternzeitverlangen gestellt ist, kommt jedoch die Kürzung in Betracht. Eine konkludente Erklärung etwa durch Abzug der ausgewiesenen Urlaubstage auf der Gehaltsabrechnung genügt. Der Arbeitgeber muss nicht schon vor Antritt der Elternzeit den Arbeitnehmer darauf hinweisen, dass eine Kürzung erfolgen wird.[12] Die Kürzung kann auch noch bei der Urlaubs-

---

[11] LAG Niedersachsen, Urteil vom 17. Mai 2022, Az.: 10 Sa 954/21, NZA-RR 2022, 444

[12] BAG, Urteil vom 28. Juli 1992, Az.: 9 AZR 340/91, NZA 1994, 27

erteilung selbst erfolgen, indem nur der gekürzte Urlaub gewährt wird. Wird jedoch (z. B. aus Unkenntnis oder versehentlich) der ungekürzte Urlaub gewährt, kann sich der Arbeitgeber nicht später auf die Kürzungsmöglichkeit berufen und nachträglich (späteren Urlaub) kürzen oder das Urlaubsentgelt zurückverlangen. Eine Kürzung erst bei oder nach Beendigung des Arbeitsverhältnisses, wenn der Arbeitnehmer Urlaubsabgeltung auch für die Elternzeit verlangt, ist ebenfalls nicht mehr möglich.[13] Denn gekürzt werden kann nur der Erholungsurlaub selbst. Wenn das Arbeitsverhältnis aber beendet ist, besteht kein Anspruch mehr auf Erholungsurlaub. Abzugelten ist dann die Anzahl der gesamten aufgelaufenen Urlaubstage. Wurde zuvor wirksam eine Kürzung für Urlaubsansprüche aus der Elternzeit erklärt, ist jedoch noch Resturlaub aus der Zeit vor der Elternzeit übrig (§ 17 Abs. 2 BEEG), so muss nur dieser abgegolten werden.

Praxis-Tipp:

Der Arbeitgeber sollte – auch wenn eine spätere konkludente Erklärung noch ausreichen mag – vorsichtshalber bereits in seinem Antwortschreiben auf die Inanspruchnahme der Elternzeit an den Arbeitnehmer aufnehmen, dass er den Urlaub entsprechend kürzen wird.

Der Arbeitgeber kann also von der Kürzungsmöglichkeit Gebrauch machen, sobald der Arbeitnehmer erklärt hat, dass er Elternzeit in Anspruch nimmt. Nicht schon vorher! Wenn also z. B. eine Arbeitnehmerin schwanger ist, kann sie auch noch kurz vor der Mutterschutzfrist ihren gesamten Jahresurlaub verlangen. Der Arbeitgeber hat keine Kürzungsmöglichkeit nach § 17 Abs. 1 BEEG, nur weil er befürchtet, die Arbeitnehmerin werde im Anschluss Elternzeit nehmen und ihm dadurch die Möglichkeit nehmen, zu viel gewährten Urlaub mit künftigen Urlaubsansprüchen zu verrechnen. Allerdings kann in einem solchen Fall eventuell § 17 Abs. 4 BEEG helfen: Der Arbeitgeber kann zu viel gewährten Urlaub vor der Elternzeit bei der Urlaubsgewährung nach der Elternzeit in Abzug bringen.

13 BAG, Urteil vom 19. Mai 2015, Az.: 9 AZR 725/13, NZA 2015, 989

Beispiel:

Arbeitnehmer X stehen jährlich 30 Urlaubstage zu. Er ist vom 5. August 2020 bis 30. November 2021 in Elternzeit. Er hatte bis zum 31. Juli 2020 für 2020 bereits 25 Urlaubstage erhalten.

Wie kann der Arbeitgeber kürzen?

Für 2020 kann er 4/12 (für 4 volle Kalendermonate ab September bis Dezember 2020) von 30 Tagen kürzen, also 10 Tage. X hat also für 2020 (30 – 10 = 20) 5 Urlaubstage „zu viel" erhalten.

Für 2021 kann der Arbeitgeber 11/12 kürzen. X steht für 2021 also nur ein Anspruch von 2,5 Urlaubstagen zu. Diese 2,5 Urlaubstage kann der Arbeitgeber mit dem „Zuviel" aus 2020 verrechnen.

Bruchteile von Urlaubstagen werden – nach jedoch umstrittener Ansicht – weder auf- noch abgerundet, da eine Rechtsgrundlage hierfür nicht besteht. Insbesondere ist § 5 BUrlG nicht einschlägig.[14]

2.7.2 Übertragung des Urlaubs

VII

Nach der Grundregel des § 7 Abs. 3 BUrlG muss der Urlaub im laufenden Kalenderjahr genommen werden. Eine Übertragung auf das nächste Kalenderjahr findet prinzipiell nur aus dringenden betrieblichen oder in der Person des Arbeitnehmers liegenden Gründen statt, vorausgesetzt, der Arbeitgeber ist seinen Mitwirkungspflichten bei der Urlaubsgewährung nachgekommen (vgl. oben Kapitel II Abschnitt 5.3). Bei einer längerfristigen Elternzeit würde nicht genommener Erholungsurlaub aus der Zeit vor der Elternzeit deshalb an sich verfallen. Dies verhindert § 17 Abs. 2 BEEG: Der Arbeitnehmer kann den Urlaub, den er vor Beginn der Elternzeit nicht mehr erhalten hat, nach der Elternzeit in diesem oder nächsten Kalenderjahr nehmen.

Wichtig: Für den Urlaub im Jahr der Beendigung der Elternzeit gilt die Ausnahmevorschrift des § 17 Abs. 2 BEEG nicht. Für diesen Urlaub verbleibt es bei der Grundregel des § 7 Abs. 3 BUrlG! Somit ist der „jüngere Urlaub" vor dem älteren zu nehmen. Wenn der

---

[14] Arnold/Tillmanns, BUrlG, Kommentar, § 17 BEEG Rz. 12; Müller-Glöge/Preis/Schmidt/Gallner, Erfurter Kommentar, § 17 BEEG Rz. 5 m. w. N.

Arbeitnehmer dies nicht ausdrücklich in seinem Urlaubsgesuch so bestimmt, so wird man jedoch § 366 Abs. 2 Alt. 2 BGB anwenden, wonach bei mehreren fälligen Forderungen im Zweifel diejenige als in Anspruch genommen gilt, die die „geringere Sicherheit" bietet. Das wäre der „jüngere" Urlaub, da dieser nur unter den Voraussetzungen des § 7 Abs. 3 BUrlG auf das Folgejahr übertragbar ist.[15]

Die Übertragung nach § 17 Abs. 2 BEEG betrifft auch nur denjenigen (Teil-)Urlaub, der vor Antritt der Elternzeit noch genommen hätte werden können. Das bedeutet, dass Urlaub, der ohnehin verfallen wäre, auch nicht übertragen wird. Übertragen werden nur diejenigen Urlaubstage, die der Arbeitnehmer ohne die Elternzeit noch hätte nehmen können.[16]

Beispiel:

Der Arbeitnehmer hat zu Beginn der Elternzeit am 14. März 2021 noch 15 Tage Resturlaub aus 2020. Unter Berücksichtigung von Samstagen, Sonn- und Feiertagen hätte er ohne die Elternzeit bis zum 31. März nur noch zwölf Urlaubstage nehmen können, die übrigen drei wären am 31. März 2021 verfallen. Übertragen werden deshalb aus 2020 nur zwölf Urlaubstage.

Schließt sich eine zweite Elternzeit an eine vorhergehende Elternzeit an und kann deshalb der Resturlaub aus der Zeit vor der ersten Elternzeit nun wieder nicht genommen werden, so kann dies noch nach der zweiten Elternzeit gemäß § 17 Abs. 2 BEEG nachgeholt werden.[17] Sogar ein bereits übertragener Urlaub wird abermals übertragen, wenn er wegen einer – erneuten – Elternzeit nicht genommen werden kann.[18] Allerdings darf das unterbliebene Antreten des Urlaubs nicht auf anderen Gründen beruhen. Wenn der Arbeitnehmer z. B. zwischen den beiden Elternzeiten gearbeitet hat und den Urlaub an sich hätte nehmen können, es jedoch trotz hinreichender Mitwirkung durch den Arbeitgeber versäumt hat, ihn zu nehmen, kann der Resturlaub durchaus verfallen.

---

15 BAG, Urteil vom 1. März 2022, Az.: 9 AZR 353/21, NZA 2022, 911
16 BAG, Urteil vom 1. Oktober 1991, Az.: 9 AZR 365/90, NZA 1992, 419
17 BAG, Urteil vom 20. Mai 2008, Az.: 9 AZR 219/07, DB 2008, 2258
18 BAG, Urteil vom 23. Januar 2018, Az.: 9 AZR 200/17, NZA 2018, 653

Ein Sonderfall wäre es, wenn der Arbeitnehmer zwischen den beiden Elternzeiten arbeitsunfähig erkrankt war: Dann würde zumindest der gesetzliche Mindesturlaub nach der Rechtsprechung des EuGH nicht vor Ablauf von 15 Monaten nach Ende des Kalenderjahres verfallen. Demgemäß ist davon auszugehen, dass sich der Urlaub in diesem Fall ebenfalls auf die Zeit nach dem Ende der zweiten Elternzeit überträgt.[19]

Mit dem Ende der Elternzeit können Urlaubsansprüche aus der Zeit vor und während der Elternzeit verjähren. Die Verjährung beginnt jedoch erst mit Ablauf des Jahres, in dem der Arbeitgeber seinen Hinweisobliegenheiten (vgl. oben Kapitel II Abschnitt 5.3) nachgekommen ist. Denn nach Auffassung der Rechtsprechung ist der Arbeitnehmer erst dann in der Lage, diesen Urlaub auch tatsächlich zu nehmen.[20]

2.7.3 Urlaubsentgelt

Wird der Urlaubsanspruch wirksam gekürzt, vermindert sich auch das entsprechende Urlaubsentgelt anteilig.

2.7.4 Urlaubsgeld

Was ein evtl. gezahltes zusätzliches Urlaubsgeld anbelangt, so ist nach der jeweiligen Absprache zu differenzieren: Wird das Urlaubsgeld für Betriebstreue gezahlt, kann auch keine Kürzung erfolgen, denn der Arbeitnehmer verhält sich ja betriebstreu.[21] Ist das Urlaubsgeld jedoch von der tatsächlichen Gewährung von Urlaub abhängig, so kann eine entsprechende Kürzung erfolgen.

2.8 Entgeltfortzahlung bei Krankheit

Da Arbeits- und Entgeltpflicht während der Elternzeit ruhen, besteht im Krankheitsfall kein Anspruch auf Entgeltfortzahlung. Besteht die Arbeitsunfähigkeit jedoch über den Zeitraum der Arbeitsbefreiung hinaus fort, so besteht Anspruch auf Entgeltfortzahlung ab dem Zeitpunkt, an dem die Arbeit wieder aufgenommen hätte werden sollen, wenn der Arbeitnehmer nicht arbeitsunfähig er-

---

[19] Arnold/Tillmanns, BUrlG, Kommentar, § 17 BEEG Rz. 21

[20] LAG Baden-Württemberg, Urteil vom 20. April 2022, Az.: 11 Sa 12/22, ArbRAktuell 2023, 358

[21] BAG, Urteil vom 18. März 1997, Az.: 9 AZR 84/96, AP § 17 BErzGG Nr. 8

krankt wäre. Der sechswöchige Entgeltfortzahlungszeitraum beginnt erst ab diesem Zeitpunkt zu laufen.[22]

2.9 Elternteilzeit

Der anspruchsberechtigte Arbeitnehmer kann auch während der Elternzeit in Teilzeit arbeiten, und zwar bis zu 32 Stunden wöchentlich im Durchschnitt des Monats. Dies kann beim bisherigen oder auch einem anderen Arbeitgeber oder auch in selbstständiger Form geschehen.

2.9.1 Teilzeit bei einem anderen Arbeitgeber oder auf selbstständiger Basis

Soweit es sich nicht ohnehin um eine schon vor der Elternzeit ausgeübte zulässige Nebentätigkeit handelt, braucht der Arbeitnehmer die Zustimmung seines Arbeitgebers, wenn er während der Elternzeit bei einem anderen Arbeitgeber oder auf selbstständiger Basis Teilzeit arbeiten möchte. Dieser kann seine Zustimmung nur aus dringenden betrieblichen Gründen verweigern (§ 15 Abs. 4 BEEG). Der Arbeitnehmer muss in seinem Erlaubnisgesuch die geplante Tätigkeit beschreiben, damit sich der Arbeitgeber ein Bild davon machen kann.

Beispiele für Ablehnungsgründe:

- eigener Arbeitskräftebedarf des Arbeitgebers
- Gefährdung von Geschäftsgeheimnissen
- Gefahr von Wettbewerbsverstößen

VII

Will der Arbeitgeber seine Zustimmung nicht erteilen, muss er dies innerhalb von vier Wochen schriftlich erklären und begründen (§ 15 Abs. 4 BEEG). Erklärt sich der Arbeitgeber nicht form- und fristgerecht, so gilt seine Zustimmung als erteilt. Der Arbeitnehmer kann dann die Tätigkeit aufnehmen, ohne klagen zu müssen.[23] Wenn die Ablehnungsgründe zweifelhaft sind, wird dem Arbeitnehmer in der Regel geraten, vorsichtshalber Klage auf Zustimmung und

[22] BAG, Urteil vom 29. September 2004, Az.: 5 AZR 558/03, NZA 2005, 225 zu § 22 TVöD

[23] BAG, Urteil vom 26. Juni 1997, Az.: 8 AZR 506/95, NZA 1997, 1156, noch zur Vorgängervorschrift § 15 Abs. 4 BErzGG 1992

gegebenenfalls hilfsweise auf Feststellung, dass die Zustimmung als erteilt gilt, zu erheben. Nimmt er die Arbeit einfach auf, so besteht ansonsten die Gefahr, dass der Arbeitgeber eine Kündigung z. B. wegen Wettbewerbsverstößen ausspricht oder Schadensersatz verlangt.

Umgekehrt kommen bei einer unzulässigen Verweigerung der Zustimmung Schadensersatzansprüche des Arbeitnehmers in Betracht.

In Kleinbetrieben mit in der Regel bis zu 15 Arbeitnehmern muss der Arbeitgeber zwar ebenfalls die Ablehnung eines Antrags begründen. Dies muss jedoch nicht zwingend schriftlich geschehen und auch die Zustimmungsfiktion gilt nicht. Letztlich besteht somit in Kleinbetrieben kein Anspruch auf Elternteilzeit.

2.9.2 Teilzeit beim Vertragsarbeitgeber

Der Arbeitnehmer kann auch bei seinem eigenen Arbeitgeber eine Teilzeittätigkeit in dem genannten Rahmen von 32 Stunden wöchentlich ausüben. Er hat sogar einen Anspruch auf Verringerung und Verteilung seiner Arbeitszeit nach Maßgabe des § 15 Abs. 7 BEEG.

Die Voraussetzungen für einen Anspruch auf Teilzeit sind:

1. Der Arbeitgeber beschäftigt unabhängig von der Zahl der Auszubildenden in der Regel mehr als 15 Arbeitnehmer.
2. Das Arbeitsverhältnis besteht schon länger als sechs Monate.
3. Die bisherige Arbeitszeit soll für mindestens zwei Monate auf einen Umfang zwischen 15 und 32 Wochenstunden im Durchschnitt verringert werden.
4. Dem Anspruch stehen keine dringenden betrieblichen Gründe entgegen.
5. Der Anspruch auf Elternteilzeit wurde dem Arbeitgeber innerhalb der Frist vor Beginn der beanspruchten Teilzeittätigkeit schriftlich mitgeteilt.

   Diese Ankündigungsfrist sieben Wochen für den Zeitraum bis zur Vollendung des dritten Lebensjahres des Kindes. Für den Zeitraum zwischen dritten Geburtstag und Vollendung des achten Lebensjahres ist jedoch eine solche von 13 Wochen einzuhalten (§ 15 Abs. 7 Nr. 5 BEEG).

Die Elternteilzeit kann frühestens mit Beginn der Elternzeit beansprucht werden. Sie kann mit dem Elternzeitverlangen verbunden, aber auch später, und das bis zu zweimal, beansprucht werden (§ 15 Abs. 6 BEEG).[24]

Der Antrag muss den Beginn und den Umfang der verringerten Arbeitszeit enthalten. Die gewünschte Verteilung der Arbeitszeit soll ebenfalls angegeben werden (§ 15 Abs. 7 Satz 2 und 3 BEEG).

Über den Antrag sollen sich Arbeitnehmer und Arbeitgeber prinzipiell einigen. Kommt eine Einigung nicht zustande und lehnt der Arbeitgeber nicht form- oder fristgerecht das Teilzeitbegehren ab, so gilt eine Zustimmungsfiktion (§ 15 Abs. 7 Satz 5 und 6 BEEG).

Wichtig: Für die Ablehnung gelten wiederum gestaffelte Fristen. Für eine Verringerung der Arbeitszeit zwischen der Geburt und dem vollendetem dritten Lebensjahr des Kindes gilt eine vierwöchige Frist ab Zugang des Antrags, für die Zeit zwischen drittem Geburtstag und dem vollendetem achten Lebensjahr eine solche von acht Wochen. Wenn der Arbeitgeber nicht innerhalb dieser Fristen den Antrag schriftlich und mit Begründung ablehnt, gilt seine Zustimmung als erteilt. Dies betrifft auch die Verteilung der Arbeitszeit (§ 15 Abs. 7 Satz 6 BEEG).

Nur wenn die Ablehnung form- und fristgerecht erfolgt, muss der Arbeitnehmer Klage erheben (§ 15 Abs. 7 Satz 7 BEEG). Der Arbeitgeber kann sich im Prozess nur auf solche Gründe berufen, die er bereits im Ablehnungsschreiben genannt hat. Andere Gründe sind ausgeschlossen.[25] Die Gründe müssen von erheblichem Gewicht sein. Der Arbeitgeber muss auch eine betriebliche Umorganisation prüfen. Die bloße Behauptung, es bestehe keine Beschäftigungsmöglichkeit, genügt im Prozess zur schlüssigen Darlegung der Zustimmungsverweigerung regelmäßig nicht. Vielmehr sind die zugrunde liegenden Tatsachen näher zu erläutern. Berücksichtigungsfähig sind danach zum Beispiel die Schließung des Betriebs, die Auflösung der Arbeitsgruppe, eine Verlagerung der Arbeiten auf Dritte und ähnliche Umstände. Dabei ist wie im Kündigungsrecht näher zu konkretisieren, aufgrund welcher Umstände kein betrieblicher Beschäftigungsbedarf besteht. Abzustellen ist nur auf die Tätigkeit, die der Arbeitnehmer vor Beginn der Elternzeit auf seinem Arbeitsplatz ausgeübt hat. In die erforderliche Darlegung sind alle

[24] BAG, Urteil vom 5. Juni 2007, Az.: 9 AZR 82/07, AP § 15 BErzGG Nr. 49
[25] BAG, Urteil vom 11. Dezember 2018, Az.: 9 AZR 298/18, NZA 2019, 616

Aufgaben einzubeziehen, die der Arbeitgeber dem Arbeitnehmer aufgrund seines Weisungsrechts (§ 106 GewO) übertragen kann. Regelmäßig wird das erfordern, dass der Arbeitgeber seinen insoweit bestehenden Gesamtbedarf an Arbeitszeitkapazität vorträgt und dem die tatsächliche Besetzungssituation gegenüberstellt. Die zwischenzeitliche Besetzung des Arbeitsplatzes mit einer Ersatzkraft kann dem Verringerungsantrag entgegenstehen.[26]

Auch in Kleinbetrieben, die in der Regel nicht mehr als 15 Arbeitnehmer beschäftigen, kann der Arbeitnehmer Verringerung und Verteilung seiner Arbeitszeit beantragen, der Arbeitgeber kann jedoch auch ohne dringende betriebliche Gründe ablehnen. Neu eingeführt wurde mit der Änderung zum 24. Dezember 2022 eine allgemeine Antwort- und Begründungspflicht bei Ablehnung eines Teilzeitbegehrens innerhalb einer Frist von vier Wochen ab Zugang des Antrags, auch für Kleinbetriebe, § 15 Abs. 5 Satz 4 BEEG.

2.9.3 Urlaubsansprüche während der Elternteilzeit

Während der Elternteilzeit beim Vertragsarbeitgeber steht dem Arbeitnehmer der anteilige, auf Teilzeit umgerechnete Urlaubsanspruch zu.

Treffen in einem Urlaubsjahr Voll- und Teilzeit aufeinander, so war nach der früheren Rechtsprechung des BAG[27] der verbliebene Resturlaub in dem Verhältnis der neuen zur alten Anzahl der Arbeitstage pro Woche anzupassen. So wurde eine gleiche Anzahl urlaubsbedingt freier Tage gewährleistet. Allerdings führt dies in Fällen, in denen der Arbeitnehmer seinen Urlaub erst in der Teilzeitphase antritt, dazu, dass eventuell bereits in der Vollzeitphase „erdienter" Urlaub nicht mehr entsprechend dem Vollgehalt vergütet wird. Der EuGH hat diese Umrechnung und die damit verbundene Urlaubsentgeltkürzung deshalb für europarechtswidrig gehalten,[28] da Teilzeitbeschäftigte benachteiligt würden. Für die Umrechnung der Urlaubstage kann auf die Ausführungen oben in Kapitel II Abschnitt 4.2.6 zu „Veränderung der Wochenarbeitszeit" verwiesen werden. Das BAG hat sich zu dem Problem, wie die Urlaubsentgeltberechnung europarechtskonform nach deutschem Recht zu erfolgen hat – soweit ersichtlich – noch nicht abschließend positioniert. Fest steht

---

[26] BAG, Urteil vom 5. Juni 2007, Az.: 9 AZR 82/07, NZA 2007, 1352

[27] BAG, Urteil vom 28. April 1998, Az.: 9 AZR 314/97, NZA 1999, 156

[28] EuGH, Urteil vom 22. April 2010, Az.: C-486/08, NZA 2010, 557

lediglich, dass die in der Vollzeitphase erdienten Urlaubsansprüche durch den Wechsel in die Teilzeitphase nicht geschmälert werden dürfen.[29] In der Literatur wird vorgeschlagen, bei der Berechnung des Urlaubsentgelts für die während der Vollzeitphase erworbenen Urlaubstage das in dieser Zeit geschuldete Entgelt zu bezahlen.[30]

Beispiel:

Ein Fünf-Tage-Woche-Arbeitsverhältnis wird am 1. September 2022 auf eine Arbeitszeit von drei Arbeitstagen die Woche umgestellt. Die Arbeitnehmerin hatte in der Vollzeitphase einen Urlaubsanspruch von 30 Arbeitstagen. Sie hat in der Vollzeitphase 2.500 Euro brutto verdient. Bis zum 1. September hat sie nur 10 Urlaubstage genommen.

Lösung:

Nach der Formel des BAG (vgl. oben Kapitel II Abschnitt 4.2.6) stehen der Arbeitnehmerin für 2022 insgesamt (30 UT x 234 tatsächlich mögliche Arbeitstage in 2022; 260 maximal mögliche AT in der Fünf-Tage-Woche) 27 Urlaubstage zu. Für die Folgejahre wäre dies auf das gesamte Jahr gesehen ein Urlaubsanspruch von [30 : 5 x 3 =] 18 Urlaubstagen.

Welches Urlaubsentgelt muss an diesen Tagen gezahlt werden?

Es gelten die Ausführungen in Kapitel II Abschnitt 4.2.6 zu „Veränderung der Wochenarbeitszeit". Die höchstrichterliche Rechtsprechung hat sich dazu noch nicht positioniert.

Vorschlag: Da die Arbeitnehmerin bis Ende August acht Monate Vollzeit im Urlaubsjahr gearbeitet hat, hat sie rechnerisch bis zum 31. August 2022 einen Urlaubsanteil von (30 : 12 x 8 =) 20 Urlaubstagen verdient.

Davon hat sie nur zehn Tage bis 1. September 2022 genommen. D. h., dass für weitere zehn Urlaubstage das Urlaubsentgelt, das in der Vollzeitphase geschuldet war, gezahlt werden muss, auch wenn die Arbeitnehmerin ihre restlichen zwölf Urlaubstage erst in der Teilzeitphase nimmt.

Hat die Arbeitnehmerin in der Vollzeitphase 2.500 Euro brutto verdient, so ergibt sich für einen Urlaubstag ein Anspruch auf

VII

[29] BAG, Urteil vom 10. Februar 2015, Az.: 9 AZR 53/14, NZA 2015, 1005
[30] Arnold/Tillmanns, § 11 BUrlG Rz. 82 ff.

Urlaubsentgelt in Höhe von (2.500 Euro : 21,75 Tage [durchschnittliche Anzahl der Arbeitstage im Monat] =) 114,94 Euro.

Für 20 Urlaubstage besteht ein Anspruch auf Urlaubsentgelt in Höhe von 2.298,80 Euro.

Da sie von den 20 Tagen aber schon zehn Tage in natura mit Entgeltfortzahlung erhalten hat, verbleibt ein Rest von 1.149,40 Euro für die restlichen zehn Urlaubstage, die der Arbeitgeber zu leisten hat, auch wenn sie erst in der Teilzeitphase genommen werden.

Eine Kürzung des Urlaubsanspruchs nach § 17 Abs. 1 BEEG erfolgt hingegen nicht (§ 17 Abs. 1 Satz 2 BEEG).

2.10 Kündigungsschutz

Während der Eltern(teil)zeit ist der Arbeitnehmer durch den Sonderkündigungsschutz des § 18 BEEG gegen Kündigungen durch den Arbeitgeber geschützt.

2.10.1 Schutzzeiten

Nach § 18 Abs. 1 BEEG darf der Arbeitgeber das Arbeitsverhältnis ab dem Zeitpunkt nicht kündigen, ab dem Elternzeit verlangt ist, frühestens jedoch acht Wochen vor der Beginn der Elternzeit bis zum vollendeten dritten Lebensjahr des Kindes bzw. 14 Wochen vor Beginn der Elternzeit zwischen drittem Geburtstag und vollendetem achten Lebensjahr des Kindes, nicht kündigen.

Der Kündigungsschutz endet mit dem Ende der Elternzeit.

2.10.2 Anwendungsbereich

Der Kündigungsschutz gilt

- während der gesamten Elternzeit,
- wenn der Arbeitnehmer Elternteilzeit beim Vertragsarbeitgeber arbeitet,
- wenn der Arbeitnehmer zwar keine Elternzeit in Anspruch genommen hat, jedoch Teilzeit arbeitet und Anspruch auf Elterngeld nach § 1, § 4 Abs. 1 Satz 2, 3 und 5 BEEG hat.

Wenn der Arbeitnehmer bei einem anderen Arbeitgeber Teilzeit arbeitet, besteht Kündigungsschutz nur im Arbeitsverhältnis zum Vertragsarbeitgeber, der Elternzeit gewährt hat, nicht beim anderen Arbeitgeber.

2.10.3 Behördliche Zustimmung

In besonderen Fällen kann eine Kündigung ausnahmsweise für zulässig erklärt werden. Die Zulässigkeitserklärung erfolgt von der für den Arbeitsschutz zuständigen obersten Landesbehörde oder der von ihr bestimmten Stelle. Nur ausnahmsweise kann die Kündigung von der zuständigen Behörde[31] für zulässig erklärt werden. Die Zustimmung muss vom Arbeitgeber vor Ausspruch der Kündigung eingeholt werden, sonst ist die Kündigung nichtig.

Ein besonderer Fall liegt nur dann vor, wenn außergewöhnliche Umstände die vom Gesetzgeber als besonders schützenswert angesehenen Belange des Arbeitnehmers, der sich in Elternzeit befindet, hinter den Interessen des Arbeitgebers zurücktreten lassen.[32] Die Voraussetzungen sind in der Allgemeinen Verwaltungsvorschrift zum Kündigungsschutz bei Elternzeit vom 3. Januar 2007 erläutert (§ 18 Abs. 1 Satz 6 BEEG).[33]

---

[31] Zuständige Behörden sind in Baden-Württemberg der Kommunalverband für Jugend und Soziales, in Bayern die Gewerbeaufsichtsämter der Regierungsbezirke, in Berlin das Landesamt für Arbeitsschutz, Gesundheitsschutz und technische Sicherheit Berlin, in Brandenburg die Landesämter für Arbeitsschutz, in Bremen das Gewerbeaufsichtsamt, in Hamburg das Amt für Arbeitsschutz der Behörde für Gesundheit und Verbraucherschutz, in Hessen die Regierungspräsidien, in Mecklenburg-Vorpommern die Abteilung Arbeitsschutz und technische Sicherheit des Landesamts für Gesundheit und Soziales, in Niedersachsen die Gewerbeaufsichtsämter, in Nordrhein-Westfalen die Bezirksregierungen, in Rheinland-Pfalz die Zentralreferate Gewerbeaufsicht der Struktur- und Genehmigungsdirektionen Süd oder Nord, im Saarland das Landesamt für Umwelt- und Arbeitsschutz, in Sachsen die Abteilung Arbeitsschutz der Landesdirektion, in Sachsen-Anhalt das Landesamt für Verbraucherschutz (Gewerbeaufsicht), in Schleswig-Holstein die Staatl. Arbeitsschutzbehörde bei der Unfallkasse Nord und in Thüringen das Landesamt für Verbraucherschutz.

[32] BayVGH, Urteil vom 7. Oktober 2015, Az.: 12 ZB 15.239, BeckRS 2015, 53812

[33] BAnz. 2007 Nr. 5 S. 247

Beispiele:

- Betriebs- oder Betriebsteilstilllegung, wenn der Arbeitnehmer nicht in einem anderen Betrieb des Unternehmens weiterbeschäftigt werden kann,[34]
- Verlagerung des Betriebs oder einer Betriebsabteilung und Ablehnung eines Weiterbeschäftigungsangebots durch den Arbeitnehmer,
- Existenzgefährdung für Betrieb oder Arbeitgeber,
- besonders schwere Vertragspflichtverletzungen oder vorsätzliche strafbare Handlungen, wenn es dem Arbeitgeber unzumutbar ist, das Arbeitsverhältnis aufrechtzuerhalten.

Die Behörde entscheidet nach pflichtgemäßem Ermessen. Sie hat dabei die Interessen aller Beteiligten abzuwägen. Die Entscheidung stellt einen Verwaltungsakt dar, der nach erfolglosem Widerspruchsverfahren vom Arbeitgeber oder Arbeitnehmer im Verwaltungsrechtsweg mit Anfechtungs- bzw. Verpflichtungsklage zur gerichtlichen Überprüfung gestellt werden kann.

Handelt es sich um eine außerordentliche, fristlose Kündigung, muss zur Wahrung der Zwei-Wochen-Frist des § 626 Satz 2 BGB der Antrag vom Arbeitgeber innerhalb dieser Frist bei der Behörde gestellt und die Kündigung nach Erteilung der Zustimmung unverzüglich, d. h. ohne schuldhaftes Zögern, erklärt werden.[35]

2.10.4 Arbeitnehmerkündigung

Der Arbeitnehmer kann das Arbeitsverhältnis auch während der Elternzeit jederzeit unter Beachtung der für ihn geltenden Kündigungsfristen kündigen. Darüber hinaus gibt § 19 BEEG ihm ein Sonderkündigungsrecht: Demnach kann der Arbeitnehmer das Arbeitsverhältnis mit einer Kündigungsfrist von drei Monaten zum Ende der Elternzeit kündigen. Eine evtl. längere arbeitsvertragliche oder tarifvertragliche Kündigungsfrist braucht der Arbeitnehmer nicht einzuhalten. Umgekehrt soll er sich dann, wenn er zum Ende der Elternzeit das Arbeitsverhältnis beenden möchte, sich nicht auf eine kürzere Kündigungsfrist berufen dürfen, um dem Arbeit-

[34] BAG, Urteil vom 20. Januar 2005, Az.: 2 AZR 500/03, NZA 2005, 687
[35] LAG Köln, Urteil vom 21. Januar 2000, Az.: 11 Sa 1195/99, NZA-RR 2001, 303

geber Planungssicherheit zu geben. Allerdings ist diese Ansicht nicht unbestritten, denn es ist nicht recht einzusehen, warum der Arbeitnehmer in diesem Fall andere Fristen einzuhalten haben soll als außerhalb einer Elternzeit.

2.11 Sozialversicherungsrecht

Die Pflichtmitgliedschaft in der gesetzlichen Krankenversicherung bleibt auch während der Elternzeit oder des Bezugs von Erziehungsgeld erhalten (§ 192 Abs. 1 Nr. 2 SGB V). Voraussetzung ist, dass zuvor bereits eine Pflichtmitgliedschaft bestanden hat; eine freiwillige Mitgliedschaft oder eine solche aufgrund Familienversicherung genügen nicht. Eine freiwillige Mitgliedschaft endet jedoch nicht durch den Bezug von Elterngeld oder den Antritt einer Elternzeit (vgl. § 191 SGB V). Familienversicherte Mitglieder sind während der Elternzeit nicht gesetzlich kraft § 10 SGB V versichert, wenn sie nicht schon zuvor gesetzlich krankenversichert waren (§ 10 Abs. 1 Satz 4 SGB V).

Unabhängig von der Inanspruchnahme von Elternzeit gelten Kindererziehungszeiten im Inland als Pflichtbeitragszeiten in der gesetzlichen Rentenversicherung (§ 56 SGB VI). Für Geburten ab 1. Januar 1992 können bis zu 36 Kalendermonate Kindererziehungszeiten gutgeschrieben werden. Für Geburten vor dem 1. Januar 1992 sind es nur 24 Kalendermonate (§ 249 Abs. 1 SGB VI).

2.12 Diskriminierungsstelle

Ein Arbeitnehmer, der sich wegen einer beantragten oder in Anspruch genommenen Eltern(teil-)zeit vom Arbeitgeber diskriminiert fühlt, kann sich an die Antidiskriminierungsstelle des Bundes wenden, § 27 AGG.

3. Mutterschutz

Frauen im Mutterschutz können ihren Urlaubsanspruch wegen Beschäftigungsverboten unter Umständen nicht im laufenden Urlaubsjahr realisieren. Während eines Beschäftigungsverbotes kann kein Urlaub genommen oder angerechnet werden. Nach § 7 Abs. 3 BUrlG wäre an sich eine Übertragung nur auf das erste Quartal im Folgejahr möglich. Hier hilft das Mutterschutzrecht:

Hat die Frau ihren Urlaub vor Beginn der Beschäftigungsverbote nicht oder nicht vollständig erhalten, so kann sie nach Ablauf des Beschäftigungsverbots den Resturlaub im laufenden oder nächsten Urlaubsjahr beanspruchen (§ 24 Satz 2MuSchG).

Diese Regel gilt für alle mutterschutzrechtlichen Beschäftigungsverbote, sei es wegen Gefährdung von Leben oder Gesundheit von Mutter oder Kind (§ 16 Abs. 1 MuSchG), wegen eines Verbots von schweren körperlichen oder gesundheitsgefährdenden Arbeiten (§§ 11, 12, 16 Abs. 2 MuSchG) oder wegen der allgemeinen Schutzfristen in den letzten sechs Wochen vor der Geburt (§ 3 Abs. 1 MuSchG) bzw. acht/zwölf Wochen nach der Geburt (§ 3 Abs. 2 MuSchG).

Übertragen wird nicht nur der gesetzliche Mindesturlaub nach dem BUrlG, sondern auch ein evtl. Mehrurlaub aufgrund Einzelarbeits- oder Tarifvertrag. Eine entgegenstehende Vereinbarung dürfte am Diskriminierungsverbot wegen des Geschlechts § 7 Abs. 1 AGG scheitern.

Schließt sich im Anschluss an die Mutterschutzfristen unmittelbar Elternzeit an, sodass der Urlaub auch im nächsten Jahr – nun wegen der Elternzeit – nicht genommen werden kann, so hilft der Arbeitnehmerin das Zusammenspiel von § 24 Satz 2 MuSchG und § 17 Abs. 2 BEEG:

Beispiel:

Arbeitnehmerin M hat für das Jahr 2022 noch 15 Tage Resturlaub. Sie wird schwanger. Die Schutzfristen des § 3 MuSchG beginnen Ende November und enden am 15. März 2023. Sofort im Anschluss nimmt sie Elternzeit in Anspruch bis 30. November 2025. Was geschieht mit dem Urlaubsanspruch aus 2022?

Lösung:

Der Urlaub aus 2022 wird nach § 24 Satz 2 MuSchG in die Jahre 2023 und 2024 übertragen. Durch die Elternzeit wird dieser Urlaub nochmal übertragen auf die Jahre 2025 und 2026.

Kann der Arbeitgeber den Urlaubsanspruch wegen der Mutterschutzfristen kürzen? Immerhin hat M in diesem Zeitraum keine Arbeitsleistung erbracht.

Lösung:

Anders als während der Elternzeit ist es dem Arbeitgeber nicht erlaubt, den Urlaub wegen der mutterschutzrechtlichen Beschäftigungsverbote anteilig zu kürzen. Dies stellt § 24 Satz 1 MuSchG ausdrücklich klar.

Der Arbeitgeber kommt nun auf die Idee, Frau M während der Zeiten der Beschäftigungsverbote Urlaub zu gewähren, damit sich nicht so viel Urlaub aufbauen kann.

Lösung:

Während eines absoluten Beschäftigungsverbots kann kein Urlaub genommen und auch nicht erteilt werden. Es besteht keine Arbeitspflicht, von der befreit werden könnte. Dies gilt auch für einen vom Arbeitgeber angeordneten Betriebsurlaub.[36]

Bei einem individuellen, tätigkeitsbezogenen Beschäftigungsverbot nach §§ 11, 12, 16 Abs. 2 MuSchG könnte der Arbeitgeber jedoch unter Umständen eine andere, mutterschutzgerechte Tätigkeit zuweisen, wenn dies arbeitsvertraglich abgedeckt ist. In diesem Fall bestünde eine Arbeitspflicht der M, sodass auch eine Urlaubserteilung in diesem Zeitraum möglich wäre.

Öffentlicher Dienst:

Bei der Stufenzuordnung nach § 16 Abs. 3 TVöD (VKA)/TV-L/TV-H bzw. § 16 Abs. 4 TVöD (Bund) zu berücksichtigende ununterbrochene Tätigkeitszeiten sind nach § 17 Abs. 3 Buchst. a) TVöD/TV-L/TV-H auch Beschäftigungsverbote nach dem MuSchG als Tätigkeitszeiten zu berücksichtigen.

[36] EuGH, Urteil vom 18. März 2004, Az.: Rs. C-342/01

4. Familienstartzeit, „Vaterschaftsurlaub"

Die EU-Richtlinie 2019/1158 sieht einen bezahlten Urlaubsanspruch des Vaters bzw. des Partners/der Partnerin der Mutter von zehn Arbeitstagen vor. Die Entgelthöhe richtet sich nach dem Entgeltanspruch bei krankheitsbedingter Arbeitsunfähigkeit. Der deutsche Gesetzgeber plant eine Umsetzung noch im Jahr 2024. Der Entwurf des BMFSFJ sieht einen Anspruch auf eine bezahlte Freistellung („Familienstartzeit") für den Partner oder die Partnerin nach der Entbindung von zehn Arbeitstagen vor. Allerdings befindet sich der Vorschlag wegen Fragen der Finanzierung noch in der Abstimmung. Derweil sind einige größere Unternehmen bereits weiter und gewähren ihren Mitarbeitern von sich aus eine mehrwöchige bezahlte Freistellung oder Aufstockung des Elterngeldes.[37]

5. Pflegezeit

Nicht nur die Vereinbarkeit von Kindererziehung und Beruf ist für Familie und Gesellschaft von großer Bedeutung, sondern auch die von Pflege und Beruf und wird mit dem demografischen Wandel weiter zunehmen. Der Gesetzgeber hat dies als sozialpolitisch wünschenswert anerkannt und deshalb gesetzliche Vorgaben dazu geschaffen. Berufstätige, die mit der Pflegebedürftigkeit eines nahen Angehörigen konfrontiert werden, können deshalb nach dem Pflegezeitgesetz (PflegeZG) und/oder dem Familienpflegezeitgesetz (FPfZG) Freistellung von der Arbeit von ihrem Arbeitgeber verlangen.

5.1 Berechtigte Personen

Berechtigt sind alle Arbeitnehmer, Auszubildende und arbeitnehmerähnliche Personen einschließlich der in Heimarbeit Beschäftigten und diesen Gleichgestellten, § 7 Abs. 1 PflegeZG, § 2 Abs. 3 FPfZG (siehe Kapitel II Abschnitt 1).

[37] Felicitas Wilke in Süddeutsche Zeitung, Wenn Unternehmen Familienpolitik ersetzen, vom 19. Februar 2024

5.2 Begriffserklärungen

Wann liegt Pflegebedürftigkeit eines nahen Angehörigen vor?

5.2.1 Pflegebedürftigkeit

Nach dem Pflegezeitgesetz (§ 7 Abs. 4) sind Personen pflegebedürftig, wenn sie die Voraussetzungen der §§ 14 und 15 SGB XI erfüllen. Bei einer plötzlichen und unerwartet auftretenden Pflegesituation (Akutpflege) reicht es, wenn diese voraussichtlich erfüllt werden. Demnach liegt Pflegebedürftigkeit vor, wenn die betroffene Person wegen einer körperlichen, geistigen oder seelischen Krankheit oder Behinderung für die gewöhnlichen und regelmäßigen Verrichtungen im Ablauf des täglichen Lebens auf Dauer, voraussichtlich für mindestens sechs Monate, in erheblichem oder höherem Maße der Hilfe bedarf. Zu den alltäglichen Verrichtungen gehören insbesondere die Körperpflege, die Zubereitung und Aufnahme von Speisen, das selbstständige Aufstehen, Ankleiden, das Verlassen und Wiederaufsuchen der Wohnung, das Einkaufen sowie haushaltsmäßige Tätigkeiten wie Waschen, Spülen, Reinigen der Wohnung. Der Pflegebedürftige muss mindestens die Pflegestufe I bzw. seit 1. Januar 2017 den Pflegegrad I erfüllen.

5.2.2 Nahe Angehörige

VII

Nahe Angehörige (§ 7 Abs. 3 PflegeZG) sind Eltern, Schwieger-, Stief- und Großeltern, der Ehegatte bzw. Lebenspartner, auch der „ehe- oder lebenspartnerschaftsähnliche" Partner, eigene Geschwister, Ehegatten der Geschwister und Geschwister des Ehegatten, Lebenspartner der Geschwister und Geschwister der Lebenspartner, außerdem Kinder, Adoptiv- und Pflegekinder, auch des Ehegatten oder Lebenspartners, Enkel- und Schwiegerkinder.

Wichtig: Diese Aufzählung ist abschließend. Geschwister z. B. des eheähnlichen Partners gehören nicht dazu, nur der Partner selbst.

Je nachdem, ob nur eine kurzzeitige Arbeitsbefreiung benötigt wird, beispielsweise, um einen Pflegeplatz nach dem Krankenhausaufenthalt zu organisieren, oder mit einer längerfristigen Arbeitsverhinderung zu rechnen ist, stellt das Gesetz verschiedene Möglichkeiten der Arbeitsbefreiung oder Arbeitsreduzierung zur Verfügung, die auch unterschiedliche Voraussetzungen haben:

5.3 Akutpflege: Kurzzeitige Arbeitsverhinderung

Bei einer plötzlich und unerwartet auftretenden Pflegesituation (Akutpflege) ist der Beschäftigte berechtigt, bis zu zehn Arbeitstage der Arbeit fernzubleiben, um für einen pflegebedürftigen nahen Angehörigen eine bedarfsgerechte Pflege zu organisieren oder eine pflegerische Versorgung sicherzustellen. Er kann also in diesem Zeitraum auch selbst Pflegeleistungen übernehmen.

5.3.1 Begriff

Akut ist die Pflegesituation nur dann, wenn sie unvorhergesehen eintritt. Dies kann der Fall sein, wenn eine Krankheit oder Behinderung plötzlich auftritt, aber auch, wenn die bislang vorgesehene Pflegeperson unerwartet ausfällt. Ist hingegen schon längere Zeit absehbar, dass im Anschluss an einen Krankenhausaufenthalt Pflegebedarf bestehen wird, so liegt keine „akute" Situation im Sinne des § 2 PflegeZG vor.

5.3.2 Dauer

Die zehn Arbeitstage beziehen sich auf eine Fünf-Arbeitstage-Woche. Teilzeitbeschäftigte haben deshalb nur einen anteilig gekürzten Anspruch auf Arbeitsbefreiung.

5.3.3 Mehrmalige Inanspruchnahme

Fraglich ist, ob der Anspruch auf Arbeitsbefreiung nur einmal für einen bestimmten pflegenden Angehörigen ausgeübt werden kann. In der Gesetzesbegründung ist man davon ausgegangen, dass sich für einen Angehörigen nur einmal ein solcher Bedarf ergeben wird. Zwingend ist dies jedoch nicht und im Gesetzeswortlaut ist auch keine entsprechende Begrenzung zu finden. Somit dürfte eine Begrenzung auf nur eine bestimmte Anzahl von Pflegefällen nicht in Betracht kommen. Jedoch kann es im Einzelfall bei Wiederholungen an einer Akutsituation fehlen.

5.3.4 Anzeige- und Nachweispflicht

Der Beschäftigte ist verpflichtet, dem Arbeitgeber unverzüglich die Verhinderung zur Arbeitsleistung sowie deren voraussichtliche Dauer anzuzeigen. Damit der Arbeitgeber die Berechtigung der Arbeitsbefreiung nachprüfen kann, müssen auch die pflegebedürftige Person, die Beziehung zum Beschäftigten und der Grund für das Fernbleiben von der Arbeit angegeben werden. Auf Verlangen des Arbeitgebers ist eine ärztliche Bescheinigung über die Pflegebedürftigkeit des Angehörigen und die Erforderlichkeit der Maßnahmen vorzulegen (§ 2 Abs. 2 PflegeZG). Durch die rechtzeitige Anzeige kann der Arbeitgeber rechtzeitig disponieren, z. B. sich um eine Ersatzkraft kümmern.

Versäumt der Beschäftigte die rechtzeitige Anzeige und bleibt der Arbeit unentschuldigt fern, riskiert er eine Abmahnung und im Wiederholungsfall auch eine Kündigung.

Sonstige Anspruchsvoraussetzungen, wie etwa eine bestimmte Größe des Arbeitgeber-Unternehmens oder eine Wartezeit, bestehen nicht.

5.3.5 Entgeltfortzahlung

Das PflegeZG sieht keinen eigenständigen gesetzlichen Anspruch auf Entgeltfortzahlung des Beschäftigten gegen seinen Arbeitgeber vor. Ein solcher Anspruch kann jedoch aus vertraglichen oder anderen gesetzlichen Regelungen folgen. Ist der Arbeitgeber nicht schon aus dem Arbeitsvertrag oder einem Tarifvertrag verpflichtet, könnte sich ein Anspruch auf Entgelt aus einer sonstigen freiwilligen Verpflichtung wie z. B. einer Betriebsvereinbarung oder einer betrieblichen Übung ergeben. Im Einzelfall kommt auch ein Anspruch aus § 616 BGB (vorübergehende Verhinderung, vgl. Abschnitt 6) bzw. § 19 Abs. 1 Nr. 2b BBiG (für Auszubildende) in Betracht (vgl. Abschnitt 10.4).

Öffentlicher Dienst:

Im öffentlichen Dienst besteht unter Umständen ein Anspruch auf kurzzeitige bezahlte Arbeitsbefreiung nach § 29 TVöD/TV-L/TV-H (vgl. Abschnitt 6.7). Bei längerfristiger Pflege kommt ein – allerdings gleichfalls unbezahlter – Sonderurlaub nach § 28 TVöD/TV-L/TV-H in Betracht (vgl. Abschnitt 5.2.3).

5.3.6 Pflegeunterstützungsgeld

Beschäftigte, die keine Entgeltfortzahlung erhalten, können einen Antrag auf Pflegeunterstützungsgeld bei der Pflegekasse stellen:

§

§ 44a Abs. 3 SGB XI

Für kurzzeitige Arbeitsverhinderung nach § 2 des Pflegezeitgesetzes hat eine Beschäftigte oder ein Beschäftigter im Sinne des § 7 Absatz 1 des Pflegezeitgesetzes, die oder der für diesen Zeitraum keine Entgeltfortzahlung vom Arbeitgeber und kein Kranken- oder Verletztengeld bei Erkrankung oder Unfall eines Kindes nach § 45 des Fünften Buches oder nach § 45 Absatz 4 des Siebten Buches beanspruchen kann, Anspruch auf einen Ausgleich für entgangenes Arbeitsentgelt (Pflegeunterstützungsgeld) für bis zu zehn Arbeitstage je Kalenderjahr. Wenn mehrere Beschäftigte den Anspruch nach § 2 Absatz 1 des Pflegezeitgesetzes für einen pflegebedürftigen nahen Angehörigen geltend machen, ist deren Anspruch auf Pflegeunterstützungsgeld auf insgesamt bis zu zehn Arbeitstage je Kalenderjahr begrenzt. Das Pflegeunterstützungsgeld wird auf Antrag, der unverzüglich zu stellen ist, unter Vorlage der ärztlichen Bescheinigung nach § 2 Absatz 2 Satz 2 des Pflegezeitgesetzes von der Pflegekasse oder dem Versicherungsunternehmen des pflegebedürftigen nahen Angehörigen gewährt. Für die Höhe des Pflegeunterstützungsgeldes gilt § 45 Absatz 2 Satz 3 bis 5 des Fünften Buches entsprechend.

5.3.7 Kündigungsschutz

Außerdem besteht Kündigungsschutz nach § 5 PflegeZG: Der Arbeitgeber darf bei einer Akutpflege nur mit behördlicher Zustimmung das Arbeitsverhältnis kündigen. Dieser Kündigungsschutz gilt von der Ankündigung bis zur Beendigung der Akutpflege. Der Kündigungsschutz ist nach § 5 PflegeZG zeitlich limitiert auf maximal zwölf Wochen vor dem angekündigten Termin, um Missbrauch vorzubeugen. Allerdings wird eine solche Missbrauchsgefahr bei der Akutpflege kaum bestehen, sodass es in der Regel auf diese Limitierung nicht ankommen dürfte.

5.4 Pflegezeit nach dem PflegeZG

Das Pflegezeitgesetz gibt Beschäftigten in o. g. Sinne außerdem einen Anspruch auf Arbeitsbefreiung bis zu sechs Monate für Pflegezeit (§ 4 Abs. 1 Satz 1 PflegeZG). Dabei kann auch eine nur teilweise Arbeitsbefreiung in Form einer Arbeitsreduzierung in Anspruch genommen werden.

Voraussetzungen sind:

5.4.1 Unternehmensgröße

Dieser Anspruch setzt anders als derjenige auf kurzzeitige Arbeitsbefreiung (Akutpflege) voraus, dass der Arbeitgeber in der Regel *mehr als 15 Arbeitnehmer* beschäftigt (§ 3 Abs. 1 Satz 2 PflegeZG).

Auszubildende werden mitgezählt, ebenso Volontäre und arbeitnehmerähnliche Personen. Teilzeitkräfte werden voll mitgezählt, also nicht etwa nur anteilig.

5.4.2 Pflegeleistung

Voraussetzung ist prinzipiell, dass der Berechtigte den Angehörigen in häuslicher Umgebung pflegt (§ 3 Abs. 1 PflegeZG). Dabei spielt es keine Rolle, ob es sich um den Haushalt des Pflegebedürftigen oder den der Pflegeperson handelt, oder auch den einer dritten Person. Auch ein Altenheim, in dem ein gewisses Maß an eigenständiger Lebensführung und eine selbstständige Wahl der Pflegeform möglich ist, kann noch als „häusliche Unterbringung" gelten. Stationäre Pflegeeinrichtungen fallen jedoch nicht mehr darunter.

Handelt es sich bei der pflegebedürftigen Person um ein minderjähriges Kind, kann dieses jedoch auch außerhäuslich, also stationär, aufgenommen sein (§ 3 Abs. 5 PflegeZG). Hiermit wird dem Umstand, dass minderjährige pflegebedürftige Kinder häufig auch in den Kliniken oder anderen speziellen Einrichtungen untergebracht sind, Rechnung getragen. Die Kinder haben auch in diesen Fällen ein Bedürfnis, von ihren Angehörigen, insbesondere ihren Eltern, betreut zu werden.

Demgemäß verlangt die Freistellung nach § 3 Abs. 5 PflegeZG auch keine eigenen Pflegeleistungen, es genügt eine „Betreuung". Der Betreuungsbegriff ist weiter als der Pflegebegriff. Die Betreuung umfasst z. B. auch eine bloße Beaufsichtigung. Zwischen einer „Betreuungsfreistellung" und einer „Pflegefreistellung" kann jederzeit gewechselt werden, ohne Ankündigungsfristen gegenüber dem Arbeitgeber einhalten zu müssen (§ 3 Abs. 5 Satz 2 PflegeZG).

Dasselbe gilt für einen Wechsel zwischen einer „Familienbetreuungsfreistellung" nach dem FPfZG und einer „Familienpflegefreistellung" nach dem FPfZG (§ 2 Abs. 5 FPfZG). Bei einem Wechsel zwischen Pflege-/Betreuungszeiten nach dem PflegeZG und dem FPfZG sind jedoch bestimmte besondere Ankündigungsfristen zu beachten.

Die Pflege bzw. Betreuung muss prinzipiell durch den Beschäftigten persönlich erfolgen, allerdings kann er sich dabei helfen lassen. Die bloße Organisation der Hilfeleistung durch Dritte wäre vom Sinn und Zweck der Pflegezeit jedoch nicht mehr gedeckt.

Unerheblich ist, ob die Pflege auch von einer anderen Person erbracht werden könnte. Auch in Bezug auf den zeitlichen Aufwand macht das Gesetz keine Vorgaben. Es genügt, dass Pflegebedürftigkeit vorliegt.

5.4.3 Ankündigung und Nachweis

Die Pflegebedürftigkeit des Angehörigen ist dem Arbeitgeber mittels einer Bescheinigung der Pflegekasse oder des medizinischen Dienstes der Krankenversicherung nachzuweisen (§ 3 Abs. 2 PflegeZG). Privatversicherte müssen einen entsprechenden Nachweis ihrer Versicherung beibringen. Eine Frist zur Vorlage des Nachweises nennt das Gesetz nicht. Wird der Beschäftigte von seinem Arbeitgeber zur Vorlage aufgefordert, wird er dem jedenfalls unverzüglich, d. h. ohne schuldhaftes Zögern, nachkommen müssen.

Außerdem muss der Beschäftigte die avisierte Arbeitsbefreiung mindestens zehn Arbeitstage vor dem geplanten Beginn seinem Arbeitgeber schriftlich ankündigen (§ 3 Abs. 3 PflegeZG).

Wichtig: Schriftlich heißt: In einem Schreiben mit Originalunterschrift (§ 126 BGB), keine E-Mail oder Fax!

Zehn Arbeitstage bedeutet nach allgemeiner Meinung „zwei Wochen". Gemessen wird also eine „normale" Fünf-Arbeitstage-Woche. Würde man auf die konkrete Arbeitszeit des Arbeitnehmers in der Kalenderwoche abstellen, hätte dies sonst die absurde Folge, dass für Teilzeitbeschäftigte, die an weniger als fünf Tagen die Woche arbeiten, eine längere Ankündigungsfrist gelten würde als für Vollzeitkräfte.

Der Beschäftigte muss auch mitteilen, für welchen Zeitraum und in welchem Umfang er Arbeitsbefreiung begehrt.

Wenn er nur eine Verringerung seiner Arbeitszeit wünscht, so muss er nicht nur den Umfang der Reduzierung, sondern auch die entsprechende Arbeitszeitverteilung angeben. Es wird dann eine schriftliche Vereinbarung über die Verringerung und Verteilung der Arbeitszeit abgeschlossen.

Praxis-Tipp:

In die Pflegezeitvereinbarung sind zwingend die Regelungen zu Dauer, Umfang der Arbeitsreduzierung sowie zur Verteilung aufzunehmen. Sinnvollerweise sollten zusätzlich zur Vermeidung von Streitigkeiten die geänderte Höhe des Entgelts sowie der Urlaubsansprüche geregelt werden.

5.4.4 Reaktion des Arbeitgebers

Der Arbeitgeber darf von den Wünschen des Beschäftigten bei einer teilweisen Freistellung nur aus dringenden betrieblichen Gründen abweichen (§ 3 Abs. 4 PflegeZG). Die Abweichung von den Wünschen des Arbeitnehmers ist also die Ausnahme. Dementsprechend hoch sind die Anforderungen an die Begründung durch den Arbeitgeber. Das betriebliche Interesse muss höher zu bewerten sein als das Interesse des Beschäftigten an der häuslichen Pflege des Angehörigen.

Der Arbeitgeber hat vor einer Ablehnung der Verringerung und Verteilung der geänderten Arbeitszeit zu prüfen, wie man den Arbeitsausfall auffangen kann. Auch die Einstellung von einem Leiharbeitnehmer ist in Betracht zu ziehen.

5.4.5 Rechtsschutz

Erteilt der Arbeitgeber seine Zustimmung nicht, kann der Arbeitnehmer ihn auf Zustimmung verklagen. Das rechtskräftige Gerichtsurteil ersetzt die Zustimmung des Arbeitgebers (§ 46 Abs. 2 ArbGG, § 894 Abs. 1 ZPO). Problematisch ist jedoch, dass ein solches rechtskräftiges Urteil in der Regel nicht rechtzeitig zu erlangen sein wird. Der Arbeitnehmer könnte zwar versuchen, eine Entscheidung im einstweiligen (und im Vergleich weitaus schnelleren) Rechtsschutzverfahren zu erhalten.

Eine einstweilige Verfügung steht jedoch unter dem Vorbehalt der Nachprüfung im Hauptsacheverfahren. Eine einstweilige Entscheidung darf deshalb in aller Regel nicht die Hauptsache vorwegnehmen. Genau dies wäre hier wegen Zeitablaufs jedoch der Fall. Die Erfolgsaussichten im einstweiligen Verfahren dürften deshalb nicht allzu hoch sein, wenngleich einige Instanzgerichte in der Vergangenheit in Fällen zur Arbeitszeitreduzierung nach dem TzBfG eine einstweilige Verfügung erlassen haben.[38]

Wichtig: Dem Beschäftigten kann bei einer rechtswidrigen Zustimmungsverweigerung ein Schadensersatzanspruch zustehen, etwa, wenn er eine kostspielige Ersatzkraft bezahlen muss.

Wenn der Beschäftigte eine vollständige Freistellung von seiner Arbeitspflicht begehrt, bedarf es gar keiner Zustimmung des Arbeitgebers. Der Arbeitnehmer kann der Arbeit fernblieben – sofern er seine Ankündigungspflicht ordnungsgemäß erfüllt hat – auch wenn sich der Arbeitgeber nicht oder gar ablehnend geäußert hat. Er trägt jedoch in diesen Fällen auch das Risiko einer etwaigen falschen rechtlichen Einschätzung. Es sollte deshalb nach Möglichkeit eine Verständigung mit dem Arbeitgeber erfolgen.

Ein Arbeitnehmer, der sich wegen einer beantragten oder in Anspruch genommenen Pflegezeit vom Arbeitgeber diskriminiert fühlt, kann sich außerdem an die Antidiskriminierungsstelle des Bundes wenden (§ 27 AGG).

5.4.6 Verlängerung

Grundsätzlich besteht nach dem BAG der Anspruch auf Arbeitszeitbefreiung für einen bestimmten Angehörigen nur einmal.[39] Hat der Beschäftigte zunächst nicht den vollen Zeitraum, den das Gesetz zur Verfügung stellt, ausgeschöpft, so kann er die Pflegezeit grundsätzlich nur verlängern, wenn der Arbeitgeber zustimmt (§ 4 Abs. 1 Satz 2 PflegeZG). Eine Ausnahme besteht für den Fall, dass ein vorgesehener Wechsel in der Pflegeperson aus wichtigem Grund nicht erfolgen kann.

Noch nicht abschließend entschieden ist, ob der Beschäftigte die Pflegezeit aufteilen kann, wenn er dies von Anfang an entsprechend mitteilt. Dafür spricht, dass der Arbeitgeber dann zumindest den Arbeitsausfall besser planen kann. Andererseits ist in § 4 PflegeZG nicht die Rede von einer Aufteilungsmöglichkeit, so wie in § 16 Abs. 1 BEEG zur Elternzeit. Hätte der Gesetzgeber dem Beschäftigten auch hier eine Aufteilungsmöglichkeit geben wollen, so hätte er dies wohl auch entsprechend formuliert. Das Gesetz sieht

---

[38] LAG Hamm, Urteil vom 6. Mai 2002, Az.: 3 Sa 161/02, NZA 2003, 178; LAG Rheinland-Pfalz, Verfügung vom 12. April 2002, Az.: 3 Sa 161/02, NZA 2002, 856

[39] BAG, Urteil vom 15. November 2011, Az.: 9 AZR 348/10

demgegenüber ausdrücklich nur dann einen Anspruch auf Verlängerung vor, wenn ein geplanter Wechsel in der Pflegeperson aus wichtigem Grund nicht stattfinden kann (§ 4 Abs. 1 Satz 3 PflegeZG), etwa weil die zur Betreuung vorgesehene Person selbst erkrankt ist. Hieraus folgt, dass der Beschäftigte in allen anderen Fällen auf eine einvernehmliche Regelung mit seinem Arbeitgeber angewiesen ist. Ein Anspruch auf Verlängerung nach § 4 Abs. 1 Satz 3 PflegeZG besteht auch dann nicht, wenn die Pflegezeit auf einer Vereinbarung nach § 3 Abs. 6a PflegeZG beruht (vgl. hierzu Abschnitt 5.4.8).

5.4.7 Vorzeitige Beendigung

Die Pflegezeit endet vorzeitig, wenn die Pflegebedürftigkeit wegfällt oder die häusliche Pflege unmöglich oder unzumutbar geworden ist (§ 4 Abs. 2 PflegeZG), und zwar vier Wochen nach Eintritt der veränderten Umstände. Eine vorzeitige Beendigung tritt also ein, wenn der Angehörige verstirbt, aus pflegerischen oder gesundheitlichen Gründen in eine stationäre Pflegeeinrichtung aufgenommen werden muss oder auch, wenn der Beschäftigte die Pflegezeit nicht mehr finanzieren kann und aus wirtschaftlichen Gründen die Beschäftigung wieder aufnehmen muss.

Der Arbeitgeber muss vom Beschäftigten über die Änderung der Umstände ohne schuldhaftes Zögern unterrichtet werden.

Im Übrigen ist eine vorzeitige Beendigung nur mit Zustimmung des Arbeitgebers möglich.

VII

5.4.8 Kleinbetriebe

Seit 24. Dezember 2022 können Beschäftigte von Arbeitgebern mit in der Regel 15 oder weniger Beschäftigten zumindest eine Vereinbarung über eine Pflegezeit beantragen. Der Arbeitgeber hat den Antrag innerhalb von vier Wochen nach Zugang zu beantworten und bei Ablehnung zu begründen. Eine Zustimmungsfiktion bei unterbliebener Antwort oder Begründung gilt für Kleinbetriebe nicht.

Wurde die Höchstdauer noch nicht ausgeschöpft, besteht – anders als im größeren Betrieb – kein Anspruch auf Verlängerung für den Fall, dass ein Wechsel in der Pflegeperson aus wichtigem Grund nicht stattfinden kann (§ 4 Abs. 1 Satz 2 Halbs. 2 PflegeZG). Arbeitnehmer können die Pflegezeit vorzeitig beenden, wenn der Angehörige nicht mehr pflegebedürftig ist oder die häusliche Pflege unmöglich oder unzumutbar geworden ist.

Auch in Kleinbetrieben genießen Arbeitnehmer in Pflegezeit seit 24. Dezember 2022 Kündigungsschutz mit Beginn der Freistellung (§ 5 Abs. 1 Satz 2 PflegeZG).

5.4.9 Auswirkungen auf das Arbeitsverhältnis

Das Arbeitsverhältnis ruht während der Pflegezeit, d. h., der Arbeitnehmer braucht keine Arbeit zu leisten, bekommt aber auch keinen Lohn. Nebenpflichten, wie beispielsweise das Verbot einer Konkurrenztätigkeit, bleiben hingegen bestehen.

Entgeltbestandteile, die nicht an die konkrete Arbeitsleistung, sondern an den rechtlichen Bestand des Arbeitsverhältnisses anknüpfen (z. B. Urlaubs- oder Weihnachtsgeld) sind ungekürzt zu bezahlen, andere Ansprüche können anteilig gekürzt werden.

5.4.10 Urlaubsansprüche

Der Anspruch auf Erholungsurlaub kann vom Arbeitgeber für jeden vollen Kalendermonat der vollständigen Freistellung um 1/12 gekürzt werden (§ 4 Abs. 4 PflegeZG). Die Regelung entspricht § 17 Abs. 1 Satz 1 BEEG (siehe hierzu Abschnitt 1.7.1).

Wird die Arbeitszeit nur verringert, kann eine entsprechende Urlaubskürzung nach allgemeinen Grundsätzen erfolgen. Arbeitet der Beschäftigte nach wie vor an gleich vielen Tagen in der Woche wie zuvor (es verkürzt sich also nur die tägliche Arbeitszeit), bleibt es bei der ursprünglich vereinbarten Anzahl von Urlaubstagen. Arbeitet der Beschäftigte jedoch an weniger Tagen als zuvor in der Woche, so reduziert sich auch der Urlaubsanspruch um die entsprechenden Urlaubstage. Wegen der Einzelheiten, insbesondere auch zur Berechnung, wenn der Wechsel während des laufenden Kalenderjahres erfolgt, vgl. Kapitel II Abschnitt 4.2.6.

5.4.11 Sozialversicherung

Für die Dauer der Pflegezeit sowie der Sterbebegleitung (siehe dazu unten) besteht kein gesetzlicher Versicherungsschutz in der Kranken- und Pflegeversicherung (§ 7 Abs. 3 Satz 4 SGB IV). Lediglich für Zeiten der Akutpflege nach § 2 PflegeZG bleibt der Versicherungsschutz erhalten (§ 7 Abs. 3 Satz 1 SGB IV). Der Beschäftigte muss sich während der Pflegezeit und der Sterbebegleitung also freiwillig (§ 9

SGB V) oder privat versichern, wenn er nicht über eine Familienmitversicherung (§ 10 SGB V) abgesichert ist.

In der Arbeitslosenversicherung übernimmt die Pflegeversicherung des Angehörigen die Zahlung von Beiträgen (§ 347 Nr. 10 SGB III). Der pflegende Angehörige bleibt gegen das Risiko der Arbeitslosigkeit gesetzlich versichert (§ 26 Abs. 2b SGB III). Dies setzt allerdings voraus, dass der Pflegebedürftige mindestens einen Pflegegrad 2 nach SGB XI erreicht und Leistungen aus der Pflegeversicherung bzw. Hilfe zur Pflege durch den zuständigen Sozialhilfeträger oder vergleichbare Leistungen bezieht. Außerdem muss die Pflegeperson Pflegeleistungen mindestens in Höhe von zehn Stunden wöchentlich, verteilt auf regelmäßig mindestens zwei Tage, in seiner häuslichen Umgebung erbringen. Die Pflegeleistungen dürfen nicht erwerbsmäßig erbracht werden. Zudem muss die Pflegeperson unmittelbar vor der Pflegezeit versicherungspflichtig gewesen sein oder Anspruch auf Entgeltersatzleistungen nach dem SGB III (z. B. ALG I oder Insolvenzgeld) gehabt haben. Es genügt, wenn diese Voraussetzungen durch die Pflege mehrerer pflegebedürftiger Personen erfüllt werden.

Entsprechend bleibt in der Rentenversicherung die Weiterversicherung erhalten (§ 3 Satz 1 Nr. 1a SGB VI). Auch hier werden die Beiträge dann von der Pflegeversicherung übernommen (§ 44 SGB XI). Ist die Pflegeperson trotz der Pflegeleistungen noch regelmäßig mehr als 30 Stunden erwerbsmäßig beschäftigt, bleibt die Versicherungspflicht aus dem Arbeitsverhältnis bestehen.

In der Unfallversicherung besteht Versicherungsschutz nach § 2 Abs. 1 Nr. 17 SGB VII. Auch hier muss der Pflegebedürftige mindestens einen Pflegegrad 2 haben.

5.4.12 Berufsausbildungszeiten

Pflegezeiten werden auf Berufsausbildungszeiten nicht angerechnet (§ 4 Abs. 1 Satz 5 PflegeZG).

5.4.13 Sonderkündigungsschutz

Von der Ankündigung der Pflegezeit, längstens jedoch zwölf Wochen vor deren Beginn, bis zur Beendigung der Freistellung genießt der Beschäftigte kündigungsrechtlich einen Sonderstatus: Der Arbeitgeber kann das Arbeitsverhältnis nur mit Zustimmung der für Arbeitsschutz zuständigen obersten Landesbehörde kündigen.

Für Arbeitnehmer in Kleinbetrieben mit in der Regel 15 oder weniger Beschäftigten gilt der Sonderkündigungsschutz nur während der antragsgemäß bewilligten Freistellung (§ 5 Abs. 1 Satz 2 PflegeZG).

Der Kündigungsschutz bezieht sich auf alle Formen von Arbeitgeberkündigungen, sei es ordentliche oder außerordentliche Kündigung, Beendigungs- oder Änderungskündigung. Er bezieht auch die arbeitnehmerähnlichen Selbstständigen mit ein, die ansonsten keinen allgemeinen Kündigungsschutz nach dem KSchG haben.

Die Zustimmung wird nur in besonderen Fällen erteilt. Der Gesetzgeber nennt in der Gesetzesbegründung beispielhaft eine Betriebsstilllegung als besonderen Grund.[40] Dies zeigt, dass der Kündigungsgrund von starkem Gewicht sein muss. Eine Verwaltungsvorschrift, die die Voraussetzungen der Zustimmungserteilung konkretisiert, existiert – anders als zu § 17 BEEG – nicht.

Praxis-Tipp:

Der Arbeitgeber kann – wenn er der Auffassung ist, dass kein Sonderkündigungsschutz besteht, etwa weil ein Missbrauchsfall vorliegt oder die gesetzlichen Voraussetzungen der Pflegezeit nicht vorliegen – bei der Behörde ein sog. Negativattest beantragen. Den Antrag kann er mit einem vorsorglichen Antrag auf Zustimmung zur Kündigung verbinden.

5.4.14 Finanzielle Förderung

Als Ausgleich für den Entgeltverlust kann der Beschäftigte ein zinsloses Darlehen beim Bundesamt für Familie und zivilgesellschaftliche Aufgaben (BAFzA) beantragen (§ 3 Abs. 7 PflegeZG i. V. m. § 3 ff. FPfZG). Dieses wird in monatlichen Raten gewährt. Diese betragen die Hälfte der Differenz zwischen den pauschalierten monatlichen Nettoentgelten vor und während der (Familien-)Pflegezeit. Im Internet steht unter http://www.wege-zur-pflege.de/neu-seit-112015/rechner.html eine Berechnungshilfe zur Verfügung.

Das Darlehen ist innerhalb von 48 Monaten nach Beginn der Freistellung zurückzuzahlen, und zwar in möglichst gleichbleibenden monatlichen Raten. Das Gesetz enthält auch eine Härtefallregelung.

---

[40] BR-Drucks. 718/07 S. 224

Das BAFzA kann auf Antrag die Rückzahlung des Darlehens stunden oder gar erlassen. Wenn der Beschäftigte selbst ununterbrochen seit mindestens zwei Jahren nach dem Ende der Freistellung Sozialhilfe oder Grundsicherung erhält oder verstirbt, sieht das Gesetz ein Erlöschen der Rückzahlungsschuld vor (§ 7 Abs. 3 FPfZG).

5.5 Sterbebegleitung

Das PflegeZG ermöglicht außerdem eine vollständige oder teilweise Freistellung von bis zu drei Monaten, um einen nahen Angehörigen in der letzten Lebensphase begleiten zu können (§ 3 Abs. 6, § 4 Abs. 3 PflegeZG). Hier ist es unerheblich, ob der Angehörige stationär, häuslich oder in einer Palliativeinrichtung untergebracht ist. Voraussetzung ist, dass der Angehörige an einer Erkrankung in fortgeschrittenem Stadium mit begrenzter Lebenserwartung von Wochen oder wenigen Monaten leidet, bei der eine Heilung ausgeschlossen ist und eine palliativmedizinische Behandlung erforderlich ist.

Auch der Befund nach § 3 Abs. 6 PflegeZG (Erkrankung mit begrenzter Lebenserwartung und palliativmedizinischer Betreuung) muss vom Arbeitnehmer nachgewiesen werden. Es genügt ein ärztliches Attest (§ 3 Abs. 6 Satz 2 PflegeZG).

Daneben gelten die oben dargestellten Vorschriften zur Pflegezeit (Ankündigungsfrist, teilweise Arbeitsbefreiung, vorzeitige Beendigung und Verlängerung, Urlaub, Sonderkündigungsschutz etc.) entsprechend. Ebenso setzt der Anspruch eine Mindestgröße des Unternehmens von in der Regel mehr als 15 Beschäftigten voraus.

5.6 Familienpflegezeit nach dem FPfZG

Das FPfZG ist ergänzend zum PflegeZG am 1. Januar 2012 in Kraft getreten. Ursprünglich konnte Familienpflegezeit nur auf freiwilliger Basis mit dem Arbeitgeber vereinbart werden. Seit dem 1. Januar 2015 besteht ein gesetzlicher Anspruch des Beschäftigten darauf. Anders als das PflegeZG sieht das FPfZG keinen umfassenden Anspruch auf Befreiung von der Arbeitspflicht vor, sondern lediglich einen solchen auf Reduzierung der Arbeitszeit.

5.6.1 Unternehmensgröße

Familienpflegezeit kann nur von Beschäftigten eines Unternehmens beansprucht werden, das in der Regel mehr als 25 Arbeitnehmer mit Ausnahme der zu ihrer Berufsausbildung Beschäftigten beschäftigt.

5.6.2 Reduzierung der Arbeitszeit

Die verringerte Arbeitszeit während der Familienpflegezeit muss mindestens 15 Stunden wöchentlich betragen (§ 2 Abs. 1 Satz 2 FPfZG). Bei unterschiedlichen wöchentlichen Arbeitszeiten müssen im Jahresdurchschnitt wöchentlich mindestens 15 Stunden erreicht werden.

Die Reduzierung kann für längstens 24 Monate (für Pflegezeit und Familienpflegezeit zusammen je Angehörigen, § 2 Abs. 2 FPfZG) geltend gemacht werden.

Die Familienpflegezeit dient der Pflege eines pflegebedürftigen nahen Angehörigen in häuslicher Umgebung. Minderjährige nahe Angehörige können auch außerhäuslich gepflegt werden. Die Begriffe und Anspruchsvoraussetzungen entsprechen denen zur Pflegezeit nach dem PflegeZG.

5.6.3 Nachweis und Ankündigungsfrist

Der Beschäftigte hat auch hier eine Bescheinigung der Pflegekasse oder des medizinischen Dienstes der Krankenversicherung über die Pflegebedürftigkeit vorzulegen.

Die Familienpflegezeit muss spätestens acht Wochen vor dem gewünschten Beginn schriftlich angekündigt werden. Der Berechtigte muss dabei auch erklären, in welchem Umfang er seine Arbeitszeit reduzieren möchte, für welchen Zeitraum und wie die Verteilung der verbliebenen Stunden (mindestens 15) aussehen soll.

Wichtig: Gibt der Arbeitnehmer nicht eindeutig an, ob er Pflegezeit oder Familienpflegezeit in Anspruch nehmen will, und liegen die Voraussetzungen für beide Freistellungsformen vor, so gilt seine Erklärung als Inanspruchnahme von Pflegezeit (§ 2a Abs. 1 Satz 3 FPfZG, § 3 Abs. 1 Satz 3 PflegeZG).

5.6.4 Vereinbarung

Arbeitgeber und Beschäftigter schließen sodann wie bei der Pflegezeit zur Arbeitszeitverringerung eine schriftliche Vereinbarung über die Verringerung und Verteilung der Arbeitszeit ab. Auch hier muss der Arbeitgeber den Wünschen des Arbeitnehmers entsprechen, es sei denn, es stehen dringende betriebliche Gründe entgegen.

5.6.5 Auswirkungen auf das Arbeitsverhältnis

Das Arbeitsentgelt verringert sich entsprechend anteilig (§ 326 Abs. 1 Satz 1 BGB).

Eine Kürzung von Urlaubsansprüchen, wie in § 4 Abs. 4 PflegeZG vorgesehen, kommt für die Familienpflegezeit naturgemäß nicht in Betracht, da der Arbeitnehmer ja weiter arbeitet, nur eben reduziert. Insofern kann nur eine seiner Arbeitskürzung entsprechende Urlaubskürzung nach allgemeinen Grundsätzen erfolgen. Arbeitet der Beschäftigte mit einem gesetzlichen Urlaubsanspruch von 20 Urlaubstagen im Urlaubsjahr an Stelle von fünf nur noch an zwei Tagen die Woche, so hat eine Umrechnung zu erfolgen:

20 : 5 x 2 = 8 Urlaubstage

Wegen der Einzelheiten, insbesondere auch zur Berechnung, wenn der Wechsel während des laufenden Kalenderjahres erfolgt, vgl. Kapitel II Abschnitt 4.2.6.

5.6.6 Kleinbetriebe

Seit 24. Dezember 2022 können Beschäftigte von Arbeitgebern mit in der Regel 25 oder weniger Beschäftigten zumindest eine Vereinbarung über eine Familienpflegezeit beantragen. Der Arbeitgeber hat den Antrag innerhalb von vier Wochen nach Zugang zu beantworten und bei Ablehnung zu begründen. Eine Zustimmungsfiktion bei unterbliebener Antwort oder Begründung gibt es nicht. Wird eine Freistellung vereinbart, kann diese vorzeitig beendet werden, wenn der Angehörige nicht mehr pflegebedürftig ist oder die häusliche Pflege unmöglich oder unzumutbar geworden ist. Außerdem gilt für diese Arbeitnehmer gleichermaßen ein Kündigungsschutz beginnend mit der Freistellung.

5.6.7 Gleichlauf mit PflegeZG

Im Übrigen ist die Familienpflegezeit weitgehend parallel zur Pflegezeit geregelt, sodass auf die obigen Ausführungen verwiesen werden kann und hier nur eine kurze Zusammenfassung erfolgen soll:

Auch bei der Familienpflegezeit kann der Beschäftigte eine Verlängerung der Familienpflegezeit über den ursprünglich vorgesehenen Zeitraum nur verlangen, wenn ein vorgesehener Wechsel in der Pflegeperson aus einem wichtigen Grund nicht erfolgen kann, was jedoch wiederum im Kleinbetrieb mit bis zu 25 Mitarbeitern nicht gilt. In allen übrigen Fällen bedarf es der Zustimmung des Arbeitgebers.

Es besteht Sonderkündigungsschutz nach § 5 PflegeZG (§ 2 Abs. 3 FPfZG). Dieser gilt auch für Beschäftigte in Kleinbetrieben mit in der Regel bis zu 25 oder weniger Beschäftigten, sofern ihnen antragsgemäß Familienpflegezeit vom Arbeitgeber gewährt wurde, allerdings nur während der Freistellung, nicht schon ab der Ankündigung wie in größeren Betrieben.

Ein Arbeitnehmer, der sich wegen einer beantragten oder in Anspruch genommenen Familienpflegezeit vom Arbeitgeber diskriminiert fühlt, kann sich an die Antidiskriminierungsstelle des Bundes wenden, § 27 AGG.

Die Familienpflegezeit endet vier Wochen nach der Veränderung der maßgeblichen Umstände, wenn der Angehörige nicht mehr pflegebedürftig ist oder die häusliche Pflege für die Pflegeperson unmöglich oder unzumutbar geworden ist (§ 2a Abs. 5 FPfZG).

Als Ausgleich für den Entgeltverlust kann auch hier ein Beschäftigtendarlehen beantragt werden.

5.7 Kombination von verschiedenen Pflegezeiten nach dem PflegeZG und dem FPfZG

Pflegezeiten nach dem PflegeZG und dem FPfZG können auch miteinander kombiniert werden.

Die verschiedenen Freistellungen nach dem PflegeZG und dem FPfZG müssen unmittelbar aufeinander folgen (§ 2a Abs. 3 Satz 4, § 2a Abs. 1 Satz 4 FPfZG). Eine Unterbrechung ist prinzipiell nicht vorgesehen. Die unmittelbare zeitliche Abfolge soll dem Arbeitgeber die Planung erleichtern und außerdem die Verwaltung bei der Vergabe und Abwicklung des Beschäftigtendarlehens erleichtern.

Dauerhafte gesetzliche Ausnahme vom Anschlussgebot ist die Freistellung für eine Sterbebegleitung. Diese Arbeitsfreistellung kann auch zeitlich versetzt in Anspruch genommen werden. Bei der Pflege von minderjährigen nahen Angehörigen kann ohne besondere Ankündigung zwischen einer Familienpflege im häuslichen und außerhäuslichen Bereich gewechselt werden (§ 2 Abs. 5 Satz 2 FPfZG).

Die Gesamtdauer der Pflegezeiten darf 24 Monate je pflegebedürftigen Angehörigen nicht überschreiten (§ 2 Abs. 2 FPfZG). Wenn der Arbeitnehmer also schon sechs Monate Pflegezeit in Anspruch genommen hat, so kann er nur noch 18 Monate Familienpflegezeit anhängen, auch wenn der isolierte Anspruch auf Familienpflegezeit 24 Monate beträgt. Zeiten für die Akutpflege werden hingegen nicht eingerechnet.

Beispiel:

Der Beschäftigte B nimmt zunächst acht Arbeitstage frei, um die Pflege seiner pflegebedürftigen Großmutter zu organisieren. Sodann kümmert sich zunächst seine Schwester um die Großmutter. B nimmt im Anschluss sechs Monate frei nach dem PflegeZG und darauf unmittelbar folgend 15 Monate Familienpflegezeit, während der er seine Arbeitszeit auf 20 Wochenstunden halbiert. Dann nimmt er seine normale Tätigkeit wieder auf. Später nimmt er nochmal drei Monate frei für die Sterbebegleitung.

Insgesamt hat B 24 Monate (Familien-)Pflegezeit in Anspruch genommen. Die kurzzeitige Arbeitsverhinderung zur Organisation der Pflege bleibt bei der Berechnung außen vor. Dass B zusammen mit der Sterbebegleitung von drei Monaten insgesamt neun Monate Pflegezeit nach dem PflegeZG in Anspruch genommen hat, obwohl dieses für die Pflegezeit an sich eine Begrenzung auf sechs Monate vorgesehen hat, ist unerheblich, da der Anspruch auf Sterbebegleitung unabhängig davon besteht, ob der Angehörige zuvor den Pflegezeitraum nach den § 3 Abs. 1, § 4 Abs. 1 PflegeZG ausgeschöpft hat oder nicht.[41]

VII

[41] Beispiel aus https://www.bmas.de/DE/Arbeit/Arbeitsrecht/Teilzeit-flexible-Arbeitszeit/pflege-und-beruf-vereinbaren.html, vom 26. November 2020, abgerufen am 18. August 2023

Möchte der Beschäftigte unmittelbar im Anschluss an eine Pflegezeit nach dem PflegeZG eine Familienpflegezeit in Anspruch nehmen, hat er dies seinem Arbeitgeber möglichst frühzeitig mitzuteilen. Die Ankündigungsfrist für die Familienpflegezeit, die sonst acht Wochen beträgt, erhöht sich in diesem Fall auf drei Monate (§ 2a Abs. 1 Satz 5 FPfZG). Für den umgekehrten Fall, dass sich an eine Familienpflegezeit eine Pflegezeit nach dem PflegeZG anschließen soll, erhöht sich für letztgenannte die Ankündigungsfrist von zehn Arbeitstagen für die isolierte Inanspruchnahme auf acht Wochen (§ 2a Abs. 3 Satz 6 FPfZG).

Eine Verletzung der Ankündigungsfristen kann für den Arbeitnehmer unangenehme Folgen haben:

Zwar verschiebt sich grundsätzlich der Zeitpunkt der Inanspruchnahme durch eine zu kurze Ankündigungsfrist nur entsprechend. Allerdings kann der Arbeitgeber die Gewährung verweigern, wenn sich durch eine verspätete Ankündigungsfrist der unmittelbare Anschluss von Pflege- und Familienpflegezeit nicht mehr halten lässt und so eine Kombination nicht mehr möglich ist.

6. Unbezahlter Sonderurlaub, Sabbatical

Für Freistellungen außerhalb des Erholungsurlaubs und der gesetzlich geregelten Freistellungszeiten in besonderen Lebenslagen (Mutterschutz, Eltern- und Pflegezeit) hat sich im allgemeinen Sprachgebrauch der Begriff „Sonderurlaub" etabliert.

6.1 Begriffserklärungen

Es sind zu unterscheiden:

6.1.1 Sonderurlaub

Für Freistellungen außerhalb des Erholungsurlaubs und den gesetzlich geregelten Freistellungszeiten in besonderen Lebenslagen (Mutterschutz, Eltern- und Pflegezeit) hat sich im allgemeinen Sprachgebrauch der Begriff „Sonderurlaub" etabliert.

Sonderurlaub ist in verschiedenen Varianten denkbar. In aller Regel ist damit eine Freistellung des Arbeitnehmers von seiner Arbeitspflicht ohne Fortzahlung der Arbeitsvergütung gemeint. Allerdings sind auch andere Modelle möglich: Entscheidend ist, was vereinbart wurde oder im einschlägigen Tarifvertrag festgelegt ist, da gesetzliche Vorgaben hierzu fehlen.

Sonderurlaub kann also kollektivrechtlich (durch Tarifvertrag oder Betriebsvereinbarung) oder durch individuelle Absprache vereinbart werden. Grundlage können auch eine Gesamtzusage durch den Arbeitgeber oder eine betriebliche Übung sein. Von Gesetzes wegen besteht jedoch kein Anspruch auf Sonderurlaub. Das BUrlG gilt nicht.

6.1.2 Sabbatical

Ein Sabbatical ist ebenfalls ein Arbeitszeitmodell für einen längeren Sonderurlaub. In der Regel ist der Arbeitnehmer hierbei auf seine laufenden Bezüge wirtschaftlich angewiesen.

6.2 Sonderurlaub ohne Entgelt

Beim Sonderurlaub ohne Entgelt ruhen beide Hauptleistungspflichten des Arbeitsverhältnisses: Der Arbeitnehmer braucht nicht zu arbeiten, der Arbeitgeber kein Arbeitsentgelt zu bezahlen.

6.2.1 Nebenpflichten

Das Arbeitsverhältnis als solches bleibt rechtlich bestehen. Deshalb haben sowohl Arbeitnehmer als auch Arbeitgeber weiterhin die sog. Nebenpflichten zu beachten. Für den Arbeitnehmer bedeutet dies, dass er auch während des Sonderurlaubs an das allgemeine Wettbewerbsverbot gebunden ist, evtl. Nebentätigkeiten anzeigen muss und auch die Vertraulichkeit von Interna weiterhin zu wahren hat. Der Arbeitgeber hat weiterhin die allgemeinen Persönlichkeitsrechte des Arbeitnehmers, insbesondere beim Datenschutz, zu beachten. Vom Arbeitnehmer in den Organisationsbereich des Arbeitgebers eingebrachte Gegenstände sind von ihm im Rahmen der Zumutbarkeit ordnungsgemäß zu verwahren.

6.2.2 Voraussetzungen

Die Voraussetzungen und die Ausgestaltung im Einzelnen hängen ganz von den getroffenen Regelungen der jeweils zuständigen Tarif-, Betriebs- oder Arbeitsvertragsparteien ab. Sonderurlaub kann beispielsweise gewährt werden an Geburtstagen, Jubiläen oder bestimmten Festtagen (z. B. Rosenmontag). Insofern besteht eine

Überschneidung mit der Freistellung wegen kurzzeitiger Arbeitsverhinderung, vgl. Abschnitt 7.

6.2.3 Öffentlicher Dienst

Im Bereich des öffentlichen Dienstes bestimmt § 28 TVÖD/TV-L/TV-H, dass Beschäftigte bei Vorliegen eines wichtigen Grundes unter Verzicht auf die Fortzahlung des Entgelts Sonderurlaub erhalten können. Auch wenn in § 28 TVöD/TV-L/TV-H kein bestimmter Zeitrahmen genannt ist, kommt Sonderurlaub im Gegensatz zur kurzfristigen Arbeitsbefreiung nach § 616 BGB bzw. § 29 TVöD/TV-L/TV-H grundsätzlich für einen längeren Zeitraum in Betracht. Der konkrete Zeitraum ergibt sich aus dem wichtigen Grund für den Sonderurlaub und die gegebenenfalls limitierenden betrieblichen Interessen.

Ein wichtiger Grund liegt nach der Rechtsprechung vor, wenn ein schützenswertes persönliches Interesse des Arbeitnehmers bei objektiver Betrachtungsweise besteht. Bejaht wurde dies beispielsweise für ein Hochschulstudium, nachdem ein Arbeiter die Zulassung hierfür auf dem zweiten Bildungsweg erlangt hat.[42] Außerdem nach der Wahl zum Oberbürgermeister,[43] ebenso für die Ableistung von Wehrdienst im Heimatland durch ausländische Arbeitnehmer.[44] Auch der Wunsch, sein Kind (weiterhin) zu betreuen und zu erziehen,[45] wurde von der Rechtsprechung als hinreichender Freistellungsgrund anerkannt (der damals noch sog. Erziehungsurlaub der Arbeitnehmerin war bereits abgelaufen).

Der Arbeitgeber entscheidet nach billigem Ermessen. D. h., er hat die persönlichen Interessen des Arbeitnehmers und seine eigenen betrieblichen Interessen gegeneinander abzuwägen. Gegen eine Beurlaubung könnten eine besonders lang dauernde Abwesenheit und/oder fehlende Rückkehrwahrscheinlichkeit sprechen. Wenn die Zeit des Sonderurlaubs mit der Einstellung einer befristeten Ersatzkraft überbrückt werden kann, dürften betriebliche Gründe einer Erteilung des Sonderurlaubs in der Regel jedoch nicht entgegen-

---

[42] BAG, Urteil vom 30. Oktober 2001, Az.: 9 AZR 426/00, BB 2002, 1104, noch zur wortgleichen Vorgängervorschrift § 50 Abs. 2 BAT

[43] BAG, Urteil vom 8. Mai 2001, Az.: AZR 163/84, NZA 2002, 160, noch zur wortgleichen Vorgängervorschrift § 50 Abs. 2 BAT

[44] BAG, Urteil vom 27. November 1986, Az.: 8 AZR 163/84, noch zur wortgleichen Vorgängervorschrift § 50 Abs. 2 BAT

[45] BAG, Urteil vom 12. Januar 1989, Az.: 8 AZR 251/88, NZA 1989, 848

stehen.[46] Anders kann dies zu beurteilen sein, wenn eine Ersatzkraft für den begehrten Zeitraum nicht verfügbar ist oder nicht zu vertretbaren Kosten. Hierbei ist zu berücksichtigen, dass für die Dauer des Sonderurlaubs die Kosten für die Arbeitskraft des Sonderurlaubs begehrenden Arbeitnehmers entfallen. Das Argument, ein Antrag sei zu kurzfristig gestellt worden, rechtfertigt für sich allein keine Ablehnung.[47] Wenn die dienstlichen bzw. betrieblichen Verhältnisse eine Freistellung erlauben, muss der Sonderurlaub gewährt werden.

6.2.4 Können Zeiten des Sonderurlaubs auf die Erfüllung von Wartezeiten angerechnet werden?

Etliche Ansprüche im Arbeitsverhältnis sind von der Erfüllung bestimmter Wartezeiten abhängig. D. h., der Arbeitnehmer muss eine bestimmte Dauer der Betriebszugehörigkeit (besser: Unternehmenszugehörigkeit) vorweisen können, um in den Genuss bestimmter Rechte zu kommen. In Tarif- oder Individualarbeitsverträgen sind die Anzahl der Urlaubstage, das Aufsteigen in eine höhere Gehaltsstufe oder die Dauer der Kündigungsfrist oftmals von der Dauer der Unternehmenszugehörigkeit abhängig. Kündigungsschutz nach dem KSchG besteht erst nach einer sechsmonatigen Unternehmenszugehörigkeit (§ 1 Abs. 1 KSchG).

Da das Arbeitsverhältnis nicht beendet wird, zählt der Sonderurlaub für die Berechnung der Unternehmenszugehörigkeit prinzipiell mit. Soweit ein Gesetz, ein Tarifvertrag oder sonstige Regelung Ansprüche von einer bestimmten Dauer der Unternehmenszugehörigkeit abhängig macht, zählen grundsätzlich auch Zeiten des Sonderurlaubs für die Erfüllung der Wartezeit mit.

Die (Tarif-) Vertragsparteien können hier aber auch ausdrücklich vereinbaren, dass Sonderurlaub nicht angerechnet wird, sondern nur tatsächliche Beschäftigungszeiten gelten.

Im öffentlichen Dienst haben die (Tarif-)Vertragsparteien in § 34 Abs. 3 TVöD/TV-L/TV-H ausdrücklich festgelegt, dass Zeiten eines Sonderurlaubs bei der Feststellung von Beschäftigungszeiten im Rahmen der Kündigungsfristen unberücksichtigt bleiben, es sei denn, der Arbeitgeber hat vor Antritt des Sonderurlaubs schriftlich ein dienstliches oder betriebliches Interesse anerkannt. Zeiten eines Sonderurlaubs nach § 28 TVöD/TV-L/TV-H bleiben deshalb auch im

---

46 BAG, Urteil vom 30. Oktober 2001, Az.: 9 AZR 426/00, BeckRS 2001, 30215274

47 BAG, Urteil vom 8. Mai 2001, Az.: 9 AZR 179/00, NZA 2002, 160 zu § 50 BAT-O

Rahmen eines Stufenaufstiegs außen vor, § 16 Abs. 4 TVöD (Bund) bzw. § 16 Abs. 3 TVöD (VKA)/TV-L/TV-H. Ein mehr als drei Jahre an dauernder Sonderurlaub kann sogar zu einer Rückstufung führen. Etwas anderes gilt nur dann, wenn für den Sonderurlaub ein dienstliches oder betriebliches Interesse anerkannt wurde, § 17 Abs. 3 Satz 2 TVöD/TV-L/TV-H.

Auch hinsichtlich der Wartezeiten für die Zusatzversorgung können Zeiten von Sonderurlaub nach § 28 TVöD/TV-L/TV-H nicht in Anrechnung gebracht werden.[48]

6.2.5 Was gilt im Krankheitsfall während eines Sonderurlaubs?

Da Arbeits- und Entgeltpflicht während des Sonderurlaubs ruhen, besteht im Krankheitsfall ebenfalls kein Anspruch auf Entgeltfortzahlung. Besteht die Arbeitsunfähigkeit jedoch über den Zeitraum der Arbeitsbefreiung fort, so besteht Anspruch auf Entgeltfortzahlung ab dem Zeitpunkt, an dem die Arbeit wieder aufgenommen hätte werden sollen, wenn der Arbeitnehmer nicht arbeitsunfähig erkrankt wäre. Der sechswöchige Entgeltfortzahlungszeitraum beginnt erst ab diesem Zeitpunkt zu laufen.[49]

6.2.6 Können Sonderzahlungen gekürzt werden?

Hat sich der Arbeitgeber verpflichtet, eine Sonderzahlung zu leisten, z. B. eine Gratifikation, ein 13. Monatsgehalt oder Urlaubsgeld, so kann eine entsprechende anteilige Kürzung für Zeiten von Sonderurlaub erfolgen. Eine besondere Kürzungsvereinbarung ist nicht nötig, um die Kürzung vornehmen zu dürfen. Schließlich hat der Arbeitnehmer in der Zeit des Sonderurlaubs weder Gehalt noch Ersatzleistungen „verdient“. Zu beachten ist, dass dieses Kürzungsrecht ohne besondere Vereinbarung nur für solche Sonderzahlungen besteht, die ausschließlich Vergütungscharakter haben, wie z. B. in der Regel das 13. Monatsgehalt: Dieses wird bereits durch die laufende Arbeitsleistung verdient, ist aber erst am Ende des Jahres zur Auszahlung fällig.

Soll mit der Sonderzahlung jedoch nicht nur die geleistete Arbeit, sondern auch die Betriebstreue honoriert werden, so bedarf es für

[48] Bredemeier, Sonderurlaub im öffentlichen Dienst: Einführung und Probleme in der Praxis, § 28 TVöD/TV-L, öAt 2016, 182

[49] BAG, Urteil vom 29. September 2004, Az.: 5 AZR 558/03, NZA 2005, 225 zu § 22 TVöD nach Elternzeit

eine Kürzung einer besonderen Vereinbarung im Tarif- oder Arbeitsvertrag.[50] Denn schließlich war der Arbeitnehmer ja auch während des Sonderurlaubs seinem Arbeitgeber betriebstreu. Das Arbeitsverhältnis hat rechtlich fortbestanden.

Praxis-Tipp:

Wenn der Arbeitgeber im Arbeitsvertrag eine Sonderleistung zusagt, sollte die Frage der Voraussetzungen transparent geregelt werden, insbesondere auch, ob der Anspruch für bestimmte Zeiten, in denen das Arbeitsverhältnis ruht, entfällt oder gekürzt werden kann.

6.2.7 Darf der Erholungsurlaub bei langfristigem Sonderurlaub gekürzt werden?

An sich ist Voraussetzung für das Entstehen des Urlaubsanspruchs lediglich der rechtliche Bestand des Arbeitsverhältnisses. Es ist nicht erforderlich, dass der Arbeitnehmer tatsächlich arbeitet. So führt auch eine längerfristige Erkrankung nicht automatisch zu einer Kürzung des Erholungsurlaubs (dieser kann jedoch nach 15 Monaten ununterbrochener Arbeitsunfähigkeit verfallen, vgl. Kapitel II Abschnitt 5.3.3). Das BAG hat auch im Jahr 2014 noch geurteilt, dass auch ein unbezahlter Sonderurlaub auf das Entstehen des Urlaubsanspruchs keinen (negativen) Einfluss hat.[51] Diese Rechtsprechung wurde jedoch im Jahr 2019 modifiziert: Befindet sich ein Arbeitnehmer in einem gesamten Urlaubsjahr in einem unbezahlten Sonderurlaub, hat er keinen Anspruch auf Urlaub nach dem BUrlG.[52] Dies folgert das BAG aus den Berechnungsgrundsätzen des § 3 BUrlG: Der Arbeitnehmer hat seine Arbeitspflicht faktisch auf null Tage die Woche reduziert. Entsprechend der Berechnung von anteiligem Urlaub für Arbeitnehmer, die weniger als sechs Tage die Woche arbeiten, ergibt sich ein Anspruch von null Urlaubstagen (vgl. Kapitel II Abschnitt 4.2.1):

24 Urlaubstage : 6 Arbeitstage x 0 Arbeitstage = 0 Urlaubstage

VII

[50] BAG, Urteil vom 5. August 1992, Az.: 10 AZR 88/90, NZA 1993, 130
[51] BAG, Urteil vom 6. Mai 2014, Az.: 9 AZR 678/12, NZA 2014, 959
[52] BAG, Urteil vom 19. März 2019, Az.: 9 AZR 315/17, AP BUrlG § 7 Nr. 87

Dem ist zuzustimmen, denn ansonsten könnte ein Arbeitnehmer, der ein unbezahltes Sabbatical in Anspruch nimmt, mehr Urlaubstage in diesem Zeitraum erwerben als ein Arbeitnehmer, der im gleichen Zeitraum seine Arbeitszeit nur reduziert und auf weniger Arbeitstage in der Woche verteilt als zuvor.

Ist der Arbeitnehmer nicht das gesamte Kalenderjahr im Sabbatical, muss eine anteilige Umrechnung des Urlaubsanspruchs entsprechend der tatsächlichen Anzahl von Tagen mit Arbeitspflicht im Verhältnis zur theoretisch möglichen Anzahl von Arbeitstagen erfolgen, wie oben in Kapitel II Abschnitt 4.2 beschrieben.

Öffentlicher Dienst:

§ 26 Abs. 2 Buchst. c) TVöD/TV-L/TV-H sieht bei einem Ruhen des Arbeitsverhältnisses eine Minderung der Dauer des Erholungsurlaubs einschließlich eines etwaigen tariflichen Zusatzurlaubs für jeden vollen Kalendermonat um ein Zwölftel vor. Mit dieser Regelung wird ebenfalls eine anteilige Kürzung erreicht, wobei ein für den Arbeitnehmer etwas günstigeres Ergebnis erzielt wird. Sie ist rechtlich nicht zu beanstanden.[53]

6.2.8 Vorzeitige Beendigung

Bei der Gewährung von Sonderurlaub sollte bereits geregelt werden, ob der Arbeitnehmer den Sonderurlaub vorzeitig abbrechen und an seinen Arbeitsplatz zurückkehren kann, wenn sich die Umstände ändern. In der Regel wird der Arbeitgeber Maßnahmen zur Überbrückung getroffen haben, evtl. eine Vertretung eingestellt haben. Ohne entsprechende Vereinbarung hat der Arbeitnehmer deshalb nur ausnahmsweise ein Recht darauf, vorzeitig an seinen Arbeitsplatz zurückzukehren. Nach der Rechtsprechung des BAG hat der Arbeitgeber der vorzeitigen Rückkehr ausnahmsweise zuzustimmen, wenn ihm die Beschäftigung des Arbeitnehmers möglich und zumutbar ist und der Grund für die Freistellung entfallen ist oder schwerwiegende Änderungen in den wirtschaftlichen Verhältnissen des Arbeitnehmers eingetreten sind.[54] Auch zugunsten einer Arbeitnehmerin, die während ihrer Schwangerschaft freigestellt war und später in Erziehungsurlaub gehen wollte, wurde ein Rückkehranspruch bejaht,[55] sofern die Arbeitnehmerin den Sonder-

53 BAG, Urteil vom 21. Mai 2019, Az.: 9 AZR 259/18, NZA 2019, 1365
54 BAG, Urteil vom 6. September 1994, Az.: 9 AZR 221/93, NZA 1995, 953
55 BAG, Urteil vom 16. Juli 1997, Az.: 5 AZR 309/96, NZA 1998, 104

urlaub lediglich gegen den (damals noch sog.) Erziehungsurlaub „eintauschen" möchte.

6.2.9 Betriebsrats-/Personalratsbeteiligung

Will der Arbeitgeber allgemeine Regelungen zur Urlaubsplanung aufstellen und besteht im Betrieb ein Betriebsrat, so hat dieser ein Mitbestimmungsrecht nach § 87 Abs. 1 Nr. 5 BetrVG. Hinsichtlich Sonderurlaubs besteht dieses Mitbestimmungsrecht jedoch nur dann, wenn dieser in unmittelbarem Zusammenhang mit dem bezahlten allgemeinen Erholungsurlaub gewährt werden soll.[56]

Im vom BAG entschiedenen Fall ging es um Sonderurlaub für Gastarbeiter „zur Erledigung privater Angelegenheiten". Da mit einer entsprechend längeren urlaubsbedingten Abwesenheit der berechtigten Arbeitnehmer zu rechnen war, hatte diese Regelung auch Einfluss auf die allgemeine Urlaubsplanung aller Mitarbeiter. Deshalb hat das BAG ein Mitbestimmungsrecht des Betriebsrats bei der Einführung dieses Sonderurlaubs bejaht.

Diese Rechtsprechung ist nach diesseitiger Auffassung auf die Regelungen in den entsprechenden Personalratsgesetzen übertragbar. Wird ein Langzeitarbeitskonto eingerichtet, in dessen Rahmen auch Sonderurlaub gewährt wird, besteht nach § 10 Abs. 6 Satz 2 TVöD/TV-L/TV-H ein Beteiligungsrecht des Personalrats.

6.2.10 Sozialversicherung

VII

Die Versicherung in der gesetzlichen Sozialversicherung knüpft nicht an den rechtlichen Bestand des Arbeitsvertrags, sondern an die sog. „nicht-selbstständige Beschäftigung gegen Entgelt" an (§ 25 SGB III, § 1 Satz 1 Nr. 1 SGB VI, § 5 Abs. 1 Nr. 1 SGB V, § 20 Abs. 1 Nr. 1 SGB XI).

Im Fall des Sonderurlaubs fehlt es jedoch sowohl an einer tatsächlichen „Beschäftigung" als auch an der Bezahlung von Entgelt. Das Arbeitsverhältnis ist in seiner Durchführung unterbrochen.

§ 7 Abs. 3 Satz 1 SGB IV bestimmt jedoch für Unterbrechungen, die nicht länger als einen Monat dauern, dass das Beschäftigungsverhältnis als fortbestehend gilt, auch wenn kein Arbeitsentgelt bezahlt wird. Allerdings macht das Gesetz hier wiederum Ausnahmen, nämlich wenn Krankengeld, Verletztengeld, Versorgungs-

---

[56] BAG, Urteil vom 18. Juni 1974, Az.: 1 ABR 25/73, NJW 1975, 80

krankengeld, Übergangsgeld oder Mutterschaftsgeld oder nach gesetzlichen Vorschriften Elterngeld bezogen oder Elternzeit oder Pflegezeit nach § 3 PflegeZG in Anspruch genommen wird. In diesen Fällen endet die Versicherungspflicht unmittelbar mit der Freistellung! Allerdings besteht in den genannten Fällen in der Regel ein Versicherungsverhältnis aufgrund besonderer Regelungen.

Somit müssen zwar keine Beiträge in die Sozialversicherung einbezahlt werden, es entfällt jedoch auch der Versicherungsschutz spätestens ab dem zweiten Monat (wenn eine der aufgezählten Ausnahmen des § 7 Abs. 3 SGB IV vorliegt, sogar schon unmittelbar mit Beginn des Sonderurlaubs). Für diese Lücke muss sich der Arbeitnehmer unbedingt selbst um anderweitigen Versicherungsschutz, insbesondere für das Krankheitsrisiko, kümmern! Ist er nicht über eine Familienversicherung mitversichert (§ 10 SGB V), kann er sich entweder freiwillig gesetzlich versichern oder eine private Krankenversicherung abschließen. Den Antrag auf freiwillige gesetzliche Krankenversicherung muss der Arbeitnehmer innerhalb von drei Monaten nach Beendigung der Mitgliedschaft stellen (§ 9 Abs. 2 Nr. 1 SGB V). Voraussetzung ist, dass er in den letzten fünf Jahren vor dem Ausscheiden mindestens 24 Monate oder unmittelbar vor dem Ausscheiden mindestens zwölf Monate Mitglied in der gesetzlichen Krankenversicherung war (§ 9 Abs. 1 Nr. 1 SGB V).

In der Rentenversicherung muss der Arbeitnehmer bei Sonderurlaub, der länger als einen Monat dauert, mit Rentennachteilen rechnen.

Für die Arbeitslosenversicherung können Zeiten des Sonderurlaubs ebenfalls nicht zur Begründung von Anwartschaften herangezogen werden, soweit nicht § 7 Abs. 3 SGB IV eingreift.

Achtung Sperrzeit: Nimmt der Arbeitnehmer Sonderurlaub und erhält kein Arbeitsentgelt mehr, kann er nicht damit rechnen, ohne Weiteres stattdessen Arbeitslosengeld zu erhalten. Dies jedenfalls dann nicht, wenn der Sonderurlaub auf seinen eigenen Wunsch hin gewährt wurde, denn dann hat er die Beschäftigungslosigkeit ja selbst herbeigeführt.

Die Agentur für Arbeit wird deshalb genau prüfen, ob ein versicherungswidriges Verhalten im Sinne von § 159 SGB III vorliegt. Dann muss der Arbeitnehmer mit der Verhängung einer Sperrzeit rechnen, wenn er keinen „wichtigen Grund" für die vorübergehende Lösung des Beschäftigungsverhältnisses vorweisen kann. Allein der Wunsch, eine „Auszeit zu nehmen“, reicht nicht als „wichtiger Grund“ aus. Schließlich müsste dann die Solidargemeinschaft die finanziellen Folgen tragen, was nicht gerechtfertigt erscheint. Selbst bei gesundheitlichen Beeinträchtigungen muss der Arbeitnehmer zunächst versuchen, eine Lösung innerhalb der Beschäftigung zu finden. Allein der Wunsch, „sich gesundheitlich zu regenerieren“, reicht als Begründung nicht aus.[57]

Abgesehen davon dürfte in solchen Fällen in der Regel auch keine „Arbeitslosigkeit“ im Sinne des SGB III vorliegen: Arbeitslos in diesem Sinne ist nur, wer sich bemüht, die eigene Beschäftigungslosigkeit zu beenden und den Vermittlungsbemühungen der Agentur für Arbeit zur Verfügung steht (§ 138 Abs. 1 SGB III). Der Arbeitsvermittlung zur Verfügung steht nur derjenige, der arbeitsfähig und arbeitsbereit ist. Will der Arbeitnehmer im Sonderurlaub frei über seine Zeit verfügen, ist er folglich nicht „arbeitslos“ im Sinne des Arbeitsförderungsrechts. Soll die Freistellung jedoch zu einer beruflichen Neuorientierung genutzt werden oder um Abstand von den konkreten Beanspruchungen in der gerade ausgeübten Tätigkeit zu gewinnen, so kann der betroffene Arbeitnehmer durchaus „arbeitslos“ im Sinne von § 138 SGB III sein.

Beispiel:

Der Lehrerin einer Waldorfschule wurde die unbezahlte Freistellung bewilligt, um auf Gebieten außerhalb des pädagogischen Bereichs neue Erfahrungen zu sammeln. Die Lehrerin bemühte sich insbesondere um eine Helfertätigkeit im Gartenbau. Die Tatsache, dass das bisherige Arbeitsverhältnis nach Ablauf einer bestimmten Zeit wieder fortgesetzt werden soll, steht der Bewilligung von Arbeitslosengeld also nicht zwingend entgegen. Der Lehrerin wurde also dem Grunde nach Arbeitslosengeld bewilligt, jedoch wurde zugleich eine Sperrzeit verhängt.

VII

6.3 Sonderurlaub auf Anweisung?

Ein Sonderfall ist die Freistellung des Arbeitnehmers im Interesse des Arbeitgebers.

[57] LSG Sachsen, Urteil vom 30. Juni 2016, Az.: L 3 AL 130/14, BeckRS 2016, 72477

6.3.1 Freistellung ohne Entgeltleistung

Eine Freistellung ohne Entgeltpflichten ist für den Arbeitgeber von Vorteil, wenn er für einen bestimmten Zeitraum keine Verwendung für die Arbeitsleistung des Arbeitnehmers hat.

Allerdings trägt der Arbeitgeber selbstverständlich das unternehmerische Risiko und damit auch die Möglichkeit, die „eingekaufte" Arbeitsleistung verwerten zu können. An sich hat der Arbeitnehmer, wenn der Arbeitgeber keine Arbeit für ihn hat, trotzdem Anspruch auf die vereinbarte Vergütung. Der Arbeitgeber kommt in Annahmeverzug und muss das Entgelt nach § 615 BGB bezahlen. Bei einer „Freistellung" in dem Sinne, dass beide Hauptleistungspflichten ruhen, entfällt dieser Anspruch. Der Arbeitnehmer braucht dann zwar nicht zu arbeiten, er erhält aber auch keinerlei Entgelt, auch keine Entgeltersatzleistungen wie Entgeltfortzahlung im Krankheitsfall oder Feiertagsvergütung. Der Arbeitgeber ist deshalb auch nicht ohne Weiteres dazu berechtigt, den Arbeitnehmer gegen seinen Willen – noch dazu ohne Entgeltleistung – freizustellen.

Beispiel:

Der Arbeitgeber nutzt vorformulierte Arbeitsverträge, die ihn ermächtigen, den Arbeitnehmer ohne Fortzahlung der Vergütung nach seinem Belieben freizustellen.

Diese Regelung benachteiligt den Arbeitnehmer unangemessen; sie ist deshalb unwirksam (§ 307 Abs. 2 BGB).

VII

Variante:

Der Arbeitgeber hat mit dem Arbeitnehmer den Arbeitsvertrag individuell ausgehandelt.

Diese Regelung führt zu einer Umgehung des Kündigungsschutz- und Befristungsrechts. Sie ist auch nicht mit dem wesentlichen Grundgedanken des § 615 BGB vereinbar, der dem Arbeitnehmer einen Vergütungsanspruch trotz Annahmeverzug des Arbeitsgebers gewährt. Die Regelung ist deshalb unwirksam (§ 134 BGB).[58]

[58] LAG Nürnberg, Urteil vom 30. Mai 2006, Az.: 6 Sa 111/06, NZA-RR 2006, 511

Das BAG hat dennoch eine Klausel im Arbeitsvertrag mit einer Reinigungskraft zugelassen,[59] wonach während der Schulferien, in denen das Reinigungsobjekt geschlossen ist, eine Freistellung erfolgen sollte. Maßgeblich war für das BAG, dass die Freistellungszeiten von vornherein feststanden und weniger als ein Viertel der Gesamtleistung ausmachten. Außerdem hätte die Arbeitgeberin auch befristete Verträge vereinbaren können, dann hätte ebenfalls während der Unterbrechungszeiträume kein Anspruch auf Entgelt bestanden. Die Situation sei einem Teilzeitverhältnis mit besonderer Verteilung der Arbeitszeit vergleichbar.

6.3.2 Freistellung mit Entgeltfortzahlung

Auch wenn der Arbeitgeber bereit ist, die laufenden Bezüge weiter zu zahlen, darf er den Arbeitnehmer nicht beliebig freistellen. Denn der Arbeitnehmer hat nicht nur die Pflicht zu arbeiten, sondern auch ein Recht darauf: Ihm steht gegen den Arbeitgeber ein Anspruch auf vertragsgemäße Beschäftigung zu.[60] Dies ergibt sich aus dem allgemeinen Persönlichkeitsrecht des Arbeitnehmers. Der Arbeitgeber darf den Arbeitnehmer nicht zum „Nichtstun" verurteilen und damit seine berufliche und gesellschaftliche Stellung degradieren.

Ohne eine vertragliche Vereinbarung darf der Arbeitgeber den Arbeitnehmer im ungekündigten Arbeitsverhältnis nur in Ausnahmefällen gegen dessen Willen freistellen. Dies ist nur dann der Fall, wenn dem Arbeitgeber die Beschäftigung nicht zumutbar ist, z. B. weil der Arbeitnehmer verdächtig ist, Betriebsgeheimnisse zu verraten oder den Arbeitnehmer durch seine Tätigkeit auf andere Weise zu schädigen.[61] Das Interesse des Arbeitgebers an der Suspendierung muss höher zu bewerten sein als das Beschäftigungsinteresse des Arbeitnehmers.

Und selbst wenn der Arbeitgeber mit dem Arbeitnehmer für das ungekündigte Arbeitsverhältnis ein Freistellungsrecht vereinbart hat, so kann er hiervon nicht nach freiem Ermessen Gebrauch machen: Eine Klausel, die den Arbeitgeber pauschal ermächtigt, den Arbeitnehmer von der Beschäftigung freizustellen, wäre schon unwirksam, weil sie das Persönlichkeitsrecht des Arbeitnehmers nicht hinreichend berücksichtigen würde.

---

59 BAG, Urteil vom 10. Januar 2007, Az.: 5 AZR 84/06, NZA 2007, 384
60 BAG, Urteil vom 15. Mai 1991, Az.: 5 AZR 271/90, NZA 1991, 979
61 BAG, Urteil vom 16. April 2014, Az.: 5 AZR 739/11, NZA 2014, 1082

Auch bei einem vereinbarten Freistellungsrecht müssen also hinreichende Freistellungsgründe gegeben sein. Die Freistellung muss zumindest „billigem Ermessen“ (nicht: freiem Belieben!) entsprechen (§ 106 GewO). Handelt es sich bei der Vereinbarung um einen Formulararbeitsvertrag, müssen darüber hinaus die Bestimmungen der §§ 305 ff. BGB beachtet werden. Insbesondere ist auf ausreichend klare Formulierung und Transparenz zu achten (§ 307 Abs. 1 Satz 2 BGB). D. h., die Freistellungsgründe müssen möglichst klar umschrieben werden und dürfen nicht wesentlich von den allgemeinen Voraussetzungen, unter denen der Arbeitgeber verpflichtet ist, den Arbeitnehmer zu beschäftigen, abweichen.

Ist das Arbeitsverhältnis hingegen bereits gekündigt oder wurde ein Aufhebungsvertrag abgeschlossen, kann der Arbeitgeber gute Gründe haben, den Arbeitnehmer sofort freizustellen, auch wenn er ihn noch weiter bezahlen muss. Möglicherweise befürchtet er die Vorbereitung von Konkurrenztätigkeit oder er möchte den weiteren Kontakt mit der Belegschaft verhindern, etwa weil er fürchtet, dass er den ein oder anderen Mitarbeiter abwirbt oder sonst negativ beeinflusst. Oftmals wird in Arbeitsverträgen deshalb vorsorglich für den Zeitraum zwischen Ausspruch der Kündigung bzw. Abschluss der Aufhebungsvereinbarung und Ablauf der Kündigungsfrist ein Freistellungsrecht mit dem Arbeitnehmer vereinbart.

Ob diese Klauseln den Arbeitgeber ohne weitere Voraussetzungen zu einer Freistellung im gegebenen Fall berechtigen, ist höchstrichterlich noch nicht geklärt. Die Instanzrechtsprechung hat teils entscheiden, dass selbst eine Klausel in einem vorformulierten Arbeitsvertrag (die einer besonderen Billigkeitskontrolle unterliegen) jedenfalls dann nicht offensichtlich unwirksam ist, wenn es sich dabei um einen Mitarbeiter mit leitender Funktion handelt.[62] Teils wurde jedoch die Wirksamkeit solcher Klauseln verneint.[63]

Stets wurde dem Arbeitnehmer jedoch das Recht vorbehalten, ein überwiegendes Interesse an der Weiterbeschäftigung bis zum Ablauf des Arbeitsverhältnisses darzulegen. Denn – auch bei einer entsprechenden Vereinbarung – muss die konkrete Ausübung des Freistellungsrechts billigem Ermessen genügen (§ 106 Satz 1 GewO, § 315 BGB), was vom Gericht überprüft werden kann. Ein überwie-

---

62 LAG Hamm, Urteil vom 13. Februar 2015, Az.: 18 SaGa 1/15, NZA-RR 2015, 460 (Chefarzt)

63 LAG Hessen, Urteil vom 14. März 2011, Az.: 16 Sa 1677/10, NZA-RR 2011, 419

gendes Beschäftigungsinteresse könnte z. B. im Fall eines Chirurgen bejaht werden, wenn durch einen längeren Freistellungszeitraum die Gefahr besteht, dass seine besonderen Fertigkeiten abhandenkommen, weil diese einer ständigen Übung bedürfen.

Der Arbeitnehmer wird bei einem Streit über die Wirksamkeit einer Kündigung seinen tatsächlichen oder vermeintlichen Weiterbeschäftigungsanspruch daher oftmals schon aus taktischen Gründen geltend machen, wenn er für einen längeren Zeitraum freigestellt wurde. Ob er sich mit einer (gerichtlich) erzwungenen Beschäftigung jedoch wirklich selbst einen Gefallen tut, steht auf einem anderen Blatt. Festzuhalten bleibt, dass es in besonderen Ausnahmefällen durchaus möglich ist, dass der Arbeitnehmer auch im Interesse des Arbeitgebers freigestellt wird.

6.4 Sabbatical

Ein Sabbatical kann ebenfalls ein unbezahlter „Langzeiturlaub" sein. In diesem Fall gelten die obigen Ausführungen zum Sonderurlaub ohne Entgeltfortzahlung entsprechend.

Allerdings wird der Arbeitnehmer in der Regel auf seine laufenden Bezüge wirtschaftlich angewiesen sein und auch die fehlende sozialversicherungsrechtliche Absicherung kann bei längerfristigen Auszeiten ein Problem sein.

Der Gesetzgeber hat deshalb mit dem Flexi-Gesetz I vom 6. April 1998[64] und dem Flexi-Gesetz II vom 21. Dezember 2008[65] die Möglichkeit geschaffen, über das Ansparen von Arbeitszeit und/oder Gehaltsbestandteilen in der aktiven Phase auf einem Wertguthabenkonto für eine Freistellungsphase (z. B. für ein Sabbatical) sowohl eine sozialversicherungs- als auch entgeltmäßige Absicherung zu erhalten (geregelt nunmehr u. a. in § 7b ff. SGB IV).

Der Arbeitnehmer arbeitet also zunächst mehr und/oder verzichtet auf die Auszahlung von Gehaltsbestandteilen und lässt sich seine entsprechenden Ansprüche stattdessen auf einem „Ansparkonto" gutschreiben. Erst in der Freistellungsphase lässt er sich seine Ansprüche auszahlen.

Erst dann müssen die Beträge auch versteuert werden und unterliegen der Sozialversicherungspflicht.

[64] BGBl. I 1998, 688
[65] BGBl. I 2008, 2940

Praxis-Tipp:

Steuerbegünstigte Gehaltsbestandteile (z. B. Zuschläge für Sonntags-, Feiertags- oder Nachtarbeit) sollten getrennt im Arbeitszeitkonto verbucht werden. Die Steuerfreiheit bleibt auch bei der späteren Auszahlung erhalten.

Solche sog. Wertguthabenkonten können für den vorzeitigen Eintritt in den Ruhestand, familiäre Belange, zur Weiterbildung oder eben auch Sabbaticals genutzt werden.

Im öffentlichen Dienst besteht nach § 10 Abs. 6 TVöD/TV-L/TV-H die Möglichkeit zur Einrichtung eines Langzeitarbeitskontos, das als Wertguthabenkonto nach § 7a SGB IV genutzt werden kann. Der Betriebs- bzw. Personalrat ist zu beteiligen und eine Regelung zur Insolvenzsicherung zu treffen. Liegt keine kollektive Regelung vor, wird es genügen, den Betriebs-/Personalrat über die individuelle Vereinbarung unter Vorlage derselben zu informieren.[66] Der bloße Aufbau von Überstunden wird jedoch in der Regel kaum ausreichen, um ein mehrmonatiges Sabbatical „zu finanzieren". Zusätzlich wird man deshalb meist eine Blockvereinbarung zur Neuverteilung von Arbeitszeit und Gehalt treffen.[67]

6.4.1 Geltung für Arbeitnehmer

Angesprochene Personenkreise im Sinne von §§ 7b ff. SGB IV sind „Beschäftigte" mit nichtselbstständiger Arbeit, insbesondere „in einem Arbeitsverhältnis" (§ 7 Abs. 1 Satz 1 SGB IV). Selbstständige fallen also nicht darunter. Entscheidend ist, ob eine Tätigkeit nach Weisung des Vertragspartners erfolgt und ob der Dienstverpflichtete in die Arbeitsorganisation des Dienstherrn eingegliedert ist. Nur dann liegt eine nichtselbstständige Tätigkeit vor. Bei der Beurteilung, ob dies der Fall ist, müssen alle Umstände des Einzelfalles berücksichtigt und bewertet werden. Auch ein Gesellschafter-Geschäftsführer kann z. B. ein abhängig Beschäftigter sein, wenn er nur über eine Minderheitsbeteiligung und keine Sperrminorität

66 Juncker, Möglichkeiten und Stolperfallen bei der Gestaltung von „Sabbaticals", öAT 2022, 26

67 Gestaltungshinweise in: Juncker, Möglichkeiten und Stolperfallen bei der Gestaltung von „Sabbaticals", öAT 2022, 26

verfügt. Denn dann ist er letztlich von den Weisungen der Mehrheitsgesellschafter abhängig.[68]

Der sozialversicherungsrechtliche „Beschäftigten"-Begriff ist weitgehend mit dem „Arbeitnehmer"-Begriff im Arbeitsrecht identisch, jedoch nicht in allen Facetten. Insbesondere setzt die „Beschäftigung" prinzipiell auch eine tatsächliche Tätigkeit voraus (wenngleich das Gesetz auch Fälle einer Fiktion von Beschäftigung vorsieht), was beim Arbeitsverhältnis nicht der Fall ist.

Auch wenn eine nichtselbstständige Beschäftigung im Sinne des § 7 SGB IV vorliegt, besteht kein gesetzlicher Anspruch auf Einrichtung eines Wertguthabenkontos. Ein solcher kann sich nur aufgrund individualvertraglicher oder kollektivrechtlicher Regelung (z. B. Tarifvertrag oder Betriebsvereinbarung) ergeben.

In einer solchen Vereinbarung sind typischerweise folgende Punkte zu regeln:

Führung eines Wertguthabenkontos

- Grenzwerte für Plus- und Minusstunden
- Frist für den Ausgleich des Kontos
- Auszahlungsmodalitäten im Störfall (d. h. bei einer Beendigung des Beschäftigungsverhältnisses vor dem Ausgleich des Guthabens)
- Bedingungen für die Inanspruchnahme des Guthabens (Ankündigungsfristen, Einspruchsrechte des Arbeitgebers aus betrieblichen Gründen)
- Insolvenzsicherungsmaßnahmen
- gegebenenfalls Anrechnung von übergesetzlichen Urlaubsansprüchen
- Hinweis auf Fortbestehen von Nebenpflichten (Wettbewerbsverbot etc.)
- Nebenbeschäftigungen
- gegebenenfalls Möglichkeit einer vorzeitigen Rückkehr
- Sonderzahlungen
- Berechtigter der Rendite des angelegten Wertguthabens

[68] BSG, Urteil vom 4. Juni 2009, Az.: B 12 KR 3/08 R, NJW 2010, 1836

6.4.2 Sozialversicherungsrechtliche Absicherung

Richtet der Arbeitgeber ein Wertguthabenkonto für den Arbeitnehmer ein und werden dabei bestimmte gesetzliche Vorgaben beachtet, bleibt der sozialversicherungsrechtliche Schutz des Arbeitnehmers bestehen. § 7 Abs. 1a Nr. 1 SGB IV bestimmt ausdrücklich, dass ein versicherungspflichtiges Beschäftigungsverhältnis auch während der Freistellungsphase (also ohne aktive Tätigkeit im Arbeitsverhältnis) bei einer Wertguthabenvereinbarung besteht, die den Voraussetzungen des § 7b SGB IV genügt.

Voraussetzungen

- Der Aufbau des Wertguthabens muss aufgrund schriftlicher Vereinbarung erfolgen.
- Diese Vereinbarung dient nicht lediglich dem Ziel einer flexiblen Gestaltung der werktäglichen oder wöchentlichen Arbeitszeit oder dem Ausgleich betrieblicher Produktions- oder Arbeitszyklen.
- Das Arbeitsentgelt wird in das Wertguthaben eingebracht, um es für Zeiten der Freistellung von der Arbeitsleistung oder der Verringerung der vertraglich vereinbarten Arbeitszeit zu entnehmen.
- Das Arbeitsentgelt aus dem Wertguthaben wird mit einer vor oder nach der Freistellung von der Arbeitsleistung oder der Verringerung der vertraglich vorgesehenen Arbeitszeit erbrachten Arbeitsleistung erzielt.
- Das fällige Arbeitsentgelt muss die Geringfügigkeitsgrenze monatlich übersteigen, es sei denn, es handelte sich schon vorher um eine geringfügige Beschäftigung.

Außerdem darf das monatlich fällige Arbeitsentgelt in der Freistellungsphase nicht unangemessen von dem Arbeitsentgelt abweichen, das in den vorhergehenden zwölf Monaten bezogen wurde (§ 7 Abs. 1a Nr. 2 SGB IV). Mit dieser Vorschrift sollen Missbrauchsfälle ausgeschlossen werden. Es soll verhindert werden, dass zu unangemessen niedrigen Beiträgen Sozialversicherungsschutz erlangt werden kann. Eine allgemeingültige Grenze gibt es nicht. Es kommt auf den konkreten Einzelfall an. Sinkt das Einkommen jedoch auf Sozialhilfeniveau herab, so wird man dies wohl zumindest als ein Indiz für eine unangemessene Abweichung ansehen können.[69] Teils wird angenommen, eine unangemessene Abweichung liege vor, wenn das monatliche Entgelt in der Freistellungsphase weniger als 70 % des Entgelts in der aktiven Phase beträgt.[70] Dies entspricht auch den Vorgaben im Rundschreiben des GKV-Spitzenverbands vom 31. März 2009, in dem bei einer Unterschreitung eine Grenze von 70 % und bei einer Überschreitung eine solche von 130 % genannt wird.[71]

6.4.3 Ansparphase

1. Beachtung der gesetzlichen Arbeitszeitvorgaben

Bei der Ansparphase sind sowohl die allgemeinen Vorgaben des Arbeitszeitgesetzes als auch die besonderen Schutzvorschriften für bestimmte Personengruppen zu beachten (z. B. § 8 MuSchG für werdende und stillende Mütter; § 8 JArbSchG für Jugendliche oder § 124 SGB IX für schwerbehinderte oder gleichgestellte Menschen). Der Arbeitnehmer darf also während der aktiven Phase auch dann, wenn er später für seine Tätigkeit freigestellt werden soll, nicht über die arbeitszeitrechtlichen gesetzlichen Vorgaben hinaus beschäftigt werden, selbst wenn er dies wollte.

2. Führung in Geldeinheiten

Das Konto wird, wenn es den Vorgaben des § 7b SGB IV genügen soll, in Geldeinheiten geführt. D. h., Zeitguthaben wird in Geldbeträgen aufgenommen bzw. entsprechend umgerechnet (§ 7d Abs. 1 Satz 2 SGB IV). Ältere Wertguthabenkonten, die bereits am 1. Januar 2009 bestanden haben, können jedoch nach der Übergangsregelung des § 116 Abs. 1 SGB IV auch weiterhin als Zeitwertkonten geführt werden. Dies gilt auch für neu vereinbarte Wertguthabenkonten auf der Grundlage früherer Vereinbarungen.

3. Korrekte Kontoführung

Der Arbeitnehmer hat einen Anspruch auf korrekte Führung des Kontos. Der Arbeitgeber darf nicht einseitig in die Regelungen eingreifen. Gegebenenfalls hat der Arbeitnehmer einen Anspruch auf

---

[69] so auch Seewald, in: Kasseler Kommentar Sozialversicherungsrecht, Stand: Mai 2017, § 7 SGB IV Rz. 145g

[70] Hanau/Veit, NJW 2009, 182, 183

[71] Rundschreiben zur sozialen Absicherung flexibler Arbeitszeit vom 31. März 2009, S. 21, abrufbar unter www.tk.de

Korrektur, wenn der Arbeitgeber zu Unrecht ein Guthaben streicht oder kürzt. Allerdings hat nach einem Urteil des LAG Schleswig-Holstein der Arbeitnehmer bei der Geltendmachung des Korrekturanspruchs eine etwaige Ausschlussfrist zu beachten.[72] Dies gilt jedenfalls dann, wenn der Arbeitnehmer monatliche Auszüge über den Stand seines Kontos erhält. Die Frist beginnt dann bereits mit dem Erhalt des Auszugs zu laufen, der die Fehlbuchung enthält.

Der Arbeitgeber hat den Arbeitnehmer mindestens einmal jährlich in Textform (§ 126b BGB, d. h. E-Mail genügt) über die Höhe des auf dem Konto angesparten Arbeitsentgeltguthabens zu unterrichten (§ 7d Abs. 2 SGB IV).

Erkrankt der Arbeitnehmer während der Ansparphase, kann sich dennoch ein Anspruch auf Gutschrift von Entgelt auf dem Konto ergeben in Höhe der Ansprüche, die der Arbeitnehmer ohne die Arbeitsunfähigkeit regelmäßig erzielt hätte (sog. modifiziertes Lohnausfallprinzip des § 4 Abs. 1 EFZG). Maßgebend ist die individuelle regelmäßige Arbeitszeit des erkrankten Arbeitnehmers. Bei Schwankungen der individuellen Arbeitszeit bemisst sich die Dauer nach dem Durchschnitt der vergangenen zwölf Monate.[73] D. h., dass z. B. auch Überstunden, die regelmäßig anfallen, zum entgeltpflichtigen Einkommen gehören. Der Arbeitgeber darf auch keine anderweitige für den Arbeitnehmer unvorteilhaftere Regelung anwenden, selbst wenn sie im Arbeitsvertrag vereinbart wurde, denn dieser Grundsatz ergibt sich aus dem zwingend geltenden § 4 Abs. 1 EFZG.[74]

Für Feiertage ist das Gehalt zu bezahlen und entsprechend dem Konto gutzuschreiben, das der Arbeitnehmer ohne den Feiertag verdient hätte, und nicht etwa ein durchschnittliches Entgelt (§ 2 Abs. 1 EFZG): Hätte der Arbeitnehmer an sich an einem bestimmten Tag Schicht gearbeitet, ist diese Schicht jedoch wegen eines Feiertags ausgefallen, so steht ihm als Feiertagsvergütung das entsprechende Entgelt für die Schicht zu, z. B. ein Schichtzuschlag. Für den feiertagsbedingten Arbeitsausfall darf der Arbeitgeber auf dem Wertguthabenkonto keine Negativbuchung vornehmen.[75]

---

[72] LAG Schleswig-Holstein, Urteil vom 9. Oktober 2014, Az.: 5 Sa 87/14, BeckRS 2014, 74024

[73] BAG, Urteil vom 21. November 2001, Az.: 5 AZR 296/00, NZA 2002, 439

[74] BAG, Urteil vom 13. Februar 2002, Az.: 5 AZR 470/00, NJW 2002, 2490

[75] BAG, Urteil vom 14. August 2002, Az.: 5 AZR 417/01, AP § 2 EntgeltFG Nr. 10

Für Urlaubszeiten ist in das Arbeitszeitkonto das Entgelt für die in Folge der Freistellung ausgefallenen Soll-Arbeitsstunden einzustellen.[76] Die Vorschrift zur Berechnung des Urlaubsentgelts (§ 11 BUrlG) darf nicht umgangen werden, da diese gesetzlich zwingend ist. Es darf also kein geringeres Urlaubsentgelt, als § 11 BUrlG es vorschreibt, gutgeschrieben werden.

4. Verwaltung des Guthabens

Bei der Anlage der angesparten Entgelte, die ja auch den entsprechenden Gesamtsozialversicherungsbeitrag und die noch abzuführende Lohnsteuer beinhalten, hat der Arbeitgeber diverse Vorschriften zu beachten (§ 7d Abs. 3 i. V. m. §§ 80 ff. SGB IV): Demnach sind die Gelder so anzulegen, dass ein Verlust ausgeschlossen erscheint, aber ein angemessener Ertrag erzielt wird. Sie dürfen nur in Höhe von 20 % in Aktien oder Aktienfonds angelegt werden. Außerdem muss der Rückfluss im Zeitpunkt der Inanspruchnahme gewährleistet sein. Ausnahmen gelten für tarifliche Regelungen oder Betriebsvereinbarungen aufgrund eines Tarifvertrags sowie Wertguthabenvereinbarungen im Zusammenhang mit einem vorzeitigen Ruhestand oder einer beruflichen Qualifizierungsmaßnahme. Dies deshalb, weil es sich in der Regel um langfristig planbare Risikoverläufe handelt.

Praxis-Tipp:

Es bleibt den Vertragsparteien überlassen, eine Regelung darüber zu treffen, wem die Rendite zustehen soll. Fehlt eine Regelung, so ist höchstrichterlich noch nicht entschieden, was gelten soll. Teils wird vertreten, dass die Rendite dem Arbeitgeber gebührt, denn schließlich trägt er die Kosten für die Verwaltung und die Insolvenzsicherung. Gesichert ist dies jedoch keineswegs, da es sich um Arbeitsentgelt des Arbeitnehmers handelt. Man kann sich deshalb auch auf den Standpunkt stellen, dass dieser auch die Früchte seiner Arbeit ernten darf.

Um Auseinandersetzungen zu vermeiden, sollte der Arbeitgeber deshalb unbedingt eine klare Regelung vereinbaren (soweit sich dies nicht ohnehin aus dem anwendbaren Tarifvertrag ergibt).

---

[76] BAG, Urteil vom 19. Juni 2012, Az.: 9 AZR 712/10, NZA 2012, 1227

Die Guthaben sind getrennt vom sonstigen Vermögen des Arbeitgebers zu verwalten.

Die Rentenversicherungsträger prüfen im Rahmen der Betriebsprüfungen nach § 28p SGB IV auch die Einhaltung der Arbeitgeberpflichten im Zusammenhang mit Wertguthabenkonten.

Daneben kann sich der Arbeitgeber bei Verstößen gegen die Verwaltungspflichten schadensersatzpflichtig gegenüber dem Arbeitnehmer machen.

5. Insolvenzsicherung

Wird der Arbeitgeber insolvent, kann das Guthabenkonto des Arbeitnehmers schlimmstenfalls wertlos werden. Er könnte seine Ansprüche aus dem Guthabenkonto lediglich als einfache Forderung zur Insolvenztabelle anmelden. Arbeitnehmer, die in Vorleistung treten und Guthaben auf einem Wertguthabenkonto ansparen, wären im Insolvenzfall also gegenüber Arbeitnehmern, die sich ihr Gehalt unmittelbar auszahlen lassen, erheblich schlechter gestellt.

Um dieses Risiko zu reduzieren, sieht das Gesetz eine Insolvenzsicherungspflicht vor:

Soweit kein Anspruch auf Insolvenzgeld besteht und das Wertguthaben einschließlich Gesamtsozialversicherungsbeiträgen einen Betrag in Höhe der monatlichen Bezugsgröße übersteigt (2023: 3.395 Euro einheitlich Ost und West), müssen Vorkehrungen gegen das Insolvenzrisiko getroffen werden (§ 7e Abs. 1 SGB IV). Insolvenzgeld wird als Ersatzleistung für die der Insolvenzeröffnung vorausgehenden drei Monate durch die Agentur für Arbeit gewährt (§§ 165 ff. SGB III).

Ausnahmen gelten lediglich für Bund, Länder, Gemeinden, Körperschaften, Stiftungen und Anstalten des öffentlichen Rechts, über deren Vermögen das Insolvenzverfahren nicht eröffnet werden kann, oder wenn Bund, Land oder Gemeinde für eine juristische Person des öffentlichen Rechts kraft Gesetzes die Zahlungsfähigkeit sichern (§ 7e Abs. 9 SGB IV).

Die Insolvenzsicherung erfordert die Führung des Guthabenkontos durch einen Dritten, der für die Erfüllung der Ansprüche aus dem Wertguthaben einsteht. In der Regel ist dies ein Treuhänder. Ein solcher Treuhandvertrag sieht vor, dass der Treuhänder nur dann die Vermögenswerte an den Arbeitgeber zurückführen darf, wenn dieser nachweist, dass er selbst bereits entsprechende Leistungen an den Arbeitnehmer erbracht hat. Ansonsten steht das angesammelte Vermögen für den Insolvenzfall zur Verfügung.

Es sind aber auch andere gleichwertige Sicherungsmodelle möglich. Das Gesetz nennt beispielhaft ein Versicherungs- oder Bürgschaftsmodell mit ausreichender Sicherung gegen Kündigung (§ 7e Abs. 2 Satz 3 SGB IV).

Ungeeignet sind bloße bilanzielle Rückstellungen und Einstandspflichten zwischen Konzernunternehmen (§ 7e Abs. 3 SGB IV). Es genügt auch nicht, dass der Arbeitgeber ein separates Konto einrichtet, denn auch dann würde das Guthaben in die Insolvenzmasse fallen.

Der Arbeitgeber hat den Arbeitnehmer unverzüglich über die getroffenen Sicherungsmaßnahmen schriftlich zu unterrichten (§ 7e Abs. 4 SGB IV).

Will der Arbeitgeber die getroffenen Sicherungsmaßnahmen auflösen oder kündigen, so muss er eine andere gleichwertige Sicherungsmaßnahme ergreifen. Er kann dies nur mit Zustimmung des Arbeitnehmers tun (§ 7e Abs. 8 SGB IV).

Kommt der Arbeitgeber seinen Sicherungspflichten nicht nach, kann der Arbeitnehmer nach erfolgloser schriftlicher Mahnung die Wertguthabenvereinbarung außerordentlich kündigen, wenn der Arbeitgeber nicht binnen zweier Monate nachweist, seinen Pflichten nachgekommen zu sein. Das Konto wird dann durch eine sog. Störfallabrechnung nach § 23b SGB IV aufgelöst (§ 7e Abs. 5 SGB IV).

Stößt hingegen die Rentenversicherung bei einer Betriebsprüfung auf eine unzureichende Insolvenzsicherung, ist die Wertguthabenvereinbarung als von Anfang an nichtig anzusehen (§ 7e Abs. 6 SGB IV)! Der Arbeitgeber hat jedoch auch hier die Möglichkeit, den Insolvenzsicherungsschutz binnen zweier Monate nachzuholen. Versäumt der Arbeitgeber die Frist, wird der entsprechende Gesamtsozialversicherungsbeitrag sofort zur Zahlung fällig und das Wertguthaben wird aufgelöst.

Wichtig: Entsteht durch eine unzureichende Insolvenzsicherung ein Schaden, kann der Arbeitnehmer Ersatz verlangen (§ 7e Abs. 7 SGB IV; § 823 Abs. 2 BGB i. V. m. § 7e SGB IV). Ist der Arbeitgeber eine juristische Person (z. B. eine GmbH oder eine Aktiengesellschaft), oder eine Gesellschaft ohne Rechtspersönlichkeit (z. B. eine GbR, eine OHG, eine KG oder eine PartG), so haften auch die organschaftlichen Vertreter (also der Geschäftsführer einer GmbH, der Vorstand einer Aktiengesellschaft sowie die Gesellschafter der Personengesellschaften) persönlich für den Schaden! Eine Haftung ist nur dann ausgeschlossen, wenn Arbeitgeber bzw. organschaftlicher Vertreter den Schaden nicht zu vertreten haben, also weder Vorsatz noch Fahrlässigkeit vorzuwerfen ist.

Ein Geschäftsführer kann auch dann in die persönliche Haftung genommen werden, wenn er eine Insolvenzsicherung fälschlicherweise vorspiegelt.[77]

Ein ordnungsgemäßer Insolvenzschutz liegt also auch im persönlichen Interesse des Arbeitgebers bzw. seiner Vertretungsorgane!

6. Übertragung von Guthabenkonten

Wird der Betrieb vom Arbeitgeber veräußert, kann ein Betriebsübergang im Sinne von § 613a BGB vorliegen, mit der Konsequenz, dass auch das Wertguthabenkonto mit allen Rechten und Pflichten auf den Erwerber übergeht. Bei einer Insolvenz des Erwerbers kann der bisherige Arbeitgeber für den bezahlten Freistellungsanspruch in die Haftung genommen werden, wenn der Anspruch innerhalb eines Jahres nach dem Übergang fällig wurde.[78] Dies ist dann der Fall, wenn das Insolvenzverfahren über das Vermögen des Betriebserwerbers binnen Jahresfrist eröffnet wird. Denn dann soll sich der Freistellungsanspruch in einen Entgeltanspruch umwandeln, der sofort fällig wird. Für diese Entgeltzahlungen haftet dann auch der Veräußerer.

Bei einem Wechsel des Arbeitgebers aus sonstigem Grund kann das Guthabenkonto – sofern der neue Arbeitgeber einverstanden ist – übertragen werden (§ 7f Abs. 1 SGB IV, § 414 BGB). Die neuen Vertragsparteien können die Vereinbarung dann fortführen wie gehabt oder an neue Gegebenheiten anpassen.

Alternativ kann der Arbeitnehmer vom (früheren) Arbeitgeber auch die Übertragung auf die Deutsche Rentenversicherung Bund verlangen, wenn das Guthaben einschließlich Gesamtsozialversicherungsbeiträgen einen Betrag in Höhe des Sechsfachen der monatlichen Bezugsgröße übersteigt (2024, West: 21.210 Euro; Ost: 20.790 Euro). Eine spätere Rückübertragung ist dann ausgeschlossen. Die Deut-

---

[77] BAG, Urteil vom 13. Februar 2007, Az.: 9 AZR 207/06, NZA 2007, 878

[78] LAG Hessen, Urteil vom 10. September 2008, Az.: 8 Sa 1595/07, NZA-RR 2009, 92

sche Rentenversicherung Bund verwaltet das ihr übertragene Wertguthaben treuhänderisch. Die dabei entstehenden Kosten werden vom Wertguthaben in Abzug gebracht (§ 7f Abs. 3 SGB IV).

Nach einer Übertragung von Wertguthaben – sei es auf einen neuen Arbeitgeber oder die Deutsche Rentenversicherung Bund – sind die mit dem Wertguthaben verbundenen Arbeitgeberpflichten vom neuen Arbeitgeber bzw. der Deutschen Rentenversicherung Bund zu erfüllen (§ 7f Abs. 1 Satz 2 SGB IV). Der bisherige Arbeitgeber wird von seinen Verpflichtungen frei.

Bei einer Übertragung auf die Deutsche Rentenversicherung Bund kann der Arbeitnehmer, der nach wie vor in einem Arbeitsverhältnis steht, das Wertguthaben für die in § 7c Abs. 1 SGB IV genannten Zwecke nutzen, nämlich für eine gesetzlich geregelte vollständige oder teilweise Freistellung von der Arbeitsleistung oder eine gesetzlich geregelte Verringerung der Arbeitszeit (insbesondere für Pflegezeiten, Elternzeit, Reduzierung auf Teilzeit) oder Altersteilzeit (§ 7f Abs. 2 SGB IV) oder eine sonstige vertraglich vereinbarte Zeit, z. B. zur Weiterbildung.

Steht der Berechtigte nach der Übertragung auf die Rentenversicherung nicht (mehr) in einem Arbeitsverhältnis, ist eine Freistellung von der Arbeitspflicht im eigentlichen Sinne nicht möglich. Nach § 7f Abs. 2 SGB IV kann der Arbeitnehmer dennoch das Wertguthaben für Zeiten unmittelbar vor Bezug einer Altersrente nutzen.

Allerdings darf der Arbeitnehmer den Zeitraum der Inanspruchnahme nicht beliebig ausdehnen:

Das monatlich auszuzahlende Wertguthaben darf nicht unangemessen von dem Arbeitsentgelt abweichen, das der Berechtigte die vorausgegangenen zwölf Monate bezogen hat (§ 7f Abs. 2 Satz 2 i. V. m. § 7 Abs. 1a Satz 1 Nr. 2 SGB IV). Die Deutsche Rentenversicherung Bund gibt hier einen Wert von maximal 30 % als Abweichung nach oben oder unten an. Damit soll verhindert werden, dass der Berechtigte sich einen möglichst langen Zeitraum der Sozialversicherung ohne Erwerbstätigkeit sichert.[79] In diesem Rahmen kann der Berechtigte jedoch selbst bestimmen, welchen Betrag er monatlich von der Rentenversicherung Bund ausgezahlt haben möchte.

Erreicht der Berechtigte die Rentenaltersgrenze, ohne das Wertguthaben in Anspruch genommen zu haben, wird es aufgelöst und

79 BT-Drucks. 16/10289 S. 18

ausgezahlt. Es wird versteuert und unterliegt der Beitragspflicht in der Sozialversicherung. Die Sozialversicherungsbeiträge erhöhen auch die Rentenansprüche.[80]

Kommt es bei Beendigung des Arbeitsverhältnisses nicht zu einer Übertragung (also weder auf den neuen Arbeitgeber noch auf die Deutsche Rentenversicherung Bund), muss das Konto aufgelöst werden. Das Guthaben wird dann versteuert und unterliegt der Beitragspflicht. Ein Guthaben erhält der Arbeitnehmer ausbezahlt. Besteht ein Negativsaldo zulasten des Arbeitnehmers, muss er diesen finanziell ausgleichen.

7. Besonderheiten im Mindestlohnbereich

Im Mindestlohnbereich bestimmt § 2 Abs. 2 MiLoG, dass Überstunden, die einem Arbeitszeitkonto gutgeschrieben wurden, spätestens innerhalb von zwölf Monaten nach der Erfassung im Konto entweder durch Freizeitausgleich oder Zahlung des Mindestlohns auszugleichen sind. Allerdings gilt diese Vorschrift nicht für Wertguthabenkonten im Sinne des SGB IV (§ 2 Abs. 3 MiLoG), welche für das Sabbatical maßgeblich sind.

6.4.4 Freistellungsphase

In der Freistellungsphase erhält der Arbeitnehmer sein aufgespartes Wertguthaben in Raten ausbezahlt. Lohnsteuer und Sozialversicherungsbeiträge werden jetzt abgeführt.

1. Erkrankung des Arbeitnehmers

Erkrankt der Arbeitnehmer während der Freistellungsphase, so erhält er zwar das Arbeitsentgelt aus dem Wertguthaben ausbezahlt, er bekommt jedoch nicht zusätzlich Entgeltfortzahlung wegen krankheitsbedingter Arbeitsunfähigkeit nach dem EFZG. Denn Voraussetzung eines Anspruchs nach § 3 EFZG ist, dass der Arbeitsausfall ausschließlich auf die Arbeitsunfähigkeit zurückzuführen ist und nicht auf andere Gründe. Hier hätte der Arbeitnehmer aber auch dann nicht gearbeitet, wenn er gesund gewesen wäre.

2. Feiertage

Dasselbe gilt entsprechend für die Entgeltfortzahlung an Feiertagen.

---

80 weitere Einzelheiten im Merkblatt „Übertragung von Wertguthaben" auf www.deutsche-rentenversicherung.de

Das Sabbatical verlängert sich also nicht um Zeiten der krankheitsbedingten Arbeitsunfähigkeit oder um Feiertage.

3. Urlaubsansprüche

Nach neuerer Rechtsprechung mindert sich der Urlaubsanspruch für Zeiten einer Freistellung im Blockmodell im Rahmen einer Altersteilzeit.[81] Vollzieht sich der Wechsel von der Arbeits- in die Freistellungsphase im Laufe eines Urlaubsjahres, ist dieser nach Zeitabschnitten neu zu berechnen (vgl. hierzu Abschnitt 6.2.7 und Kapitel II Abschnitte 4.2.2 und 4.2.6). Diese Rechtsprechung ist auf das Sabbatical, auch im Rahmen einer Wertguthabenvereinbarung, übertragbar.[82]

4. Lohnerhöhungen

Der Arbeitnehmer erhält mindestens dasjenige Entgelt, das er während der aktiven Phase angespart hat. Dieses Entgelt hat er bereits verdient. Es wird nur zeitversetzt ausgezahlt. Kommt es in der Freistellungsphase zu Lohnerhöhungen oder zusätzlichen Sonderzahlungen im Betrieb des Arbeitnehmers, kann er durchaus auch in der Freistellungsphase daran partizipieren. Maßgeblich ist, an welche Voraussetzungen die Erhöhung oder Einmalzahlung gebunden sind. Kommt es lediglich auf das Bestehen eines Arbeitsverhältnisses mit Entgeltbezug an, so trifft diese Voraussetzung auch auf den Arbeitnehmer zu, der sich im Sabbatical befindet.[83]

6.4.5 Alternative: Brückenteilzeit

Als Alternative für eine Wertguthabenvereinbarung nach § 7b SGB IV kommt die Vereinbarung einer Brückenteilzeit nach § 9a TzBfG in Betracht. Dabei kann die zu vereinbarende Lage der Arbeitszeit nach einem Blockmodell mit Arbeits- und Freistellungsphase erfolgen.

Voraussetzungen eines Anspruchs des Arbeitnehmers sind:

---

81 BAG, Urteil vom 3. Dezember 2019, Az.: 9 AZR 33/19, NZA 2020, 789

82 so auch Koch, Wertguthabenvereinbarungen – Arbeitsvolumen, Befristung und Entgelt, NZA 2021, 1219

83 so das BAG für Tariflohnerhöhungen in der Freistellungsphase bei Altersteilzeit im Blockmodell, BAG, Urteile vom 22. Mai 2012, Az.: 9 AZR 4237, BeckRS 2012, 70998; vom 22. Juli 2014, Az.: 9 AZR 946/12, BeckRS 2014, 73282

- Der Arbeitnehmer erfüllt eine sechsmonatige Wartezeit.
- Der Arbeitgeber beschäftigt in der Regel mehr als 45 Arbeitnehmer ohne Personen in Berufsbildung.
- Der Zeitraum für die Brückenteilzeit beträgt mindestens ein und maximal fünf Jahre.
- Dem Teilzeitwunsch stehen keine betrieblichen Gründe entgegen.
- Es besteht kein Ablehnungsrecht wegen einer bestimmten Anzahl von anderen Beschäftigten in Brückenteilzeit.
- Es gilt keine Sperrfrist (§ 8 Abs. 6, § 9a Abs. 5 TzBfG).

Der Arbeitnehmer muss die Verringerung seiner Arbeitszeit und den Umfang der Verringerung spätestens drei Monate vor deren Beginn in Textform geltend machen. Eine Versäumung der Frist führt jedoch nicht zur Unwirksamkeit der Geltendmachung, vielmehr wird sich aus der Auslegung des Schreibens in der Regel ergeben, dass sich der Zeitraum der Arbeitszeitverkürzung lediglich entsprechend verschieben soll.[84]

Achtung: Grundsätzlich ist bei einer Brückenteilzeit die Angabe der gewünschten Verteilung der Arbeitszeit im Anspruchsschreiben nicht zwingend vorgeschrieben. Der Arbeitgeber kann die Verteilung der Arbeitszeit auch im Rahmen seines Direktionsrechts bestimmen (§ 106 GewO). Will der Arbeitnehmer jedoch die Brückenteilzeit als Sabbatical nutzen, muss er dies so auch im Schreiben angeben und die gewünschte Verteilung als Bedingung für seinen Antrag stellen, sonst läuft er Gefahr, dass die Arbeitszeit anders verteilt wird.

Der Arbeitgeber kann den Antrag des Arbeitnehmers aus betrieblichen Gründen ablehnen. Ein betrieblicher Grund ist insbesondere dann gegeben, wenn die Verringerung der Arbeitszeit die Organisation, den Arbeitsablauf oder die Sicherheit im Betrieb wesentlich beeinträchtigt oder unverhältnismäßige Kosten verursacht (§ 9 Abs. 3 Satz 2 i. V. m. § 8 Abs. 4 Satz 2 TzBfG). Die Ablehnungsgründe können durch Tarifvertrag festgelegt werden.

Ein pauschaler Hinweis auf erhöhte Kosten reicht als betrieblicher Grund nicht aus. Zwar kommen grundsätzlich alle rational nachvollziehbaren Gründe in Betracht. Diese müssen jedoch von hin-

---

84 BAG, Urteil vom 20. Juli 2004, Az.: 9 AZR 626/03, NZA 2004, 1090

reichendem Gewicht sein.[85] Grundsätzlich kann beispielsweise ein besonderes betriebliches Konzept ausreichend sein, einen Teilzeitwunsch abzulehnen, wenn dieses nur durch Vollzeitkräfte gesichert werden kann (z. B. ein besonderes pädagogisches Konzept in der Kinder- und Jugendhilfe).[86] Voraussetzungen für eine Ablehnung sind in diesem Fall:

- Der Arbeitszeitregelung liegt ein besonderes betriebliches Organisationskonzept zugrunde.
- Das Konzept wird tatsächlich durchgeführt.
- Der Arbeitszeitwunsch des Arbeitnehmers steht diesem Konzept entgegen.
- Es kann kein Ausgleich durch zumutbare Organisationmaßnahmen durch den Arbeitgeber herbeigeführt werden.
- Die vom Arbeitnehmer gewünschte Abweichung beeinträchtigt das Konzept „wesentlich", d. h. im Kern.[87]

Im Fall des Sabbaticals ist zu berücksichtigen, dass die Arbeitszeit im Blockmodell reduziert werden soll, also für die Zeit des Sabbaticals oftmals ohnehin eine Vollzeitersatzkraft beschäftigt werden müsste. Es geht also nicht darum, eine Vollzeitkraft durch mehrere Teilzeitkräfte zu ersetzen, sondern allenfalls befristet eine andere (Vollzeit-)Kraft einzustellen. Als Ablehnungsgrund käme hier deshalb in Betracht, dass der Zeitraum für die Einarbeitung und sinnvolle bzw. wirtschaftliche Beschäftigung nicht ausreichend oder dass eine solche Ersatzkraft auf dem regionalen Arbeitsmarkt nicht verfügbar ist. Letzteres müsste vom Arbeitgeber im Zweifel nachweisbar dargelegt werden, z. B. durch erfolglose Anfragen bei der Agentur für Arbeit und Stellenausschreibungen.

Beschäftigt der Arbeitnehmer in der Regel weniger als 200 Arbeitnehmer, kann er auch ablehnen, wenn er bereits eine bestimmte Anzahl von Arbeitnehmern in Brückenteilzeit beschäftigt. Die genaue Anzahl ist gestaffelt nach der Gesamtzahl der Beschäftigten des Unternehmens (§ 9a Abs. 2 Satz 2 TzBfG).

---

[85] BAG, Urteil vom 13. Oktober 2009, Az.: 9 AZR 910/08, NZA 2010, 339

[86] BAG, Urteil vom 16. Oktober 2007, Az.: 9 AZR 321/06, NZA-RR 2008, 210

[87] BAG, Urteil vom 20. Januar 2015, Az.: 9 AZR 735/13, NZA 2015, 816

Während der Dauer der Brückenteilzeit kann der Arbeitnehmer keine weitere Verringerung oder Verlängerung seiner Arbeitszeit nach dem TzBfG verlangen (§ 9a Abs. 4 TzBfG).

Ein erneutes Arbeitszeit-Verringerungsverlangen kann bei gewährter Brückenteilzeit frühestens ein Jahr nach der Rückkehr zur ursprünglich vereinbarten Arbeitszeit verlangt werden (§ 9a Abs. 5 Satz 1 TzBfG).

Hat der Arbeitgeber berechtigt aus betrieblichen Gründen abgelehnt, kann frühestens nach zwei Jahren ein neuer Antrag gestellt werden.

Hat der Arbeitgeber berechtigt abgelehnt, weil er schon eine bestimmte Anzahl von Brückenteilzeitarbeitnehmern beschäftigt (Zumutbarkeitsregelung), gilt eine Wartezeit von einem Jahr für einen neuen Antrag für den Arbeitnehmer.

Für die Freistellungsphase gilt hinsichtlich Erkrankung, Feiertagen und Erholungsurlaub das oben zum Wertguthaben Ausgeführte entsprechend.

6.4.6 Brückenteilzeit im öffentlichen Dienst

Für Arbeitnehmer im öffentlichen Dienst gibt § 11 TVöD/TV-L/TV-H einen gesonderten Anspruch auf Teilzeit, der auch in Form einer Brückenteilzeit im Blockmodell genutzt werden kann. Auf Antrag eines Beschäftigten soll eine geringere als die vertraglich festgelegte Arbeitszeit vereinbart werden, wenn sie mindestens ein Kind unter 18 Jahren oder einen nach ärztlichem Gutachten pflegebedürftigen sonstigen Angehörigen tatsächlich betreuen oder pflegen und dringende dienstliche bzw. betriebliche Belange nicht entgegenstehen.

Die Verringerung kann für maximal fünf Jahre beantragt werden. Sie kann jedoch auf Antrag gegebenenfalls verlängert werden.

Bei anderen Gründen können die Beschäftigten von ihrem Arbeitgeber nur verlangen, dass er den Verringerungswunsch zumindest erörtert, mit dem Ziel zu einer Einigung zu gelangen, § 11 Abs. 2 TVöD/TV-L/TV-H.

7. Kurzzeitige Arbeitsverhinderung

7.1 Anwendungsbereich

Alle Dienstverpflichteten, also nicht nur Arbeitnehmer, sondern auch freie Mitarbeiter, arbeitnehmerähnliche Selbstständige und Heimarbeiter, haben nach § 616 BGB einen Anspruch auf Fortzahlung der Vergütung, wenn sie aus persönlichen Gründen ohne ihr Verschulden kurzzeitig an der Erbringung der Arbeits-/Dienstleistung verhindert sind. „Kurzzeitig" meint in der Regel nur wenige Tage.

Für Auszubildende gilt die Sondervorschrift des § 19 Abs. 1 Nr. 2 Buchst. b) BBiG. Dieser unterscheidet sich von § 616 BGB vor allem darin, dass auch Zeiträume bis zu sechs Wochen umfasst sind. § 19 BBiG ist im Gegensatz zu § 616 BGB auch nicht durch Vereinbarung abdingbar.

Der Dienstnehmer behält seinen Anspruch auf Vergütung, wenn er aus persönlichen Gründen für kurze Zeit verhindert ist, seine Arbeits-/Dienstleistung zu erbringen.

Er muss sich lediglich Einkünfte anrechnen lassen, die er von Gesetzes wegen von einer Kranken- oder Unfallversicherung bezieht. Der praktische Anwendungsbereich dieser Anrechnungsregel ist jedoch gering: Relevant ist der Fall des Bezugs von Krankengeld, wenn der Mitarbeiter ein krankes Kind unter zwölf Jahren versorgen muss. Das Krankengeld wird wegen § 49 Abs. 1 Nr. 1 SGB V jedoch ohnehin nur dann bezahlt, wenn der Arbeitgeber keine Leistung erbringt (etwa, weil er die Regelung des § 616 BGB vertraglich ausgeschlossen hat). Dann liegt aber schon kein Anrechnungsfall vor. Und wenn der Arbeitgeber Leistungen erbringt, springt die Krankenversicherung schon gar nicht ein.

Voraussetzungen für eine Freistellung sind:

1. ein persönlicher Verhinderungsgrund
2. für eine verhältnismäßig kurze Zeit
3. Schuldlosigkeit an der Verhinderung
4. Ursächlichkeit des Verhinderungsgrundes für den Arbeitsausfall

7.2 Persönlicher Verhinderungsgrund

Der Anspruch besteht nur in Fällen, in denen die Gründe speziell in der Person des Dienstverpflichteten liegen.

7.2.1 Krankheit

Paradefall des persönlichen Verhinderungsgrundes ist an sich eine Erkrankung des Mitarbeiters, die zur Arbeitsunfähigkeit führt. Die Entgeltfortzahlung für Arbeitnehmer ist im EFZG (Entgeltfortzahlungsgesetz) gesondert geregelt. Dieser Anspruch ist umfassender als der nach § 616 BGB. Ein freier Mitarbeiter hingegen hat keine Ansprüche nach dem EFZG. Er kann deshalb bei Erkrankung einen Anspruch auf Entgeltfortzahlung gegen seinen Auftraggeber auf § 616 BGB stützen, sofern dessen Voraussetzungen im Übrigen vorliegen und der Anspruch im individuellen Vertrag nicht außer Kraft gesetzt ist. Häufig wird in Freie-Mitarbeiter-Verträgen eine anderweitige Regelung getroffen.

Bei der Erkrankung eines Kindes, das der Mitarbeiter zu betreuen hat, kommt es auf das Alter und die Art der Erkrankung an. Ein achtjähriges Kind wird man bei einer Erkrankung nicht sich selbst überlassen können. Ein älteres Kind bedarf nur bei einer schwerwiegenden Erkrankung der Pflege und Betreuung (im Übrigen vgl. Abschnitt 7.8 zur Betreuung von Kindern unter zwölf Jahren und § 45 SGB V).

7.2.2 Quarantäne

Auch bei einer behördlich angeordneten Quarantäne kommt ein Anspruch aus § 616 BGB in Betracht, jedoch nur, wenn es sich um eine kurzzeitige Verhinderung handelt. Ein Zeitraum von 14 Tagen kann schon zu lang sein.[88] Zu den Einzelheiten pandemiebedingten Arbeitsausfalls vgl. Abschnitt 10.

7.2.3 Sonstige Fälle

Ein persönlicher Grund liegt nicht vor, wenn ein größerer Personenkreis betroffen ist.

---

[88] VG Münster, Urteil vom 12. Januar 2023, Az.: 5 K 106/22, BeckRS 2023, 4102

Beispiel:

Ein Verkehrsstau behindert alle betroffenen Verkehrsteilnehmer. Es handelt sich deshalb nicht um einen „persönlichen" Verhinderungsgrund. Kommt ein Arbeitnehmer wegen Verkehrsbehinderungen zu spät zur Arbeit, muss er also die Arbeitszeit entsprechend nacharbeiten oder er erhält einen Lohnabzug. Das sog. „Wegerisiko" trägt er selbst.

Ob eine Freistellung aus religiösen Gründen zu erfolgen hat, ist umstritten. Betroffen sind in der Regel hauptsächlich nicht-christliche Religionsangehörige, da deren religiöse Feiertage nicht mit den hiesigen gesetzlichen Feiertagen konform gehen. Da die Religionsausübung jedoch prinzipiell dem privaten Bereich zuzuordnen ist, wird man nur an den wichtigsten Feiertagen einen Freistellungsanspruch mit Entgeltfortzahlung zusprechen können. In anderen Fällen – z. B. bei einer Teilnahme an einer mehrtägigen Wallfahrt – wird man dem Arbeitgeber die Lohnfortzahlung nicht zumuten können. Der Betroffene muss dann entweder bezahlten Urlaub nehmen oder um unbezahlte Freistellung bitten.

Weitere anerkannte Verhinderungsgründe:

- Erkrankung oder der Tod eines nahen Angehörigen
- Geburt eines Kindes
- Teilnahme an einer bedeutenden, seltenen Familienfeier[89]
- kurzzeitige unschuldig erlittene Untersuchungshaft[90]
- behördlich veranlasstes Tätigkeitsverbot (z. B. um ein Untersuchungsergebnis nach dem BSeuchG abzuwarten)[91]
- Einbruch, Brand oder Unfall
- Berufung zum Wahlhelfer
- Freistellung zur Stellensuche nach einer Kündigung des Arbeitsverhältnisses (gesetzlicher Fall von § 616 BGB)

89 BAG, Urteile vom 25. Oktober 1973, Az.: 5 AZR 156/73, NJW 1974, 663 (Goldene Hochzeit der Eltern); vom 27. April 1983, Az.: 4 AZR 500/80, NJW 1983, 2600 (eigene Hochzeit)

90 LAG Hamm, Urteil vom 5. Mai 2000, Az.: 5 Sa 1170/99, BeckRS 2000, 30784655

91 BGH, Urteil vom 30. November 1978, Az.: III ZR 43/77, NJW 1979, 422

Die Ausübung politischer Wahlmandate fällt jedoch nicht unter § 616 BGB. Die Übernahme eines solchen Amtes ist Ausdruck der privaten Lebensführung (siehe hierzu Abschnitt 8).

Umstritten ist, ob der Ausfall der Kinderbetreuung wegen eines unangekündigten Streiks unter § 616 BGB fällt. Dies dürfte zu verneinen sein, da es sich um keinen persönlichen Verhinderungsgrund handelt, vielmehr ist ein größerer Kreis allgemein betroffen (ähnlich wie bei einem Verkehrsstau), sodass ein objektives Hindernis vorliegt.[92] Der Arbeitnehmer wäre hiernach zwar nach § 275 Abs. 3 BGB von seiner Arbeitsverpflichtung befreit, würde jedoch kein Entgelt für die ausgefallene Arbeitszeit erhalten (§ 326 Abs. 1 Satz 1 BGB). Höchstrichterlich ist dieser Fall noch nicht geklärt.

Eine weitere Fallkonstellation betrifft die Situation, in der sich der Arbeitnehmer in einem Gewissenskonflikt befindet. Ein Gewissenskonflikt liegt vor, wenn der Arbeitnehmer durch die Forderungen, Mahnungen und Warnungen eines für ihn unmittelbaren evidenten Gebotes unbedingten Sollens eine ernste, sittliche Entscheidung trifft, die er als für sich bindend und unbedingt verpflichtend erfährt und gegen die er nicht ohne ernste Gewissensnot handeln kann.[93] Der Arbeitnehmer darf bei echter Gewissensnot die Arbeit verweigern (§ 275 Abs. 3 BGB):

§ 275 Abs. 3 BGB

„Der Schuldner kann die Leistung ferner verweigern, wenn er die Leistung persönlich zu erbringen hat und sie ihm unter Abwägung des seiner Leistung entgegenstehenden Hindernisses mit dem Leistungsinteresse des Gläubigers nicht zugemutet werden kann."

Die Tätigkeit ist ihm dann nicht zumutbar. Dies ergibt sich aus der grundrechtlich garantierten Gewissensfreiheit (Art. 4 Abs. 1 GG).

Eine andere Frage ist jedoch, ob der Arbeitgeber auch in diesen Fällen trotzdem das Arbeitsentgelt schuldet, wie dies im Rahmen von Verhinderungsgründen nach § 616 BGB prinzipiell vorgesehen ist. Hat der Arbeitnehmer sehenden Auges eine Tätigkeit übernommen, die er aus sittlichen oder religiösen Gründen nicht durchführen kann oder möchte (z. B. ein streng gläubiger Muslim hat sich als Verkäufer

---

92 für die Anwendung des § 616 BGB: Henssler in Münchener Kommentar zum BGB, § 616 Rz. 42; dagegen: Boecken/Düwell/Diller/Hanau, Gesamtes Arbeitsrecht, § 616 BGB Rz. 9

93 BAG, Urteil vom 10. Dezember 1984, Az.: 2 AZR 436/83, NJW 1986, 85

in einem Spirituosen-Shop beworben), so ist er an der Arbeitsverhinderung wohl kaum „schuldlos", wie es § 616 BGB verlangt.

Solange die dem Arbeitgeber geschuldete Tätigkeit sich im Rahmen der Rechtsordnung bewegt, wird man dem Arbeitgeber nicht die finanziellen Folgen der Gewissenentscheidung des Arbeitnehmers aufbürden können. Schließlich ist es die Gewissensentscheidung des Arbeitnehmers, nicht des Arbeitgebers. Und die wirtschaftliche Betätigungsfreiheit des Arbeitgebers ist ebenfalls grundrechtlich geschützt (Art. 2 Abs. 1, Art. 14 Abs. 1 GG). Allerdings wird man vom Arbeitgeber verlangen können (bevor er eine Kündigung wegen Arbeitsverweigerung ausspricht), dem Arbeitnehmer – sofern vorhanden – eine andere zumutbare Tätigkeit zuzuweisen, bei der er keinen Gewissenskonflikten ausgesetzt ist (wäre der muslimische Arbeitnehmer nicht in einem reinen Spirituosen-Shop, sondern in einem großen Lebensmittel-Markt beschäftigt, käme z. B. die Versetzung in eine andere Abteilung in Betracht).

Bei Terminen vor Gerichten oder Behörden ist zu unterscheiden:

Handelt es sich um privat veranlasste Verfahren, liegt in aller Regel kein Fall des § 616 BGB vor. Führt der Arbeitnehmer z. B. einen Rechtsstreit gegen seinen Nachbarn, so kann er sich für die Teilnahme an der mündlichen Verhandlung nicht auf § 616 BGB berufen.[94] Er kann sich (anwaltlich) vertreten lassen.

Wichtig: Anders liegt es, wenn das Gericht sein persönliches Erscheinen angeordnet hat.[95] Dann erfüllt er mit seinem Erscheinen eine staatsbürgerliche Pflicht und er hat einen Anspruch auf Freistellung nach § 616 BGB. Dasselbe gilt deshalb auch für ehrenamtliche Richter,[96] die an Gerichtsverfahren teilnehmen.

VII

Ob es für eine Ladung als Zeuge in einem fremden Rechtsstreit einen Anspruch auf Vergütungsfortzahlung gegen den Arbeitgeber geben kann, ist umstritten. Teils wird ein „in der Person liegender Verhinderungsgrund" nach § 616 BGB als nicht gegeben angesehen.

Im öffentlichen Dienst kommt ein Entgeltfortzahlungsanspruch aus § 29 Abs. 2 TVöD/TV-L/TV-H in Betracht. Da für den Zeugen eine

---

94 BAG, Urteil vom 4. September 1985, Az.: 7 AZR 249/83, AP § 29 BMT-G II Nr. 1

95 LAG Hamm, Urteil vom 2. Dezember 2009, Az.: 5 Sa 710/09, BeckRS 2010, 70154

96 LAG Berlin-Brandenburg, Urteil vom 6. September 2007, Az.: 26 Sa 577/07, BeckRS 2008, 54789

Pflicht zum Erscheinen besteht, kann dieser Sachverhalt als „staatsbürgerliche Pflicht" im Sinne des 29 Abs. 2 TVöD/TV-L/TV-H gelten.[97]

Der Betroffene erhält aber ohnehin nach dem Justizvergütungs- und Entschädigungsgesetz eine Verdienstausfallentschädigung (§ 19 Abs. 1 Nr. 6, § 22 JVEG). Die entsprechende Freistellung von der Arbeitspflicht ergibt sich aus § 275 Abs. 3 BGB. Es kommt somit an sich nicht zu einem Verdienstausfall.

Zur Verwaltungsvereinfachung hat das Bundesministerium des Innern mit Rundschreiben vom 29. Januar 2008, Az.: DII2-220 210-2/99, den Arbeitnehmern von Bundesbehörden für Tätigkeiten als ehrenamtlicher Richter und bei Inanspruchnahme als Zeuge die Entgeltfortzahlung abweichend von den einschränkenden Vorgaben des § 29 Abs. 2 TVöD nach § 21 TVöD zugesagt. Diese Beschäftigten erhalten in der Konsequenz keine Entschädigung für ihre außerdienstliche Tätigkeit nach dem JVEG, jedoch Entgeltfortzahlung von ihrem Arbeitgeber.

7.3 Verhältnismäßig kurze Zeit

Der Verhinderungsgrund darf nur eine „verhältnismäßig nicht erhebliche Zeit" andauern. Was darunter zu verstehen ist, lässt das Gesetz offen. Entscheidend sind deshalb die Umstände des Einzelfalls. Auch wenn es eine fixe Obergrenze nicht gibt, so wird die Freistellung in aller Regel nur für einige wenige Tage erfolgen können, je nach Fall evtl. auch nur einen Tag oder einige Stunden.

Bei der Betreuung eines erkrankten Kindes unter zwölf Jahren geht man von einer zeitlichen Begrenzung auf fünf Arbeitstage aus.

Handelt es sich um eine längerfristige Verhinderung, besteht insgesamt kein Anspruch aus § 616 BGB, auch nicht teilweise auf einen verkürzten Anteil des Verhinderungszeitraumes beschränkt.

7.4 Schuldlosigkeit

Der zur Dienstleistung Verpflichtete darf den Verhinderungsgrund nicht schuldhaft selbst herbeigeführt haben. Schuldhaftes Handeln ist dem Dienstnehmer vorzuwerfen, wenn er den Grund leichtfertig und unverständig selbst herbeigeführt hat oder dabei gegen

---

[97] BAG, Urteil vom 13. Dezember 2001, Az.: 6 AZR 30/01, NZA 2002, 1105 zum Manteltarifvertrag für Arbeiterinnen und Arbeiter des Bundes und der Länder (MTArb) vom 6. Dezember 1995

seine eigenen Interessen grob verstoßen hat, indem er leichtsinnig gehandelt hat. Letztlich muss für den konkreten Einzelfall eine Abwägung zwischen der Fürsorgepflicht des Arbeitgebers und der Treuepflicht des Arbeitnehmers erfolgen und so eine den Gesamtumständen gerecht werdende Lösung gefunden werden.

Entscheidend ist, dass dem Berechtigten die Erbringung der Arbeits-/Dienstleistung nach Treu und Glauben nicht zugemutet werden kann. Er hat die Verhinderung deshalb nach Möglichkeit zu vermeiden.

In aller Regel sind private Termine deshalb möglichst in die arbeitsfreie Zeit zu legen. Zum Beispiel sollte ein Umzug am Wochenende erledigt werden, es sei denn, es handelt sich um einen Umzug aus dienstlichen Gründen. Dasselbe gilt für einen Arztbesuch. In einem dringenden Fall, der keinen Aufschub duldet, oder wenn der Arzt keine Termine in der arbeitsfreien Zeit vergibt, kann jedoch ein Anspruch auf Arbeitsfreistellung und Vergütungsfortzahlung bestehen.

7.5 Ursächlichkeit

Schließlich muss der Verhinderungsgrund ursächlich für den Arbeitsausfall geworden sein. Hätte der Betroffene am Tag der Verhinderung ohnehin frei gehabt, so entsteht auch kein Freistellungs- und damit korrespondierender Vergütungsanspruch.

7.6 Gestaltungsmöglichkeiten

Der Freistellungs- und Vergütungsanspruch aus § 616 BGB ist nicht zwingend, d. h. durch einzelvertragliche Regelung im Arbeitsvertrag, durch Betriebsvereinbarung oder durch Tarifvertrag kann davon abgewichen werden. In Freien-Mitarbeiter-Verträgen ist § 616 BGB häufig ausgeschlossen.

Die Ansprüche können ganz ausgeschlossen oder eingeschränkt werden. Sowohl die Voraussetzungen für einen Anspruch als auch die Rechtsfolgen können konkretisiert werden.

Beispiel:

In einem Tarifvertrag kann festgelegt werden, dass bei der Geburt eines Kindes der Vater zwei Tage freigestellt wird, aber kein Entgelt bekommt.

Tarifverträge enthalten häufig einen Katalog von Freistellungsfällen. So auch der TVöD/TV-L/TV-H für den öffentlichen Dienst:

7.7 Öffentlicher Dienst

Im öffentlichen Dienst ist in § 29 Abs. 1 TVöD/TV-L/TV-H festgelegt, welche Fälle als Arbeitsverhinderung nach § 616 BGB gelten und für welchen Zeitraum eine Arbeitsbefreiung unter Entgeltfortzahlung erfolgt. Anlässe sind z. B. die Niederkunft der Ehefrau, Lebenspartnerin bzw. Lebensgefährtin, ein Umzug aus dienstlichen Gründen, das 25. und 40. Arbeitsjubiläum oder eine schwere Erkrankung eines im Haushalt lebenden Angehörigen oder Kindes, das das 12. Lebensjahr noch nicht vollendet hat, wenn im laufenden Kalenderjahr kein Anspruch nach § 45 SGB V besteht (vgl. Abschnitt 7.8) oder bestanden hat, oder die Erkrankung einer Betreuerperson, wenn Beschäftigte deshalb selbst die Betreuung eines Kindes, das noch nicht acht Jahre alt ist oder wegen einer Behinderung dauernd pflegebedürftig ist, übernehmen müssen, jeweils unter der Voraussetzung, dass keine andere Betreuungsperson zur Verfügung steht. Die Erkrankung bzw. Pflegebedürftigkeit ist durch ärztliches Attest nachzuweisen.[98]

Da der Anspruch nach § 45 SGB V vorrangig ist und auch einen längeren Zeitraum umfasst als § 29 Abs. 1 Buchst. e) lit. bb) TVöD/TV-L/TV-H, kommt Letzterer bei einem Anspruch auf Krankengeld nicht mehr zum Tragen.

Nicht gesetzlich versicherte Arbeitnehmer haben keinen Anspruch auf Krankengeld nach dem SGB V. Sie erhalten nach § 29 Abs. 1 Buchst. e) lit. bb) TVöD/TV-L/TV-H bezahlte Freistellung für bis zu vier Arbeitstage für jedes Kind im Kalenderjahr und im Anschluss gegebenenfalls noch unbezahlte Freistellung nach § 45 Abs. 5 SGB V, insgesamt jedoch nicht über den in § 45 SGB V genannten Zeitraum hinaus.[99]

Weitere tarifliche Gründe sind der Tod des Ehepartners bzw. Lebenspartners oder Lebensgefährten oder eine ärztliche Behandlung von Beschäftigten, wenn diese während der Arbeitszeit erfolgen muss.

---

98 Groeger, Arbeitsrecht im öffentlichen Dienst, § 15 Rz. 15.36 m. w. N.

99 Groeger, Arbeitsrecht im öffentlichen Dienst, § 15 Rz. 15.36 m. w. N.

Der freie Tag muss nicht zwingend mit dem Ereignistag, der Anlass für die Befreiung ist, zusammenfallen, muss aber in zeitlichem Zusammenhang genommen werden.[100]

Das fortzuzahlende Entgelt wird nach § 21 TVöD/TV-L/TV-H berechnet.

Der Arbeitnehmer kann sich auch nicht selbst befreien. Er muss die Befreiung vielmehr beantragen und sich genehmigen lassen.

Über die in Absatz 1 genannten Fälle hinaus kann nach Absatz 3 der Arbeitgeber auch in sonstigen dringenden Fällen im Einzelfall bis zu drei Tage Arbeitsbefreiung unter Entgeltfortzahlung nach § 21 TVöD/TV-L/TV-H gewähren.

Sollte auch dies nicht ausreichend sein, kommt „in begründeten Fällen" sogar eine zusätzliche kurzfristige Arbeitsbefreiung ohne Entgeltfortzahlung in Betracht, sofern die dienstlichen oder betrieblichen Verhältnisse dies zulassen. „Kurzfristig" können in Anlehnung an die BAT-Regelung bis zu 14 Tage sein.[101] In Betracht kommen auch Gründe, für die der Katalog des Absatzes 1 gerade keine Arbeitsbefreiung vorsieht. Die einschlägige Protokollerklärung nennt als Beispiel einen Umzug aus persönlichen Gründen. Denkbar wäre in diesem Zusammenhang auch ein persönlicher Gerichtstermin oder sonstiger Behördengang in eigenen Angelegenheiten, ein nicht von Absatz 1 erfasster Todesfall oder eine Fortbildung.

Der Arbeitnehmer hat keinen Anspruch auf Erteilung der Arbeitsbefreiung nach Absatz 3, sondern lediglich auf eine ermessensfehlerfreie Entscheidung. Dabei sind alle maßgeblichen Umstände des Einzelfalls zu berücksichtigen und gegen betriebliche Interessen abzuwägen. Wenn die Angelegenheit auch außerhalb der regulären Arbeitszeit erledigt werden kann, wird es in der Regel an einem dringenden Grund bzw. „begründeten Fall" fehlen. § 29 Abs. 2 TVöD/TV-L/TV-H gewährt einen Anspruch auf Entgeltfortzahlung, wenn der Arbeitnehmer von Gesetzes wegen einer staatsbürgerlichen Pflicht nachkommen muss und dies nicht außerhalb der Arbeitszeit geschehen kann (vgl. hierzu auch Abschnitt 7).

---

[100] Groeger, Arbeitsrecht im öffentlichen Dienst, § 15 Rz. 15.22 m. w. N.

[101] Rinck/Böhle/Pieper/Geyer, BeckOK TVöD, § 29 TVöD-AT Rz. 25

7.8 Freistellung wegen Erkrankung eines minderjährigen Kindes nach § 45 SGB V

Hat ein Arbeitnehmer ein Kind unter zwölf Jahren zu betreuen, so kommt nicht nur ein Freistellungsanspruch nach § 616 BGB in Betracht, wenn dieses erkrankt und beaufsichtigt oder betreut und gepflegt werden muss, sondern gegebenenfalls auch aus § 45 SGB V oder § 275 Abs. 3 BGB:

Der Freistellungsanspruch nach § 45 SGB V setzt voraus, dass keine andere Person im Haushalt lebt, die sich um das Kind kümmern könnte. Außerdem muss die Erkrankung durch ein ärztliches Attest der Krankenversicherung nachgewiesen werden. Das Kind muss gesetzlich krankenversichert sein, wobei es unerheblich ist, ob es im Rahmen einer Familienversicherung oder eigenen Mitgliedschaft versichert ist. Zudem muss es sich um ein eigenes, ein Stief-, Pflege- oder Adoptions(pflege)kind (§ 10 Abs. 4 SGB V) des Arbeitnehmers handeln. Die Altersgrenze von zwölf Jahren gilt nicht für behinderte Kinder.

Der Anspruch ist beschränkt auf zehn (2024 und 2025: 15) Arbeitstage, bei Alleinerziehenden auf 20 (2024 und 2025: 30) Arbeitstage je Kind und Kalenderjahr. Bei mehreren Kindern beschränkt er sich auf maximal 25 (2024 und 2025: 35), für Alleinerziehende 50 (2024 und 2025: 70) Arbeitstage. Die zeitliche Beschränkung gilt nicht für schwerstkranke Kinder, die unter einer sich fortschreitend verschlechternden Krankheit leiden, welche bereits ein fortgeschrittenes Stadium erreicht hat, wenn eine Heilung ausgeschlossen ist und nur noch eine begrenzte Lebenserwartung besteht.

Ist der betreuende Arbeitnehmer mit einem Anspruch auf Krankengeld gesetzlich versichert, erhält er von der gesetzlichen Krankenversicherung – sofern er keinen Anspruch aus § 616 BGB oder aus einer anderen Regelung gegen den Arbeitgeber geltend machen kann – Krankengeld. Das Krankengeld erhält der Arbeitnehmer, sofern er keinen Anspruch aus § 616 BGB oder aus einer anderen Regelung gegen den Arbeitgeber geltend machen kann, etwa weil die Erkrankung länger als fünf Tage dauert oder der Arbeitgeber Ansprüche aus § 616 BGB ausgeschlossen hat.

Beruht die Erkrankung des Kindes auf einem Versicherungsfall der gesetzlichen Unfallversicherung, richtet sich der Anspruch gegen den Unfallversicherungsträger (§ 45 Abs. 4 SGB VII).

Praxis-Tipp:

Der Arbeitgeber sollte seine Mitarbeiter auf diese Möglichkeit der Lohnersatzleistung hinweisen und zugleich über das Procedere informieren, damit Berechtigte dieses Recht auch wahrnehmen. Sonst besteht die Gefahr, dass Arbeitnehmer schlicht selbst „krankmachen", was dem Arbeitgeber weit höhere Kosten beschert.

Die Krankenkasse prüft also, ob ein vorrangiger Anspruch auf Vergütung durch den Arbeitgeber des Versicherten besteht. Verweigert der Arbeitgeber zu Unrecht die Vergütung, und hat die Krankenkasse Krankengeld gezahlt, geht der Vergütungsanspruch insoweit auf die Krankenkasse über (§ 115 SGB X) und sie kann Erstattung vom Arbeitgeber verlangen.

Wichtig: Der Anspruch auf Freistellung von der Arbeitspflicht gegenüber dem Arbeitgeber steht auch nicht gesetzlich versicherten Personen zu, § 45 Abs. 5 SGB V. Auch hier müssen jedoch die Voraussetzungen in den Betreuungsverhältnissen und der Erkrankung des Kindes entsprechend vorliegen und nachgewiesen werden. Ein Anspruch auf Krankengeld gegen die gesetzliche Krankenversicherung besteht jedoch nicht.

Der Arbeitgeber wird den Mitarbeiter in der Regel freistellen, sobald ihm der Bescheid der Krankenversicherung vorgelegt wird. Hat der Arbeitgeber den Arbeitnehmer jedoch schon vorzeitig freigestellt, ehe über den Krankengeldanspruch und damit auch inzident über den Freistellungsanspruch von der Krankenversicherung entschieden wurde und lehnt die Krankenversicherung diesen später ab, so kann der Arbeitgeber die bereits (zu Unrecht) gewährte Freistellung auf einen späteren Freistellungsanspruch anrechnen (§ 45 Abs. 3 Satz 2 SGB V).

Reicht der von § 45 SGB V vorgesehene Zeitrahmen für die Betreuung des Kindes nicht aus, kann dem Dienstverpflichteten ein Recht zur Arbeitsverweigerung aus allgemeinen Grundsätzen wegen Unzumutbarkeit (§ 275 Abs. 3 BGB) zustehen. Die Voraussetzungen hierfür müssen jedoch in jedem Einzelfall genau geprüft werden. Ein Anspruch auf Vergütungsfortzahlung oder Lohnersatzleistungen besteht in diesen Fällen nicht.

Praxis-Tipp:

Arbeitgeber können den Anspruch auf Vergütungsfortzahlung aus § 616 BGB auch so ausgestalten, dass dieser erst nach Ausschöpfung des Anspruchs aus § 45 SGB V greift: Die Arbeitnehmer nehmen also zunächst den Anspruch auf Krankengeld in Anspruch und wenn dieser zeitlich beschränkte Anspruch voll ausgeschöpft ist, gewährt der Arbeitgeber beispielsweise zusätzlich fünf weitere Tage für die Betreuung eines erkrankten Kindes. Bei der Formulierung der Voraussetzungen ist auf klare Ausdrucksweise und hinreichende Transparenz zu achten.

Auch wenn der Zahlungszeitraum unverändert bleibt, lässt sich so das Vergütungsrisiko mindern, ohne pauschal jeglichen Anspruch aus § 616 BGB auszuschließen. Die Mitarbeiter werden außerdem motiviert, tatsächlich ihren Anspruch aus § 45 SGB V gegen die Krankenkasse wahrzunehmen, statt schlicht sich selbst krankschreiben zu lassen.

8. Ehrenämter, Politische Tätigkeit, Staatsbürgerliche Pflichten

8.1 Ehrenämter

Für die Ausübung bestimmter ehrenamtlicher Tätigkeiten kann dem Arbeitnehmer ein Freistellungsanspruch von seiner Arbeitspflicht gegen seinen Arbeitgeber zustehen.

Dies gilt jedoch nicht für jede ehrenamtliche Tätigkeit schlechthin. So besteht für die Tätigkeit in einem privaten Verein kein Anspruch auf Freistellung nach § 616 BGB (vgl. Abschnitt 7).

Werden jedoch bestimmte Tätigkeiten im Interesse der Allgemeinheit ausgeübt, so kann ein Freistellungsanspruch bestehen.

Beispiele:

- bezahlte Freistellung für Einsätze und Ausbildungsveranstaltungen des Technischen Hilfswerks, § 3 Abs. 1 THWG
- Freistellung für Einsätze, Übungen und Ausbildungszeiten bei der freiwilligen Feuerwehr, teils bezahlt, jedoch meist gegen Erstattung der Aufwendungen durch den öffentlichen Brandschutzträger[102]
- Freistellung für ehrenamtliche Richter nach § 45 Abs. 1a DRiG
- Freistellung für eine Tätigkeit im Rahmen der Selbstverwaltung der Sozialversicherung (ergibt sich aus § 616 BGB)
- Freistellung für Jugendleiter zur Teilnahme an Veranstaltungen der Jugendpflege (siehe hierzu nachfolgende Übersicht)

VII

[102] vgl. beispielsweise § 61 Abs. 3 SächsBRKG, § 14 Abs. 1, 2 ThürBKG, § 27 Abs. 1, 2 BbgBKG, § 13 Abs. 1, 2 LBKG-RhPf, § 32 NBrandSchG, § 11 Abs. 1, 3, 7 HBKG, § 20 Abs. 2 BHKG-NRW, § 25 Abs. 1, 2 SaarBKG, § 15 FwG-BW; Art. 9 Abs. 1 BayFwG

8.2 Freistellung für Jugendleiter zur Teilnahme an Veranstaltungen der Jugendpflege

Bundesland	Max. Freistellungstage pro Jahr	Voraussetzungen	Bezahlung durch Arbeitgeber	Erstattung an Arbeitgeber/ Erstattung des Verdienstausfalls direkt an Arbeitnehmer
Baden-Württemberg[103]	5/10 Arbeitstage, auf max. 3 Veranstaltungen verteilt	Mindestalter 16 Jahre	nein	entfällt
Bayern[104]	Max. 12 Veranstaltungen, max. Zeitraum: dreifache regelmäßige Wochenarbeitszeit	Mindestalter 16 Jahre, Verweigerung aus dringenden betrieblichen Gründen möglich	nein	entfällt
Berlin[105]	12 Arbeitstage, auf max. 3 Veranstaltungen verteilt	nachgewiesene Befähigung	nein	entfällt
Brandenburg[106]	10 Arbeitstage	Ablehnung aus dringenden betrieblichen Erfordernissen	nein	entfällt

Bundesland	Max. Freistellungstage pro Jahr	Voraussetzungen	Bezahlung durch Arbeitgeber	Erstattung an Arbeitgeber/ Erstattung des Verdienstausfalls direkt an Arbeitnehmer
Bremen[107]	12 Arbeitstage, auf max. 3Veranstaltungen verteilt	Ablehnung aus unabweisbaren betrieblichen oder dienstlichen Erfordernissen	nein	bei freiwilliger Entgeltleistung Erstattung
Hamburg[108]	12 Arbeitstage im Jahr, verteilt auf max. 3 Veranstaltungen	Ablehnung aus zwingenden betrieblichen Interessen möglich	nein	entfällt
Hessen[109]	12 Arbeitstage, bis zu 24 halbtägige Veranstaltungen	Mindestalter 16 Jahre, Ablehnung aus dringenden betrieblichen Erfordernissen	nein	bei freiwilliger Entgeltleistung Erstattung (ohne Sozialvers.beitrag)
Mecklenburg-Vorpommern[110]	5 Arbeitstage	Mindestalter 16 Jahre, Ablehnung aus dringenden betrieblichen Gründen	ja	Erstattung möglich
Niedersachsen[111]	12 Arbeitstage, verteilt auf max. 3 Veranstaltungen	Ablehnung aus dringendem betrieblichem Interesse	nein	entfällt

VII

Bundesland	Max. Freistellungstage pro Jahr	Voraussetzungen	Bezahlung durch Arbeitgeber	Erstattung an Arbeitgeber/ Erstattung des Verdienstausfalls direkt an Arbeitnehmer
Nordrhein-Westfalen[112]	8 Arbeitstage, auf max. 3 Veranstaltungen verteilt	Mindestalter 16 Jahre, Ablehnung bei unabweisbarem betrieblichen Interesse	nein	Erstattung des Verdienstausfalls über den Träger möglich
Rheinland-Pfalz[113]	12 Arbeitstage, auch halbtägig	Ablehnung aus unabweisbarem betrieblichem Erfordernis	nein	entfällt
Saarland[114]	2 Arbeitswochen	Mindestalter 15 Jahre; Ablehnung aus unabweisbarem betrieblichem oder schulischen Interesse	nein	entfällt
Sachsen[115]	12 Arbeitstage, verteilt auf max. 4 Veranstaltungen	In der Regel über 18 Jahre; Ablehnung nur bei wirtschaftlicher Existenzgefährdung des Betriebs	nein	entfällt

Bundesland	Max. Freistellungstage pro Jahr	Voraussetzungen	Bezahlung durch Arbeitgeber	Erstattung an Arbeitgeber/ Erstattung des Verdienstausfalls direkt an Arbeitnehmer
Sachsen-Anhalt[116]	12 Arbeitstage, verteilt auf max. 3 Veranstaltungen	Mindestalter 16 Jahre, Ablehnung aus unabweisbarem betrieblichem Interesse	nein	entfällt
Schleswig-Holstein[117]	12 Arbeitstage, verteilt auf max. 3 Veranstaltungen	Ablehnung aus unabweisbarem betrieblichem Interesse	nein	Erstattung von Verdienstausfall durch Jugendhilfe-Träger möglich
Thüringen[118]	10 Arbeitstage, verteilt auf max. 3 Veranstaltungen	Mindestalter 16 Jahre, Ablehnung aus berechtigten betrieblichen Interessen	nein	entfällt

103 § 2 JArbEhrStärkG BW
104 Art. 2 BayJArbFG
105 § 10 AGKJHG Berlin
106 § 22 AGKJHG Brandenburg
107 § 32 BremKJFFÖG
108 § 2 des Gesetzes über Sonderurlaub für Jugendgruppenleiter
109 § 43 HKJGB
110 § 9 KJfG-M-V
111 §§ 2 ff. JPflSUrlG-ND
112 § 4 Sonderurlaubsgesetz NRW

VII

[113] § 2 JArbEAG
[114] § 2 JugSoUrlG Saarland
[115] Art. 1 Sonderurlaubsgesetz-Sachsen
[116] § 2 JugFreiStG Sachsen-Anhalt
[117] § 23 JuFöG Schleswig-Holstein
[118] § 18a ThürKJHAG

Meist bestimmen die einschlägigen Gesetze ausdrücklich, dass nicht genommener Sonderurlaub der Jugendleiter nicht auf das kommende Kalenderjahr übertragbar ist.

Zur Legitimation der Geeignetheit als Jugendleiter wird in aller Regel die Vorlage einer Jugendleiter-Card (Juleica) verlangt. Außerdem sind je nach Landesregelung unterschiedliche Anmeldefristen einzuhalten. Der Sonderurlaub gilt nur für bestimmte Veranstaltungen anerkannter Träger.

8.3 Sonstige Ehrenämter besonderer Art

Ehrenämter besonderer Art sind die Tätigkeiten im Rahmen eines Mandats des Betriebsrats, der Schwerbehindertenvertretung oder der innerbetrieblichen Beisitzer der Einigungsstelle.

In all diesen Fällen besteht ein Freistellungsanspruch für die Ausübung der Tätigkeit (§ 37 Abs. 2, § 38, 78 BetrVG; § 179 Abs. 4 SGB IX) gegen den Arbeitgeber. Der Arbeitgeber darf die Tätigkeit in diesen Gremien nicht behindern.

Für gewerkschaftliche Tätigkeiten besteht nach dem Gesetz hingegen kein Freistellungsanspruch. Ein solcher kann sich jedoch aus einem Tarifvertrag ergeben, z. B. im öffentlichen Dienst aus § 29 Abs. 4 TVöD/TV-L/TV-H (vgl. im Einzelnen Abschnitt 8.5.2).

8.4 Politische Tätigkeit

Auch für politische Tätigkeiten kann ein Freistellungsanspruch gegen den Arbeitgeber geltend gemacht werden.

Beispiele:

- Eine Tätigkeit als ehrenamtlicher Bürgermeister ist Freistellungsgrund nach § 28 TVöD.
- Wahlbewerber und Abgeordnete des Bundestags (Art. 48 Abs. 1 GG) haben Anspruch auf Freistellung.

- Entsprechendes gilt für Wahlbewerber und Abgeordnete des Europaparlaments.[119]
- für Wahlbewerber und Abgeordnete der Länderparlamente[120]

  Teils ist ausdrücklich geregelt, dass ein Freistellungsanspruch besteht, teils folgt dies aus der Regelung, dass eine Kündigung unzulässig ist (und damit faktisch eine Freistellung zu erfolgen hat, da die Mandatsausübung nicht behindert werden darf).
- Für sonstige politische Ämter, z. B. Ausübung eines kommunalen Wahlmandats, können Freistellungsansprüche nach landesrechtlichen Vorschriften begründen.[121]

8.5 Öffentlicher Dienst

8.5.1 Staatsbürgerliche Pflichten

In § 29 Abs. 2 TVöD/TV-L/TV-H ist explizit ein Entgeltfortzahlungsanspruch des Arbeitnehmers vorgesehen, wenn dieser einer gesetzlichen staatsbürgerlichen Pflicht nachzukommen hat, die während der Arbeitszeit stattfindet und nicht verlegbar ist.

Dabei muss es sich um allgemeine Pflichten handeln, die jeden Staatsbürger treffen können, wie z. B. die Verpflichtung, als ehrenamtlicher Richter oder Schöffe tätig zu sein oder Dienste im Wahlorgan für Kommunal- und Landtagswahlen zu erbringen. Privat veranlasste Gerichtstermine fallen hingegen nicht darunter: Sie sind individueller Natur. Eine Ladung als Zeuge hingegen stellt eine staatsbürgerliche Pflicht dar.

Kann die Tätigkeit außerhalb der Kernzeit im Rahmen einer Gleitzeit ausgeübt werden, besteht kein Anspruch auf Entgeltfortzahlung bzw. eine Zeitgutschrift. Der Arbeitnehmer muss die Tätigkeit in den

VII

[119] Europaabgeordnetengesetz vom 6. April 1979

[120] Art. 29 LV-BW; Art. 82 BremVerf; Art. 30 BV; Art. 51 ThürVerf; Art. 43 SaVerf; Art. 84 SLVerf; Art. 96 RhPfVerf; Art. 46 NwVerf; Art. 13 NdsVerf; Art. 23 M-V-Verf; Art. 56 LSA-Verf; § 8 Hbg-AbgG; §§ 2, 3 HessAbgG; §§ 2, 3 LAbgGBerlin; §§ 2, 3 SHAbgG; §§ 2, 3 BbGAbgG

[121] ArbG Passau, Urteil vom 24. März 2016, Az.: 1 Ca 323/15, BeckRS 2016, 69978; z. B. § 28a Abs. 4 HessLKrO; § 29 Abs. 3 NRW-LKrO

Gleitzeitrahmen legen, ohne eine Zeitgutschrift dafür verlangen zu können.[122]

Soweit ein gesetzlicher Ersatzanspruch besteht, muss der Arbeitnehmer diesen geltend machen und etwaige gezahlte Vorschüsse nach § 21 TVöD/TV-L/TV-H an seinen Arbeitgeber erstatten (§ 29 Abs. 2 Satz 3 TVöD/TV-L/TV-H).[123]

Im Bereich von Bundesbehörden gilt aus Gründen der Verwaltungsvereinfachung, im Interesse der Personalgewinnung und zur Anerkennung der Ausübung staatsbürgerlicher Pflichten das Rundschreiben vom 9. September 2022 des Bundesministeriums des Inneren, in dem die übertarifliche Gutschrift von Arbeitszeiten im Rahmen von Gleitzeitmodellen geregelt wird.

In einem weiteren Rundschreiben vom 29. Januar 2008, Az.: DII2-220 210-2/99, wird den Arbeitnehmern von Bundesbehörden für Tätigkeiten als ehrenamtlicher Richter und bei Inanspruchnahme als Zeuge die Entgeltfortzahlung nach § 21 TVöD zugesagt. Somit erleiden diese keinen Verdienstausfall, der nach dem JVEG zu erstatten wäre.

8.5.2 Gewerkschaftsvertreter

Gewählte Funktionsträger von Gewerkschaften können für die Teilnahme an Tagungen bestimmter Gremien für bis zu acht Werktage pro Jahr gegen Entgeltweiterzahlung nach § 21 TVöD/TV-L/TV-H von ihrer Arbeitspflicht befreit werden, wenn dringende dienstliche oder betriebliche Belange nicht entgegenstehen (§ 29 Abs. 4 Satz 1 TVöD/TV-L/TV-H). Da explizit von „Werktagen" die Rede ist, wird man bei Teilzeitmitarbeitern gegebenenfalls den zeitlichen Umfang des Anspruchs umrechnen müssen.[124]

Zur Teilnahme an Tarifverhandlungen können Beschäftigte von der Gewerkschaft ohne zeitliche Begrenzung unter Entgeltfortzahlung angefordert werden. Auch hier besteht ein Anspruch auf ermessensfehlerfreie Entscheidung über die Arbeitsbefreiung. Allerdings sind in diesem Zusammenhang „dringende dienstliche oder betriebliche Gründe" nicht erwähnt, woraus man schließen könnte, dass solche

[122] BAG, Urteil vom 13. Dezember 2001, Az.: 6 AZR 30/01, NZA 2002, 1105
[123] BAG, Urteil vom 13. Dezember 2001, Az.: 6 AZR 30/01, a. a. O.
[124] Rinck/Böhle/Pieper/Geyer, BeckOK, TVöD, § 29 TVöD-AT Rz. 26

in der Abwägung keine Rolle spielen sollen, mithin ein Antrag auf Befreiung kaum abzulehnen sein dürfte.[125]

8.5.3 Teilnahme an Prüfungs- und Bildungsausschüssen

Im öffentlichen Dienst kann zur Teilnahme an Sitzungen von Prüfungs- und Berufsbildungsausschüssen nach dem BBiG (§§ 39 ff. BBiG) sowie für eine Tätigkeit in Organen von Sozialversicherungsträgern (§§ 29 ff. SGB IV) den Mitgliedern Arbeitsbefreiung unter Fortzahlung des Entgelts gewährt werden, sofern nicht dringende dienstliche oder betriebliche Interessen entgegenstehen (§ 29 Abs. 5 TVöD/TV-L/TV-H).

Auch hier besteht lediglich ein Anspruch auf eine Entscheidung nach pflichtgemäßem Ermessen. Wenn keine dringenden dienstlichen oder betrieblichen Gründe gegen eine Arbeitsbefreiung sprechen, wird diese nicht verweigert werden können.

9. Bildungsurlaub

9.1 Allgemeines

Der gesetzliche Bildungsurlaub hat nur eine sehr geringe praktische Bedeutung.[126] Dies mag zum einen an der mangelnden Bekanntheit liegen, zum anderen auch an einem nicht zielgruppengerechten Angebot von Schulungsthemen. Der Bildungsurlaub ist im Gegensatz zu anderen Weiterbildungsmaßnahmen (z. B. arbeitgeberfinanzierte Inhouse-Schulungen) nicht ausschließlich und unmittelbar auf den Erwerb von beruflichen Kenntnissen und Fertigkeiten gerichtet, sondern soll dem Allgemeinwohl insofern dienen, als auch die politische Weiterbildung gefördert werden soll.

VII

Die gesetzlichen Weiterbildungsangebote beruhen auf Art. 2 des Übereinkommens Nr. 140 der ILO vom 24. Juni 1974, in dem bestimmt ist, dass ein bezahlter Bildungsurlaub gesetzlich oder durch gleichwertige andere Mittel – notfalls auch schrittweise – vom Unterzeichnerstaat gewährleistet werden muss. Die Bundesrepublik hat dieses Abkommen bereits 1976 unterzeichnet.[127] Umgesetzt haben es jedoch nur zwölf Bundesländer, die übrigen halten tarifliche Regelungen für ausreichend oder fühlen sich nicht an die Unter-

125 Rinck/Böhle/Pieper/Geyer, BeckOK, TVöD, § 29 TVöD Rz. 27
126 vgl. Statistische Angaben in BT-Drucks. 17/4786 vom 16. Februar 2011
127 Ratifizierungsgesetz vom 7. September 1976, BGBl. II S. 1526

zeichnung durch die Bundesregierung gebunden. Da den Ländern für das Arbeitsrecht die sog. konkurrierende Gesetzgebungskompetenz zusteht (Art. 72 Abs. 1, Art. 74 Nr. 12 GG), sind sie befugt, eigenständige Regelungen zu schaffen, solange der Bund keine einheitlichen Regelungen erlässt.

In folgenden Bundesländern sind Gesetze zum Bildungsurlaub von Arbeitnehmern erlassen worden:

- Baden-Württemberg: Bildungszeitgesetz Baden-Württemberg vom 17. März 2015
- Berlin: Berliner Bildungszeitgesetz vom 5. Juli 2021
- Brandenburg: Gesetz zur Regelung und Förderung der Weiterbildung im Land Brandenburg vom 15. Dezember 1993 nebst Verordnung über die Anerkennung von Weiterbildungsveranstaltungen zur Bildungsfreistellung nach dem Brandenburgischen Weiterbildungsgesetz vom 21. Januar 2005
- Bremen: Bremisches Bildungszeitgesetz vom 18. Dezember 1974 nebst Verordnung über die Anerkennung von Bildungsveranstaltungen nach dem Bremischen Bildungszeitgesetz vom 17. Oktober 2017
- Hamburg: Hamburgisches Bildungsurlaubsgesetz vom 21. Januar 1974
- Hessen: Hessisches Gesetz über den Anspruch auf Bildungsurlaub vom 28. Juli 1998
- Mecklenburg-Vorpommern: Gesetz zur Freistellung für Weiterbildungen für das Land Mecklenburg-Vorpommern vom 13. Dezember 2013
- Niedersachsen: Niedersächsisches Gesetz über den Bildungsurlaub für Arbeitnehmer und Arbeitnehmerinnen vom 25. Januar 1991 nebst Verordnung zur Durchführung des Niedersächsischen Bildungsurlaubsgesetzes vom 26. März 1991
- Nordrhein-Westfalen: Gesetz zur Freistellung von Arbeitnehmern zum Zwecke der beruflichen und politischen Weiterbildung vom 6. November 1984
- Rheinland-Pfalz: Landesgesetz über die Freistellung von Arbeitnehmerinnen und Arbeitnehmern für Zwecke der Weiterbildung vom 30. März 1993 nebst Landesverordnung zur Durchführung des Bildungsfreistellungsgesetzes vom 8. Juni 1993

- Saarland: Saarländisches Weiterbildungs- und Bildungsfreistellungsgesetz vom 10. Februar 2010
- Sachsen: Gesetz über die Weiterbildung im Freistaat Sachsen vom 29. Juni 1998
- Sachsen-Anhalt: Gesetz zur Freistellung von der Arbeit für Maßnahmen der Weiterbildung vom 4. März 1998 nebst Verordnung zur Durchführung des Bildungsfreistellungsgesetzes vom 24. Juni 1998
- Schleswig-Holstein: Weiterbildungsgesetz vom 6. März 2012 nebst Landesverordnung über die Anerkennung von Weiterbildungsveranstaltungen für die Bildungsfreistellung vom 16. Mai 2017
- Thüringen: Thüringer Bildungsfreistellungsgesetz vom 15. Juli 2015

Da die Regelungen der Länder im Einzelnen voneinander abweichen, wird im Folgenden vornehmlich auf die gemeinsamen Grundsätze eingegangen werden.

9.2 Urlaubszweck

Zweck des Bildungsurlaubs ist die berufliche und politische Weiterbildung des Arbeitnehmers. Rein persönliche Motive oder ein bloßer Freizeitwert sind nicht ausreichend. In der Regel muss es sich um eine staatlich anerkannte Bildungsveranstaltung handeln. Teils gelten Bildungsveranstaltungen bestimmter Träger gesetzlich als anerkannt.[128] Unabhängig von dem behördlichen Verfahren überprüfen die Arbeitsgerichte bei Streitigkeiten auch selbst, ob die konkrete Bildungsmaßnahme den gesetzlichen Anforderungen genügt.[129] Da der Arbeitgeber den Arbeitnehmer unter Fortbezahlung des Entgelts freistellen muss, fordert das BAG zumindest einen geringfügigen betrieblichen Nutzen auch bei politischen Bildungsmaßnahmen. Es genügt jedoch, wenn der Arbeitnehmer durch die Schulung in die Lage versetzt werden soll, gesellschaftliche, soziale und politische Zusammenhänge besser zu verstehen und dadurch auch betriebspolitische Entscheidungen besser einordnen und bewerten kann.

VII

---

[128] z. B. § 11 Abs. 1 BUrlG; § 10 Abs. 2 BremBU

[129] BAG, Urteil vom 9. Februar 1993, Az.: 9 AZR 648/90, NZA 1993, 1032

Aber auch Themen zum Umweltschutz können das Kriterium der „politischen Weiterbildung" erfüllen, denn durch das Verdeutlichen von Interessengegensätzen von Wirtschaft und Naturschutz wird auch das Verständnis für damit zusammenhängende soziale Folgen und die Bereitschaft zur Mitsprache und Übernahme von Verantwortung in Staat, Gesellschaft und Beruf gefördert. Ein Bezug zum konkreten Arbeitsverhältnis ist in diesem Zusammenhang dann nicht erforderlich.[130] Anbieter der Schulung kann auch eine Gewerkschaft sein. Sie darf sich jedoch nicht in erster Linie an Gewerkschaftsmitglieder oder Betriebsräte richten und sich inhaltlich auch nicht auf die koalitionsmäßigen Aufgaben der Gewerkschaften beziehen. Es ist aber ausreichend, wenn es um die betriebsverfassungsrechtliche Unterstützungsfunktion der Gewerkschaften im Betrieb geht.[131]

Letztlich handelt es sich bei der Anerkennung von Bildungsveranstaltungen jedoch stets um Einzelfallentscheidungen, teils auch mit Bezug zum konkreten Arbeitsverhältnis. Seminare, die die Besichtigung von Denkmälern des Altertums,[132] die Fitness mit dem Fahrrad („Mit dem Fahrrad auf Gesundheitskurs")[133] zum Inhalt hatten oder sich mit der Frage „Wann ist ein Mann ein Mann?"[134] beschäftigen, fielen vor der Rechtsprechung jedoch durch.

Die Darlegungs- und Beweislast dafür, dass die gewünschte Bildungsmaßnahme den gesetzlichen Voraussetzungen entspricht, trägt der Arbeitnehmer.

9.3 Anspruchsberechtigte

Anspruchsberechtigt sind Arbeitnehmer und Auszubildende, in einigen Bundesländern auch arbeitnehmerähnliche Personen sowie Beschäftigte in Werkstätten für Behinderte.[135] Teils sind auch Beamte und Richter mit einbezogen.[136]

---

130 BAG, Urteil vom 24. August 1993, Az.: 9 AZR 240/93, NZA 1994, 456

131 BAG, Urteil vom 9. Februar 1993, Az.: 9 AZR 648/90, NZA 1993, 1032

132 LAG Köln, Urteil vom 16. Oktober 1991, Az.: 2/5 Sa 772/91, BeckRS 9998, 81100

133 BAG, Urteil vom 9. Mai 1995, Az.: 9 AZR 185/94, NZA 1996, 256

134 LAG Düsseldorf, Urteil vom 10. März 1994, Az.: 13 Sa 1803/93, FHArbSozR 40 Nr. 2148

135 z. B. § 1 Abs. 1 HBUG Hessen

136 z. B. § 1 SaarBFG

Einige Ländergesetze sehen eine sechsmonatige Wartefrist vor,[137] d. h., der Anspruch auf Freistellung entsteht erst nach sechsmonatigem Bestand des Arbeitsverhältnisses.

Außerdem muss das Beschäftigungsverhältnis dem räumlichen Geltungsbereich des jeweiligen Landesgesetzes unterfallen. Teils wird explizit darauf abgestellt, ob der Schwerpunkt des Beschäftigungsverhältnisses in dem jeweiligen Bundesland liegt. Bei Außendienstmitarbeitern wird man auf den Sitz der Vertriebsstätte, der sie angehören, abstellen, oder gegebenenfalls auch auf den Wohnort des Mitarbeiters,[138] wenn er von dort seine Reisetätigkeit ausübt.

9.4 Anspruchsverpflichtete

Der Anspruch auf Freistellung von der Arbeitspflicht richtet sich gegen den jeweiligen Arbeitgeber bzw. bei arbeitnehmerähnlichen Personen den Auftraggeber, bei Auszubildenden gegen den Ausbildenden und bei Beschäftigten in Werkstätten für behinderte Menschen gegen deren Träger.

9.5 Umfang des Freistellungsanspruchs

Der Anspruch auf Bildungsurlaub beträgt in der Regel fünf Arbeitstage je Kalenderjahr, teils sind es auch zehn Arbeitstage innerhalb eines Zeitraums von zwei Kalenderjahren. Im Saarland sind es sechs Arbeitstage, wobei bei politischen Bildungsmaßnahmen auch arbeitsfreie Zeiten einzubringen sind, wenn die Maßnahme länger als zwei Arbeitstage dauert (§ 5 SaarBFG). In Berlin werden für Arbeitnehmer bis zur Vollendung des 25. Lebensjahres sogar zehn Arbeitstage jährlich gewährt, danach reduziert sich der Anspruch auf die üblichen zehn Arbeitstage im Zeitraum von zwei aufeinanderfolgenden Kalenderjahren (§ 2 Abs. 1 Satz 2 Berliner BiUrlG). Teilweise besteht auch in Ländern, in denen der Anspruch pro Kalenderjahr festgelegt wird, die Möglichkeit der Zusammenfassung der Ansprüche aus zwei Kalenderjahren (z. B. § 5 Abs. 1 Satz 2 AWbG Nordrhein-Westfalen).

Die Übertragung von Urlaubsansprüchen ist in den Bildungsurlaubsgesetzen unterschiedlich geregelt. Teilweise ist eine Übertragung auf das nächste Kalenderjahr möglich. In Hamburg ist eine Übertra-

137 z. B. § 6 BremBUG; § 3 Berliner BiUrlG; § 4 HBUG Hessen

138 BAG, Urteil vom 12. Juni 1986, Az. 2 AZR 398/85, NJW-RR 1988, 482

gung vorgesehen, wenn der Bildungsurlaub im laufenden Kalenderjahr nicht gewährt wurde und er im Folgejahr für eine berufliche Weiterbildung mit Zertifikatsabschluss verwendet wird (§ 8 Abs. 2 HBGBildUrlG). In Hessen kann der Bildungsurlaub vom Beschäftigten ohne weitere Voraussetzung ins nächste Kalenderjahr übertragen werden (§ 5 Abs. 8 HBUG), der Arbeitnehmer muss dies jedoch bis zum 31. Dezember des laufenden Kalenderjahrs schriftlich erklären. Bei einer Verweigerung des Bildungsurlaubs ist diese Erklärung entbehrlich und der Urlaub wird von Gesetzes wegen in das nächste Kalenderjahr übertragen.

Eine Übertragung in das nächste Kalenderjahr erfolgt generell, wenn der Arbeitgeber die Freistellung im laufenden Jahr zu Unrecht verweigert hat. Dann erwirbt der Arbeitnehmer nämlich einen Schadensersatzanspruch, der im Wege der Naturalrestitution § 249 BGB, zu erfüllen ist.[139]

Für Teilzeitverhältnisse wird teilweise explizit eine entsprechende Minderung der Freistellungstage angeordnet.[140] Aber auch, wenn eine solche ausdrückliche Regelung fehlt, wird eine Kürzung entsprechend allgemeiner Grundsätze vorzunehmen sein.

Dauert eine Bildungsmaßnahme länger, als der Arbeitnehmer Anspruch auf bezahlte Freistellung hat und investiert er für die darüber hinausgehende Zeit arbeitsfreie Zeit (z. B. weil die Maßnahme in die arbeitsfreie Zeit eines Schichtarbeiters oder eines Teilzeitbeschäftigten fällt), so muss der Arbeitgeber nicht für anderweitigen Freizeitausgleich sorgen.[141] Sinn und Zweck des Bildungsurlaubs ist es, dem Arbeitnehmer die Teilnahme ohne Rücksicht auf seine Arbeitspflicht zu ermöglichen. Besteht keine Arbeitspflicht, kann auch keine Freistellung davon gewährt werden.

Wechselt der Arbeitnehmer während des Berechtigungszeitraumes den Arbeitgeber, so schließen die Ländergesetze in der Regel das Entstehen von Doppelansprüchen aus.[142]

Eine Abgeltung bei Nichtinanspruchnahme ist in den meisten Ländergesetzen ausdrücklich nicht vorgesehen und wäre wohl auch nicht mit dem Zweck des Bildungsurlaubs vereinbar.

---

139 BAG, Urteil vom 5. Dezember 1995, Az.: 9 AZR 666/94, NZA 1997, 151
140 z. B. § 2 Abs. 1 Satz 2 HBUG Hessen
141 LAG Hessen, Urteil vom 10. Juni 1998, Az.: 2 Sa 214/97, BeckRS 98, 30872961
142 z. B. § 6 HBUG Hessen

9.6 Geltendmachung des Anspruchs

Der Anspruch auf Freistellung ist rechtzeitig beim Arbeitgeber anzumelden. Die einzelnen Ländergesetze sehen unterschiedliche Fristen zwischen vier und sechs Wochen vor Beginn der Bildungsmaßnahme vor. Meist ist die schriftliche Anmeldung samt Vorlage der Veranstaltungsunterlagen vorgeschrieben.[143]

Der Arbeitgeber muss sich zu dem Freistellungsgesuch äußern und darf teilweise nur aus bestimmten Gründen die Teilnahme ablehnen, etwa wenn zwingende betriebliche oder dienstliche Belange oder Urlaubsanträge anderer Arbeitnehmer entgegenstehen (§ 5 Abs. 2 AWbG NRW). Die Ablehnung hat er schriftlich und unter Angabe von Gründen innerhalb bestimmter Fristen mitzuteilen.[144] In Niedersachsen kann der Arbeitgeber die Gewährung ablehnen, wenn er bereits eine bestimmte Anzahl von bezahlten freien Tagen für Bildungsurlaub in seinem Betrieb für das laufende Kalenderjahr gewährt hat (§ 3 NBildUG).

Liegt ein Anspruch auf Freistellung für Bildungsurlaub vor, verweigert der Arbeitgeber diese jedoch zu Unrecht, kann der Arbeitnehmer im Wege der einstweiligen Verfügung auf Freistellung vor dem Arbeitsgericht klagen (siehe Kapitel V). In der Praxis üblich sind jedoch sog. Freistellungsvereinbarungen, wonach der Arbeitnehmer zunächst unbezahlt freigestellt wird, die Vergütungsfortzahlung jedoch von der arbeitsgerichtlichen Entscheidung abhängig gemacht wird, die ja in der Regel erst einige Zeit nach der Veranstaltung zu erwarten sein wird.

Einfach der Arbeit fernbleiben darf der Arbeitnehmer hingegen nicht. Er kann sich nicht selbst beurlauben. Einen Sonderweg sieht das nordrhein-westfälische AWbG vor: Verweigert der Arbeitgeber die Freistellung aus Gründen, die das Gesetz nicht als Verweigerungsgrund anerkennt, so kann der Arbeitnehmer dem Arbeitgeber binnen einer Woche seit Mitteilung der Verweigerung schriftlich mitteilen, er werde gleichwohl an der Bildungsveranstaltung teilnehmen; in diesem Fall darf er an der Veranstaltung auch ohne Freistellung teilnehmen. Der Arbeitgeber kann hiergegen wiederum

---

[143] z. B. § 5 Abs. 1 AWbG NRW: Einhaltung einer Frist von mindestens 6 Wochen sowie schriftliche Anmeldung mit Vorlage von Nachweis über Anerkennung der Bildungsveranstaltung sowie des Programms, aus dem sich Zielgruppe, Lernziele, Zielinhalte sowie zeitlicher Ablauf ergeben

[144] z. B. § 5 Abs. 3 AWbG NRW, § 7 Abs. 2 WBG SH

eine gerichtliche Entscheidung erwirken, sodass das Teilnahmerecht wieder entfallen kann.

Hat der Arbeitgeber die Freistellung vorbehaltlos gewährt, ist er hieran auch gebunden. Er kann später nicht behaupten, die gesetzlichen Voraussetzungen hätten nicht vorgelegen und die Entgeltfortzahlung verweigern oder zurückfordern.[145]

Arbeitsunfähigkeitszeiten werden auf den Bildungsurlaubsanspruch nicht angerechnet.[146] Die Arbeitsunfähigkeit ist jedoch mittels ärztlicher Bescheinigung nachzuweisen.

Wird der Arbeitnehmer von sich aus nicht aktiv und verlangt keinen Bildungsurlaub, so muss ihn der Arbeitgeber nicht darauf hinweisen. Der Urlaubsanspruch verfällt dann.

9.7 Vergütung, Kostentragung

Während des Bildungsurlaubs erhält der Arbeitnehmer vom Arbeitgeber das vertraglich vereinbarte Entgelt fortgezahlt. Je nach Bundesland gelten für die Berechnung die Grundsätze, wie sie das BUrlG aufstellt, teils aber auch das Lohnausfallprinzip. Letzteres besagt, dass der Arbeitnehmer genau dasjenige Entgelt erhält, das er bekommen hätte, wenn er an den konkreten Tagen gearbeitet hätte. Demgegenüber berücksichtigt das im BUrlG geltende Referenzprinzip den Durchschnittsverdienst der letzten 13 Wochen, wobei einmalige Sonderzahlungen außer Betracht bleiben.

Rheinland-Pfalz sieht eine teilweise Kostenerstattung zugunsten von Klein- und Mittelbetrieben vor (§ 8 BFG Rheinland-Pfalz).

Die Kosten für die Teilnahme an der Veranstaltung trägt hingegen der Arbeitnehmer prinzipiell selbst, soweit keine anderweitige einzelvertragliche oder kollektivrechtliche Kostenregelung getroffen wurde.

---

145 BAG, Urteil vom 11. Mai 1993, Az.: 9 AZR 231/89, DB 1993, 1825
146 z. B. § 7 NBildUG

10. Pandemiebedingter Arbeitsausfall

Kann oder darf ein Arbeitnehmer aus pandemiebedingten Gründen seine Arbeitsleistung nicht wie vereinbart erbringen, kann er trotz Freistellung von der Arbeitspflicht Anspruch auf eine Vergütung oder Ersatzleistung haben. In Betracht kommen verschiedene Anspruchsgrundlagen:

10.1 Entschädigung nach IfSG

Muss ein Beschäftigter aufgrund einer behördlichen Anordnung in Quarantäne und kann deshalb seiner Erwerbstätigkeit nicht nachgehen, kann er für einen dadurch verursachten Verdienstausfall Entschädigung nach § 56 Abs. 1 Satz 1 IfSG erlangen. Dies gilt auch bei Tätigkeitsverboten nach dem IfSG für tatsächliche oder verdächtige Träger von bestimmten Krankheitserregern. Höhe und Dauer der Entschädigungszahlung richten sich nach § 56 Abs. 2 und 3 IfSG. Der Arbeitgeber wiederum kann Erstattung von der Behörde verlangen.

Dieser Anspruch setzt jedoch voraus, dass der Arbeitnehmer aufgrund der Quarantäne bzw. Tätigkeitsverbots einen Verdienstausfall erleidet. Daran fehlt es, wenn er einen Anspruch aus anderen Gründen gegen den Arbeitgeber hat. Der Anspruch nach dem IfSG ist also nachrangig.

10.2 Vorrangige Ansprüche

Kann der Arbeitnehmer trotzdem seine Arbeitsleistung erbringen – etwa vom Homeoffice aus –, hat er bei Erfüllung seiner Arbeitspflicht einen entsprechenden Entgeltanspruch nach § 611a Abs. 2 BGB gegen den Arbeitgeber.

Hat der Arbeitnehmer Symptome und ist arbeitsunfähig erkrankt, besteht ein Entgeltanspruch nach dem EFZG. Auch dann erleidet der Arbeitnehmer keinen Verdienstausfall, der Arbeitgeber hat keinen Erstattungsanspruch nach dem IfSG.

Wenn der Arbeitgeber die Unmöglichkeit der Arbeitsleistung selbst verschuldet hat, z. B. weil er selbst kein angemessenes betriebliches Hygiene- und Sicherheitskonzept installiert und überwacht hat, § 618 BGB, §§ 3, 5, 12 ArbSchG, kann der Entgeltanspruch des Arbeitnehmers ebenfalls bestehen bleiben, wenn er deshalb nicht arbeiten kann, § 326 Abs. 2 Var. 1 BGB. Auch dann besteht kein Erstattungsanspruch gegen den Staat.

Im Quarantänefall kommt ein Anspruch nach § 616 Satz 1 BGB wegen vorübergehender persönlicher Verhinderung in Betracht. Voraussetzung ist, dass es sich um einen verhältnismäßig nicht erheblichen Zeitraum handelt und der Arbeitnehmer unverschuldet aus einem persönlichen Grund an der Arbeitsleistung verhindert ist. Die Frage, wie lange die Verhinderung maximal dauern darf, ist nicht eindeutig zu beantworten. Es kommt auf die Umstände des Einzelfalls an, z. B. wie lange das Arbeitsverhältnis andauert, den Grund und die Art der Verhinderung. Ob eine 14-tägige Quarantäne noch als verhältnismäßig unerheblicher Zeitraum gelten kann, ist auch in der Rechtsprechung umstritten.[147] Bei einer längerfristigen Dauer entfällt der Anspruch komplett.

Bei einer Verhinderung wegen einer Reise in ein Hochrisikogebiet oder wegen fehlender Schutzimpfung kann der Anspruch ausgeschlossen sein, weil der Arbeitnehmer die Verhinderung selbst verschuldet hat (§ 56 Abs. 1 Satz 4 IfSG).

Der Anspruch aus § 616 Satz 1 BGB kann arbeits- oder tarifvertraglich abbedungen sein.

10.3 Betriebsschließung

Bei einer Betriebsschließung ist zu differenzieren:

VII

Grundsätzlich trägt zwar der Arbeitgeber das sog. Betriebsrisiko, also ob er seinen Betrieb aufrechterhalten und die Arbeitskraft des Arbeitnehmers dementsprechend einsetzen kann. Verwirklicht sich das Betriebsrisiko z. B. aus allgemeinen wirtschaftlichen Gründen oder Lieferengpässen, muss der Arbeitgeber den Arbeitnehmer bezahlen, auch wenn er ihn deswegen nicht beschäftigen kann.

Wird der Betrieb durch Anordnung der Behörde geschlossen, weil im konkreten Betrieb ein besonderes gesundheitliches Risiko besteht, z. B. aufgrund von Arbeitsbedingungen, die der Arbeitgeber zu verantworten hat, verwirklicht sich nach Ansicht des BAG das Betriebsrisiko des Arbeitgebers. Die Arbeitnehmer, die deswegen nicht beschäftigt werden können, behalten ihren Entgeltanspruch nach § 615 Satz 1 und 3 BGB. Ob etwas anderes gilt, wenn der Betrieb

[147] unter Umständen dafür: OLG Hamm, Urteil vom 29. Oktober 2021, Az.: 11 U 60/21, BeckRS 2021, 39137; dagegen: VG Münster, Urteil vom 12. Januar 2023, Az.: 5 K 106/22, BeckRS 2023, 4102

wegen seiner Lohnzahlungspflicht in seiner Existenz bedroht ist, ist höchstrichterlich noch nicht abschließend geklärt.

Kein Entgeltanspruch nach § 615 Satz 1 und 3 BGB besteht, wenn der Betrieb aufgrund einer allgemein wirkenden Maßnahme geschlossen bleiben muss, etwa wegen eines flächendeckenden Lockdowns.[148]

Voraussetzung eines Anspruchs nach § 615 Satz 1 und 3 BGB ist dabei stets, dass der Arbeitnehmer selbst leistungsfähig und -bereit ist. Dies ist z. B. nicht der Fall, wenn er selbst in Quarantäne ist und z. B. nicht vom Homeoffice aus arbeiten kann.

Im Arbeitsvertrag können andere Regelungen zum Betriebsrisiko getroffen werden, vorausgesetzt, sie sind hinreichend transparent formuliert und sie bewirken keine unangemessene Benachteiligung des Arbeitnehmers. Auch tarifvertraglich ist eine Abweichung möglich.

10.4 Auszubildende

Für Auszubildende gilt die Sondervorschrift des § 19 Abs. 1 Nr. 2 Buchst. b) BBiG. Hiernach hat der Arbeitgeber bei einem subjektiven Leistungshindernis des Auszubildenden für einen Zeitraum von bis zu sechs Wochen Entgeltfortzahlung zu leisten. Dies gilt sowohl bei Erkrankung als auch einer Quarantäneanordnung. Ein Erstattungsanspruch des ausbildenden Arbeitgebers gegen den Staat besteht in diesem Fall nicht.[149]

[148] BAG, Urteil vom 13. Oktober 2021, Az.: 5 AZR 211/21, NZA 2022, 182

[149] VG Frankfurt a. M., Urteil vom 20. Juli 2021, Az.: 5 K 578/21.F, BeckRS 2021, 21252

VIII. Feiertage

VIII. Feiertage

1. Feiertage in Deutschland

Keinen Urlaub im eigentlichen Sinne, aber dennoch eine bezahlte Arbeitsbefreiung stellen die Feiertage dar. Die Regelungen über Feiertage im Arbeitsverhältnis sollen daher nachfolgend kurz dargestellt werden.

Für das Feiertagsrecht, d. h. die Frage, welche Tage Feiertage sind, sind grundsätzlich die einzelnen Bundesländer zuständig, mit Ausnahme des 3. Oktober, der bundesgesetzlich geregelt ist. Ein Teil der Feiertage ist durch die Länder einheitlich geregelt, ein Teil gilt nur in einzelnen Ländern oder auch nur in einzelnen Gemeinden. In Deutschland gelten folgende Feiertage:

Länder	Neujahr	Heilig Dreikönig	Karfreitag	Ostermontag	1.Mai	Christi Himmelfahrt	Pfingstmontag	Fronleichnam	Maria Himmelfahrt	Reformationstag	Allerheiligen	Buß- und Bettag	1. Weihnachtstag	2. Weihnachtstag
Baden-Württemberg	×	×	×	×	×	×	×	×			×		×	×
Bayern	×	×	×	×	×	×	×	×	×[1]		×		×	×
Berlin	×		×	×	×	×	×						×	×
Brandenburg	×		×	×	×	×	×			×			×	×
Bremen	×		×	×	×	×	×						×	×
Hamburg	×		×	×	×	×	×						×	×
Hessen	×		×	×	×	×	×	×					×	×
Mecklenburg-Vorpommern	×		×	×	×	×	×			×			×	×
Niedersachsen	×		×	×	×	×	×						×	×
Nordrhein-Westfalen	×		×	×	×	×	×	×			×		×	×
Rheinland-Pfalz	×		×	×	×	×	×	×			×		×	×
Saarland	×		×	×	×	×	×	×	×		×		×	×
Sachsen	×		×	×	×	×	×			×		×	×	×
Sachsen-Anhalt	×		×	×	×	×	×			×			×	×
Schleswig-Holstein	×		×	×	×	×	×						×	×
Thüringen	×		×	×	×	×	×	×[1]		×[2]	×[1]		×	×

2. Entgeltanspruch

2.1 Allgemeines

Der Entgeltfortzahlungsanspruch für Feiertage ist in § 2 EFZG geregelt. Demnach hat der Arbeitgeber dem Arbeitnehmer für Arbeitszeit, die infolge eines gesetzlichen Feiertages ausfällt, das Arbeitsentgelt zu zahlen, das er ohne den Arbeitsausfall erhalten hätte. Hat der Arbeitnehmer trotz des Feiertages gearbeitet, steht ihm der normale Lohnanspruch zu.[1] Gegebenenfalls sind in diesem Fall vertragliche oder tarifliche Feiertagszuschläge zu bezahlen.

Für andere als gesetzliche Feiertage, also kirchliche Feier- oder Gedenktage, gilt der Entgeltanspruch gemäß § 2 Abs. 1 EFZG nicht. Für diese kann sich ein Zahlungsanspruch allenfalls aus § 616 BGB ergeben (siehe Kapitel VII Abschnitt 7).

Probleme können auftreten, wenn sich der Wohnsitz des Arbeitnehmers, der Sitz des Arbeitgebers und der Arbeitsort nicht am gleichen Ort befinden und es an den Orten unterschiedliche Feiertage gibt. Hier ist auf die Verhältnisse am Arbeitsort abzustellen. Wenn der Arbeitnehmer also an einem Ort wohnt, an dem Feiertag ist, aber an einem Ort arbeitet, an dem kein Feiertag ist, muss er an diesem Tag arbeiten. Das Gleiche gilt bei einem Auslandseinsatz.

2.2 Anwendungsbereich

Der Entgeltanspruch gilt für alle Arbeitsverhältnisse, unabhängig von Art und Inhalt und ob befristet oder unbefristet. Er gilt auch für Berufsbildungsverhältnisse. Für Heimarbeiter, Hausgewerbetreibende und ihnen Gleichgestellte gilt die Regelung nicht, sondern die Sonderregelung des § 11 Abs. 1 EFZG.

2.3 Berechnung des Feiertagsentgelts

Für das Feiertagsentgelt gilt das Lohnausfallprinzip, d. h., es ist die ausgefallene Arbeitszeit zu vergüten. Einfach ist dies bei einem Festgehalt. Hier wird die Vergütung ungekürzt weiterbezahlt. Bei Stundenlohnvereinbarungen wird die ausgefallene Arbeitszeit mit dem entsprechenden regulären Stundenlohn abgerechnet. Wären an dem Feiertag Überstunden angefallen, so wären auch diese ein-

[1] BAG, Urteil vom 19. September 2012, Az.: 5 AZR 727/11, AP § 11 ArbZG Nr. 4

schließlich etwaiger Zuschläge zu vergüten.[2] Bei leistungsabhängiger Vergütung ist auf die zu erwartende Vergütung auf Grundlage der Vergangenheit abzustellen. Zur Bemessungsgrundlage für die Feiertagsvergütung zählen auch geldwerte Sachbezüge, nicht dagegen Leistungen mit Aufwandsersatzcharakter (z. B. Fahrtkosten, Essenszuschüsse, Schmutzzulagen etc.).

2.4 Zusammentreffen mit anderen Gründen für Arbeitsausfall

Voraussetzung für den Entgeltanspruch gemäß § 2 Abs. 1 EFZG ist, dass der Arbeitsausfall gerade infolge des Feiertags entstanden ist. Zwischen dem Arbeitsausfall und dem Feiertag muss ein Zusammenhang bestehen.

Beruht der Arbeitsausfall auch auf einem anderen Grund, ist der Feiertag also nicht die alleinige Ursache, scheidet ein Entgeltfortzahlungsanspruch gemäß § 2 Abs. 1 EFZG aus. Eine Ausnahme davon macht § 2 Abs. 2 EFZG.

2.4.1 Kurzarbeit

Das Zusammentreffen von Feiertagen mit Kurzarbeit ist gesetzlich geregelt (§ 2 Abs. 2 EFZG). Arbeitszeit, die an einem gesetzlichen Feiertag gleichzeitig infolge von Kurzarbeit ausfällt und für die an anderen Tagen als gesetzlichen Feiertagen Kurzarbeitergeld geleistet wird, gilt infolge eines gesetzlichen Feiertags als ausgefallen. Der Mitarbeiter erhält aber eine Vergütung für den Feiertag nur in Höhe des Kurzarbeitergeldes, nicht in Höhe des Verdienstes, den er ohne die Anordnung von Kurzarbeit als Feiertagsentgelt erhalten hätte.[3] Die darauf entfallenden Sozialversicherungsbeiträge zahlt der Arbeitgeber (§ 249 Abs. 2 SGB V und § 168 Abs. 1 Nr. 1a SGB VI).

2.4.2 Urlaub

Fällt in den Urlaub ein Feiertag, besteht an diesem konkreten Tag keine Arbeitsverpflichtung. Der Mitarbeiter kann deshalb auch nicht von einer Arbeitsverpflichtung durch Urlaubsgewährung freigestellt werden.

---

[2] BAG, Urteil vom 18. März 1992, Az.: 4 AZR 387/91, NZA 1993, 809

[3] BAG, Urteile vom 5. Juli 1979, Az.: 3 AZR 173/78; DB 1979, 2232; vom 20. Juli 1982, Az.: 1 AZR 404/80, AP § 1 FeiertagslohnzahlungsG Nr. 38

Die Bezahlung erfolgt in diesem Fall für den Feiertag, und nicht für den Urlaub. Dem Arbeitnehmer wird deshalb auch für den Feiertag kein Urlaubstag von seinem „Urlaubskonto" abgezogen. Wenn dagegen der Arbeitnehmer aufgrund Schichtarbeit auch an dem Feiertag gearbeitet hätte (wenn er nicht Urlaub gehabt hätte), fällt die Arbeit wegen der Urlaubsgewährung aus und ist dementsprechend nach Urlaubsrecht zu vergüten. Der Arbeitnehmer muss auch Urlaub nehmen. Bei unbezahltem Sonderurlaub besteht kein Anspruch auf Vergütung für den Feiertag.

2.4.3 Krankheit

Bei Zusammentreffen von Feiertagen und Arbeitsunfähigkeit wegen Krankheit erhält der Arbeitnehmer Entgeltfortzahlung im Krankheitsfall in der Höhe, die sich nach den Regelungen des Feiertagsrechts bestimmt (§ 4 Abs. 2 EFZG).

Arbeitnehmer, die am letzten Arbeitstag vor oder am ersten Arbeitstag nach Feiertagen unentschuldigt der Arbeit fernbleiben, haben keinen Anspruch auf Bezahlung für diesen Feiertag (§ 2 Abs. 3 EFZG).

2.4.4 Streik

Auch wenn ein Arbeitskampf an einem gesetzlichen Feiertag andauert, hat der streikende oder ausgesperrte Mitarbeiter keinen Anspruch auf Feiertagsvergütung.[4]

---

4 BAG, Urteil vom 11. Mai 1993, Az.: 1 AZR 649/92, NZA 1993, 809

IX. Stichwortverzeichnis